다문화 사회의 다층성

인종적 다양성을 둘러싼 정책적 편입과 배제

다문화 사회의 다층성

인종적 다양성을 둘러싼 정책적 편입과 배제

펴낸날 1판 1쇄 2019년 1월 10일
지은이 원숙연
펴낸이 김헌민
펴낸곳 이화여자대학교출판문화원
주소 서울특별시 서대문구 이화여대길 52(우03760)
등록 1954년 7월 6일 제9-61호
전화 02) 3277-2965(편집), 362-6076(마케팅)
팩스 02) 312-4312
전자우편 press@ewha.ac.kr
홈페이지 www.ewhapress.com
책임편집 민지영
디자인 신성기획
찍은곳 한영문화사

ISBN 979-11-5890-298-8 93350

값 27,000원

이 도서의 국립중앙도서관 출판예정도서목록(CIP)은 서지정보유통지원시스템 홈페이지(http://seoji.nl.go.kr)와 국가자료공동목록시스템(http://www.nl.go.kr/kolisnet)에서 이용하실 수 있습니다. (CIP제어번호: CIP2018042625)

이화학술총서

다문화 사회의 다층성

인종적 다양성을 둘러싼 정책적 편입과 배제

원숙연 지음

이화여자대학교출판문화원

책을 펴내며

최근 우리는 사회적 다양성 확대와 함께 비등(飛騰)하는 사회적 갈등을 목도하고 있다. 이른바 일베 대 워마드, 그리고 '혜화역 시위'로 표상되는 젠더에 기초한 갈등, 종교적 또는 개인적 신념에 따른 양심적 병역 기피자 인정과 대체 복무를 둘러싼 갈등의 증폭, 성적 지향(sexual orientation)의 자유와 동성애에 대한 인정 요구 그리고 이에 대한 반발, 제주도 난민으로 표상되는 인종적 다양성과 사회적 배제 등 일일이 열거하기 어려울 정도의 다양성 이슈의 작동을 본다. 이렇듯 사회적 다양성을 둘러싼 갈등은 성별과 같은 전통적 기준을 넘어 인종, 종교, 성적 지향에 이르기까지 확대일로에 있다. 그중 이 책은 '인종'에 기초한 다문화 사회로의 이행 과정에서 나타나는 정책적 대응의 다층성과 분절성을 심층적으로 논의했다.

이 책이 인종에 무게중심을 두는 것은 우리 사회에서 인종적 다양성이 내포하는 '내용의 본질성'과 '속도의 압축성' 때문이다. 인종적 다양성은 우리 사회가 오랫동안 당연시해온 한 핏줄-한 민족을 근간으로 하는 순혈주의적 전통에 정면으로 배치된다는 점에서 내용적으로 본질적인 변화이다. 더욱이 짧은 시간 급진적으로 진행되어온 속도의 압축성까지 더해지면서 그 복잡성은 배가(倍加)되었다. 우리 사회는 인종적 다양성과 다문화 사회에 대한 사회적 논의나 공론의 장이 만들어지기도 전에 이주 외국인을 받아들여야 했고, 정부는 인종적 다양성이라는 전대미문의 정책 이슈에 대응해야 하는 어려움에 직면했다. 우리 사회에서 인종에 기초한 다문화 사회로의 이행은 그야말로 '도전'이고 '새로운 사회적 위험'이며 '공공 난제(wicked problem)'인 것이다.

이 책은 공공 난제인 인종적 다양성을 단순히 인구 통계적 변수의 추가라는 기능주의적이고 기술적(記述的) 접근에서 벗어나 권력 관점으로 접근했다. 이러한 접근은 인종에 기초한 다문화 사회와 이에 대응한 정책적 개입이 집단 간 정치가 작동하는 영역임에도 불구하고 행정학 분야에서 이에 대해 침묵해온 '탈정치성'에 대한 성찰에서 출발했다. 이에 따라 이 책에서 인종적 다양성에 따른 다문화 사회로의 이행은 한 핏줄-한 민족 규범이 행사해온 헤게모니적 권력의 분화이며 그 과정에서 발현되는 권력 충돌의 장으로 보았다. 또한 이 책에서 문화는 추상적 가치관과 규범의 총합 이상의 사회적 기본재로 규정했다. 사회적 기본재인 고유의 문화와 정체성을 인정받으려는 집단과 사회적 자원의 배분 양식을 둘러싼 변화를 두려워해 다른 문화와 정체성 인정에 소극적인 집단 사이의 정치적 역학에 주목했다. 이 과정에서 인종과 관련된 편견과 이해관계에 따라 다양하게 동원되는 편향의 정치성을 확인할 수 있었다.

그러나 이 책은 인종적 다양성을 둘러싸고 발현되는 정치적 역학을 다수 집단 대 소수 집단의 이분법에 가두지 않도록 경계했다. 오히려 다수 집단 대 다수 집단, 소수 집단 대 소수 집단 사이에서 작동하는 차별적 편입과 배제를 다양한 각도에서 논의했다. 이를 위해 행정학만이 아니라 정치학, 사회학, 심리학적 논의를 다차원적으로 적용했다. 이러한 논의를 통해 인종적 다양성과 이주 외국인을 수용하는 데 있어서 다수 집단 내부에 존재하는 내적 변이와 차이를 찾아낼 수 있었다. 또한 표면적으로 볼 때 인종적 소수 집단으로 분류되지만 결혼이주여성과 결혼이주남성에 대한 정책적 편입과 배제가 차별적으로 이루어지는 현실도 보여줄 수 있었다.

그러한 차별적 편입과 배제의 저변에서 작동하는 다수 집단의 자원스트레스와 소수 집단의 도구적 효율성이 어떻게 상호작용하는지를 일반 국민과 공무원은 물론 이주 외국인의 인식을 통해 조망할 수 있었다. 무엇보다 다수 집단 대 소수 집단의 이분법을 넘어선 다양한 집단 간 정치역학에 주목함으로써 다문화 사회가 내포하고 있는 다층성과 이주 외국인 정책에 나타나는 분절성에 대한 보다 설득력 있는 설명이 가능했다. 이러한 노력으로 인해 이 책이 다문화 사회와 이주 외국인 정책 연구의 이론적·실천적 사각지대를 최소화하고, 보다 현실적이며 적실성 있는 '정책 선택'의 기반 마련에 기여했다는 평가를 받게 되길 기대한다.

이 책은 많은 분들에게 빚을 지고 세상에 나왔다. 지난 2008년 이종범 교수님과 전영평 교수님께서 기획하신 한국행정학회 특별 세미나 〈다문화 시대의 소수자 행정과 정책〉이 아니었다면 이 책의 출간은 현실화될 수 없었을 것이다. 여러 가지로 부족한 사람을 믿어주시고 함께 공부하자고 제안을 해주셨던 두 분께 감사드린다. 1986년 공부에 대한 '결심'을 하게 해주시고 이 책의 태동을 가능하게 한 새로운 영역으로 이끌어주신 이종범 교수님께 진 감사의 빚을 어떻게 갚아야 할지, 머리 숙여 감사드린다. 2008년 특별 세미나는 전통적 소수자인 '여성'에 더해 새로운 소수자인 '이주 외국인'으로 연구의 외연을 넓힐 수 있는 귀중한 전기(轉機)를 마련해주었다. 특별 세미나 이후 정확히 10년 만에 이 책이 세상에 나왔으니 짧지 않은 시간 동안의 고민이 담겨 있다.

어려운 출판 현실에도 불구하고 귀한 연구비를 지원하고 기다려준 이화여자대학교출판문화원에 깊은 감사를 드린다. 출판 과정에서의 어려움과 고민을 함께 나누었던 민지영 선생님께 특별한 감사를 전한다. 언제나 선생으로서의 보람을 느끼게 해주는 우리 연구실 식구들, 집필 과정에서 미처 생각하지 못한 오류까지 일깨워준 마민지, 이혜경, 성민아, 김이영에게 고마움을 전한다. 변희찬, 변서영, 변규호의 사랑과 응원이 '나'를 가능하게 했음을 고백하면서 이 자리를 빌려 감사의 마음을 전한다.

2018년 12월

원숙연

차례

1부

다문화 사회, 권력 그리고 개념적 다층성

1장 다문화 사회를 어떻게 볼 것인가

권력 관점의 적용

인구 통계적 다양성인가 권력의 분화인가

일견 다문화(multiculture)는 특정의 공간(사회)과 시간(시대)에 나타나는 경험적이고 인구 통계적 조건을 의미하는 듯하다. 이때 다문화는 동일한 공간 또는 시간에 두 개 이상의 그리고 문화적으로 분화된 이질적 집단이 존재하는 상황을 표현하는 '기술적(descriptive)' 개념으로 규정된다(Tiryakian, 2003). 같은 맥락에서 현재 우리는 문화적으로 분화된 사회에 살고 있으며 지속적인 문화 다양성을 경험한다. 우리가 경험하는 문화적 분화와 다양성은 단순히 그리고 전통적인 구분의 기준으로 작동했던 성별, 인종(또는 민족) 그리고 세대를 넘어 가치관, 종교, 정치적 성향과 같이 내면적이고 비가시적인 기준을 더해가고 있다. 여기에 성적 지향(sexual orientations)은 물론 병력(예: AIDS 등)까지를 포함하는 보다 다양한 기준이 더해지는 확장 국면에 있다(Thielemann & Stewary, 1996; Wise & Tschirhart,

2000; Alexander, 2001; Selden & Selden, 2001). 따라서 다문화 또는 다문화 사회는 인구 통계적 그리고 사회 문화적 조건의 확장을 담아내는 개념으로, 복수의 다양한 집단과 그들 집단간 문화적 정향성의 공존으로 규정될 수 있다.

이러한 조건의 변화를 인정하면서도 이 책은 다문화를 단순히 인구 통계적 조건의 다양성과 그것의 공존을 조망하는 기술적 개념으로서만이 아니라 '권력 관점'으로 접근할 필요성을 제기한다. '다문화' 또는 '다문화 사회'의 저변에는 다양한 집단의 문화적 정향성 사이에 존재하는 다름과 이를 기반으로 한 '갈등'과 '정치'가 자리한다. 다문화는 단순히 새로운 기준의 문화적 정향성이 기존의 문화와 어떻게 공존할 것인가에 대한 논의 이상의 사회적 의미가 있다. 여기에는 소위 주류 문화의 지위를 점했던 문화적 정향성(예: 남성적 문화, 백인의 문화, 이성애 문화 등)과 이들과는 다르게 새롭게 부상하는 문화적 정향성(예: 여성적 문화, 유색 인종의 문화, 동성애 문화 등) 사이의 충돌이 전제된다.

이러한 충돌은 때로는 명시적으로, 때로는 암묵적으로 다양한 영역에서 목격된다. 기본적으로 공존이라 할 때는 주류 문화로서 남성적 문화, 백인의 문화 그리고 이성애 문화가 갖는 우위를, 비록 명시적이지는 않더라도, 인정한 상태에서 여성적 문화, 유색 인종의 문화 그리고 동성애 문화가 '추가(adding)'되는 것을 전제한다. 이는 기존의 주류 문화와 다른 문화 사이에 존재하는 권력의 차이를 '그대로 둔(intact)' 것이다. 그러나 다문화/다문화적이라고 할 때는 다른 문화를 단순히 추가하는 것을 넘어서 다른 문화의 가치에 대한 인정(recognition)의 요구가 개입된다. 인정의 요구는 주류 문화 집단이 그동안 (차별적으로) 향유해온 유형·무형의 사회적 자원에 대한 접근권을 나누는(나누어주는) 것을 말한다. 이는 문화들 사이에 존재해 있던 사회적 자원의 배분 구조의 변화를 요구하는 것이어서 권력의 분화를 전제하는 것이며 이는 지극히 정치적이다. 이에 대해서는 후술할 2부 〈다문화 사회의 '탈정치성' 비판〉에서 자세히 논의한다.

이렇게 본다면 다문화는 정치, 갈등, 이해 충돌, 사회적 자원의 배분 구조 등이 개입된 것으로 단순한 인구 통계적 기준의 다양화를 넘어선 권력의 분화로 보는 것이 타당하다. 이러한 맥락에서 이 책은 다문화 사회와 이에 대응한 다문화 정책을 논의하는 데 있어서 사회적 권력의 분화를 염두에 둔 권력 관점을 적용하고자 한다.

지배로서 권력의 헤게모니적 영향력: 권력 관점의 적용

권력은 일상적으로 사용되는 흔한 개념이다. 그러나 현실에서 경험하는 권력의 일상성에 비해 권력 개념에 대한 이해는 그리 단순하지도, 명확하지도 않다. 그만큼 권력 개념은 다차원적이고 복잡하며 복합적인 속성을 갖는다. 따라서 다문화 사회 또는 다문화 정책을 권력 관점에서 접근한다는 것에 대한 명확하고도 합의된 의미를 제시하는 것은 가능하지 않다. 이러한 현실적 한계를 인정하면서도 적어도 이 책에서 권력 관점을 적용한다는 것이 무엇을 의미하는지는 명확히 할 필요가 있다. 이를 위해 권력을 둘러싼 몇 가지 쟁점을 논의하고 이를 기초로 이 책이 표방하는 권력 관점을 제시한다.

권력을 이해하는 데 있어서 다음과 같은 몇 가지 쟁점에 대한 논의가 필요하다. 먼저 권력을 어떻게 볼 것인가이다. 관련 논의에 따르면(Barbalet, 1985; Morriss, 2002: Lukes, 2005; Hearn, 2012) 권력은 '능력으로서의 권력(power to)'과 '지배로서의 권력(power over)'이 있다. 능력으로서의 권력이 말 그대로 "목표를 실현할 수 있는 역량(the capacity to realize end)"이라면,

지배로서의 권력은 "한 주체가 다른 주체에 대해 갖는 통제력(the control of one agent over others)"이다(Morriss, 2002: 32-35; Hearn, 2012: 6에서 재인용). 여기서 권력을 행사하는 주체는 개인 또는 집단 모두가 될 수 있고, 상대방의 의지에 반해 행사될 수 있다는 점에서 지배로서의 권력은 속성상 사회적 갈등을 야기할 개연성이 높다. 다시 말해 지배로서의 권력은 정치성을 더 많이 띤다.

물론 능력으로서의 권력과 지배로서의 권력이 상호 연관되어 작동하지만, 일상적인 의미의 권력은 '지배로서의 권력'을 상정한다. 이러한 지배로서의 권력은 막스 베버(Max Weber) 식의 권력 개념이라고 할 수 있다. 베버에 따르면(1978: Barbalet, 1985: 534), 권력은 '사회적 관계에서 한 행위자가 저항에도 불구하고 자신의 의지를 실현할 수 있는 가능성(the chance to realize one's will even against the resistance of others)'이다. 이러한 베버식 권력 개념의 핵심은 '타인의 저항에도 불구하고(against the resistance of others)'이다(Barbalet, 1985). 이는 '권력이란 A가 B에게 행사하는 것으로, 만일 그것이 없었다면 B가 하지 않았을 어떤 것을 B로 하여금 하게 하는 방식으로 행사된다(A has power over B to the extent that he can get B to do something that *B would not otherwise do*)'는 달(Dahl)의 권력 개념과 맥을 같이한다(Dahl, 1957; Lukes, 2006: 16에서 재인용, 강조점 추가). 이처럼 다른 주체의 의지와 무관하거나 의지에 반해서 행사되는 지배로서의 권력은 자연스럽게 저항과 그에 따른 갈등을 내포한다. 즉 정치의 작동 공간이 만들어진다.

전술한 바와 같이 일반적인 의미의 권력은 지배로서의 권력이고 동시에 이 책이 다문화 사회를 권력 관점으로 접근한다고 할 때의 권력 역시 지배로서의 권력을 전제한다. 그러나 무엇보다 중요한 것은 '지배로서의 권력'이라고 해서 반드시 명시적이고 직접적이며 물리적으로 행사되는 것은 아니라는 점이다. 여기서 권력 관점의 중요한 한 축인 '명시적 또는 가시적' 권력(overt, visible power) 대 '은밀한 또는 비가시적' 권력(covert, invisible power) 사이의 관계 설정이 필요하다.

다른 주체(행위자)의 저항에도 불구하고 행사되는 지배로서의 권력이라고 해서 명시적이고 관찰 가능한 형태로 행사될 것으로 보는 것은 권력에 대한 부분적 이해에 불과하다(Faucault, 1980; Hearn, 2012). 오히려 명시적 또는 가시적으로 행사하지는 않지만, 더 나아가 명시적이고 가시적이지 않아서 더 강력하게 행사될 수 있는 권력이 존재한다는 점을 인정해야 한다. 이처럼 '은밀하고 비가시적으로 행사되는 지배로서의 권력'은 이 책이 다문화 사회를 권력 관점으로 접근하는 데 있어서 요체가 된다.

권력과 관련해 방대한 기존의 논의를 집대성한 룩스(2005)의 논의에 따르면 1차원적인 권력은 실제로 행사되는 관찰 가능한 권력이다. 실제로 자신의 목표를 위해 강제력을 동원하거나 투표나 의사결정 행위 등이 있을 때 행사되는 권력이다. 1차원적 권력이 행사되고 있음을 감지하는 것은 실제 그러한 행위가 관찰될 때이기도 하지만 그러한 행위를 둘러싼 이해 갈등을 통해서이기도 하다. 어쩌면 이해 갈등의 존재가 권력의 존재를 증명하는 것이다. 결국 명시적 이해관계 갈등이 표출된 특정 이슈에 대한 의사결정을 하는 (관찰 가능한) 행위를 통해서 확인되는 것은 1차원적인 권력이다(Lukes, 2005: 19).

1차원적 권력과 같이 규정할 경우, 비가시적으로 행사되는, 그래서 마치 이해 갈등이 없는 것처럼 보이는 경우는 권력 행사가 없는 것으로 규정하는 우를 범할 수 있다. 여기서 2차원적 권력 개념이 등장하는데, 바흐라흐와 바라츠(Bachrach & Baratz)의 '권력의 두 얼굴(two faces of power)'이 중요한 통찰을 제공한다. 1차원적 권력 개념에서 권력은 하나의 (명시적) 얼굴을 가지고 있다. 그러나 실제 권력은 1차원적 권력 개념이 상정하는 의사결정 과정에서 명시적이고 직접적으로 행사되는 얼굴 외에 또 다른 얼굴을 갖는다. 권력의 또 다른 얼굴은 "편견의 동원(mobilization of bias)"을 통해 권력 행사 과정에서 이해 갈등의 표출을 막는 방식으로 나타난다(Bachrach & Baratz, 1970: 44).

이러한 속성의 권력은 명시적인 행사를 통해서만 확인되지 않으며 "다른 집단이나 개인을 희생시키면서 특정 개인이나 집단의 이익을 위해 체계적이고 지속적으로 작동되는 지배적인 가치(values), 신념(beliefs), 의식(rituals)과 제도적 절차(institutional procedure), 즉 게임의 규칙(rules of the game)"을 통해 확인된다(Bachrach & Baratz, 1970: 43). 이 과정에서 기득권의 이해관계는 유지되거나 촉진된다. 소위 무의사결정(non-decision making) 개념이 등장한다. 무의사결정은 "의사결정자(집단)의 가치 또는 이해관계에 대한 잠재적 또는 현재적 도전을 억압하고 좌절시키는 결정"이다(Bachrach & Baratz, 1970: 44). 기득권의 가치와 이해관계에 반하는 쟁점에 대한 논의를 방해하거나 계속 은폐하거나 의사결정 과정에 접근하기 전에 제거하거나 정책 과정에서 집행되지 못하도록 고사시키는 등 다양한 방식을 동원해 무의사결정이 이루어진다. 만일 권력을 1차원적으로만 본다면, 가시적이지 않고 은밀하게 이루어지는, 그래서 이해 갈등이 표면화되지 않는 무의사결정 과정은 권력 행사와는 무관한 것처럼 보이게 한다.

그러나 이러한 권력은 보이지 않기 때문에, 각 집단(주로 사회적 소수 집단)의 이해관계와 어떻게, 어느 정도 상충하는지를 파악하기 어렵게 한다. 또한 저항과 갈등의 대상을 특정하기 어려운 방식으로 행사되기 때문에 1차원적 권력보다 강력하다. 무엇보다 기득권인 다수 집단의 이해관계에 부합하는, 또는 적어도 이해관계에 반하지 않는 게임의 규칙을 만들어낸다는 점에서 훨씬 더 본질적이고 강력하게 행사되는 권력이다.

이는 헤게모니적 영향력이라고 할 수 있다. 직접적이고 명시적인 지배와 통제가 아닌 간접적이고 암묵적인 지배를 의미하는 헤게모니는 강제성과 물리력을 행사하지 않으면서 행위자(개인 또는 집단)들의 행동과 각 행위자들 사이의 관계를 지배 집단의 이해관계에 부합하는 방향으로 유도하는 힘이다(Gramsci, 1971; 원숙연, 2015a). 헤게모니는 직접적인 힘을 통해서보다는 상대적으로 연성(soft)인 문화나 제도 등을 통해 유도한다. 따라서 직접적인 지배력의 행사나 위력이 아니라 부지불식간에 받아들이게 되는 관습, 관행, 상호 작용 양식 및 관계 구조 속에 배태되어(embedded) 작동한다. 따라서 헤게모니적 지배는 저항 없이, 또는 낮은 수준의 저항으로 계층, 성별, 또는 인종을 기반으로 한 다양한 사회적 계서제를 정당화하고, 유지, 강화하고 끊임없이 재생산한다(Coppock et al., 1995). 결국, 바흐라흐와 바라츠의 권력의 두 번째 얼굴, 그람시(Gramsci, 1971)의 헤게모니, 룩스의 2차원적 권력 모두 표현은 다르지만, 결국 보이지 않으나 강력히 행사되는 권력의 위력을 보여준다. 원숙연(2015a: 36)은 그 권력의 위력을 다음과 같이 논의한다.

> 특정 지배(주류) 집단의 삶의 방식이…… 강요하지 않은 것처럼 보이면서, 피지배(비주류) 집단의 인식과 삶의 방식에 간접적이지만 매우 강력하게 작동하고…… 마치 피지배 집단의 동의를 얻은 듯, 집단 간 관계를 규율하는 담론 형성의 준거로 기능하기도 하고…… 비가시적인 헤게모니는 가시적인 권력보다 결코 약하지 않다. 오히려 비가시적이기 때문에 권력 행사에 따른 저항이나 반발을 피해갈 수 있는 이점을 향유한다.

이어서 원숙연(2015a: 35)은, 이처럼 강력한 비가시적 힘을 바탕으로 헤게모니적 권력이 수행하는 사회적 기능을 다음과 같이 제시한다.

마치 상식처럼, 현재 존재하는 주류-비주류 간의 관계나 지배 집단의 세계관을 '자연스러울 뿐 아니라 불가피한 현실'로 받아들이게 한다. 특정 사회에 존재하는 삶의 방식 또는 관계 형성의 '기준(norm)'을 주류 집단의 것으로 삼고, 그 기준과 다른, 그 기준으로부터 벗어나는 것은 '다른 것'을 넘어서 '일탈'로 규정하게 하는 문화적인 영향력으로 작동하는 것이다. 말할 것도 없이 그러한 일탈은 긍정적일 수 없으며, 당연히 제재의 대상이 된다.

한 가지 주목할 것은 권력의 1차원적 그리고 2차원적 개념 모두, 명시적이든 암묵적이든, 이해관계의 '갈등' 또는 '충돌'을 전제한다는 점이다. 다시 말해 이상의 권력 개념에 따르면 권력의 행사는, 그것이 의사결정 과정에서 직접적으로 행사되거나 의사결정 과정에서 간접적으로 행사되는 것과는 무관하게, 갈등과 충돌을 전제한다. 그러나 여기서 한 단계 더 나아가 고려해야 할 사항은 실제로 갈등과 충돌이 없는 경우에도 권력은 행사된다는 것이다. 다시 말해 사회적 합의가 이루어진 경우에도 권력은 행사된다. 보다 강력하고 고차원적인 권력의 행사는 특정 개인이나 집단의 선호, 인식, 그리고 이를 기반으로 한 이해관계를 기존의 질서와 부합하는 방식으로 형성함으로써 명시적 갈등이 존재하지 않는 것처럼 만드는 것이다(Lukes, 2005). 따라서 명시적인 갈등 상황만이 아니라 잠재적 갈등 상황 또는 갈등이 부재한 (것처럼 보이는) 상황에서도 권력이 존재하고 행사됨을 인지할 필요가 있다.

이러한 위력과 기능을 수행하는 지배로서의 권력이 갖는 헤게모니적 영향력을 기저 논리로 하여 이 책은 다문화 사회와 이에 대응한 다문화 정책의 다층성을 조망하고자 한다. 성별이나 가치관을 기초로 한 다양성 확대도 그렇지만, 본 연구가 주목하는 인종의 다양성은 지배로서의 권력이 헤게모니적 방식으로 행사되는 권력 관점의 적용이 특히 필요하다. 오랫동안 단일 문화–단일 민족을 사회적 규범으로 당연시해온 우리 사회에서 이주 외국인의 등장은 본질적인 의미의 도전일 수밖에 없기 때문이다. 이주 외국인의 증가는, 정도의 차이는 있지만, 그러한 규범이 지배해온 기존의 관습, 관행, 상호 작용 양식 및 관계 구조 모두에 변화를 요구하기 때문이다. 이처럼 본질적인 도전인 이주 외국인의 증가와 그에 따른 다문화 사회로의 이행을 단순히 인구 통계적 조건의 변화로 설명하는 것은 현상의 지나친 단순화를 넘어선 왜곡의 위험을 배제할 수 없다. 이주 외국인의 증가에 따른 다문화 사회로의 이행의 본질을 규정하고, 이러한 변화를 얼마나 수용할지를 결정하며, 그 과정에서 기득권을 가진 다수 집단이 느끼는 위협 의식과 불안, 소수 집단에 대한 편견의 동원과 무의사결정 등 권력 관점이 적용되어야 제대로 설명될 수 있는 면이 포진해 있기 때문이다. 다수 집단과 소수 집단 간 이해 갈등과 충돌은 물론 다수 집단 내부 또는 소수 집단 내부에도 이해 갈등과 충돌은 존재한다. 또한 차별과 배제가 명시적으로 행사되기도 하지만, 비록 그것이 보이지 않는다고 해서 부존재를 의미하는 것은 아니다. 오히려 이렇게 명시적이지 않은 차별과 배제가 더욱더 강력한 헤게모니적 영향력을 행사하고 있을 가능성을 배제할 수 없다.

다문화 사회에 대한 지식 생산: 지식 권력에 대한 경계

거대 담론에서 지역적 담론으로

다문화 사회는 단순히 인구 통계적 기준의 다양화라는 기술적(descriptive) 흐름을 넘어선 사회적 권력의 분화 요구를 근간으로 하는 정치적인 흐름이다. 이 책은 바로 이러한 흐름을 다양한 각도에서 담아내는 작업이다.

앞에서 밝힌 바와 같이 이 책은 다문화 사회를 '지배로서의 권력'의 헤게모니적 영향력 차원에서 접근한다. 따라서 이 책이 다문화 사회에 대한 지식을 생산하는 과정이나 접근 역시 이러한 권력 관점과 무관할 수 없다. 다시 말해, 다문화 사회에 대한 지식 생산과 권력의 연계가 필요한데, 이를 가능하게 하는 것이 지식 권력(knowledge power)이다.

지식 권력에 대한 논의는 포스트모더니즘과 일정 부분 맥을 같이한다[1]. 주지하는 바와 같이 포스트모더니즘은 메타 설화 또는 거대 담론을 모색하는 모더니즘적 근본주의(fundamentalism)를 비판한다(Alexander, 2001; Bogason, 2001; 원숙연, 2002). 인간의 이성과 합리성에 대한 강한 믿음에 기초한 모더니즘이 중시하는 메타 설화 또는 거대 담론은 절대적인 진리와 보편성의 근원에 관심을 가진다. 이러한 관심은 복잡하고 다단한 사회 현상을 구성하고 움직이며 예측할 수 있는 보편적 법칙이나 원리의 존재를 가정한다.

그러나 포스트모더니즘은 이러한 가정을 반대하며 거대 담론보다는 '지역적 이해(localized understanding)'의 중요성을 피력한다. 포스트모더니즘의 지역적 이해는 '비교불가능성(incommensurability)' 개념과 연결된다(원숙연, 2002). 비교불가능성의 경우, 특정의 지역적 특성과 담론은 그 자체로서 의미가 있기 때문에 '차이'의 존중을 강조한다. 따라서 어떠한 현상이나 문화도 동일한 기준에 의거해 평가되거나 비교되어서는 안 된다.

---

1 다문화 사회에 대한 지식 생산을 지식 권력 관점에서 논의할 때 포스트모더니즘과의 연계가 통찰을 제공한다. 그러나 포스트모더니즘은 그 자체가 개념적으로 모호하며 여전히 논쟁적이다. 또한 다양한 학문 영역에 따라, 또는 동일 학문 영역 안에서도 서로 다른 방향의 주장이 공존한다. 이처럼 포스트모더니즘을 둘러싼 논의의 스펙트럼이 너무 넓고 내적 변이가 많기 때문에 다문화 사회에 대한 지식 생산에 나타나는 권력 관계와 포스트모더니즘을 전면적으로 연계하는 것은 현실적으로 쉽지 않다. 이러한 현실적 한계를 고려할 때 다문화 사회에 대한 지식 생산과 포스트모더니즘의 전면적 친화성보다는 선택적 친화성을 중심으로 논의를 진행한다.

이는 다양한 기준에 따른 집단의 존재와 그 집단의 문화적 정향성은 그 자체로서 의미가 있고 특정의 기준에 따라 일괄적으로 평가되고 재단되어서는 안 된다는 점에서 다문화 사회와 궤를 같이한다. 어떠한 현상(문화를 포함한)도 동일한 기준에 의해 평가되거나 비교될 수 없다는 것이다.

단일의, 또는 지배적인 담론(기준)을 넘어선 지역적 담론(기준)을 중시하는 포스트모더니즘의 경우, 보편적인 질서와 이성을 통한 계몽주의적 진보를 비판한다. 오히려 진보처럼 보이는 것들이 사회의 진보에 부정적이라고 본다. 인식론적으로 볼 때 포스트모더니즘은 모더니즘의 실재론(realism)에 의문을 제기한다. 모더니즘적 실재론에 따르면 사회 세계는 행위자의 의식으로부터 자유로운 상태에서 선험적으로 존재하는 구체적이고 객관적인 '실체(being)'로 규정된다(Burrell & Morgan, 1979; Chia, 1995). 따라서 사회 현상도 객관적인 실체로 존재하기 때문에 복잡하고 이질적인 현상이 단순하고 동질적인 요소로 환원될 수 있다고 본다(Gioia & Piter, 1990; Chia, 1995). 바로 이러한 가정으로 인해 지배적인 거대 담론이 가능해지고 다양한 문화적 정향성과 해석이 존재하는 다문화주의와는 거리가 생긴다.

이와는 달리 포스트모더니즘의 사회적 세계는 객관적인 실체로 존재하기보다는 사회 구성원이 상호작용을 통해 만들어낸 의미와 그 의미를 부여하는 과정을 통해 새롭게(다르게) 규정될 수 있다. 따라서 여기에서 사회적 세계는 이미 형성되어 존재하는 실체가 아니라 '형성되어가는 과정(becoming)'이다(Parker, 1992: 3; Chia, 1995: 581). 이는 사회적 구성주의 입장이다. 사회적 구성주의를 강조하는 포스트모더니즘에서 보는 사회 현실은 의미를 부여하는 능력을 가진 인간 의식의 산물이다. 이에 따라 사회적 세계는 인간의 의식과 무관하게 독립적으로 존재하는 것이 아니라 특정 사회가 기반하고 있는 다양한 맥락(정치, 경제, 사회, 문화적) 속에 배태되어 있는 '삶의 세계'의 반영이다. 따라서 특정 사회(집단)의 삶의 세계(문화로도 칭해질 수 있는)는 다른 사회(집단)의 삶의 세계와 비교해 더(덜) 우월하거나 더(덜) 특권적일 수 없으며, 나름의 의미와 가치를 갖는다.

이러한 맥락에서 볼 때 포스트모더니즘은 일반화되고 객관적인 거대 담론이 아니라 지역화되고 상황적합적(contingent)인 기준을 중시한다. 지식 생산 역시 이러한 기준에 부합하는 것이어야 한다. 더욱이 지역화되고 상황적합적인 기준은 다양한 행위자들 간의 상호인정을 통해 의미를 만들어가는 과정에 있다(Giddens, 1984; Bogason, 2001에서 재인용). 의미를 만들어가는 과정에서 차이가 부정되거나, 다양성이 위협적인 요소가 되기보다는 보다 풍부한 의미를 형성해가는 자양분으로 가치가 인정된다(Bogason, 2001).

이상의 논의를 요약하면 포스트모더니즘의 특성은 다음과 같이 정리된다(Bogason, 2001: 171-172; Lewis & Kelemen, 2002: 254; 원숙연, 2008에서 재인용).

- 거대 담론(meta narrative)으로부터 분절적 담론(disparate narrative)으로
- 중심화(centralization)로부터 탈-중심화(de-centralization)로
- 총체성(totality)으로부터 다양성(diversity)으로
- 같음(likeness)에서 차이(difference)로
- 보편성(universalism)으로부터 초-다원성(hyper-pluralism)으로
- 실체(states of being)로부터 만들어지는 과정(processes of becoming)으로

이상과 같은 포스트모더니즘의 정향성을 보면 그 자체로서 다문화 사회의 속성을 그대로 반영한다. 따라서 다문화 사회에 대한 지식 생산 역시 분절적 담론, 탈중심화, 다양성, 차이, 초다원성이 강조하는 다양한 기준에 따라 다양한 구성원들의 독특한 삶의 방식에 부합하는 것이 되어야 한

다. 한마디로 다문화 사회에 대한 지식 생산은 거대 담론으로부터 지역 담론으로의 이동을 핵심으로 한다.

지식 권력의 작동과 경계

이처럼 다문화 사회에 대한 지식 생산은 지역적 담론에 주목해야 함에도 불구하고 현실은 이와는 상당한 거리가 있다. 인간의 이성과 합리성을 믿으며, 무질서에 대항한 계획적이고 의도된 질서의 우위를 강조하는 모더니즘적 영향력 하에서 객관적 지식은 여전히 우위를 점하고 있다. 객관적 지식에 대한 모더니즘적 강조는 사회 세계에 대한 '과학적 지식'을 통해 인간 능력의 향상과 사회적 발전이 가능하다고 본다. 이에 따라 사회과학은 모더니즘이 추구하는 해방적 프로젝트의 중요한 부분으로 인식되었고, 이 해방적 프로젝트에 소위 거대 담론이 자리한다.

문제는 거대 담론이 정치적, 과학적, 전문적 지배 담론을 정당화하고 억압적 역할을 수행한다는 점이다(Leonard, 1994). 모더니즘적 거대 담론은 남성과 비교할 때 여성, 백인과 비교할 때 유색인종, 이성애와 비교할 때 동성애 등 소위 사회적 소수 집단의 '열위(inferiority)'를 정당화하고 공고화하는 데 기여한다. 거대 담론으로 대변되는 '보편적 진실'에 대한 믿음과 지배적 담론의 전체주의적 속성은 대안적 형태의 지식 생산을 어렵게 하고 계층, 젠더, 인종을 기반으로 한 계서제를 강화하는 (정치적) 역할을 수행해온 것이다. 바로 이러한 점에 문제의식을 가진 포스트모더니즘은 차이와 경험의 다양성을 인정하는 소위 지역 담론으로의 이행을 역설한 것이다. 그렇게 되어야만 다양하고 이질적이며, 나름의 의미와 존재 이유를 지닌 지역 담론을 무력화하는 거대 담론으로 권력이 집중되는 것을 막을 수 있기 때문이다.

그러나 현실적으로 지식 생산 과정에서 지역 담론의 생산을 어렵게 하는 기제가 작동한다. 이것이 푸코(Foucault)식의 지식 권력이다. 푸코에 따르면(1991: 146), 다양한 연구 및 교육 시스템을 통해 지식과 그 지식에 수반되는 권력을 동원하며 지배적 담론의 힘을 유지하는 기제가 작동한다. 이는 지식 생산 과정에서 나타나는 지식 권력이다. 지식 권력에 대한 푸코의 주장을 상기할 필요가 있다(Foucault, 1980: 52; 원숙연, 2015; 48 재인용).

> 권력의 행사는 그 자체로서 새로운 지식 대상을 창출하고 새로운 지식 대상의 부상(浮上)을 가능하게 하며…… 새로운 지식 체제를 축적하는 것이다…… 권력의 행사는 지속적으로 지식을 만드는 것이고…… 지식은 지속적으로 권력의 효과성을 유도해낸다…… 지식 없이 권력의 행사는 가능하지 않으며 권력의 창출 없이 지식 또한 가능하지 않다 ”

이러한 주장을 한마디로 한다면, 지식 생산은 객관적이고 과학적인 과정(만)이 아니라 정치적 기제가 작동하는 정치적 과정이라는 것이다. 특히 주목할 것은 지식 생산 과정에 개입하는 권력은 전술한 바 있는 지배로서의 권력이 헤게모니적 방식으로 행사된다는 점이다. 지식 생산 과정에서 기존의 지배적 주류 집단(남성, 백인, 이성애자 등)의 경험을 담아내고 이들의 목소리를 반영하는 데 유효한 지배적 거대 담론을 만들어냄으로써 이들 지배적 주류 집단과는 다른 경험과 삶을 살아가는 소위 비주류 집단(여성, 유색인종, 동성애자 등)의 경험과 목소리는 담아내지 않는다.

이렇게 볼 때 지식 권력은 보이지 않는 익명의 의도를 가지고 지식을 생산하고 그렇게 생산된 지식을 통해 권력을 행사할 대상 영역을 찾아낸다. 푸코(Foucault, 1991; 135)가 지적하듯이 다양한 방식으로 통제되고 선별되는 과정을 통해 어떤 현상은 지식 생산의 과정에 편입되고 연구되어 담론으로 형성되지만 다른 현상은 지식 생산 과정에 아예 올라오지도 못하는 차별적 편입과 배제가 존재하는 것이다. 물론 지식 생산 과정에서의 차별적 편입과 배제는 의식하지 못하는 상태에서 이루어진다. 전술한 1차원적 권력처럼 물리적이고 일방적인 힘을 행사하는 것이 아니라 상호주의적 방식으로 지배 집단이 만든 거대 담론을 통해 현상을 보고 이해하게 만든다. 또는 지배 집단의 관점과 다른 지식은 정당하지 않거나 지식으로 공인되지 못한다. 더욱 주목할 것은 차별적 배제와 편입이 있지만 갈등이나 저항이 표면화되지 않는다. 모두가 지배적인 거대 담론을 통해 현상을 보기 때문이다. 한마디로 2차원적 권력이 그대로 작동하는 것이다.

이 책은 이러한 지식 권력의 작동에 문제의식을 가지고 시작되었다. 지식의 생산은 과학적이고 객관적인 활동(만)이 아닌 권력 행사의 정치적인 과정이라는 점을 인정하면서 '다문화 사회'의 다양한 측면을 다각도로 조망하고자 했다. 사실, 우리나라에서도 소위 비주류 집단에 대해 생산된 지식의 양과 그 지배력은 주류 집단에 대해 생산된 지식과 상당한 격차가 존재하리라는 것은 어렵지 않게 예측된다. 더욱이 이 책이 주목하는 소위 다문화 관련 연구는 주류 문화 집단과 비교할 때 마찬가지의 상황이다. 비근하게 행정학 분야에서 소수자 관련 연구는 지극히 주변적 연구에 머물러 있는 것이 엄연한 현실이다. 이렇듯 주류 집단 중심의 거대 담론은 일종의 지식 권력으로서 사회를 구성하는 다양한 집단으로 하여금 주류 집단에 동조하게 하고 그에 부합하게 통제하고 훈련하는 방식으로 생산되면서 소위 비주류에 대한 지식 생산은 지체되고 있다. 이 책은 그러한 지체가 연구자의 무관심이나 역량 부족과 같은 표면적 이유만이 아닌 우리 사회에서 일정한 방향으로 작동하는 지식 권력의 영향력일 가능성을 염두에 두고 논의를 진행하고자 한다.

왜 '인종적' 다양성인가

이미 밝힌 바와 같이 현재 다문화 사회로의 이행은 그야말로 다양한 조건에 기반을 두어 확장일로에 있다. 성별, 인종(또는 민족)은 물론 가치관, 종교, 정치적 성향과 같이 내면적이고 비가시적인 기준을 넘어 비교적 최근에는 성적 지향(sexual orientations)과 사회적 의미가 함축된 병력(예: AIDS 등)까지 그야말로 전방위적이다(Thielemann & Stewary, 1996; Wise & Tschirhart, 2000; Alexander, 2001; Selden & Selden, 2001). 이처럼 다양한 기준에 따라 삶의 방식과 상호작용 양태가 다원화되는 것은 말할 것도 없고, 다양한 삶의 방식에 대한 사회적 인정, 그러한 사회적 인정의 제도화(예: 동성 부부의 권리 공식화 또는 법제화 등)에 대한 요구에 이르기까지 다양성의 외연은 지속적으로 확대되고 있다. 특히 이들 집단에 대한 사회적 인정의 제도화는 사회적 희소자원에 대한 접근권을 둘러싼 이해 갈등과 충돌이 내포되어 있다는 점에서 다문화 사회의 '인화성' 높은 쟁점이다. 따라서 이들 다양한 기준 어느 것도 중요하지 않은 것이 없고 이에 대한 보다 심도 있는 논의의 필요성은 아무리 강조해도 지나치지 않다.

이러한 필요성과 중요성에도 불구하고, 이 책은 '인종적 다양성에 기반을 둔 다문화 사회'에 주목한다. 그 이유는 최근 우리 사회가 경험하는 인종적 다양성은 단일 민족–단일 문화의 규범을 본질적으로 흔드는 '다문화적 도전'이 되고 있기 때문이다(최협 외, 2004; 전영평, 2007; 2008; 원숙연, 2008; 2012a; 2013a; 최무현, 2008; 원숙연·박진경, 2009; 원숙연·정하나, 2014). 외국인의 이주로 표상되는 인종적 다양성과 관련한 우리 사회의 도전적 경험과 현실은 '내용의 본질성'과 '속도의 압축성'으로 요약된다.

먼저, 내용의 본질성이다. 이는 오랫동안 단일 민족–단일 문화가 사회적 규범으로 당연시되어왔고 '한 핏줄–한민족'을 근간으로 한 순혈주의적 전통이 강한 우리나라에서 이주 외국인의 유입은 단순히 인종을 달리하는 외국인이 증가했다는 것을 넘어서 '혼혈'의 한국인이 증가한다는 것을 의미한다. 이는 저출산과 '농촌 총각 결혼시키기'로 표현되는 사회적 필요에 의해 집중적으로 유입되었던 결혼이주여성의 증가와 맞물려있다. 결혼 이주민 가운데 여성이 83.9%, 남성이 16.1%를 차지하는데(행정자치부, 2016), 이와 같은 성비 구성은 우리 사회가 갖는 '혈연'에 대한 인식과 결혼 이주가 허용된 사회적 맥락과 무관하지 않다. 특히 2000년대 이후 결혼 이주민의 급격한 유입이 지속되면서 2001년 전체 결혼 건수의 4.8%를 차지했던 국제 결혼이 2010년 전체 결혼 건수의 13.6%인 4만3,121건에 이르렀다(통계청, 2011). 10년 만에 3배에 육박하는 증가 추세를 보인 것이다(통계청, 2009). 이처럼 한 핏줄-한민족'이라는 강한 사회적 규범과 이를 위협하는 '혼혈'의 가능성은 이주 외국인에 대한 인식이나 이에 기초한 다문화 사회로의 이행에 대한 불안을 양산하는 심리적 생태계를 조성했을 가능성이 있다. 이에 따라 인종적 다양성에 기초한 다문화 사회로의 이행을 보다 심도 있게 논의할 필요성이 제기된다.

인종을 기초로 한 다문화 사회로의 이행이 도전적인 또 다른 이유는 '속도의 압축성'이다. 이는 말 그대로 인종적 다양성에 기초한 다문화 사회로의 이행이 상당히 짧은 시간에 급속하게 이루어졌음을 의미한다. 이른바 '압축 성장'이 표상하는 바와 같이 우리 사회가 경험하는 변화의 속도는 매우 빠르고 급진적인데, 이주 외국인의 증가 역시 예외가 아니다. 1980년대까지 대표적인 노동력 수출 국가였던 우리나라는 1990년대에 들어오면서 국내 이주자의 규모가 급증했다(출입국·외국인 정책 통계연보, 2016). 그 결과 2018년 10월 현재 국내 체류 외국인의 규모는 230만 명을 상회함으로써 전체 인구의 4%를 넘어섰다. 1985년에 이주 외국인의 규모가 전체 인구의 0.1%에도 미치지 못했던 것을 감안한다면 그 증가 속도의 압축성은 가히 놀라운 수준이다(통계청, 2016; 행정자치부, 2016).

이처럼 단기간에 압축적으로 진행된 인종에 기초한 다문화 사회로의 이행은 과거와는 질적으로 다른 현실을 만들어내고 그간 경험하지 못했던 사회 문제를 발생시켰다. 새로운 사회 문제의 발생은 정부로 하여금 정책적으로 대응하라는 압력으로 작용하고 이에 따라 이주 외국인을 대상으로 한 다양한 정책적 개입이 이루어져왔다. 또한 이주 외국인들은 적응의 어려움을 겪기도 하고, 결혼이주여성과 그 자녀들은 이중적 정체성으로 인해 혼란을 겪기도 한다. 단일 민족과 단일 문화를 당연시했던 일반 국민들에게 있어서 인종적 다양성은 제노포비아(xenophobia)와 같은 심리적 반응을 자극하기도 한다. 이러한 심리적 대응은 이주 외국인에 대한 편견과 차별로 발현되기도 한다. 무엇보다 2008년 세계금융위기 이후 지속되고 있는 경제적 어려움은 이주 외국인에 대한 관대한 수용을 어렵게 하는 상황적 맥락이 되기도 한다. 이처럼 인종적 다양성의 심화와 다문화 사회로의 압축적 이행은 심리적, 사회적, 문화적, 정책적 그리고 정치적 차원 모두에서 과거와는 본질적으로 다른 변화를 야기하고 있다.

인종에 기초한 다문화 사회에 주목하는 또 다른 이유는 인종적 다양성에 대한 반발(backlash)이 확산하고 있다는 점이다. 이러한 반발은 인종적 다양성의 역사가 길고 수용적인 서구 국가에서도 목격되고 있지만, 우리나라는 서구에 비해 이주 외국인의 증가 속도가 매우 빠르고 단일 민족–단일 문화에 대한 인식과 순혈에 대한 집착이 높다는 점에서 특히 주목할 필요가 있다. 이러한 상황에서 머지않은 미래 어느 시점에 이주 외국인이 유의미한 규모(critical mass)가 되고, 사회적 목소리가 커지면 이주 외국인은 현재의 복지 및 시혜 차원을 넘어 시민으로서의 권리(예: 노동권, 사회권, 정치 참여 등)를 적극적으로 요구하게 될 것이다. 이렇게 되면 주류 집단과의 이해 충돌과 갈등이 표면화되리라는 예측이 어렵지 않다. 이주 외국인이 적극적으로 권리를 요구한다는 것은 기존의 정치, 경제, 사회, 문화적 가치 배분 구조의 변경을 의미하는 것이어서 주류 집단에게는 위협이 될 수밖에 없다. 이러한 이주 외국인의 요구와 다수 집단의 위협 인식은 첨예한 집단 갈등으로 이어지고 다문화 사회에 대한 반발로 확산될 가능성이 높다. 따라서 인종적 다양성에 기초한 다문화 사회로의 이행에 대한 다차원적 이해를 통해 예상되는 이주 외국인의 권리 요구와 이에 대한 대응 등보다 선제적인 논의가 필요하다.

또 하나 다문화 사회로의 이행에서 인종적 다양성에 특히 주목하는 이유는 이에 대한 정책적 대응이 비교적 활발하게 이루어진 영역이라는 점이다. 1990년대 중반 이후 압축적으로 증가하는 이주민의 유입에 따라 다양한 사회 문제가 발생하고 이에 대한 정책적 대응의 필요성이 비등했다. 이에 우리 정부는 다양한 정책 수단을 동원해 이러한 요구에 조응했다. 따라서 인종에 기초한 다문화 사회는 여타의 사회적 다양성에 대응하는 것에 비해 비교적 단기간에 다양한 정책이 시도되면서 풍부한 정책 분석이 가능한 영역이 되었다. 무엇보다 정책 과정의 중심에 있던 공무원들의 정책 아이디어와 정책 이데올로기의 역학을 논의할 수 있는 공간이 제공된다는 점에서 행정학적 관점에서 볼 때 흥미로운 정책 영역이다. 주지하는 것처럼 단일 민족-단일 문화 규범 하에서 인종적 다양성과 관련한 정책 경험이나 정책 유산이 축적되지 않았다. 이에 따라 공무원의 정책 아이디어에 따라 정책의 구체적 내용은 물론 정책 대상 집단의 편입과 배제가 달라질 개연성이 높았다. 이러한 개연성은 인종적 다양성을 기초로 한 정책의 다층성으로 이어진다. 한마디로 인종적 다양성은 정책에 대한 역동적 분석을 가능하게 한다.

무엇을 볼 것인가: 책의 구성

이 책은 행정학 분야에서 불모지에 가까운 다문화 사회의 도래, 인종적 다양성, 그리고 이주 외국인 정책 사이에 존재하는 정치성을 심층적으로 밝히는 학술서로, 총 5부 14장으로 구성된다. 제1부 〈다문화 사회, 권력 그리고 개념적 다층성〉에서는 이 책의 문제의식과 기본 관점을 제시한다. 1장에서는 왜 다문화와 다문화 사회에 주목해야 하는지, 특히 다문화 사회의 기반 중 인종적 다양성에 초점을 맞추어야 하는 이유를 현대판 디아스포라, 다문화적 도전, 그리고 이주의 세계화와 우리나라 단일 문화–단일 민족 규범 사이의 충돌과 연결해 논의한다. 이와 함께 우리나라를 포함해 전 세계적으로 목격되는 다문화 사회로의 이행과 이주 외국인 정책에 나타나는 편입과 배제를 단선적이고 중립적인 사회 현상으로 규정하기보다는 권력의 헤게모니적 지배에 초점을 맞추어 비판적으로 조망해야 하는 논거를 제시한다. 2장에서는 다양성, 다문화 사회, 다문화주의의 개념과 관계, 그리고 이주 외국인 정책의 복잡성과 다층성에 대해 논의한다. 이들 개념이 공간과 시간에 따라 다양한 용어로 혼용되고 다양한 개념으로 분화 또는 변형됨으로써 발생하는 혼란을 심층적으로 논의한다.

제2부 〈다문화 사회의 '탈정치성' 비판〉에서는 다문화 사회로의 이행에 나타나는 다수 집단 대 소수 집단 간 권력 관계와 집단 정치를 다각도로 제시한다. 더 나아가 소수 집단 대 소수 집단, 다수 집단 대 다수 집단 사이의 집단정치 가능성을 제시한다. 이를 통해 다문화 사회를 인구 통계적 다양성의 확대로 보는 기능주의적이고 기술적(descriptive) 접근의 한계를 뛰어넘을 수 있는 가능성을 타진한다. 3장에서는 인구 통계적 다양성의 확대 이면에 존재하는 자민족중심주의와 제노포비아 그리고 인종주의 등 다양한 형태의 편향(bias)을 밝힌다. 무엇보다 이러한 편향의 동원을 둘러

싸고 나타나는 다문화 사회의 정치성을 밝힌다. 4장에서는 다문화 사회의 정치성이 발현되는 중요 기제로서 정체성의 정치와 인정의 정치 사이의 역학을 규명한다. 이주의 세계화에 따라 부상한 다문화 시민권에 초점을 맞추어 이주 외국인 집단의 도구적 효용과 정체성의 속성에 따라 차별적으로 발현되는 다문화 사회의 정치적 역학을 제시한다.

제3부에서부터 제5부까지는 이론적으로 논의된 다문화 사회의 정치성을 현실에서 실증적으로 확인한다. 제3부 〈다문화 사회 정치성의 '집단적' 다층성: 차별적 편입과 배제의 맥락〉에서는 이론적으로 제시된 다문화 사회의 정치성이 일반 국민, 공무원, 이주 외국인 집단의 인식에 어떻게 발현되는지를 실증적으로 규명한다. 우선 5장에서는 일반 국민에게 이주 외국인의 유입이 새로운 사회적 위험으로 인식되는 양상과 그러한 위험 인식이 이주 외국인 집단에 따라 어떻게 차별적으로 구조화되는지를 확인한다. 5장이 일반 국민의 '개인적' 인식에 주목했다면 6장에서는 일반 국민의 '집합적' 인식에 초점을 맞춘다. 이를 위해 거주 지역의 특성에 따라 일반 국민이 인식하는 자원스트레스와 이주 외국인과의 접촉이 이주 외국인을 수용 또는 거부하는 데 어떤 차이를 만들어내는지를 확인한다. 7장과 8장에서는 이주 외국인 정책 과정의 주체인 공무원의 인식에 주목한다. 7장에서는 중앙정부 공무원의 인식을 바탕으로 다문화 사회로의 이행에 대한 평가와 이주 외국인 집단에 대한 정서가 이주 외국인 대상 정책 아이디어에 어떻게 반영되는지를 규명한다. 8장에서는 지방정부 공무원을 대상으로 해 집단 정체성, 집단 이해관계 그리고 집단 정서에 따라 이주 외국인 정책에 대한 선호가 어떻게 달라지는가를 확인한다. 9장에서는 일반 국민과 공무원과 같은 다수 집단의 관점에서 벗어나 소수 집단인 결혼이주여성의 시선으로 인종적 다양성과 이주 외국인 정책 선호에 대해서 조망한다. 결혼이주여성이 한국 사회와 한국인, 그리고 자신들을

대상으로 한 이주 외국인 정책을 어떻게 보고 그러한 '낯선 시선'이 다문화 사회의 정치성에 던지는 함의를 밝힌다.

제4부 〈다문화 사회 정치성의 '정책적' 다층성: 차별적 편입과 배제의 현실〉에서는 구체적으로 이주 외국인 정책에 나타나는 차별성과 다층성을 실증적으로 논의한다. 먼저 10장에서는 이주 외국인 집단의 도구적 효용과 집단 정체성에 따라 정책이 적극적으로 포섭하거나 배제하는 정치적 역학을 이주 외국인 집단별로 논의한다. 또한 11장에서는 우리나라 이주 외국인 정책 내용에 발현되는 다양성과 차별성을 국제 비교를 통해 확인하고 그것이 갖는 함의를 찾는다. 12장에서는 일반 국민, 공무원, 이주 외국인으로 구성된 '다문화삼각지대'의 관점을 통해 각각의 입장에서 이주 외국인 정책에 대한 선호에 나타난 공통점과 차이점을 규명하고 그것이 향후 우리나라 이주 외국인 정책 선택에 갖는 함의를 심층적으로 논의한다.

제5부 〈다문화 사회 정치성의 '공간적' 다층성: 서구 경험을 통해 본 차별적 편입과 배제〉에서는 우리나라보다 인종적 다양성에 기반한 다문화 사회의 경험을 먼저 한 미국에서 발견되는 정치성을 논의하고 그것이 우리에게 주는 교훈을 찾는다. 13장에서는 미국에서 인종주의의 종언(終焉)이 운위되지만 현실에서는 변형된 인종주의가 이주 외국인 정책의 수용에 작용한다는 것을 실증적으로 확인한다. 이와 더불어 14장에서는 이주 외국인 정책에 대한 수용이 재분배 정책 또는 규제 정책과 같은 정책 유형에 따라 어떻게 달라지는지를 분석한다. 특히 정책 유형에 따라 다수 집단이 느끼는 위협의 강도가 달라진다는 점에서 우리에게 주는 함의를 논의한다.

2장

다양성, 다문화 그리고 다문화주의

개념적 다층성

다양성의 분화와 발현 기제

표피적 다양성 대 심층적 다양성

특정 현상에 대한 이해의 출발은 대상 현상에 대한 명확한 개념화이다. 그러나 사회 현상에 대한 완전하고 명확한 개념화는 말할 것도 없고 특정 현상을 연구하는 학문 공동체 안에서 연구 대상 현상에 대한 개념적 합의에 이르는 것도 쉽지 않다. 이러한 현실은 몇 가지 방향에서 설명된다. 가장 일반적으로는 시공의 제약으로부터 자유로운 자연 현상과 달리 사회 현상은 시간과 공간이라는 맥락에 의존적일 수밖에 없기 때문이다. 조금 더 나아가 특정 사회 현상에 대한 관점—순수하게 학문적 또는 중립적—에 따라 다양한 개념이 공존하기도 한다. 여기에 한 가지 추가되는 것은 특정 사회 현상을 둘러싼 이해관계—정치적 의미를 갖는—에 따라 다양한 개념이 갈등한다는 점이다. 이처럼 사회 현상에 대한 개념화를 둘러싸고 발현되는 맥락의존성, 다양한 개념의 공존, 개념을 둘러싼 이해관계의 충돌 등이 사회 현상에 대한 합의된 개념화를 어렵게 한다.

이러한 현실적 어려움은 거의 모든 사회 현상에서 나타나지만, '문화'와 같이 높은 추상성과 맥락의존성을 가진 개념은 그 어려움이 배가된다. 더욱이 다문화나 다문화주의 등 문화로부터 파생된 다양한 개념이 혼재함으로써 개념적 혼란을 가중하는 면이 있다. 그러나 이러한 현실적 어려움이 특정 현상을 개념화하려는 노력의 부재에 대한 면책(免責)의 논거가 되지 못한다. 이에 따라 이 장에서는 다문화와 관련 개념들에 대한 이론적 논의를 망라하고 관련 개념들 간의 관계 설정을 시도한다.

먼저 다문화 사회를 관통하는 중요한 화두인 다양성에 주목한다. 주지하는 바와 같이 다양성은 선택이 아닌 '불가피한 현실(inevitability-of-diversity)'이 되고 있다(Cox & Blake, 1991: 45). 다양성의 수준은 개인, 조직 그리고 국가 전체에서 다각도로 발현되고 있으며 그 구성 차원 역시 단순히 전통적인 성이나 인종을 넘어서 가치관, 종교, 성적 지향성, 정치적 성향은 물론 사회적 함의를 갖는 병력(예: AIDS)에 이르기까지 확장적이다. 말할 것도 없이 이러한 다양성의 확대는 '문화적' 다양성으로 확대된다. 남성 문화, 여성 문화, 백인 문화, 흑인 문화, 이성애 문화, 동성애 문화, 기독교 문화, 이슬람 문화 등 일일이 열거하기도 어려운 문화적 다양성으로 발현된다.

이 책이 주목하는 다문화 사회, 다문화주의 그리고 다문화 정책 모두 이처럼 불가피하고 확대일로에 있는 '다양성에 대한 대응'이라는 점에서 다양성에 대한 이해는 필수적이다. 다양성을 이해하는 데 있어서 몇 가지 논제가 제기된다. 첫째, 다양성의 가치에 대한 평가이다. 기능적인 차원에서 다양성이 문제인가 아니면 기회인가에 대한 평가이다. 이는 입장에 따라 달라질 수 있지만 공통적인 것은 다양성이 사회의 발전에 기여할 수 있는, 즉 '가치를 더할 수 있는(value in diversity)' 방식으로 관리되어야 한다는 점이다(Cox &Blake, 1991: 46). 이를 위해서는 먼저, 문화적 차이에 대한 수용성을 높이고 다양성이 제공하는 기회를 포착할 것이 요구된다. 예를 들어 다양성을 통해 창의성과 관점의 풍부함을 확보한다거나 다양한 가치와 관점의 적용을 통해 비판적인 분석을 가능하게 한다거나 이를 통해 집단사고(group thinking)를 막는 것 등이다. 동전의 양면으로 다양성의 확대에 따른 부정적 영향을 최소화하는 노력도 또 하나의 논제이다. 인종적 이질성(차이)이 사회적 응집력을 훼손하고 갈등을 야기하지 않도록 관리하는 것이 중요하다. 사회적 다양성과 차이가 부정적인 방향으로 작동하게 만드는 고정관념, 편견, 인종주의, 자민족중심주의(ethnocentrism) 등에 대한 이해와 대응이 필요한 또 하나의 이유가 여기에 있다. 이에 대한 자세한 내용은 후술한다.

다양성과 관련한 또 다른 논제는 다양성의 개념적 분화이다. 다양성과 관련한 기존 논의의 대부분은 다양성을 단일 차원의 연속선상의 개념으로 전제하는 경향이 있다. 주로 다양한 사회적 배경을 기준으로 한 범주화에 따라 구분되는 표피적인 차이에 집중해 다양성을 논의해왔다. 그러나 다양성은 일차원의 단선적 개념이기보다는 개념적 분화의 과정에 있다고 보는 것이 타당하다. 다양성의 개념적 분화는 과거에 비해 다양성 기준이 확대일로에 있기 때문이기도 하지만 다양성을 둘러싼 이해관계의 충돌과 갈등이 증폭되는 것과도 무관하지 않다. 이는 다양성이 단순히 인구 통계적 기준의 확대를 넘어서는 정치적 의미를 갖게 되는 것과 같은 맥락에서 이해되어야 함을 뜻한다. 다양성을 둘러싼 정치성과 그에 따른 개념적 분화는 다문화 사회, 다문화주의 그리고 다문화 정책의 복잡성을 더한다는 점에서 이에 대한 이해가 보다 중요해진다.

관련 논의에 따르면(Cox, T. & Blake, 1991; Pelled, 1996; Taylor, 1997; Harrison et al., 1998; 2002; Kymlicka, 2010), 다양성은 표피적 다양성(surface level diversity)과 심층적 다양성(deep level diversity)으로 구성된다. 표피적 다양성은 인구 통계적 특성과 연결된다. 이는 기존 논의에서 가장 포괄적이고 일반적인 다양성으로 통칭되는 개념이다. 표피적 다양성은 쉽게 보이고 쉽게 측정되는 인구 통계적 특성(예: 성별, 인종 등)에 따른 구분이기 때문에 높은 가시성을 특징으로 한다. 이에 반해 심층적 다양성(deep-level diversity)은 가시적인 범주화의 기준을 넘어서 문화적, 심리적, 또는 철학적 가치관의 차이를 포괄한다. 심층적 다양성은 잠재된 차이이기 때문에 가시성이 낮고 일정한 시간과 지속적인 상호작용을 통해 파악이 가능하다. 따라서 심층적 다양성에 따른 사회적 결과 역시 심층적이고 복합적이다.

소위 다문화 사회의 도래는 단순히 인구 통계적 특성을 기준으로 한 표피적 다양성의 확대에 그치지 않는다. 표피적 다양성이라는 가시적인 차원의 저변을 흐르는 심층적 다양성은 강력하고 안정적인, 그리고 오랜 시간이 소요되는 정체성 형성(identity formation)과 맞물려 있다는 점에서(Taylor, 1997; Kymlicka, 2010), 표피적 다양성에 비해 사회적, 정치적 의미가 크고 다루기 쉽지 않다. 표피적 다양성과 심층적 다양성 모두 후술할 정체성의 정치와 관련되지만, 심층적 다양성은 성별이나 인종에 기초한 단순한 정체성을 넘어선 가치의 정체성이기 때문에(Taylor, 1997; Kymlicka, 2010), 다문화 사회의 복잡성을 더한다. 이러한 복잡성은 다양성에 대한 정책적 대응의 어려움을 가중시키는 도전적 요인이다.

집단 간 다양한 요구의 분출에 대해 심층적 다양성(즉 가치 정체성)에 대한 이해가 결여된 상태에서 표피적 다양성에(만) 주목해 대응할 경우, 문제의 핵심에 다다르지 못하고 문제를 더 복잡하게 만들 가능성도 배제할 수 없다. 예를 들어 최근 사회적 이슈로 부상한 소위 '혜화역 시위'를 여성 대 남성이라는 표피적 다양성 또는 표피적 정체성의 관점에서만 대응하는 것은 현상을 지나치게 단순하게 규정하는 우(憂)를 범할 수 있다. 이른바 혜화역 시위로 표상되는 여성들의 분출된 요구는 단순히 여성 대 남성이라는 표피적이고 인구 통계적 정체성을 넘어서는 권리, 권력, 정체성의 정치, 인정의 정치, 더 나아가 국가의 역할, 국가의 중립성에 대한 가치관과 이해관계의 충돌이 내재되어 있다(원숙연, 2018). 혜화역 시위에서 등장한 '여성에게 국가는 없다'라는 문구는 표피적 정체성에 기반을 둔 양성 평등이나 양성 갈등을 넘어서는 가치관의 정체성이 강하게 작동함을 웅변한다. 그럼에도 불구하고 표면적으로 나타난 현상에만 주목해 이를 양성 평등 이슈나 남녀 성별 이분법적 갈등으로 규정하고 대응한다면 오히려 갈등의 증폭으로 이어질 수 있다. 이와 같이 다문화 사회의 도래에 따른 심층적 다양성은 표피적 다양성과 상호작용하면서 집단 간 정치의 양상을 달라지게 만드는 정치적 개념이다. 이는 후술할 정체성의 정치와 인정의 정치와 직접적으로 연결된다. 다문화 사회에 대한 이해를 위해 심층적 다양성에 주목해야 하는 또 하나의 이유가 여기에 있다.

다양성의 발현 기제: 사회적 범주화

다양성이 발현되는 대표적인 기제는 사회적 범주화(social categorization)이다[2]. 인간은 자신을 타인으로부터 구별해 특정의 사회적 범주로

2 범주화는 사회적 범주화와 자아범주화로 대별된다(Allport, 1954; Tajfel, 1982; Turner, 1985). 전자는 개인이 타인을 어떻게 인지하는가에 대한 것이고 후자는 개인이 자기 스스로를 어떻게 인식하는가에 대한 것이다. 사회적 범주화와 자아범주화가 별개로 존재하기보다는 상호 침윤하는 것이 현실이지만 사회적 현상으로서 다양성은 주로 사회적 범주

집단화하고자 한다. 여기서 범주는 인간의 정신적 구성물로서 인간이 세계를 이해하는 데 도움이 될 수 있도록 복잡한 세계에 질서를 부여한다(Stone, 1988). 인간은 범주를 통해 자신을 둘러싼 복잡한 세계에 경계를 짓고 질서를 부여한다(Ashford & Mael, 1980: 20-21). 범주화의 가장 중요한 속성이자 특징은 같은 범주에 속하는 것(사람, 사물)에 대해서는 동질성을, 상이한 범주에 속하는 것(사람, 사물)에 대해서는 이질성을-실제보다 더 많이- 부각시키는 것이다(Yanow, 1996: 485-486).

범주화의 대표적인 기능은 의사결정에 필요한 정보 처리와 연결된다. 인간이 의사결정을 하기 위해서는 관련된 정보를 획득하고 처리하는 과정이 필수적이다. 인간의 초합리성을 전제하는 합리적 의사결정 모형에 따르면(Simon, 1960), 인간은 의사결정에 필요한 모든 정보를 획득하고 정확하게 처리할 수 있다. 그러나 현실은 이와는 다르다. 인간이 가진 인지적 한계와 자원의 희소성 그리고 시간적 제약 등으로 인해 의사결정에 필요한 모든 정보를 일일이 개별적으로 획득하고 정확하게 처리하는 것은 불가능하다. 이러한 현실적 어려움에 직면해 필요한 정보를 효과적으로 조직하고 처리하는 데 유용한 인지적 도구가 바로 '범주를 통한(category driven)' 정보 처리이다(Mayerson et al., 1996: 182). 이는 증거에 의한(evidence driven) 정보 처리에 비해 정확성은 떨어지지만 정보 처리 속도를 높이고 인간의 인지적 노력을 절감하는 이점이 있다.

이처럼 범주화는 인간이 직면하는 인지적 한계와 자원과 시간의 제약하에서 신속하고 능률적인 정보 처리에 도움을 준다. 범주를 통한 정보 처리는 대인간 상호작용에도 유용한 인지적 도구이다. 상대방에 대한 완전하고도 완벽한 정보 획득이나 정확한 처리가 현실적으로 불가능한 상황

화와 관련된다는 점에서 사회적 범주화에 한정해 논의를 진행한다.

에서 그 상대방의 본질은 물론 상대방의 의도-선의 또는 악의-를 파악하는 것은 상당히 도전적인 과업이다. 상대방에 대한 불확실성과 그로 인해 발생할 위험 인식도 함께 높아진다. 이처럼 높아진 불확실성과 인지된 위험을 최소화하기 위한 하나의 수단이 상대방의 인구 통계적 배경 또는 사회적 배경을 기준으로 범주화해 평가하는 것이다.

사회적 범주화 과정에서 주로 거론되는 사회적 단서는 성, 인종 등인데 최근에는 학력, 종교와 함께 성적 지향 등으로까지 그 단서가 확장되고 있다. 그런데 다양한 사회적 범주화의 단서가 모두 같은 비중으로 활용되는 것은 아니다. 특정 시기, 특정 상황에서 범주화의 단서들이 선택적으로 사용되는데, 이 선택의 과정에서 중요한 것이 '현저성(salience)'이다. 현저성은 크게 두 가지 요인에 의해 결정된다. 그 하나는 성비나 인종 비율과 같은 물리적 상황이다. 예를 들어, 남성이 지배적인 조직에서 소수의 여성이 있거나, 반대로 여성이 지배적인 조직에서 소수의 남성이 있다면 성별은 매우 현저한 범주화의 단서가 된다. 현저성을 결정하는 또 다른 요인은 특정의 범주화 단서와 관련한 사회적 또는 역사적 관행과 경험이다. 예를 들어 우리나라에서는 다른 사회에서는 현저하지 않은 '출신 지역'이 현저한 범주화의 단서로서 오랫동안 활용된 사회적 경험이 있다. 이와는 달리 이민 사회로 시작한 미국에서 인종은 역사적으로 사회적 범주를 구성하고 구분하는 매우 중요한 단서로 기능했다. 이에 반해 전통적으로 단일 민족-단일 문화를 오랫동안 유지해왔던 우리나라에서 인종은 사회적 범주화의 현저한 단서로 활용되지 않았다.

주목할 것은 사회적 범주화 단서의 현저성은 정태적인 것이 아니라 지속적으로 변화한다는 점이다. 전술한 바와 같이 우리나라에서 역사적으로 인종이라는 단서의 현저성은 거의 없었다. 그런데 오랫동안 현저하지 않았던 인종이라는 단서가 현저한 단서로 변화하고 있다. 이러한 변화는 비교적 최근 이주 외국인의 증가에 따라 우리나라도 인종이 새로운 범주화의 요소로 등장하면서부터이다. 그간 인종적 다양성에 대한 사회적 노출이 거의 없다가 비교적 짧은 기간에 압축적으로 이주 외국인이 증가함에 따라 인종의 물리적 가시성이 급격히 높아졌다. 이에 따라 인종이 과거와 비교해 상당히 현저한 사회적 범주화의 단서로 활용될 수 있는 여건이 마련되었다. 같은 맥락에서 오랫동안 당연시되었던 단일 민족-단일 문화의 사회적 규범이 이주 외국인의 증가로 인해 도전을 받게 되었다. 사회적 규범은 형성되는 데도 일정한 시간이 소요되지만 그것이 변화하는 데도 일정한 시간이 필요하다. 따라서 단일 민족과 단일 문화의 규범과 인종적 다양성이 공존하면서 갈등이 불가피해지고 이러한 사회적 갈등은 인종의 '사회적 가시성'을 높이는 데 기여했다. 결국, 과거와는 달리 인종의 물리적 가시성과 사회적 가시성이 높아짐에 따라 사회적 범주화의 단서로서 인종이 가진 현저성이 함께 높아지게 된 것이다.

다문화: 사회적 기본재로서 문화의 인정

이미 밝힌 바와 같이 대부분의 사회 현상은 개념적 혼란을 겪는데, 문화는 그러한 개념적 혼란의 중심에 있다고 할 수 있다(원숙연, 2009). 가장 포괄적인 의미에서 문화는 환경을 관리하기 위해 인간이 만들어낸 인공물(Malinowski, 1944), 또는 집단의 사회적 정체성을 규정하는 '일련의 유형(a set of pattern)'으로 개념화된다(Deutsch, 1973). 또한 집단 구성원들 사이에 공유된 가치와 규범의 체계로 당연시되는 일련의 암묵적 가정으로 규정되기도 한다(Schein, 1996). 이러한 암묵적 가정은 특정 집단의 구성원을 다른 집단의 구성원과 구별되게 하는 '집합적인 프로그래밍(collective mental programming)'으로 기능한다(Hofstede, 1991; 원숙연, 2009에서 재인용).

이렇듯 다양하게 규정되는 문화는, 그 표현의 차이를 차치한다면, 다음과 같은 몇 가지 공통된 특징이 포착된다. 첫째, 개인을 넘어선 집합적 형태로 존재하며, 둘째, 진공 상태가 아닌 특정 사회의 역사적 흐름의 산물이며, 셋째, 같은 맥락에서 다양한 사회적 구성원의 상호작용과 가치관 등이 반영되는 사회적 구성물로서, 넷째, 특정 사회의 문화는 다른 사회의 문화와 구분되는 특수성을 갖는다(Hofstede et al., 1990: Lytle et al., 1995; 원숙연, 2009). 따라서 특정 시점, 특정 사회의 문화는 사회 구성원에게 사회적으로 요구되는 태도와 행동이 무엇인지를 알려주고, 외부 환경에 대한 적절한 대응 전략을 가르쳐주며 상호작용 방식을 통제하고 규율하는 역할을 수행한다. 한마디로 문화는 특정 사회의 구성원에게 적절하고 수용 가능한 행동양식이 무엇인지를 알려주고 공유하게 하는 지침이며 (부)적절한 행동에 대한 처벌과 보상의 기준이다. 따라서 문화적 지침과 요구에 맞는 행동이나 태도는 보상을 받는 데 반해, 부합하지 않는 경우에는 유무형의 처벌의 대상이 된다. 이처럼 보상과 처벌에 대한 직간접적 경험의 축적을 통해 문화는 내면화되고 사회화를 통해 유지, 계승된다. 이처럼 기존 논의에서 문화는 다른 사회와 구분되는 특수성이 제시되기는 하지만, 주로 특정 사회의 구성원에게 적절하고 수용 가능한 행동양식의 지침 제공이라는 문화의 내부적 기능에 강조점이 있다.

그러나 다문화 사회의 도래와 함께 기존의 문화 개념과는 다른 개념적 분화가 감지된다. 그중 하나가 '사회적 재화(social goods)'로서 문화이다. 테일러(Taylor, 1992)에 따르면, 문화는 일종의 언어와 같다. 언어가 자신과 세계를 '표현하고(depict)', 삶과 세계관을 '구성(constitute)'하는 데 기여하는 것처럼, 문화도 같은 기능을 한다. 특히 문화는 인간의 경험과 행동을 연결하고 이해 가능한 것으로 만드는 역할을 한다. 여기서 '사회적(social)'

이라는 것은 공통된 이해 또는 의미(common understanding/meaning)를 기반으로 한다는 뜻이다. 예를 들어 특정 사회에서 '선(goodness)'이라 할 때, 단순히 '선'을 구성하는 객관적인 사실의 조합만을 의미하지는 않는다. 객관적 사실 이상의 공통된(공유된) 이해를 함축한다. 중요한 것은 공통된 이해는 특정 사회(집단)의 경계 안에서만 기능한다는 점이다. 즉 특정 사회 또는 집단의 범위를 넘어설 경우, '선'에 대한 이해가 달라지고 그렇기 때문에 문화는 특정 사회(집단)를 다른 사회(집단)과 구분하는 특수성을 부여한다.

이와는 조금 다른 맥락에서 주목을 끄는 것이 '기본재(primary goods)'로서 문화 개념이다(Kymlicka. 1995: 76). 전술한 테일러(Taylor)의 사회적 재화로서 문화 개념이 기존의 문화 기능과 맥을 같이한다면, 기본재로서 문화 개념은 기존의 문화 개념과는 상당한 거리가 있다. 기본재로서 문화 개념은 롤스(Rawls)의 정의론에서 제시하는 사회적 기본재(social primary goods)와 궤를 같이한다. 롤스(Rawls, 1971)에 따르면, 기본재는 합리적 인간이라면 원할 것으로 추정되는 것으로(presumed to want), 자연적 기본재(natural primary goods)와 사회적 기본재(social primary goods)로 구성된다. 전자는 건강, 지성(intelligence), 상상력(imagination) 등이고, 후자는 다양한 형태의 자유와 기회, 소득과 부 그리고 자기존중(self respect)을 가능하게 하는 사회적 토대이다. 롤스(Rawls)는 정의의 실현을 위해서는 법체계를 통해 이들 기본재가 받아들여지고 보장되어야 한다고 보았다.

이러한 롤스(Rawls)의 논의에 기초해 킴리카(Kymlicka)는 문화를 사회적 기본재로 규정했다. 다시 말해 문화는 사회적 존재인 인간이 공적인 영역과 사적인 영역에서 자기존중과 의미 있는 삶을 영위하기 위해 필요한 기본적이고 필수적인 사회적 재화인 것이다. 이처럼 문화를 사회적으로 중요한 기본재로 규정하는 것은 단순히 사회 구성원 간의 행동의 지침과 공유된 의미를 넘어서서 문화를 일종의 보편적인 기본권과 같은 차원에서 본다는 뜻이 된다. 문화를 기본권으로 볼 경우 자신의 문화를 향유할 권리가 기본권으로 부여되며 문화 사이의 우열(優劣)은 성립되지 않는다. 말할 것도 없이 특정 문화를 통해 다른 문화를 억압하거나 강요하는 것은 문제적 상황이 된다. 그것은 기본권을 억압하는 것이 되기 때문이다. 이처럼 문화를 인간 삶의 본질적이고 기본적인 권리로 인정하는 것은 후술할 다문화주의와 다문화적 시민권(multicultural citizenship)과 자연스럽게 연결된다.

다문화주의의 다층성

다문화주의의 개념적 혼란

다문화주의는 1970년대 서구 사회에서 급증하는 문화적 다양성을 다루기 위해 등장한 것으로 최근 우리나라에서도 대중매체를 포함해 일상생활에서 쉽게 접하게 된다. 기본적인 의미의 다문화주의는 상이한 문화와 이를 공유한 문화 집단의 존재를 인정하고 각 집단의 문화적 차이를 존중하는 것이다. 더 나아가 상이한 문화 집단 간의 지속적인 상호작용을 통해 공통된 이해를 제고하는 것이다. 이러한 의미의 다문화주의는 상호작용적 다원주의(interactive pluralism)를 기반으로 한다. 관련 논의에 따르면 (Alexander, 2001; Hartmann & Gerteis, 2005), 서로 다른 문화에 대한 이해는 지속적인 상호작용(접촉)을 통해 만들어지는 것, 즉 지속적인 되어감의 상태(constant state of becoming/emergent)를 의미한다. 이와 함께 다문화주의에서의 통합은 이미 만들어진 문화 영역에 외부인을 단순히 추가(편입)하는 것이 아니라 문화 영역 안에서 '다양성을 만들어가는(achievement of diversity)' 것이다(Alexander, 2001a: 246).

이처럼 문화 집단 간 평등과 긍정적 평가를 전제하고 상호작용적 다원주의에 기초한 다문화주의가 이주 외국인을 위한 정책과 동의어로까지 쓰이면서(Breugelmans & Vijver, 2004; Alexander, 2005; 원숙연, 2008), 그 혼란은 가중된다. 이에 따라 다문화주의 개념 사용의 일상성에 비해 이를 개념화하는 것은 간단하지 않다. 다문화주의를 문화다원주의(cultural pluralism)와 혼용하기도 하고(장은주, 2003), 문화적 특수주의(particularism)가 문화적 동질화로 이행해가는 중간 단계로 보는 입장도 있다. 이처럼 다문화주의는 개념적 혼란의 와중에 있는데 이러한 혼란을 가중시키는 요인은 다음과 같다(원숙연, 2008).

먼저, 다문화주의가 일종의 유행처럼 편의적이고 산발적으로 사용되고 있다는 점이다. 이러한 현실은 다문화주의에 대한 논의의 방점을 어디에 두느냐에 따라서 다양한 개념화가 가능해져 혼란을 증폭시킨다. 예를 들어 다문화주의를 철학으로 볼 것인지, 정치적 지향으로 볼 것인지, 규범적 선호로 볼 것인지, 아니면 보다 현실적으로 소수 집단에 대한 차별을 개선하기 위한 정책 대안으로 볼 것인지에 따라 다르게 규정될 수 있다. 가장 넓은 의미의 다문화주의는 한 사회 안에 존재하는 문화적·인종적 다양성을 의미한다. 이는 전술한 다문화와 호환 가능한 개념이 된다.

한편, 학문 영역에 따라 논의의 방점이 달라지면서 다문화주의가 다양하게 규정된다. 예를 들어 철학으로서의 다문화주의는 '차이의 철학'에 근간을 두는데, 이는 서구적 합리성과 이성을 수단으로 특정 문화에 의한 타문화의 지배를 부정한다(Tiryakian, 2003; 김혜숙, 2004). 정치적 지향으로서 다문화주의는 '차이의 정치(politics of difference)' 또는 '정체성의 정치(politics of identity)'로 구현된다(Kymilicka, 1995; Negri & Hardt, 2001; 오경석,

2007; 원숙연, 2008). 정치적 지향으로서 다문화주의와 관련해 관심을 끄는 또 하나의 개념은 '문화적 민족주의(cultural nationalism)'이다. 이는 사회의 주류 또는 다수 집단이 갖는 부르주아적 헤게모니 문화(bourgeois hegemonic culture)가 전제하는 엘리트주의에 대항하는, 소수 집단의 문화를 인정해야 한다는 정치적 요구이다(Tiryakian, 2003: 28). 여기서 부르주아적 헤게모니 문화의 영향력은 단순히 민족국가의 경계 밖으로부터 유입된 이주 외국인에게만 해당되지 않는다. 주류 집단과 마찬가지로 민족국가 경계 안에서 공식적 시민권을 가지고 전통을 공유하는 소위 소수 집단(예: 여성, 하위계층, 동성애자, AIDS 병력자 등)에게도 적용되는 엘리트주의적 문화이다. 이처럼 다문화주의를 정치적으로 접근할 경우, 집단 간 갈등과 인정의 정치와 바로 연결된다.

다문화주의의 개념적 혼란을 가중하는 또 하나의 요인은 다문화주의와 문화상대주의와의 관계이다. 다문화주의는 상이한 문화들 간의 가치평등성(value equality)과 자기충족성(self sufficiency)을 강조한다(Epstein, 2009). 문화상대주의는 사회와 문화를 1:1의 대응 관계로 전제하고 각각의 문화는 고유한 가치를 가진다고 본다(장은주, 2003). 모든 문화적 신념이나 관행은 개별 사회에 대해 상대적이기 때문에 비교의 대상이 될 수 없다. 이는 전술한 바 있는 테일러(Taylor)의 사회적 재화로서 문화 개념과 궤를 같이한다(Taylor, 1992). 이렇게 볼 때 다문화주의는 본질적으로 문화상대주의적 지향성을 갖는다.

그러나 주목해야 할 것은 다문화주의나 사회적 재화로서 문화 개념이 문화상대주의에 대한 원리주의적(fundamentalist) 적용을 인정하는 것은 아니라는 점이다. 즉 모든 문화는 동일한 가치가 있기 때문에 어떠한 문화적 관행도 그 자체로서 정당하다는 것이 선험적으로 인정되는 것은 아니다. 따라서 다문화주의라는 명분으로 여성이나 유색인종 등 소수 집단에 대한 부당한 차별을 당연시하거나 인권을 침해하는 문화적 관행을 무조건 수용하고 인정할 수는 없다. 아랍 문화에서 여성의 순결 유지라는 목적하에 자행되는 여성 할례 의식이나 부모들 사이에서 정혼한 사람과의 결혼을 거부했다는 이유로 가족에 의한 살해의 공포 속에서 도망자의 삶을 살아야 하는 이슬람 여성의 현실을 다문화주의 또는 문화상대주의로 정당화할 수는 없다(원숙연, 2008에서 재인용).

다문화주의의 분화

다문화주의를 둘러싼 혼란을 가중하는 또 하나는 다문화주의가 다양한 형태로 존재한다는 점이다. 후술하는 것처럼 다문화주의는 다양한 변형과 다층성을 갖는다. 그럼에도 불구하고 우리나라의 다양한 학문 영역에서 다문화주의를 논의하거나 행정학 분야에서 정책 수단의 하나로 다문화주의를 언급하는 경우에도 구체적으로 '어떤 다문화주의'를 지칭하는지가 명확하지 않다. 연구자들이나 정책 입안자들 사이에서 '간주관적인 합의'에 도달했다면 다행이지만, 만일 서로 다른 다문화주의를 상정하고 있다면 그것은 분명 문제적 상황이다.

이러한 문제를 최소화하기 위해 다양성에 대한 대응 또는 다양성을 관리하는 한 방식인 다문화주의의 변형과 분화를 이해하는 것이 필요하다. 특정 시대, 특정 사회에서 다양한 형태의 다문화주의 중 어떤 것을 선택하느냐에 따라서 정책 대응의 속성이 달라지고, 그 내부 변이가 복잡해질 수 있다. 정책은 당위나 윤리의 문제가 아니다. 현실의 문제를 해결하기 위한 '수단을 선택하는' 작업이며 선택의 과정은 그 자체로서 정치적이다. 따라서 다문화주의의 다층성은 다문화 정책의 선택에 있어서 복잡한 경우의 수를 만들어내고, 이는 다문화 정책을 둘러싼 정치의 다차원성과 연결된다. 이러한 정치의 다차원성과 내적 변이를 고려하지 않고 포괄적인 의미에서 다문화주의로 통칭해 논의하는 것은 다문화주의에 대한 제한적 이해를 넘어서 다문화주의의 정치성을 왜곡하는 의도하지 않은 결과를 가져올 수 있다.

관대한 다문화주의(benign multiculturalism)

관대한 다문화주의는 사회적, 문화적 다양성의 확대를 인정하고 그것이 갖는 긍정적인 측면을 수용한다는 점에서 후술할 비판적 다문화주의에 비해 '상대적으로' 관대하다(Wolfe, 2000). 관대한 다문화주의는 사회적 다양성과 문화적 다양성에 대해 원칙적으로 거부감은 없다. 그러나 인위적으로 다양성을 증대시키거나 다양성을 관리하려는 정부의 정책적 설계나 정책 개입에는 반대한다(Wolfe, 2000; Hartmann & Gerteis, 2005; 마르니티엘로, 2002). 다시 말해 차이와 다름을 평가하고 존중하는 것, 그리고 집단이나 개인의 결합인 결사체를 통해 자발적으로 차이를 인정하는 것과 공식적인 정책이나 공적 개입을 통해 이를 제도화하는 것은 다르다는 것이 관대한 다문화주의의 기본 입장이다.

관대한 다문화주의가 표방하는 차이의 인정과 이를 제도화하는 것은 별개로 보아야 한다는 분리주의적 접근은 다문화주의가 사회적·경제적 재분배를 옹호하는 형태로 활용되어서는 안 된다는 입장이다. 이는 다문화주의가 후술할 '인정의 정치(politics of recognition)'와 연결되는 것을 반대하는 일종의 자유주의적 접근이다. 이러한 점에서 관대한 다문화주의는 문화적·사회적 다양성을 공식적이기보다는 비공식적이고, 경직적이기보다는 유연한(soft) 형태로 인정할 것을 강조한다.

이처럼 직접적으로 정치적이거나 집단적이지 않으면서 사적인 차원에서 다양성을 존중하고 향유할 것으로 강조한다는 점에서 관대한 다문화주의를 온건한 다문화주의, 가벼운 다문화주의(Marco, 1997), 또는 소극적 다문화주의(passive multiculturalism)로 부르기도 한다(Bloemraad et al, 2008: 161). 이러한 다문화주의는, 프랑스에서 목격되는 것처럼, 집단 간 문화적 차이나 소수 집단의 문화적 관행은 사적인 영역에서만 한정적으로 인정할 뿐 공적인 영역에까지 제도화하거나 공적인 논란의 대상이 되는 것을 인정하지 않는다.

비판적 다문화주의(critical multiculturalism)

비판적 다문화주의는 전술한 관대한 다문화주의와 대척점에 위치한다. 비판적 다문화주의에 따르면(Fraser, 1998; Glazer, 1997; Walzer, 1997), 다문화주의를 단순히 정체성, 문화 또는 차이 등과 같이 이른바 '부드러운'이슈에만 한정하는 것은 의미가 없다. 오히려 이러한 이슈와 관련한 사회적, 경제적 불평등 구조를 타파하고 구조적 변화가 수반되어야 진정한 의미의 다문화주의가 실현된다고 본다. 다시 말해 비판적 다문화주의는 단순히 차이에 대한 인정을 넘어서 형평성, 경제적 배분 그리고 사회적 재구조화를 통한 재분배가 함께 이루어지지 않는다면(Fraser, 1998), 진정한 의미의 사회적 변화가 불가능하다는 입장을 견지한다.

이처럼 비판적 다문화주의는 차이로 인해 발생하는 사회적 형평성 문제나 불평등에 대한 인식을 기초로 사회의 다양한 배경을 가진 집단 간 재분배 및 사회적 재구조화로까지 논의의 지평을 확장시킨다(Hartmann & Gerteis, 2005). 이는 자연스럽게 후술할 인정의 정치와의 접점을 형성한다. 비판적 다문화주의는 공적인 영역으로까지 문화적 차이를 인정하고 제도화하는 캐나다 식의 문화적 다원주의 또는 적극적 다문화주의(active multiculturalism)와 궤를 같이한다(Bloemraad et al., 2008).

부티크 다문화주의(boutique multiculturalism)

부티크 다문화주의는 개인의 선택과 소비를 통해 다양성을 평가하고 향유하는 시장 기반적 다문화주의를 말한다(Hartmann & Gerteis, 2005). 자신의 문화와 다른 외국인 식당을 방문하거나 이주 외국인 문화에 관심을 가지거나 주말에 개최되는 이주 외국인 축제에 참여하는 등의 행위를 통해 표피적이고(superficial) 상징적(cosmetic)인 방식으로 문화적 차이를 인정하는 것 등이 대표적인 예이다.

부티크 다문화주의와 관련해 주목할 것은 다른 문화의 중심적 가치를 인정하고 수용하는 것이 아니라는 점이다(Fish, 1997). 주류 문화와 다른 문화가 갖는 차이를 존중하고 선호에 따라 선택적으로 향유할 수는 있다. 그러나 주류 문화의 중심적 가치와 이주 문화의 중심적 가치가 갈등하거나 이주 문화가 주류 문화의 중심적 가치를 훼손하거나 저항할 경우, 이주 문화는 인정되지 않는다. 랩음악이나 소울푸드 레스토랑에 가는 것처럼 표피적인 방식으로 이주 문화의 가치를 수용하기는 하지만, 이러한 문화를 가진 소수 집단을 대상으로 한 적극적 조치에 대해서는 불편해한다. 또한 다른 신념이나 종교적 교리가 존재한다는 것은 받아들이지만 그러한 신념이나 교리가 자신의 것과 배치되거나 위협적이라고 느낀다면 확실한 선을 긋는다. 한마디로 차이는 받아들이지만 '차이의 정치'는 인정하지 않는다. 이처럼 부티크 다문화주의는 다른 문화의 차이를 받아들이는 수준에 머무를 뿐 이를 공식화하는 행동이나 제도에 대해서는 반대한다는 점에서 전술한 관대한 다문화주의와 맥을 같이한다.

이상에서 본 것처럼 관대한 다문화주의, 비판적 다문화주의, 부티크 다문화주의에 이르기까지 다문화주의의 정향성과 속성의 스펙트럼이 상당히 넓다. 무엇보다 각각의 다문화주의가 표방하는 관점과 지향에 따라 다문화 사회를 보고 다문화에 대응하는 방식의 정치성이 다르게 발현된다.

이러한 정치성의 차이는 주류 집단의 문화와 다른 문화를 가진 이주 외국인 집단에 따라 상이한 정책 선택을 하게 하는 것과도 무관하지 않다. 어떤 시대, 어떤 사회에서 어떠한 다문화주의에 방점을 두느냐에 따라 정책의 속성이 달라진다. 결국, 다문화의 정치적 발현으로 다문화주의의 다층성은 다문화 정책의 다층성과 그대로 연결된다. 이와 관련한 구체적인 내용은 후술한 4부 〈다문화 사회 정치성의 '정책적' 다층성〉에서 실증적으로 확인된다.

다문화주의의 변형

트랜스컬쳐

다문화 사회의 도래와 함께 비교적 최근 새롭게 부상한 개념이 트랜스컬쳐(transculture: TC)이다. 트랜스컬쳐는 인종, 민족, 종교, 젠더 및 성적지향 등 전통적인 집단에 기반을 둔 문화의 경계를 초월하는 새로운 영역이다(Epistein, 2009). 소위 "초-문화적(supra-cultural)"으로 규정되는 이유가 여기에 있다(Epistein, 2009: 330).

트랜스컬쳐는 전술한 다문화주의와의 대비를 통해 좀 더 명확해진다. 다문화주의가 문화다원주의에 기반을 두고 각각의 문화가 갖는 가치를 존중하는 것이라면, 트랜스컬쳐는 상이한 문화들 사이의 개방성(openness)과 호혜적 개입(reciprocal involvement)을 중시한다. 한마디로 단일 문화에 대한 자부심이나 가치를 인정하는 것이 다문화주의라면—인정하는 정도와 방식은 각각 다르지만—, 트랜스컬쳐는 "특정의 문화를 다른 문화에 개방(makes one culture open to other cultures)"하는 것이다

(Espstein, 2008; 334).

트랜스컬쳐가 다른 문화에 대한 개방을 강조하는 저변에는 단일 문화가 갖는 불완전성에 대한 전제가 깔려 있다. 트랜스컬쳐에 따르면 문화는 내생적으로 불완전하다. 따라서 다른 문화와의 상호작용과 접촉을 통해 그 내생적 불안정성과 결함이 보완될 수 있다. 만일 내생적으로 불완전한 특정 문화에 매몰될 경우, 오히려 불완전하고 왜곡된 이해가 증폭될 수밖에 없다. 이에 따라 우리가 타인에게 투영된 모습을 통해 우리 자신을 보다 명확하게 이해할 수 있는 것처럼, 자신의 문화적 경계를 초월해 다른 문화와의 호혜적 개입을 통해 특정 문화가 갖는 불완전성이 극복될 수 있다고 본다. 예를 들어 이성적 문화는 감성적 문화를 통해 보완이 되고, 남성적 문화는 여성적 문화와의 상호작용을 통해 확장될 수 있으며, 백인(흑인)의 문화는 흑인(백인)의 문화를 통해 보다 풍부해질 수 있다는 것이 트랜스컬쳐의 기본 주장이다.

이처럼 트랜스컬쳐는 문화에 따른 차이를 인정하고 존중해 다양성을 만들어갈 것을 강조하는 다문화주의와 달리 문화들 간의 접촉 또는 접변을 통해 지배적 문화에 '저항(against)'하기보다는 지배적 문화를 '넘어서는(being beyond)' 것을 강조한다(Espstein, 2008: 331). 더 나아가 지배적 문화의 부재(no culture)까지도 상정한다(Baber, 2012). 지배 집단의 주류 문화가 갖는 헤게모니를 강조하지 않는다는 점은 다문화주의와 유사한 듯 보이지만, 트랜스컬쳐는 각각의 집단이 가진 문화가 접변과 접촉을 통해 지배적 문화를 넘어서서 또 다른 문화적 가치로 모아지는 '문화적 수렴(cultural convergence)'을 중시한다는 점에서 다문화주의와는 다르다(Baber, 2012: 3).

문화적 코스모폴리타니즘

코스모폴리타니즘을 관통하는 핵심 아이디어는 "인류는, 그들의 정치적 소속과는 무관하게, 단일 공동체의 시민이 될 수 있다(되어야 한다)(all human beings, regardless of their political affiliation, are [or can & should be] citizens in a single community)"이다(Stanford Encyclopaedia of Philosophy). 이러한 코스모폴리타니즘의 기본 아이디어는 다양하게 확장되고 분화되고 있다. 예를 들어, 규범적 코스모폴리타니즘(moral cosmopolitanism), 문화적 코스모폴리타니즘(cultural cosmopolitanism), 정치적 코스모폴리타니즘(political cosmopolitanism), 경제적 코스모폴리타니즘(economic cosmopolitanism) 등이 그것이다. 이 가운데에서 본 연구의 초점이 다문화 사회의 도래와 관련된다는 점에서 문화적 코스모폴리타니즘에 한정해 논의한다.

문화적 코스모폴리타니즘은 이주의 세계화에 따른 다문화주의에 대한 논의에서 비교적 새롭게 등장했다. 문화적 코스모폴리타니즘은 특정 문화에 배타적으로 소속되어야 한다는 인식을 거부한다. 문화적 코스모폴리타니즘은 문화 다양성을 중시하고 문화적 혼합을 강조한다는 점에서 다문화주의와 궤를 같이 하는 것처럼 보인다. 또한 문화적 코스모폴리타니즘은 다문화주의와 대척점에 있는 동화주의와 일정한 거리를 갖는다는 점에서 다문화주의의 변형처럼 보일 수도 있다. 구체적으로 문화적 코스모폴리타니즘은 동화주의가 강조하는 집단 멤버십이나 사회적 응집력이 개인에게 가하는 제약에 대해서 비판적이다. 하나의 중심으로 수렴할 것을 강조하는 동화주의와 달리 문화적 코스모폴리타니즘은 특정의 문화 또는 가치 중심으로의 수렴을 주장하지 않는다(Hartmann & Gerteis, 2005).

그러나 문화적 코스모폴리타니즘은 다문화주의가 강조하는 소수 집단에 대한 강한 존중을 전제하는 소수 집단의 문화권리(rights of minority cultures)(Kymlicka, 1995)에 대해 우려하고, 집단 멤버십을 부인하지 않는다는 점에서 다문화주의와 일정한 거리가 있다. 다만 문화적 코스모폴리타니즘이 인정하는 집단 멤버십은 규범적 유대가 강한 힘으로 작용하는 동화주의적 멤버십이 아니라 약한(thinner) 집단 멤버십이다. 여기서 약한 집단 멤버십은 집단 유대에 기초해 부여되는 것이 아니라 개인적 선택의 대상이며 개인 정체성을 구성하는 많은 요소 중 하나에 불과하다. 이러한 약한 집단 멤버십의 효용은 개인의 자유를 허용하고 더 나아가 개인의 자유와 권리를 확장하는 선에서만 인정되고 보호되는 것으로 규정된다.

정리하면 문화적 코스모폴리타니즘은 동화주의와 다문화주의의 중간적 위치 또는 다문화주의의 변형이라고 할 수 있다(Baber, 2012). 코스모폴리타니즘은 전형적 동화주의가 전제하는 지배 집단의 문화적 헤게모니를 강조하지는 않지만 각각의 사회 집단이 가진 문화가 새롭고 혼합된 또 다른 문화로 모아지는 문화적 수렴을 인정한다는 점에서 동화주의와 다문화주의의 중간적 위치에 있다. 이와 함께 다문화주의와 같이 사회적 다양성의 가치를 강조하면서 동시에 개인의 권리와 자유 그리고 선택의 폭을 확장하는 선에서의 집단 멤버십을 인정한다는 점에서(Waldron, 1992), 다문화주의의 변형이라고 할 수 있다.

정책으로서 다문화주의

다문화 정책의 유형

이상에서 다양성 및 다문화에 대한 철학, 이념 또는 정향성 등 비교적 추상적인 차원으로 존재하는 다문화주의를 논의했다. 추상적인 차원의 다문화주의가 보다 구체적인 정책 대안으로 구현된 것도 다문화주의로 지칭된다. 추상적 영역에 존재하는 다문화주의를 실질적이고 현실적인 차원에서 작동하는 정책적 대안의 한 형태와 동일한 용어로 사용함으로써 다문화주의를 둘러싼 개념적 혼란과 다층성은 심화된다. 이러한 상황을 고려하고 개념을 좀 더 명확히 하는 차원에서 정책으로서 다문화주의를 구체적으로 논의할 필요가 있다. 특히 다양성 증대와 다문화 사회의 도래에 대응한 다양한 형태의 정책적 대안과 다문화주의를 비교함으로써 정책으로서 다문화주의에 대한 이해를 제고한다.

이주의 세계화는 다양한 배경과 경험 그리고 문화를 가진 소수 집단의 유입을 현실로 만들었다. 이처럼 새로운 현실은 과거와는 다른 형태의 사회적 수요 또는 문제를 유발하면서 이에 대한 정책적 대응이 불가피해졌다. 미국처럼 이민 국가로 시작된 나라나 인종적 소수자를 둘러싼 사회적 문제를 이미 겪은 프랑스 같은 나라는 물론, 인종적 다양성에 대한 사회적 경험이 거의 없었던 우리나라를 비롯해 거의 모든 국가에서 인종적 다양성에 대한 정책적 고민이 요구되었다. 잘 알려진 것처럼 정책은 진공 상태에서 존재하지 않는다. 오히려 정책은 특정 사회의 역사적 유산과 함께 정치, 경제, 사회, 문화적 맥락을 반영하고 특정 정책 이슈에 대해 이해관계를 달리하는 다양한 행위자 집단의 상호작용의 산물이다. 한마디로 사회적 구성물(social construct)이다(Beland, 2005; Pierson, 2000; 2004; Lecours, 2005; 원숙연, 2008; 한승준·박치성, 2011). 따라서 특정 사회 문제에 대한 정책 대응은 모든 상황에 부합하는 모범 답안(a-one-size-fits-all)을 찾는 것이 아니라 다양한 대안 중에서 적실한(적실하다고 판단되는) 대안으로 '선택된' 것이다. 따라서 소위 다문화 정책은 다문화 사회의 도래와 함께 발생하는 사회적 문제를 해결하기 위해 선택된 대안이다.[3] 그중 다문화주의는 다문화 정책을 구성하는 다양한 대안 중 선택 가능한 하나의 대안이다.

인종적 다양성의 확대와 다문화 사회의 도래에 따른 사회적 문제를 해결하기 위한 다문화 정책 유형은 다음과 같다. 첫째, 동화주의(assimilation)이다. 동화주의는 사회 구성원들 간의 규범적 유대를 강조하고, 규범적 유대는 '강한 힘(thick forces)'으로 작용한다(Hartmann & Gerteis, 2005). 또한 동화주의는 '사회적 전체'를 중시하고 사회적 전체를 가능하게 하기 위해서 외부와의 경계는 명확하고 단일할 것을 상정한다. 그에 반해 전체 사회를 구성하는 하위 집단 또는 내부 집단 사이의 경계는 없거나 전체 속에 포섭되어야 한다. 이러한 가치는 자연스럽게 문화적 동질성과 순응을 강조하고 사회 구성원의 개별적 정체성보다는 전체로서의 정체성을 공유해야 한다는 사회적 요구로 이어진다.

이러한 요구에 따라 동화주의에서 내적 다양성은 인정할 것인가 아닌가의 차원을 넘어선다. 오히려 전체로서의 사회 구축을 어렵게 하는 위험한 것으로 규정되고 따라서 내적 다양성은 제거하거나 최소화해야 하는 대상이다(Hartmann & Gerteis, 2005). 이에 따라 동화주의에서는 내적 다양

3 가장 넓은 의미의 다문화 정책은 주류(다수) 집단과 비주류(소수) 집단의 차이에 대한 '제도적 보장'이다(Kymlicka, 1995; 오경석, 2007; 원숙연·박진경, 2009). 여기서 정책 대상은 포괄적인 소수 집단으로 인종적 소수 집단만이 아니라 여성이나 장애인과 같은 전통적인 소수 집단을 포함해 새롭게 등장한 소수 집단(예: 동성애자, 비정규직 노동자, 미혼모, AIDS 감염자 등) 모두가 될 수 있다. 따라서 이들 모든 소수 집단을 대상으로 다수 집단과의 사회적 관계 및 사회적 자원배분 방식에 있어서의 불공정한 차이나 차별에 대응한 정책 전반이 다문화 정책인 것이다. 이에 반해, 다문화 정책을 좁게 규정할 경우, 인종적 소수 집단으로 그 정책 대상이 한정된다. 따라서 좁은 의미의 다문화 정책은 이주 외국인 집단을 대상으로 주류 집단과 비교할 때 부당한 차별이나 처우를 개선하고 인종에 기초한 갈등을 해소하며 인간으로서의 보편적 권리를 갖도록 제도적이고 정책적으로 개입하는 활동이 된다(구견서, 2003; 오경석, 2007). 본 연구의 기본적인 관심이 '인종적 소수자'라는 점에서 좁은 의미의 다문화 정책으로 한정해 논의한다.

성이 아니라 공통된 이해를 바탕으로 하나의 '중심'으로 수렴하는 것이 무엇보다 중요하다. 이를 위해 인종을 달리하는 집단 고유의 정체성은 인정되지 않는다(Hartmann & Gerteis, 2005; 원숙연, 2008). 이들 소수 집단이 자신들 고유의 정체성을 포기하고 중심으로 모이는 대가로 '인정'을 받고(Castles & Miller, 2003), 사회적 자원에 대한 접근 권한을 갖는다. 일견 전체로서의 사회를 강조하고 내부적 다양성을 억제하는 동화주의는 이주 외국인의 증가에 부정적이라고 생각될 수도 있다. 그러나 역설적이게도 이주 외국인 집단이 자신들의 집단 정체성, 가치 및 관행을 주류 사회의 '중심'에 수렴하는 방식으로 포기만 한다면 오히려 갈등의 여지가 없을 수도 있다(Hartmann & Gerteis, 2005).

다문화 정책의 또 다른 유형은 차별·배제이다. 인종을 기초로 한 사회적 다양성에 대한 정책적 대응이 전술한 동화주의나 후술할 다문화주의와 같은 편입을 목적으로 하는 것만은 아니다. 〈다문화 사회의 정치성〉에서 자세히 후술하겠지만 정책적 대응의 대상이 되는 이주 외국인 집단의 가치(worthy) 또는 자격(deserving)에 대한 사회적 평가와 이들 집단의 도구적 효용에 따라 이주 외국인 집단은 정책적 배제의 대상이 되기도 한다(Berry, 2001; Jackson et al., 2001; Hartmann & Gerteis, 2005; Ingram et al., 2007; 원숙연, 2008). 차별·배제 정책은 기본적으로 분리주의(isolationism)를 근간으로 한다(Kukathas, 1992). 이는 문화적 다양성을 봉쇄하는 방식으로 주류 사회에 이방인와 그들 문화의 유입을 막는 것이다. 호주의 백호주의(White Australia Policy)가 대표적이다. 그러나 차별 배제는 현재의 개방적인 경제 및 사회 구조 하에서 지속 가능성이 없다. 따라서 폐쇄적 이민 정책을 통해 문화적 동질성 또는 순수성을 유지하는 것은 현실적으로 어려울 뿐 아니라 어떤 측면에서는 바람직하지 않다. 이러한 상황을 고려해 선별적 배제를 정책적 기조로 삼는 것이 현실적이다. 예를 들어, 이주 외국인 집단의 가치와 자격에 대한 평가에 입각해 이주 외국인 집단이 노동 시장 전반에 접근하는 것은 허용하지 않으면서 주류 집단이 회피하는(그러나 필요한) 3D 직종에 대해서만 제한적이고 선별적으로 접근하게 하는 것이다. 또한 노동 시장의 특정 영역에만 접근을 허용하면서 국적 취득이나 복지 혜택, 또는 선거권의 부여와 같이 사회적·정치적 자원에 대한 접근권은 전혀 부여하지 않는 방식의 선별성이 될 수도 있다.

이주 외국인 정책으로서 다문화주의

인종적 다양성에 기초한 다문화 사회에 대한 또 다른 정책 대응이 다문화주의(multiculturalism)이다. 전술한 바와 같이 다문화주의는 문화 집단 간 평등과 긍정적 평가를 전제하는 것으로(Breugelmans & Vijver, 2004; Alexander, 2005), 이주자가 그들만의 문화와 정체성을 지켜가는 것을 인정하고 장려한다. 정도의 차이는 있지만, 다문화주의는 단순히 차이를 인정하는 것을 넘어선다. 정책 목표가 공존과 공생이기 때문에 (Martiniello, 2002; Castles & Miller, 2003), 각 집단의 문화적, 사회적, 언어적 정체성을 인정하고 정체성 유지를 도와준다. 이를 위해 공식적인 정책 방향을 구상한다(예: 다언어 정책, 관습이나 문화적 예식 공식 인정 등). 이를 통해 상이한 문화 집단 간의 지속적인 상호작용이 이루어지고 공통된 이해가 형성된다면 전체 사회에 도움이 되는 지평의 확대가 가능할 것으로 본다.

정책으로서 다문화주의의 기저에는 단순히 차이를 인정하는 것은 실질적인 변화를 가져올 수 없다는 인식이 자리한다. 이런 점에서 전술한 관대한 다문화주의나 부티크 다문화주의와는 다르다. 주류 집단이 이주 외국인이라는 소수 집단의 집단적 정체성을 단순히 인정하는 것은 주류 집단 대 소수 집단 사이에 존재하는 태생적 불평등을 그대로 유지한다는 것을 의미하기 때문이다. 태생적 불평등을 그대로 둔 상태를 넘어서 보다 전향적으로 이주 외국인 집단의 가치를 적극적 조치 등 우대 조치를 통해 사회적 자원에 접근할 수 있는 방안을 마련하는 것까지로 그 외연이 확장된다. 동화주의나 다문화주의 모두 이주 외국인 집단에 대한 '편입'에 방점이 있지만 동화주의는 소수 인종 집단의 차별 방지 및 주류 집단에 적응하는 것을 도와주는 소극적 정책 수단을 적용하는 데 반해 다문화주의는 소수 집단의 문화와 권리보호라는 적극적인 정책 수단을 동원한다.

주목할 것은 정책으로서 다문화주의의 다차원성이다. 소위 '강한 다문화주의(stronger multiculturalism)'와 '약한 다문화주의(weaker multiculturalism)'가 그것이다(Taylor-Gooby & Edmund, 2014). '강한' 다문화주의는 이주 외국인의 민족 정체성을 인정하고 이를 유지하는 데 필요한 전통이나 관습을 존중하고 적극적으로 지원하는 정책 대안이다. 더욱이 강한 다문화주의는 인종적 다양성은 단순한 관용의 대상이 아니라 정책과 재정적 지원을 통해 촉진하고 확대해야 하는 대상이다. 이를 통해서 이주 외국인 집단은 자신들의 정체성을 유지한 상태에서 주류 사회와 동등한 멤버십이 부여받을 수 있다고 본다(Kukathas, 1992). 통상적으로 다문화주의라고 할 때 대부분은 강한 다문화주의를 상정한다.

이에 반해 '약한' 다문화주의는 동화주의적 변형이라고 할 수 있다. 다만 동화주의와 다른 것은 강제적이고 타율적 동화가 아니라, 이주 외국인의 민족 정체성을 부인하지 않으면서 이주 외국인 집단의 자발성과 필요에 입각한 동화를 인정한다는 점이다. 약한 다문화주의에 따르면, 이주 외국인 등 소수 집단은 지배적 규범이나 문화를 따르는 것이 필요한데 이는 이주 외국인 집단이 삶을 영위하는 데 도움이 되기 때문이다. 다시 말해 약한 다문화주의는 강요에 의해서가 아니라 외국인 집단의 삶에 도움이 되기 위해 주류 사회의 문화, 언어, 관습 등을 수용하고 따르는 것은 문제가 아니라고 본다. 결국, 이주 외국인 집단의 민족적 문화적 정체성은 인정하지만 이주 외국인 집단의 욕구와 필요에 따라 주류 집단의 문화에 동화될 수 있도록 지원하는 것이 바로 약한 다문화주의의 정책 기조이다.

그러나 약한 다문화주의의 정책논리는 몇 가지의 점에서 비판의 대상이 된다. 첫째, 현실적으로 동화주의와 다르지 않다는 비판이다. 이주 외국인 집단의 자유의사에 따른 것이라면, "동화는 아무런 문제가 되지 않는다(there is nothing wrong with assimilation)"(Parekh, 2000: 197)는 논리이기 때문이다. 이렇듯 약한 다문화주의는 동화주의를 옹호하는 것으로 비춰질 수도 있다(Baubock, 2001). 또 하나, 이주 외국인 집단의 입장에서 볼 때 주류 문화에 동화하겠다는 자유 의사와 자신의 고유 문화에 대한 충성심사이의 간극을 베우는 것은 쉽지 않다(Baubock, 2001). 일견 약한 다문화주의가 이주 외국인 집단의 고유 문화와 주류 문화의 양립이 가능한 것처럼 주장하지만 현실에서는 그러한 균형 유지가 쉽지 않다. 오히려 양립보다는 주류 문화에 동화하는 것 외에 다른 선택지가 없는 경우가 훨씬 더 많기 때문이다. 이렇게 볼 때 약한 다문화주의는 일견 다문화주의를 표방하지만 동화에 대한 '강요된 선택(forced choice)'이 될 가능성을 배제할 수 없다.

2부

다문화 사회의 '탈정치성' 비판

3장

다문화 사회의 이면(裏面)

편향의 정치적 동원

편향의 발현: 사회적 범주화와 선택적 인지

전술한 바와 같이 시간과 공간에 따라 현저성에 있어서 차이는 있었지만, 인종이나 성별 모두 사회적 범주화의 단서로서 다양성 발현에 작용해 왔다. 그런데 범주화는 의사결정을 위한 정보 처리의 단순화를 목적으로 하기 때문에 '선택적 인지(selective cognition)'를 불가피하게 수반한다. 선택적 인지는 정보 처리의 효율성을 높이는 데 반해 정보 처리의 정확성에 문제가 발생할 여지가 많은 한계가 있다. 특정 대상(또는 상황)에 대한 범주화가 이루어지면 그 대상(또는 상황)에 대한 정보 중 범주에 부합하지 않는 것은 무시되거나 범주에 부합하는 정보로 왜곡 또는 변경될 수 있기 때문이다. 또한 범주화가 이루어지면 대상(상황)에 대한 부가적 정보는 처리되지 않고 여과되는 경향도 함께 나타난다. 이처럼 범주화를 통한 정보의 변경, 왜곡, 여과에 따른 선택적 인지는 인간 판단의 능률성을 높이고 인지적 노력을 감소시키는 반면, 대상(상황) 그 자체의 특성에 대한 판단 오류로 이어질 개연성이 높다. 이것이 바로 범주화에 따른 인지적 오류로서, 성 고정관념이나 인종주의 등 다양한 형태의 편향이 대표적이다.

이러한 편향이 유지되는 중요한 기제는 인지적 일관성을 유지하고자 하는 경향성이다. 인간은 자신이 만들어놓은 지식구조, 인지틀(frame) 그리고 이전의 경험에 부합하는 방식으로 인지하고 행동하려는 인지적 일관성의 경향이 있다. 인지적 일관성은 기억의 선택성 그리고 관심의 선택성과 연결된다. 오랫동안 유지하고 있던 지식, 신념과 태도를 확인하는 방향으로 대상을 기억하고 주의를 기울이며 이를 기반으로 해석하고 행동하는 것이다. 자신의 인지를 확인해주는 정보에(만) 초점을 맞추고 그러한 정보(만)를 탐색하고, 부합하지 않는 정보는 무시하고 회피하려는 선택성이 이러한 경향성을 강화한다. 인지적 일관성의 유지는 해석 과정에서도 그대로 나타난다. 모든 자극에 같은 강도로 반응하지 않고 자신의 상황과 인지틀에 따라 주관적이고 선택적으로 반응해 해석한다. 무엇보다 상대방에 대한 정보는 최초 획득 단계에서부터 긍정적 또는 부정적인 평가형태로 해석되어 저장된다(Ferris et al., 1994). 해석은 그 자체로 좋고 나쁨, 선과 악이라는 이분법적 가치 판단을 수반하는 주관적 과정이며 단순히 감정과 정서를 넘어서 사회적 차별을 정당화하는 근거로 활용될 수 있기 때문에 선택적 해석에 따른 위험이 가중된다.

주목할 점은 선택적 인지가 인지 오류에 따른 편향의 발현이라는 심리적 차원에 머무르지 않는다는 것이다. 선택적 해석과 판단이 더해지면서 차별적 처우로 이어지기 때문에 선택적 인지는 '사회적'이다. 심리적 편향과 사회적 차별이 연결되어 작동하는 것이다. 이러한 작동의 저변에는 범주화에 따라 내집단(in group)과 외집단(out group)이 분리되고 내집단에 대해서는 선호가, 외집단에 대해서는 배제가 나타난다. 내집단 선호와 외집단 배제는 사회적 희소자원에 대한 접근성의 차이를 만들고, 그러한 차이를 둘러싼 이해 갈등과 충돌이 개입되면서 '정치적' 차원으로 확장된다. 한마디로 사회적 범주화에 따른 선택적 인지와 편향은 심리적 차원에서 사회적 차원을 지나 정치적 차원으로 발전하는 것이다.

편향의 정치적 동원(I): 자민족중심주의와 제노포비아

자민족중심주의

전술한 바와 같이 사회적 범주화를 기초로 내, 외집단 구분이 이루어지면 내집단 구성원에 대해서는 실제보다 더 동질적인 것으로, 외집단 구성에 대해서는 실제보다 더 이질적인 것으로 지각하는 경향성이 나타난다. 이러한 경향성은 가치 판단적 평가로 이어져 내집단에 대해서는 선호에 따른 긍정적인 평가로, 외집단에 대해서는 거부에 따른 부정적 평가를 기초로 하는 편향이 발현된다. 전자는 자민족중심주의(ethnocentrism), 후자는 제노포비아(zeonhphobia)가 대표적이다. 관련 논의에 따르면(Cashdan 2001; Hewstone et al., 2002; Hammond & Axelrod, 2006), 자민족중심주의는 '민족'이라는 표현을 쓰고 있지만 인종만을 기준으로 한다기보다는 일반적인 의미의 '내집단 선호(in-group favoritism)'를 포괄하는 것으로 보는 것이 타당하다.

Sumner(1906: 12-13)에 따르면(Neuliep & McCroskey, 1997: 385; Hammond & Axelrod, 2006), 자민족중심주의에서 내집단 구성원은 평화의 관계로, 외집단 구성원은 투쟁과 갈등의 관계로 규정된다. 또한 자민족중심주의는 말 그대로 자신이 속한 내집단이 모든 것의 중심으로, 여타의 것들을 비교, 평가하는 기준이며 준거이다. 자민족중심주의에서 중요한 것은 자신들이 가지고 있는 것에 대해서는 특별한 것으로 과장하고 다른 것으로부터 분리하는 것이다. 자민족중심주의로 표상되는 내집단 선호는 상대방에 대한 최소한의 정보 처리만으로도 상대방과의 높은 수준의 신뢰 형성과 협력을 가능하게 한다. 더 나아가 사회적 희소 자원의 불평등한 배분을 가능하게 하는 요소로 작용한다.

사실, 자민족중심주의는 집단 간의 관계 형성 및 집단 간 협력을 지원하는 효과적인 기제가 존재하지 않는 경우, 또는 이러한 기제의 작동 방식에 따라 그 영향력이 달라진다. 집단 구성원들 사이의 협력을 지원하는 기제는 1) 국가와 같은 공식적인 권위, 2) 혈연(kinship), 3) 시장 또는 거래, 4) 고용 관계와 같은 주인-대리인 관계, 5) 지속적인 상호작용에 기초한 호혜성(reciprocity), 6) 사회적 규범이나 신뢰 및 사회적 자본, 7) 평판 등이 있다(Hammond & Axelrod, 2006: 932). 이들 다양한 기제의 영향력은 조건과 상황에 따라 달라진다. 같은 맥락에서 자민족중심주의로 표상되는 내집단 선호와 그에 따른 차별 역시 이러한 기제들의 영향력 정도와 이들 기제의 존재(또는 부재)에 따라 다르게 나타난다. 예를 들어 상대방과의 협력을 위해 개인이 지불해야 하는 비용이 높은 경우(예: 신뢰 수준이 낮거나, 지속적인 상호작용이 없어서 정보가 없거나, 공식적인 제도가 미비할 경우 등), 자민족중심주의로 표상되는 내집단 선호의 영향력은 커질 수밖에 없다.

여기서 흥미로운 것은 자민족중심주의로 표상되는 내집단 선호는 실제 차별의 근거가 될 수 없는 동전 던지기나 제비뽑기와 같이 무의미한 단서를 통해 집단을 나눈 '최소집단상황(minimal intergroup situation)'에서도 그대로 나타난다는 점이다(Tajfel, 1970; Tajfel et al., 1971; Brewer, 1979). 또한 서로 이해관계를 주고받는 호혜적 관계가 아닌 경우 또는 직접적으로 자신의 이해관계가 걸려 있지 않은 경우에도 내집단 선호는 작동한다. 이처럼 사회적 의미가 함축되어 있지 않는 최소집단상황범주화에서조차도 내집단 선호가 작동한다면, 성이나 인종과 같이 사회적 희소자원 배분에 영향을 미치는 사회적 단서를 기준으로 범주화가 이루어질 경우–최대집단상황(maximum intergroup situation) 범주화– 내집단 편향이 얼마나 강하게 작동할지 예측하는 일은 어렵지 않다.

이처럼 강력한 자민족중심주의가 작동하는 데 관여하는 대표적 기제 중 하나는 '유사성-매력'과 '사회적 정체성 제고'이다. 유사성-매력 이론에 따르면(McGarth, 1984; Tsui & O'Reilly, 1989), 인종 또는 성과 같은 사회적 배경을 공유하는 상대방에 대해 매력을 느끼고, 매력은 긍정적인 평가로 이어진다. 유사성과 매력을 연결하는 데 배경적 기대(background experience)가 주효하다. 배경적 기대란 "선의의 집단 구성원(bona fide member)이…… 사물(사건)을 동일한 방식으로 보고 유사하게 해석하리라는 가정에 근거를 둔 '관점의 호혜성(reciprocity of perspectives)'"이다(Zucker, 1986: 57; 원숙연, 2015: 84. 강조점 추가). 배경적 기대의 공유는 상대방의 의도나 속성을 파악하는 데 필요한 정보를 모두 그리고 정확하게 처리할 수 없는 상황에서 불가피하게 직면하게 될 위험과 불확실성을 감소시킨다. 자신과 유사한 관점으로 사물이나 상황을 보는 상대방은 예측이 가능한 대상으로 인식된다. 이러한 예측 가능성은 상대방에 대한 신뢰로 이어진다. 주지하는 바와 같이 신뢰가 높은 상대방에 대해서는, 신뢰가 낮은 대상과 비교해, 긍정적인 평가를 한다(O'Reilly et al., 1989; Tsui & O'Reilly, 1989; Ferris et al., 1994). 엄밀하게 볼 때 인종이나 성이 동일하다는 사실이 객관적인 관점의 동일성을 보장하는 것이 아님에도 불구하고, 배경적 기대를 공유할 것이라는 주관적 판단에 따라 자민족중심주의의 작동에 기여하는 것이다.

이처럼 유사성-매력이 인간의 인지적 한계와 제한된 합리성 그리고 불확실성에 대응해 자민족중심주의를 작동하게 하는 심리적 기제라면, 사회적 정체성을 제고하고자 하는 욕구는 자민족중심주의를 활성화하는 사회적 기제이다. 사회적 존재로서 인간은 자신에 대한 긍정적인 자아개념이나 이미지, 즉 긍정적인 사회적 정체성을 고양하려는 욕구가 있다(Taifel, 1981; Ashford & Mael, 1989: 김혜숙, 1999). 이러한 욕구를 충족시키기 위해 개인적인 노력을 경주하기도 하지만, 더 빈번하게 이루어지는 것은 집단 간 분리와 비교이다. 사회적 배경을 기준으로 내집단-외집단을 나누고, 자신이 속한 내집단을 최대한 긍정적으로 평가해 그 평가를 자신에 대한 평가로 투영해 자신의 사회적 정체성을 함께 높인다. 또 하나, 비교 대상이 되는 다른 집단을 열등하다고 규정함으로써, 자신이 속한 집단의 상대적 가치를 높이는 방식을 취하기도 한다. 그 방식이 어떠하든, 긍정적인 사회적 정체성을 높이려는 욕구와 노력이 자민족중심주의의 작동을 가능하게 한다.

이렇게 볼 때 자민족중심주의는 내-집단 구성원을 외-집단 구성원보다 우월하다고 인식하는 것을 넘어서 자신이 속한 집단의 문화적 요소가 보편적이고 우월하다는 평가로까지 확장된다. 이러한 평가가 내집단 구성원 사이의 단결, 협력, 충성심을 고양하는 데 기여한다는 점에서 자민족중심주의는 민족주의와 연결될 가능성도 배제할 수 없다(Neuliep & McCroskey, 1997).

제노포비아

인종주의와의 차이

제노포비아(zenophobia)는 인종을 포함한 다양한 범주화의 단서에 따라 분류된 외집단 적대감을 포괄한다. 제노포비아는 'foreign'을 뜻하는 그리스어 접두사 Xeno와 공포를 의미하는 phobia의 합성어로 말 그대로 이방인에 대한 (비합리적) 공포 및 혐오이다(Cashdan, 2001; 송태수, 2006; 원숙연, 2017). 관련 논의에 따르면(Haaga, 1991; Herek, 2004; 10에서 재인용), 공포를 느끼는 사람들은 자신의 공포가 지나치다거나(excessive) 비이성적(unrea-sonable)이라고 느끼면서도, 공포 대상에 대한 가장 일반적인 반응은 회피와 이에 따른 적대감의 표현이다. 물에 대한 공포(hydrophobia), 또는 기술에 대한 공포(technophobia) 등 대상(사물)에 대한 공포는 다양하게 발현되지만 이들은 사회적 관계가 전제되지는 않는다. 이에 반해 소위 사회적 의미를 내포하는 공포는 기본적으로 사회적 범주화에 따른 내, 외집단 분리에 기초해 발현된다. 동성애 집단 대 이성애 집단 간 분리에 기초한 호모포비아(homophobia)나 본 연구가 주목하는 이주 외국인 대 주류 내국인 집단 간 분리에 따른 제노포비아가 대표적인 예이다.

일반적으로 제노포비아는 인종주의와 혼용 및 호환 가능한 개념으로 논의되기도 하고(Wimmer, 1997), 약한 버전의 인종주의(mild version of racism)(Westin, 2003; 송태수, 2006: 255 재인용)로 개념화하기도 한다. 그러나 제노포비아는 인종주의, 특히 전통적인 의미의 인종주의와는 차이가 있다. 자세히 후술하겠지만, 특정 인종 집단에 대한 인식 및 감정적 판단, 그리고 특정 인종 집단을 부정적으로 평가하는 태도인 인종주의는 다음과 같은 특징이 있다(Merger, 1994: 27). 첫째, 인간은 자연적으로 상이한 신체형으로 구분되며, 둘째, 상이한 신체적 특성은 특정 인종의 문화, 개성 그리고 지적 능력과 연결되며, 셋째, 이러한 유전학적 형질에 의해 특정 집단은 다른 집단에 비해 천부적으로 우월 또는 열등하다는 전제에서 출발한다.

이러한 논의를 받아들인다면 인종주의의 출발점은 생물학적 차이이다[1]. 이에 반해 제노포비아는 생물학적인 차이에서 출발하지 않으며 이방인으로 인지되는 개인이나 집단에 대한 두려움과 혐오에 집중한 심리적 개념이라는 점에서 전통적 의미의 인종주의와는 다르다. 더욱이 인종주의는 특정 인종에 대한 우열과 편견에 기초하지만 '공포'가 개입되지 않는다는 점에서 공포를 근간으로 하는 제노포비아와는 다르다.

제노포비아의 정치적 동원(political mobilization)

다양성의 확대에 따라 발현되는 편향으로서 자민족중심주의나 제노포비아는 정치적으로 동원 가능하다. 정치적 동원이란 기존의 권력 배분에 영향을 미치기 위한 시도이다(원숙연, 2018). 사실 자민족중심주의는 노골적인 내집단 선호이기 때문에 정치적 동원에 수반되는 저항이 비교적 강하고 내집단 특혜를 정당화하기 어렵다. 이에 반해 제노포비아는 정치적 동원 대상으로 활용하기가 상대적으로 용이하다.

제노포비아를 정치적으로 동원하는 데 활용되는 논리는 다음과 같다(Wimmer, 1997). 첫째, 집단 간 경쟁(갈등) 관점이다. 이 관점에 따르면, 제노포비아는 단순한 정서(sentiments)에 그치는 것이 아니라 사회적, 정치적 의미를 갖는다. 이는 제노포비아가 사회적 자원 배분을 둘러싼 '투쟁'과 연결되기 때문이다. 특정의 사회 자원을 둘러싼 갈등이 많을수록 제노포비아도 높아지는 것을 의미한다. 여기서 갈등은 객관적으로 존재하는 갈등만이 아니라 주관적으로 인지된 갈등을 포괄한다. 주목해야 할 것은 집단 간 경쟁이나 갈등이 균질적이지 않다는 점이다. 다시 말해 자신과 다른

1 최근 인종주의에 대한 논의가 생물학적 차이에 기초한 전통적인 인종주의를 넘어서는 사회적이고 정치적인 의미의 새로운 인종주의로 확장되고 있다. 인종주의에 대한 보다 구체적인 논의는 후술할 〈편향의 정치적 동원(II): 인종주의와 그 변형〉에서 심층적으로 논의한다.

배경을 가진 이방인에 대한 공포나 혐오의 부정적 태도로서 제노포비아가 모든 이방인 집단에게 같은 양태로, 동일한 정도로 발현되지 않는다. 예를 들어 동성애에 대한 제노포비아인 호모포비아는 여성 동성애(레즈비언) 집단보다 남성 동성애(게이)에 대해 더 강하고 견고하다(원숙연, 2017). 또한 이주 외국인이라 해도 결혼 이주 외국인에 대한 제노포비아와 불법 이주노동자에 대한 제노포비아의 양태와 정도는 다르다. 또한 모든 주류 집단이 이방인에 대해 같은 정도와 강도로 제노포비아를 경험하지 않는다. 경제적 또는 사회적으로 어려움에 처한 계층이나 실제로 이주 외국인과 사회적 자원을 공유해야 하는 주류 집단은, 그렇지 않은 주류 집단에 비해, 이주 외국인에 대한 제노포비아가 더 높다. 이주 외국인의 유입으로 인해 노동 시장에서 자신들의 일자리가 감소한다고 느낄수록, 이주 외국인과의 경쟁 가능성이 높고 실제 경쟁 경험이 많은 교육 수준이나 계층의 사다리에서 낮은 위치를 점하는 주류 집단일수록 제노포비아를 느낄 가능성이 높아진다.

둘째, 기능주의 논리이다. 기능주의에 따르면(Parsons, 1975; Craib, 1992), 사회는 복잡한 체제로 하위체제들 간의 상호 협력을 통해 사회적 응집력과 안정성이 유지된다. 기능주의는 '하나의 전체(whole)'로서 사회를 유지하고 진보해가기 위해 다양한 구성요소—규범, 관습, 전통 및 제도—들이 적절한 기능을 수행하는 것을 중시한다. 여기서 문화적 동질성이 중요한데, 문화적 동질성은 특정 사회의 규범, 관습, 전통 및 제도에 반영되어 전체로서 사회의 구조와 기능을 유지하는 데 기여하기 때문이다. 기능주의에서 문제적 상황은 이주 외국인이나 동성애 집단과 같은 이방인이 증가할 경우, 문화적 동질성이 약화되고 문화적 거리(cultural distance)가 벌어지는 것이다. 다시 말해 이들 이방인의 증가—이주 외국인의 유입과 같은—는 주류 집단과 소수 집단으로의 분리를 만들고 소수 집단은 주류 사회를 유지해온 계층 구조, 규범, 관습, 전통 및 제도에 통합되지 못하면서 분열이 발생한다. 이러한 분리와 거리는 사회적 결속과 안정성을 저해함으로써 전체로서의 사회 체제의 작동에 부정적인 영향을 주기 때문에 문제적 상황이 된다. 이러한 기능주의적 관점을 동원함으로써 이주 외국인 등 다양한 배경을 가진, 소위 이방인의 유입이 전체 사회 체제의 기능 유지에 부정적이라는 인식을 확산하면서 주류 집단의 제노포비아를 강화하는 것이다.

이러한 논리에 기반한 제노포비아의 정치적 동원은 담론 형성을 통해 구체화된다. 제노포비아와 관련해 문화적 거리에 관심을 두는 것은 일견 기능주의와 맥을 같이하는 것처럼 보인다. 그러나 기능주의가 주목하는 문화적 거리는 객관적이며, 정치성의 개입 가능성이 비교적 적다. 이에 반해 담론 형성에 있어서 문화적 거리는 사회적 희소자원의 배분을 둘러싼 주류 집단의 정치적 기득권이 개입된 문화적 거리이다. 한마디로 '만들어진' 문화적 거리이다. 즉 담론의 (의도적) 형성이다. 담론은 세계를 체계적으로 구성하는 아이디어, 태도, 행위 방식, 믿음 그리고 관행으로 구성된 사고체계이다(Foucault, 1972). 기득권의 정치가 내포된 담론은 배제의 권력이 작동하는 정치적 산물이다. 담론을 통해 무엇은 (말)할 수 있고 무엇은 (말)할 수 없는지 그리고 무엇을 어디에서 어떻게 (말)해야 하는지가 결정되기 때문이다.

이렇게 볼 때 제노포비아의 원인으로 지목되는 문화적 거리 또는 문화적 이질성은 주류 집단과 다른 배경을 가진 집단을 주류로부터 배제하고 이들에 대한 지배를 정당화하는 '타자성(otherness)'의 담론에 기반하고 있다(Wimmer, 1997). '타자성' 담론은 인종주의나 호모포비아 등 이방인을 상대로 정치적으로 조직되고, 극단주의적 대응을 정당화하는 논리로 활용된다. 유사한 맥락에서 문화상대주의도 제노포피아를 정당화하는 담론으로 기능한다. 모든 문화는 나름의 의미와 중요성이 있고 각각의 문화는 존중되어야 한다는 문화상대주의 담론은, 역설적이게도, 다양한 배경을 가진 집단의 문화가 유입됨으로써 나타나는 문화 혼재와 문화 이질성의 위협으로부터 주류 문화를 보호해야 한다는 논리로 해석될 여지를 제공하기 때문이다.

이처럼 제노포비아를 정당화하거나 제노포비아의 근거가 되는 담론은 정부 정책이나 미디어의 담론에도 그대로 반영된다. 예를 들어 '용광로'나 '인종청소(ethnic cleaning)'와 같은 담론은 특정 사회의 정책이 이주 외국인의 타자성과 문화적 거리에 어떤 의미를 부여하고 어느 정도 수용하는지를 극명하게 보여준다(Wimmer, 1997). 이처럼 담론 형성 관점에서 볼 때 제노포비아는 단순한 심리적 공포를 넘어서 사회적 자원의 배분을 둘러싸고 이루어지는 기득권 보호를 목적으로 한 정치의 산물이다. 정치적 산물로서 제노포비아는 구체적이고 공식적인 정책 아이디어에 반영되고 정책내용을 정당화하는 기제로도 활용될 수 있다. 이와 같이 다문화 사회에서의 편향은 정치적 동원의 대상이 될 수 있다. 그럼에도 불구하고 다양성이나 다문화주의를 정치중립성 또는 탈정치성의 관점에서 접근하는 것은 역설적이게도 정치적이다. 주류 집단에게 유리한 방향으로 정치성을 감추는 결과를 가져올 수 있기 때문이다. 다문화 사회와 관련된 사회현상을 권력 및 정치적 관점에서 접근해야 하는 또 하나의 이유가 여기에 있다.

편향의 정치적 동원(II): 인종주의와 그 변형

생물학적 개념인가 사회적 개념인가

인종주의는 인종을 기준으로 사회적 범주화가 이루어지고 이에 따라 나타나는 외집단 배제의 제노포비아적 발현이다(Stangor et al., 1991; 김혜숙, 1999; 김혜숙 외, 2011). 그런데 인종주의는 제노포비아나 자민족중심주의와는 일정한 거리가 있다. 인종주의가 특정 인종 집단에 대한 부정적인 편견을 기반으로 하는 포괄적인 태도라면, 전술한 바와 같이 제노포비아는 이방인에 대한 비합리적인 혐오 또는 공포에 기반한다. 제노포비아는 외-집단에 대한 감정적 측면이 강조되는 것으로 인종주의의 감정적 차원에 보다 가깝다. 제노포비아를 '인종주의의 약한 버전(mild version of racism)'으로 규정하는 것도 이러한 맥락이다(Westin, 2003; 송태수, 2006: 255재인용).

한편, 자신이 속한 내-집단이 모든 사물의 중심이며, 내-집단을 기준으로 모든 것을 평가하는 방식인 자민족중심주의는 내-집단을 가치있는 대상으로 평가하는 반면, 외-집단에 대한 부정적인 태도와 행동을 강화한다는 점에서(Neuliep & McCroskey, 1997), 인종주의와 유사한 면이 있다. 그러나 자민족중심주의는 인종주의와는 달리, 내-집단 구성원을 외-집단 구성원보다 월등하다고 인식하는 것을 넘어서, 자신들의 문화적 요소(가치기준, 관습, 언어, 종교에 이르기까지 매우 포괄적인)가 보편적이고 우월한 것이라는 평가로까지 확대된다. 더욱이 자민족중심주의는 내-집단 구성원 간의 단결, 복종, 및 충성심을 고양시키는 도구로 기능한다는 점에서, 민족주의나 권위주의와 연결된다(Neuliep & McCroskey, 1997). 이렇게 볼 때, 인종주의, 제노포비아 그리고 자민족중심주의 모두 사회적 범주화에 기초해 내집단과 외집단을 구분하고, 내집단에 대한 편향적 인식과 외집단에 대한 부정적 인식을 근간으로 한다는 점에서 수렴하는 면이 있다. 그러나 제노포비아는 주로 감정적인 차원이 강조되고, 자민족중심주의는 넓은 의미의 문화적 우월성까지 확대된다는 점에서 인종주의와는 일정한 차이가 있다.

인종주의는 여타의 태도와 마찬가지로 감정 및 인지 차원으로 구성된다. 감정적 차원은 좋아함, 싫어함, 또는 유쾌 및 불쾌와 같은 정서적 반응으로(Larzarus, 1984; Zajonc, 1984), 인종주의의 감정적 차원은 특정 인종 집단에 대한 좋고 싫음과 같은 집단 정서(sentiments)를 말한다. 태도의 인지적 차원은 특정 대상에 대한 지식이나 정보에 근거한 타산적이고 도구적인 평가로(Larzarus, 1984; Zajonc, 1984), 인종주의의 인지적 차원은 특정 인종 집단 구성원에 대한 추상적이고 일반적인 지식(정보)을 근거로 이루어지는 가치개입적 판단이다. 이는 인종 차별인식(racial discrimination)과 인종적 편견(racial prejudice)으로 구성된다(Sniderman et al., 1991; Pettigrew & Meertens, 1995; Williams et al, 1999). 전자는 인종 차별의 존재 여부 및 정도에 대한 주관적인 인식이다. 인종적 편견은 인종주의의 핵심으로 "인종이 인간의 특질과 능력을 결정하는 주요한 요소이며, 인종적 차이가 특정 인종의 우수성 또는 열위성을 형성한다는 믿음"이다(http://www.merriam-webster.com/dictionary/racism; 원숙연, 2017).

인종주의를 이해하는 데 있어서 크게 두 가지 쟁점에 주목할 필요가 있다. 그 하나는 인종주의가 생물학적 개념인가 또는 사회적 개념인가이다. 두 번째 쟁점은 과연 인종주의가 사라졌는가, 즉 인종주의의 종언(終焉)에 대한 것이다. 이 두 쟁점은 상호 연관을 가지고 인종주의의 분화와 다차원성에 영향을 미친다. 첫 번째 쟁점과 관련해, 인종주의를 인종이라는 생물학적 특성에 기초한 생물학적 개념으로 보는 입장이 있다. 주지하는 바와 같이 생물학적 특성은 선천적인 것이어서 특정의 시간적·공간적 맥락에 따라 변하지 않는다. 전통적이고 전형적인 인종적 편견은 특정 인종에 대한 생물학적 특성과 생물학적 우열을 기반으로 하므로(Sniderman et al., 1991), 생물학적 환원주의(biological reductionism) 또는 생물학적 원리주의(biological essentialism)적 성격을 띤다. 인종주의를 생물학적 개념으로 보는 입장의 기본 전제는 인간의 신체적 특징은 유전학적 특질에 따라 결정되고 특정 집단은 다른 집단에 비해 태생적으로 우월하거나 태생적으로 열등하다는 것이다(Merger, 1994: 27). "흑인은 게으르고, 폭력적이며, 과시욕이 있다"는 식으로 노골적이고 부정적으로 평가하는 것은 생물학적 개념으로서 인종주의의 대표적인 예이다(Sears et al., 1997: 20).

인종주의에 대한 생물학적 접근과 대비되는 입장은 인종주의를 사회구조 속에 배태된 사회적 개념으로 규정한다. 이러한 입장에서 볼 때 인종주의는 인종에 따라 상이한 '계층 구조'를 만들어내는 사회적 관행과 구조에 의해 결정된다. 따라서 인종주의는 단순히 생물학적 특질을 넘어서 사회적, 정치적, 경제적, 이념적 수준에서의 차이와 기회의 차이(차별/불평등)로 이어진다. 다시 말해 사회적 개념으로서 인종과 인종주의는 일상의 삶 속에서 물질적 기회의 차이로 구체화되는 '물질적 토대'를 갖는다(Mitchell, 2012). 사회적 개념으로서 인종주의는 시·공의 맥락과 무관하게 단일의 전형적인 형태로 존재하는 생물학직 개념으로서의 인종주의를 넘어선다. 오히려 인종주의는 "인종적 범주에 기초해 경제적, 정치적, 사회적 그리고 이념적 수준에서 다르게 구조화된 '인종화된 사회적 체제(racialized social system)'에 따라 다양한 양태로 변화 또는 분화될 수 있다(Bonilla-Silva, 2001: 37; Mitchell, 2012). 이처럼 인종주의가 구조에 따라, 사회에 따라 또는 영역에 따라 다양한 양태로 발현될 수 있다고 보는 사회학적 개념화는 생물학적 원리주의에 입각한 개념화에 비해 보다 더 역동적이며 다차원적이다.

여기서 주목할 것은 인종주의에 대한 두 번째 쟁점인 인종주의 종언 여부가 인종주의에 대한 생물학적 개념화와 사회적 개념화를 둘러싼 논쟁과 관련된다는 점이다. 후술하겠지만 인종주의의 종언을 주장하는 입장에서는 현대 사회에서 인종주의는 더 이상 수용 가능하지도, 존재하지도 않는다고 본다. 그러나 인종주의의 종언이 허구라고 주장하는 입장에서는 생물학적 개념으로서 인종주의가 다양한 사회적 개념으로서 인종주의로 변형된 것이어서(D'Souza, 1995; Roth, 1994; Sears et al., 1997), 인종주의가 사라졌다기보다는 새로운 인종주의로 분화한 것이라는 주장이다(Kinder & Sears, 1981; Sniderman et al., 1991). 다시 말해 생물적 개념으로서 인종주의는 사라졌는지(약화되었는지) 모르지만 보다 교묘한 형태의 사회적 개념으로서 새로운 인종주의가 등장했다는 논리이다.

인종주의의 종언(終焉)? 새로운 인종주의의 출현

인종적 다양성이 심화되는 다문화 사회에서 생물학적 원리주의에 입각한 전형적인 과거의 인종주의는 찾아보기 어렵다. 소위 '구식의'(McConahay, 1986), '노골적인(blatant)'(Petigrew & Meertens, 1995), '고전적'(Sidanius et al., 1996), 또는 '전통적'(Williams et al., 1999)이라는 수식어가 붙는 과거의 생물학적 개념으로서 인종주의는 비교적 논리가 단순하고 직접적인 편견과 차별을 수반한다. 따라서 과거의 생물학적 인종주의는 비판과 '정치적 올바름(politically correct)' 관련 논쟁의 대상이 되어왔다.

일견 생물학적 속성을 기저에 깔고 있는 전통적인 형태의 직접적이고 노골적인 인종주의는 사라진 것처럼 보인다. 그 저변에는 정치적 올바름 또는 사회적 바람직성이라는 사회적 압력(맥락)이 자리하고 있다. 특히 미국에서 특정 인종(흑인)을 상대로 생물학적 열위를 전제로 한 노골적이고 직접적인 편견과 그에 기반하고 있는 차별은 정치적 올바름 또는 사회적 바람직성 차원에서의 공격과 비난을 넘어 법적인 책임의 대상이 된 현실과도 무관하지 않다. 그렇다면 이러한 현실이 과연 '인종주의의 종언'으로 이어졌을까? 그 대답은 쉽지 않다. 인종주의가 종언을 고한 것이 아니라(D'Souza, 1995; Roth, 1994; Sears et al., 1997), 인종적 편견에 따른 사회적 공격과 비난, 또는 처벌로부터 상대적으로 자유로운 '새로운' 인종주의로 대체된 것이라는 논리가 설득력을 얻고 있다.

이른바 '새로운' 인종주의는 정치적으로 부적절하며 사회적으로 바람직하지 않은 인종적 편견을 직접적으로 표면화하기보다는 간접적으로 표현하거나 위장하려는 사회적 동기의 산물이라고 할 수 있다. 보다 간접적이고 추상적인 가치가 개입되어 복잡하고 교묘한(subtle) 형태를 띤다(Pettigrew, 1989; Sniderman et al., 1991; Pettigrew & Meertens, 1995; Sears & Jessor, 1996). 새로운 인종주의는 표면적으로는 인종적 편견이 개입되지 않은 것처럼 간접적이고 추상적으로 표현되며 오랫동안 중시해온 사회적 가치와 연결된다. 이에 따라 새로운 인종주의는 특정 인종 집단이 생물학적으로 문제적 집단이 아니라 사회적으로 문제적 집단이라는 논리에 기반을 둔다. '흑인은 게으르다'라는 과거 인종주의적 표현을 새로운 인종주의는 '흑인은 프로테스탄티즘의 중심가치인 자조와 자립을 훼손한다'로 대체하는 것이 하나의 예가 된다(Sears et al., 1997: 22; 원숙연, 2012b).

이처럼 '새로운' 인종주의가 은밀하고 간접적인 형태를 띠도록 작용한 중요한 요소가 '문화적 차이'이다. 인종이라는 생물학적 단서에 무게중심을 둔 과거의 인종주의와 달리 새로운 인종주의는 문화적 차이 또는 문화적 분화를 전면에 배치한다(Lentin, 2000). 차이의 표상은 인종이 아니라 문화이다. 새로운 인종주의를 '신-문화적(new culturalist)'이라고 하는 이유가 여기에 있다. 더 이상 '인종'이라는 생물학적이고 생래적인 요소가 개입되지 않는 새로운 인종주의를 인종-중립적(color blind/beyond race)이라고 평가하는 것도 같은 맥락에서 이해된다(Bonilla-Silva, 2015). 무엇보다 문화의 추상성과 상대성은 과거 인종주의에 대한 공격의 빌미를 제공했던 편견적 요소를 수면 아래로 끌어내린다. 같은 맥락에서 인종적 편견과 특권을 생산하고 재생산하는 기제는 여전히 존재하지만 그 방식이 교묘해 포착이 어려운 것뿐이다. 한마디로 인종주의가 사라진 것이 아니고 교묘한 형태의 '후기-인종주의 레짐(the racial regime of post-racial)'이 등장한 것이다(Bonilla-Silva, 2015: 1358).

정리하면 노골적이고 직접적인 인종주의의 퇴조가 인종주의의 종언(終焉)을 의미하는 것은 아니다. 문화적 또는 인종적 계서제(cultural or racial hierarchy)(Wimmer, 1997: 26)는 여전히 정치적 확장성을 가지고 존재하며 아래에서 보는 것처럼 다양한 형태로 변형되고 분화하고 있다. 이러한 변형은 4장에서 논의할 '인정의 정치(politics of recognition)'(Taylor, 1994; Hill & Wilson, 2003)로 이어지는 매우 정치적 이슈이다.

인종주의의 분화와 변형

회피적 인종주의(aversive racism)

회피적 인종주의는 직접적이고 의식적인 인종적 편견은 아니다. 사회적 공정성, 정의, 인종적 평등과 같은 가치를 수용하고 자신이 인종적 편견과 무관하다는 긍정적 자기 이미지를 형성하려는 과정에서 나타나는 인종주의적 태도이다(Gaertner & Dovidio, 1986). 회피적 인종주의가 나타나는 저변에는 인종에 대한 이중적이고 양가적 태도(racial ambivalence)가 자리한다. 인종과 관련한 당위적인 가치를 표면적으로는 수용하지만 인종적 편견을 함께 가지고 있는 모순적이고 이중적인 태도로 인해 회피적 인종주의가 발현한다.

회피적 인종주의의 발현 양상은 다양하다(Gaertner & Dovidio, 1986). 첫째, 대상을 변경한다. 과거의 인종주의가 흑인과 같은 인종적 소수자를 직접적인 대상으로 해 부정적 반응을 보였다면, 회피적 인종주의는 대상을 백인 등 다수 집단으로 변경한다. 즉 백인에 대해 긍정적인 태도나 반응을 보이는 방식을 취한다. 이렇게 되면 적어도 소수 집단인 흑인에 대해 명시적인 차별을 한다는 낙인으로부터 자유로울 수 있기 때문이다. 둘째, 비일관성이다. 회피적 인종주의는 직접적이고 명백한 차별은 하지 않지만 때로는 간접적이고 비일관된 형태로 차별을 한다. 상황에 따라, 또는 사안에 따라 때로는 차별을 했다가 때로는 차별을 하지 않는 등 일관성이 결여된 형태로 나타난다.

회피적 인종주의의 가장 전형적인 방식은 유색인종과 같은 소수 집단과의 상호작용을 의식적으로 회피하거나 최소화하는 것이다. 인종적 소수 집단과 관련해서는 자신이 인종주의적 편견이 없는 것처럼 보이기 위해 첫째, 과거의 인종주의자와는 달리 모든 집단에 대해 공정하고 정당한 대우를 해야 한다는 가치에 동의한다. 둘째, 그러한 가치에 당위적으로 동의함에도 불구하고 무의식적으로 유색인종에 대한 부정적인 반응이 나타날지도 모른다는 우려 때문에 유색인종과의 상호작용 기회를 의식적으로 최소화(회피)한다. 셋째, 상호작용을 해야 한다면 부적절한 행동이 나오지 못하도록 관련 규칙이나 행동규범을 최대한 경직적으로 해석하고 그에 따른다. 최근 성희롱 및 성폭력에 대한 미투(MeToo)움직임에 대응해 남성들이 여성들과의 공적인 상호작용을 최소화하려는 이른바 '펜스 룰(Pens' rule)'이 회피적 성차별주의의 전략으로 이해될 수 있다. 결국, 회피적 인종주의는 의식적 반-인종주의와 무의식적 인종주의 사이의 충돌에 따라 나타난 인종주의의 새로운 변형체이다.

자유방임적 인종주의(laissez-faire racism)

생물학적 열위를 근거로 인종적 소수 집단에 대해 부정적으로 평가한 과거의 인종주의와 달리 문화적 열위를 근거로 나타난 새로운 인종주의로 자유방임적 인종주의(laissez-faire racism)와 상징적 인종주의(symbolic racism)가 있다(Bobo et al., 1997; Sears, 1988; Sears et al., 1997; Henry & Sears, 2002).

먼저, 자유방임적 인종주의는 미국의 노골적이고 전형적인 '흑백분리주의 인종주의(Jim crow racism)'의 변형이다(Bobo et al., 1997). 소위 흑백분리주의 인종주의가 흑인의 생물학적 열위에 대한 가정에 기초해 있었다면, 자유방임적 인종주의는 흑인의 '문화적 열위(cultural inferiority)'에 대한 가정에 기반을 둔다. 자유방임적 인종주의의 대표적인 형태는 흑인의 문화와 삶의 방식이 프로테스탄트 윤리에 부합하지 않는다는 부정적 평가이다. 주지하는 바와 같이 미국에서 프로테스탄트 윤리는 핵심적인 사회가치로 자조(self-help)와 자립(self-reliance)에 기반을 둔 개인주의 및 기회의 평등을 근간으로 한다(Gaertner & Dovidio, 1986; Sears, 1988; Pettigrew, 1989; Pettigrew & Meertens, 1995; Sears & Jessor, 1996; Sears et al., 1997; 김혜숙 외, 2011). 만일 흑인 등 소수인종 집단이 미국 사회를 구성하고 유지하는 핵심적인 가치에 부합하지 않거나 이를 훼손한다면 부정적인 평가를 받는 것은 일견 당연해 보일 수 있다. 생물학적 열위를 기준으로 부정적으로 평가할 경우 주류 집단이 비난의 대상이 되지만 문화적 가치라는 추상적이고 포괄적인 기준을 적용하고 이러한 가치에 대한 부적응 및 훼손, 그리고 그에 따라 사회전체에 미치는 부정적인 영향력을 전면에 배치하는 경우, 비난의 대상은 인종적 소수 집단이 될 개연성이 높다. 이는 단순한 편견에서 그치지 않고 사회적 자원의 차별적 배분의 정당한 근거로 활용될 수 있다는 점에서 정치적 의미를 내포한다.

상징적 인종주의(symbolic racism)

상징적 인종주의는 다음과 같이 요약된다(Sears, 1988; Sears et al., 1997; Henry & Sears, 2002). 첫째, 흑인은 더 이상 편견이나 차별에 직면해 있지 않다. 둘째, 흑인이 발전하지 못하고 실패하는 것은 열심히 노력하지 않기 때문이다. 셋째, 흑인들은 너무나 많을 것들을 너무나 빠르게 요구한다. 넷째, 흑인들은 자신들이 노력한 것 이상의 혜택을 받는다. 이러한 주장의 기저에는 과거에 사회적으로 문제시되었던 생물학적 인종주의는 종언을 고했다는 인식이 자리한다.

더욱이 사회적이고 구조적인 차별이나 편견은 존재하지 않으며 만일 흑인이나 유색인종이 사회적 자원을 향유하지 못하거나 사회적 자원에 접근하지 못한다면 이는 순전히 이들 집단에게 책임이 있다고 본다. 같은 맥락에서, 그러한 책임에도 불구하고 소수 집단이 자신들의 노력과 가치 이상의 것을 사회로부터 요구하고 향유한다면 그것은 부당하다는 인식을 암묵적으로 전제한다. 이러한 인식에 따라 '과거의' 인종주의가 '흑인은 게으르다'라고 표현했다면, 상징적 인종주의에서는 '흑인들이 어떻게 사느냐는 그들이 얼마나 열심히 사는가에 달려 있다'로 변형된다.

결국, 상징적 인종주의는 흑인 또는 유색인이라는 인종 그 자체가 문제가 아니라 그들이 자조와 자립의 가치를 훼손하기 때문에 문제가 된다는 논리로 인종주의적 색채를 감추는 양상으로 나타난다(cf. Kinder & Sanders, 1996). 이처럼 문화적 열위를 기준으로 소수 집단에 대한 평가와 판단을 구성하는 상징적 인종주의는 자유방임적 인종주의와 궤를 같이 한다. 그러나 상징적 인종주의는 흑인 및 소수 인종에 대한 편견이나 차별의 존재를 명시적으로 인정하지 않는다는 점에서 자유방임주의와 거리가 있다.

탈-인종적 인종주의(race-less/color blind racism)

탈-인종적 인종주의는 말 그대로 '인종이 부재한'(것처럼 보이는) 인종적 편견이다. 전술한 자유방임적 인종주의와 상징적 인종주의의 기본 원칙을 표면적으로 확장한 형태이다. 용어가 말해주듯, 역설적이게도 인종과 관련된 상황을 '인종을 배제하고(race-less)' 설명한다.

탈-인종적 인종주의의 핵심은 '선택(by choice)'이다(Bonilla-Silva, 2015). 탈-인종적 인종주의는 인종을 포함한 사회적 배경에 따른 분리를 인정한다. 그러나 그러한 분리가 과거처럼 구조적이고 강제적인 것이 아니라 자유의사에 따른 선택이기 때문에 문제가 되지 않는다는 입장이다. 예를 들어 현재와 같이 교육, 주택, 거주지역 등에 대한 완전한 자유선택이 보장되는 상태에서 서로 다르게 선택한 자연스러운 결과로 사회적 배경(인종, 계층 등)에 따른 분리가 발생했다면 그것은 지극히 당연한 것으로 인종적 또는 계층적 편견과는 무관하다는 논리이다. 한마디로 인종이 개입되지 않고 자유 선택을 통해 만들어진 인종분리는 문제적 현실이 아닌 것이다.

이상의 탈-인종주의의 주장이 일견 합리적인 것으로 보인다. 그러나 자세히 보면 현실적으로 선택의 (완전한)자율성에 의문이 제기된다. 소위 '강요된 선택(forced choice)'이 존재하기 때문이다. 표면적으로 선택의 주체가 개인인 것처럼 보여도 실제적으로는 개인이 속한 집단의 집합적 또는 사회적 지위와 무관하지 않다. 예를 들어 거주 이전의 자유와 선택이 보장되어 있지만 주류 집단이 선호하는 특정 지역의 지가(地價)가 높을 경우, 소수 인종 집단의 지역 접근성은 떨어질 수밖에 없다. 이 경우, 보다 저렴하고 접근 가능한 특정지역에 소수 인종 집단 구성원들이 집중 거주하게 되고 이는 자연스럽게 인종 간 분리로 이어진다. 이 경우 표면적으로는 자유 선택이지만 실제적으로는 어쩔 수 없는 선택이 되는 것이다. 결국, 탈-

인종적 인종주의는 자유 선택이라는 요소를 전면에 부각하면서 인종주의적 색채를 최소화하는 방식으로 변형된 인종주의이다.

이렇듯 인종에 기초한 다문화 사회로의 이행과 함께 자민족중심주의, 제노포비아 또는 인종주의 등 다양한 형태로 발현되는 편향은 불가피한 현실이 되고 있다. 주목해야 할 것은 이들 편향이 단순히 심리적 또는 정서적 수준에 머물러 있지 않는다는 점이다. 오히려 이들 편향은 사회적이고 정치적 수준으로 확장된다. 이들 편향이 사회적이고 정치적이라는 것은 유무형의 사회적 희소 자원 배분에 영향을 미친다는 것을 의미한다. 사실, 편향의 변형과 분화가 나타나는 것은 편향이 내포하는 사회성과 정치성을 드러내지 않기 위한-적어도 최소화하기 위한-(다수 집단) 노력의 산물일 수 있다. 이들 편향을 직접적인 형태로 유지하는 것이 현실적으로 어려운 상황에서 '변형'과 '분화'는 비난과 공격을 피하면서 편향의 사회적이고 정치적인 기능을 수행하는 데 유효한 전략이 될 수 있기 때문이다. 이러한 가능성은 다문화 사회를 정치적 관점에서 조망해야 하는 또 하나의 근거를 제시한다.

4장

다문화 사회의 정치성

정체성과 인정의 정치

정체성과 인정

인종적 다양성의 확대에 따른 다문화 사회의 도래, 그리고 이에 대한 대응으로서 다문화주의는 그 자체로서 정치적 속성을 갖는다. 다수 집단 대 소수 집단으로의 구분이 생기고, 집단 분리가 존재하며(만들어지고), 그러한 집단 분리는 사회적 희소자원의 배분에 대한 이해관계와 이를 둘러싼 갈등이 내포되어 있다는 점에서 그렇다. 더욱이 다문화 사회의 도래에 따른 사회적 문제에 대응한 정책적 개입 역시 정치로부터 자유로울 수 없다. 여기서 정책적 대응은 공적 영역 내에서 집단 차이에 대한 인정을 근간으로 하기 때문이다. 즉 다문화 사회에 대한 정책적 대응이란 단순히 사적 영역에서의 관용이나 수용과는 달리 '공적 확인(public affirmation)'을 포함한다(Parekh, 200a: 1). 공적인 확인은 사회적 희소자원의 배분 구조의 변화를 일정 부분 수반하다는 점에서 정치적이다. 사회적 희소 자원 배분 구조의 변화가 다수 집단이 원하는 방향이든 아니면 소수 집단이 원하는 방향이든 변화의 정도와 양태를 둘러싼 집단 간 이해관계의 반영과 조정이 불가피하다는 점에서 정치성은 배가된다. 그럼에도 불구하고, 기존의 행정학에서 다문화 사회나 이주 외국인 관련 정책을 논의할 때 정치성은 소외된 경향이 있었다. 이러한 문제의식에 근거해 이 장에서는 다문화 사회에서 발현되는 정체성(identity)을 달리하는 집단들 사이에서 이루어지는 '인정의 정치(politics of recognition)'를 심도 있게 논의하고자 한다.

정체성의 구성 요소

철학에서 정체성은 동질성(sameness)을 의미하는 라틴어의 'identitas'를 어원으로 한다. 동질성을 근간으로 한 철학에서의 정체성은 A와 B의 '관계'에 주목한다(Stanford Encyclopedia of Philosophy). 이에 반해 사회적 의미의 정체성은 개인A(또는 B)의 자기개념(self-conception), 개인 A(또는 B)와 다른 개인과의 본질적 차이, 그러한 차이가 개인 A를 다른 사람과 구별되게 하는 독특성에 초점을 맞춘다. 이러한 독특성은 개인 A(또는 B)의 젠더 정체성, 민족 정체성 그리고 문화 정체성 등과 연결된다.

한편, 심리학에서의 정체성은 인간의 인지 과정과 연결된다(Howard, 2000). 3장에서 논의한 사회적 범주화에서 밝힌 바와 같이 인간은 인지 능력이 제한되어 있어서 판단에 필요한 모든 정보를 완전하게 처리하는 것이 불가능하다. 이에 따라 인간은 정보 처리에 수반되는 인지노력을 최소화하고 일상의 상호작용에 필요한 정보를 간소화하는 등 인지 효율성을 도모한다. 이를 위한 방식 중 하나가 범주화이고 범주화는 정체성의 기반이 된다. 정체성은 개인 정체성과 사회적 정체성으로 구성되는데, 전자는 개인을 타인으로부터 구분하는 개별적인(idiosyncratic) 특성에 기초하고,

후자는 다양한 사회적 집단 멤버십을 통해 규정된다. 개인적 정체성과 사회적 정체성은 상호작용하면서 맥락과 상황에 따라 그 현저성을 달리하면서 작동한다. 일반적으로 개인 정체성보다 사회적 정체성이 현저하지만(Simon & Hastedt, 1999), 다문화 사회의 도래는 그 자체로서 사회적 정체성과 연결된다.

이처럼 학문 영역에 따라 정체성을 논의하는 데 있어서 방점이 조금씩 다르지만 정체성 형성에 있어서 공통된 요건은 '귀속성(ascription)'이다(Appiah, 2006). 철학, 사회학, 심리학을 막론하고 귀속성은 정체성의 출발점이다. 여기서 귀속성은 '생물학적' 귀속성에 국한되지 않으며 사회적 귀속성을 포괄한다. 생물학적 귀속성은 그 자체로 머물러 있는 것이 아니라 사회적 귀속성으로 확장되기 때문이다. 그러나 여기서 주목할 것은 단순한 귀속성만으로 후술할 정체성의 정치(politics of identity)로 확장되지 않는다는 점이다. 특정 집단의 구성원으로 태어났다거나(여성 또는 흑인), 특정 학교 출신이라는 것만으로는 특정 집단의 가치관이나 이해관계가 내면화되고, 그것이 '집단의식'의 공유로 당연하게 이어지는 것은 아니기 때문이다. 따라서 귀속성은 정체성 형성의 기본 요건이지만 정체성이 사회적, 정치적 영역으로 확장되기 위해서는 귀속성 외에 다음의 몇 가지 요소가 추가되어야 한다.

첫째, 일체화 또는 동일시(identification)이다. 특정 집단에 단순히 (생물학적 또는 물리적으로) 속한다는 것을 넘어서서 자신의 사고, 감정 그리고 행동 방식에 있어서 귀속된 집단의 특성을 공유해야 한다. 더 나아가 특정 집단과 자신을 동일시하고 그 집단의 특성에 부합하는 적절한 사고방식과 감정을 가지고 '적절하다고 평가되는' 방식으로 행동해야 한다. 따라서 일체화 또는 동일시는 당위의 성격을 띤 일종의 '압력'이다. 압력이라 함은 특정 집단의 관점에서 볼 때 적절한 사고, 감정, 행동 방식을 취해야 하고 그렇지 않을 경우 처벌을 받을 수 있음을 의미한다.

이처럼 당위적 압력의 형태로 요구되는 일체화 또는 동일시는 집단을 구별하는 단순한 표식 이상의 의미가 있다. 사고, 감정 그리고 행동 방식의 적절성이 서로 다른 집단 간 갈등을 야기할 수 있기 때문이다. 현실적 갈등이론(realistic conflict theory)에서 주장하듯(Levine & Campbell, 1972; Jackson, 1993), 일체화 또는 동일시가 단순히 사고, 감정 그리고 행동양식을 넘어서서 사회적 희소 자원의 배분을 둘러싼 갈등으로 확장된다. 경제적 자원은 물론 유, 무형의 사회적 자원을 사이에 둔 갈등이 첨예하면 할수록, 또한 집단 간 이해가 제로섬 관계에 있다고 생각할수록 정체성에 대한 동일시가 정치의 영역으로 확장될 여지가 많아진다. 이것이 정체성의 정치화(politicalization of identity)이다(Appiah, 2006: 16).

정체성을 정치의 영역으로 연결하는 또 하나의 요소는 처우 또는 대우(treatment)이다(Appiah, 2006). 정체성이 단순한 귀속성을 벗어나 사회적 또는 정치적 영역으로 확장되기 위해서는 그 집단에 속한다는 이유로 무엇인가 다른(또는 특별한) 대우가 존재해야 한다. 여성이기 때문에, 백인이기 때문에, 이주 외국인이기 때문에, 내집단이기 때문에, 외집단이기 때문에 더 우호적이거나 덜 우호적인 처우가 존재한다면 이는 차별이나 특혜로 발현된다. 차별과 특혜는 집단 간 갈등의 근거가 되고 이는 정체성을 정치의 영역으로 이동시키는 기초 요건(infra)이 된다. 사실, 차별 또는 특혜는 전술한 사회적 희소 자원의 배분 방식을 둘러싼 갈등이 현실에서 구현된 것으로 가시성이 높다. 높은 가시성은 차별을 받는 집단에게는 공격의 대상이 되고 특혜를 유지하고자 하는 집단에게는 방어의 지점이 된다. 이처럼 가시적인 집단 간 공방의 존재는 현실에서 정체성의 정치를 구체화하는 데 상당한 기여를 한다.

이상에서 제시된 정체성이 단순 귀속성을 넘어서 정치의 영역으로 확장되는 데 필요한 요소로 지목된 것들은 소수자 집단의 조건과 맥을 같이 한다. 관련 논의에 따르면(Dworkin & Dworkin, 1999: 17-24; 장미경, 1999; 윤인진, 2004; 전영평, 2007; 원숙연, 2008), 소수자 집단으로 규정되기 위해서는 다음의 조건이 필요하다. 첫째, 식별가능성(identifiability)이다. 이는 신체적, 또는 문화적 특징에 의해 다른 집단과 구분되는 것이다. 이러한 구분은 단순한 소속 이상의 의미를 지녀야 하는데, 그것이 바로 소수 집단 구성원으로서의 집단의식 또는 연대의식이다. 이는 정체성을 기반으로 한 동일시를 의미한다. 또 다른 요소는 권력적 열세이다. 이는 수적인 열세만이 아니라 경제력, 사회적 지위, 정치력 등 다양한 차원에서 존재하는 차이 및 사회적 자원을 동원하는 능력에 있어서의 열위를 의미한다. 세 번째는 차별의 존재이다. 특정 집단의 구성원이라는 이유만으로 차별의 대상이 되는 것이다.

인정의 개념적 확장

사전적 의미에서 인정은 "어떤 것이 존재하고 있으며(existing), 진실(true)이라는 것에 대한 수용"이다(Oxford English Dictionary). 기본적으로 인정은 '중요한 타인(significant others)'에 의해 부여되거나 거부되는 것이 전제되기 때문에 절대적이기 보다는 상대적인 것이며, 관계가 기반이 된다(Appiah, 2006). 이처럼 인정에 있어서 관계가 갖는 중요성은 공통적으로 받아들여지지만, 학문 영역 또는 접근에 따라서 인정의 속성은 다양하게 제시된다. 예를 들어 철학적이고 규범적인 접근에서 인정은 타인의 특정한 속성(본질)을 수용하고 존중하는 것이다. 이는 다른 사람의 규범적 지위(예: 자유롭고 평등한 존재)를 받아들이고 그에 부합하는 방식으로 그 사람을 대우하는 것이다(Stanford encyclopedia of philosophy). 따라서 철학적이고 규범적인 차원의 인정은 당위적이고 기본적인 것으로, 소위 '필수적 인간의 욕구(a vital human need)'이다(Taylor 1992: 26).

한편, 사회적·정치적 의미에서의 인정은 인간의 필수적 요구로 규정하는 철학적 인정 개념을 넘어선다. 여기서 인정은 한 인간이 특정 사회 집단 구성원으로서 갖는 정체성에 대한 수용에 방점이 있다. 보다 구체적으로 사회적·정치적 의미의 인정은 집단 구성원으로서 권리에 대한 수용이 핵심이다(Taylor, 1994). 흥미로운 것은 집단 간 호혜성(reciprocity or mutuality)을 함축하는 철학적·규범적 의미의 인정과 달리 사회적·정치적 인정은 일방향성을 전제한다는 점이다. 철학적·규범적 의미의 인정은 소수 집단 구성원이든 다수 집단 구성원이든 무관하게, 모든 사람에게 필수적 인간 욕구로서 주어져야 하는 것이다. 이에 반해 집단 정체성이 중시되는 사회적·정치적 의미의 인정은 '다수 집단으로부터 소수 집단으로'라는 일방향성을 전제한다(Joppke, 2004). 다수 집단은 소수 집단과 그들의 문화적 특성이 비록 다수 집단의 그것과 다르나 하더라도 손중하고 받아들이며, 더 나아가 그에 부합하는 대우를 하는 것이 사회적·정치적 의미의 인정인 것이다.

다문화 사회에서의 인정은 관련 개념과의 비교를 통해 보다 명확해지는데 그중 하나가 관용(tolerance)이다(원숙연, 2017). UNESCO(1995)에 따르면, 관용은 인권과 시민의 자유에 대한 긍정적인 인정(positive recognition of human rights & civil liberties)이다(UNESCO, 1995; see also Freitag, 2013). 철학적 의미의 관용은 우리와 다른 타인을 '받아들이는 것(put up with)'(Scanlon, 2003)이다.

포괄적인 의미의 관용을 좀 더 구체적으로 논의하면, 관용이란 문화적·정치적 차이에 대한 수용, 소극적 무관심, 또는 자신이 원하지 않은 방식으로 권력을 행사하는 경우에도 그 권력 행사를 인정하는 것, 그리고 타인으로부터의 차이를 배우겠다는 의지 등 다양하게 개념화된다(Walzer, 1997: Lee, 2014: 712 재인용). 관용은 다차원적 개념이며(Scanlon, 2003), 완전한 관용에서 완전한 비관용의 연속선상에 있다(Sullivan et al., 1993). 완전한 관용은 '타인이 갖는 차이의 본질과 독특성에 대한 완전한 인정과 다른 사람의 평등한 법적·정치적 권리를 완전히 보장하겠다는 의지'이다.(Persell et al., 2001: 208). 반대로 어떤 차이도 받아들이지 않고 자신(또는 자신이 속한 집단)과 다른 집단에 대해 어떤 법적·정치적 권리를 인정하지 않는 완전한 비관용이 있다. 그러나 다양한 가치관과 삶의 방식에 있어서의 차이가 공존할 수밖에 없는 상황에서 완전한 관용이나 완전한 비관용은 비현실적이다. 따라서 양극단의 태도보다는 느슨한 형태로 관용을 규정하는 것이 일반적이다. 그것이 바로 관용에 대한 다양한 규정을 관통하는 요소인 '차이에 대한 수용' 또는 '다양성에 대한 존중'이다(Corneo & Jeanne, 2009: 691).

관용은 정치적 관용과 사회적 관용으로 구성된다. 정치적 관용은 일반적으로 시민으로서의 자유에 대한 개인의 태도로, 사회 내의 특정 집단에 대해 시민으로서의 자유와 권리를 적용할 것인가에 대한 태도를 포함한다(Weber, 2003: 336; Sullivan et al., 1979; 가상준, 2016). 이는 사회적 관용과 연계된 형태로 구체화하면, '사회적으로 선호하지 않는(disliked)' 또는 '사회적 관행을 따르지 않는(non-conformist groups)' 집단에게 시민권이나 시민으로서의 자유를 부여하겠다는 의지이다(Lee. 2014: 713). 따라서 정치적 관용은 이들 집단에게 시민권과 같은 정치적 권리나 공공 교육 및 공적 발언권 등 소위 공적인 자원을 제공할 의향과 연결된다(Weber, 2003; Noll et al., 2010).

한편, 사회적 관용은 일상의 생활이나 삶 속에서 '선호하지 않는' 또는 '사회적 관행을 따르지 않는'집단을 받아들이는 의지이다(Walzer, 1997;

Cote & Erickson, 2009). 사회적 관용은 일상의 삶과 직결되기 때문에 사회적 관용을 논의할 때 선호하지 않거나 사회적 관행을 따르지 않는 집단을 이웃으로 받아들일 것인가 또는 이들을 저녁식사에 초대할 수 있는가 등 지극히 일상적인 삶에서 이들 집단을 받아들이는 정도로 논의된다(Hadler, 2012). 이는 타인이나 다른 집단 구성원에 대한 감정적 대응인 사회적 거리감과 맥을 같이한다(Bogardus, 1933; 원숙연·정하나, 2014).

이상의 논의를 종합해 인정을 논의할 때 특히 주목해야 할 점은 다수 집단으로부터 소수 집단으로 향하는 인정의 방향성이다. 인정과 유사 개념으로서 관용을 논의할 때 사회적으로 선호하지 않는 또는 사회적 관행을 따르지 않는 집단이 공통적으로 제시되는 것과 궤를 같이 한다. 결국, 그 구체적인 발현 형태가 무엇이든, 사회적·정치적 의미의 인정과 그 하나의 발현체로서 관용은 기본적으로 다수 집단으로부터 소수 집단(덜 선호되고, 사회적 관행을 따르지 않는)으로 흐른다. 결국 인정에서 중요한 것은 바로 다수 집단과의 관계이다.

정체성과 인정의 정치화

인종적 다양성에 기초한 다문화 사회의 도래와 연결된 정체성은 단순히 집단 구분의 표식을 넘어 정치적 단서가 된다. 정체성이 정치화한 것이다. 만일 특정 사회 집단의 구성원으로서의 정체성을 인정받지 못하고 침해될 경우, 이는 '인정을 위한 투쟁(struggle for recognition)'으로 이어진다. 이렇듯 소수 집단으로서 정체성을 주장하고 다수 집단이 이를 인정하는 것은 당위(또는 윤리)의 영역이 아닌 '정치'의 영역이다. 소수 집단의 정체성(주장)을 인정하는 방식이나 정도는 사회적 권력과 헤게모니에 따라 달라진다. 특정시간과 공간을 지배하는 헤게모니에 따라 여성이나 인종적, 성적 소수자의 정체성 주장과 이에 대한 다수 집단으로부터의 인정의 양태와 정도에는 차이가 있다. 정체성 주장과 이를 인정하는 과정에서 이해관계의 충돌(또는 연합) 역시 시공에 따라 다차원적으로 존재한다. 이처럼 다양한 정체성과 인정의 상호작용이 어떤 때는 이익집단 정치가 되기도 하고, 고객정치로 발현되기도 하며, 또는 대중정치로 나타날 수도 있다(Freeman, 1995; Freeman & Birrell, 2001). 또는 이들 유형과는 완전히 다른 새로운 형태로 발현될 수도 있다.

정체성, 그리고 인정과 정치의 접점은 몇 가지 방향에서 포착된다(Taylor, 1992: 2004). 첫째, 보편성의 정치(politics of universalism)이다. 모든 인간은 인간 그 자체로서 동등하게 인정받으려고 한다. 이는 전술한 철학적·규범적 인정과 연결된다. 만일 보편적인 인간으로서의 존재가치에 대한 인정을 받지 못할 경우 사회적 또는 정치적으로 저항할 수 있다는 점에서 정치와 접점이 생긴다. 둘째, 차이의 정치(politics of difference)이다. 이는 특정 집단의 문화가 갖는 특수성에 대한 인정과 연결된다. 특정 집단의 특수성이 인정을 받지 못할 경우에도 사회적 또는 정치적으로 저항할 수 있다는 점에서 정치성을 함축한다. 이렇게 볼 때 보편성의 정치나 차이의 정치 모두, 보편성과 차이에 대한 인정이 부재할 경우, 정치적 저항의 가능성을 열어둔다. 그런데 이 두 정치는 집단 간 이해관계가 명시적으로 개입되지는 않는다. 오히려 규범적 차원에서의 '정의(justice)'와 보다 가깝다.

이에 반해 인정과 정치의 접점 중 이해관계가 개입된 것은 '정체성의 정치(politics of identity)'이다.[2] 정체성의 정치는 장애인의 자아 개념과 사회

2 Appiah(2006)은 the politics of identity와 identity politics를 구분한다. 전자는 일상의 사회적 삶 속에서 정체성을 둘러싼 상향적 접근(bottom-up)으로, 후자는 정체성을 둘러싼 정부 또는 정당 등 공식적인 제도나 구조적인 하향적 접근(top-down)으로 구분했다.

적 개념의 전환을 목적으로 한 사회운동 차원에서 처음 등장한 이후(Anspach, 1979), 다양한 소수 집단의 정체성과 연계하면서 그 외연을 확대하고 있다. 이에 따라 정체성의 정치를 페미니즘, 반 인종주의, 반 이성애(anti-heterosexism) 등과 동의어로 사용하기도 한다(Bernstein, 2005: 48). 대상 집단에 따른 차이를 논외로 한다면, 정체성의 정치는 사회적 정체성을 바탕으로 한 경험, 문화, 정치 그리고 권력과 연계해 논의된다. 다만, 경험, 문화, 정치 및 권력 중 어디에 방점을 두는가는 논의에 따라 다르다.

먼저, 권력에 강조점을 둔 정체성의 정치에 대한 대표적 논의는 신-마르크스주의(Neo-Marxist) 접근이다(Bernstein, 2005). 정체성의 정치에 대한 신-마르크스주의적 접근은 권력, 특히 권력을 구성하는 것이 무엇이며, 무엇이 억압의 힘으로 작동하는가와 같이 거시적인 이슈에 집중한다. 정통 마르크스주의가 강조하는 억압과 착취가 정체성의 정치에도 그대로 반영된다. 다시 말해 정체성의 정치 역시 억압과 착취의 원인으로 지목되는 계급 불평등과 연결된다. 이에 따라 신-마르크수주의의 관점에서 본 정체성의 정치가 추구하는 목적은 현재의 불평등한 계급구조에 대한 도전과 경제적 불평등의 완화이다.

둘째, 문화에 강조점을 둔 접근은 정체성의 정치를 문화정치(identity politics as cultural politics)로 본다(Kauffman, 1990: 67; Bernstein, 2005). 이 접근에 따르면, 정체성의 정치는 '문화적'이다. 문화적이라는 것은 다음과 같은 의미를 함축한다. 첫째, 정체성은 그 자체로 제도적 구조나 정치경제와 직접적으로 연결되지 않는다. 둘째, 정체성 정치의 중심은 집단 사이에 존재하는 문화적 차이에 대한 인정과 존중이다. 더 나아가 특정 집단의 독

그러나 이러한 분류가 관련 연구에서 합의된 것이 아니어서 본 연구는 상향적 접근과 하향적 접근을 분리하지 않고 정체성의 정치로 통합해 논의한다.

특한 집단 정체성과 그에 따른 문화적 차이를 인정하지 않거나 주변화하는 것에 대해 문제를 제기하고 저항한다는 점에서 문화정치로 규정된다.

그런데 정체성의 정치를 이해하는 데 있어서 전술한 두 입장을 상호 배타적인 관계로 설정해 하나를 선택하게 하는 것은 현실적이지 않다. 정체성의 정치가 문화라는 추상적이고 연성의 차원에서 촉발되었다고 해서 추상의 차원에 머물러 있지만은 않기 때문이다. 오히려 권력을 기반으로 한 정치, 경제적 불평등으로 연결되고, 이러한 불평등을 유지하고자 하는 집단과 이를 해소하고자 하는 집단 간의 갈등으로 이어지는 것이 현실적이다. 이렇게 본다면 정체성의 정치는 문화를 기반으로 한 권력 관계의 형성과 이를 둘러싼 갈등의 개입 구조로 이해하는 것이 필요하다. 한마디로 다양한 사회 집단 간 정체성의 정치는 그것이 어디에서 촉발되었든, 이해관계의 개입이 불가피한 이해관계의 정치(politics of interests)와 유리될 수 없다(Wimmer, 1997).

이에 따라 정체성의 정치는 다음과 같은 측면에서 이해관계와 권력이 개입되지 않는 보편성의 정치, 그리고 차이의 정치와는 다르다. 첫째, 정체성의 정치는 단순히 인간으로서 보편적 권리와 집단의 문화적 차이를 존중받는 것을 넘어서, 어떤 정체성을 갖는가에 따라 누가 편입되고(who's in) 누가 배제될 것인가(who's out)를 둘러싼 정치적 갈등, 즉 편입과 배제가 개입된다(Appiah, 2006: 22). 이에 따라 보편성의 정치나 차이의 정치에는 나타나지 않는 집단 간 제로 섬 관계를 함축한다. 단순히 관계에 기초한 인정을 넘어서 정체성에 따라 유, 무형의 사회적 자원에 대한 접근성이 달라진다. 접근성의 차이는 자연스럽게 갈등으로 이어진다는 점에서 정치적이다.

둘째, 정체성은 단순히 개인이나 집단의 특성에 그치는 것이 아니라 '정치적 동원'의 대상이 된다. 전술한 바와 같이 정치적 동원은 기존의 권력 배분에 영향을 미치기 위한 시도이다. 또한 정치적 동원은 개인의 소극적인 활동에서 벗어나 공적 영역에 적극적으로 참여하는 이해관계의 공유와 결집을 함축한다. 무엇보다 정치적 동원은 기존의 권력 배분 방식에 영향을 미치기 때문에 기존의 배분방식에 익숙한, 또는 그러한 방식을 통해 혜택을 보는 집단과의 갈등은 불가피하다. 이처럼 집단 차이에 대한 인정을 넘어서 사회적 자원 배분 방식의 변화와 그에 따른 갈등과 정치적 저항이 불가피하고 그 범위가 공적 영역으로 확장된다.

셋째, 정체성의 정치에는 국가로 표현되는 공식적인 제도가 등장한다. 보편성의 정치나 차이의 정치와 달리 이해관계가 개입된 정체성의 정치는 단순히 '중요한 타인'과의 관계에만 국한되지 않는다. 정부, 제도, 법률 등 공식적인 영역에서 정체성에 대한 인정을 요구한다. 이에 대응해 국가는 법을 통해서, 또는 새로운 사회적 제도를 통해 인정요구에 부합하는 대우를 해야 한다. 따라서 정체성의 정치는 정부, 정당 등 제도를 통해 이루어지는 공식적이고 구조적이며 공적인 정치이다(Hill & Wilson, 2003; Appith, 2006). 정체성의 정치에서 국가의 역할을 둘러싼 중요한 쟁점 중 하나는 국가의 중립성이다. 개념적으로 볼 때 중립성은 복수의 당사자들이 경쟁이나 갈등 상황에 있을 때 '동등한 정도의 관심'을 가지고 당사자들을 돕는(막는) 것, 또는 '어느 한쪽도 선호하지 않는 것'이다. 이렇게 본다면 중립성을 구성하는 개념적 요소는 첫째, 복수의 행위자들 사이에 존재하는 경쟁과 갈등, 둘째, 제3자의 존재이다(이석민, 2013: 76).

여기서 주목할 중립성은 규범적 정의 차원에서가 아니라 사회적 자원을 분배 또는 재분배하는 데 있어서 과연 국가가 중립적인가 하는 문제이다(Fraser, 1998). 본 연구가 주목하는 이주 외국인과 같은 사회적 소수 집단의 정체성 정치에 있어서 국가의 중립성이 갖는 정치적 의미를 생각해 볼 필요가 있다. 만일 사회적 희소자원을 둘러싸고 다수 집단과 소수 집단 사이의 갈등이 존재할 때 국가가 '동등한 정도의 관심을 가지고', 또는 '어느 한쪽도 선호하지 않는 것'은 일견 중립적으로 보이지만 실질적으로는 다수 집단(내국인)에게 유리하게 될 개연성이 높다. 이미 자원배분 방식이 다수 집단에게 유리하게 구조화되어 있는 현실에서 국가가 중립적이라는 것은 배분 양식의 변화를 가져올 수 없음을 의미하기 때문이다. 여성이나 이주 외국인과 같은 소수 집단의 관점에서 볼 때 보편적 시민이 중산층의 백인 남성이 되는 상황에서 국가의 중립성은 다수 집단에 친화적일 수밖에 없다(Young, 1990; Kymlica, 1995). 반대로 소수 집단과 다수 집단 사이의 갈등에서 국가가 동등한 정도의 관심과 어느 한 쪽도 선호하지 않은 것이 아니라 소수 집단에게 유리한 대응을 할 경우 일견 중립성을 위반했다는 정치적 판단과 비난의 대상이 될 수도 있다. 예를 들어, 국가가 소수 집단에게 유리한 적극적 조치를 시행할 경우, 기계적으로 볼 때 차별로 규정될 수 있다. 그러나 사회적인 자원배분이 다수 집단에게 유리한 방식으로 구조화되어 있는 상황에서 국가는 기계적 중립성을 벗어나 소수 집단에게 유리한 방식으로 개입하는 것이 정의에 부합한다는 입장이 맞선다(Kymlica, 1995; Taylor, 2004). 이와 같이 정체성을 인정하는 과정에서의 국가개입과 정책선택은 국가의 중립성을 둘러싼 논란과 그에 따른 정치적 부담 등을 야기함으로써 그 정치성을 심화시킨다. 국가의 개입과 정책선택에 있어서 정치성을 둘러싼 현실은 후술할 3부〈다문화 사회 정치성의 '집단적' 다층성〉과 4부 〈다문화 사회 정치성의 '정책적' 다층성〉에서 실증적으로 확인할 수 있다.

다문화 시민권의 등장

다문화 사회의 도래와 정체성을 둘러싼 정치를 더욱 복잡하게 만드는 또 하나의 요소는 집단에 따라 정체성 정치의 양상과 정도가 균질적이지 않다는 점이다. 소수 집단 대 다수 집단 간 이분법적 정체성 정치는 말할 것도 없고 다수 집단 내, 또는 소수 집단 안에서 각각의 구성 집단에 따라 정체성의 정치가 다 다르게 나타난다. 특정 집단의 특성, 권력, 사회적 효용 등에 따라 정체성을 인정하는 정도와 방식에 있어서 차이가 존재하기 때문이다. 같은 소수 집단이라고 하더라도 주류 사회가 수용하고 인정하며 제도적 처우를 하는 데 있어서 편입과 배제가 차별적으로 나타난다(원숙연, 2008).

이주 외국인을 둘러싼 정체성정치의 다층성을 이해하는 데 새롭게 부상한 다문화 시민권(multicultural citizenship)은 중요한 통찰을 제공한다. 다문화 시민권은 전통적 의미의 시민권 개념으로부터 파생되었다. 전통적 시민권은 공동체 안에서 개인의 완전한 멤버십(the full membership)(Marshall, 1950; 1981), 또는 개인에게 공식적·법적 정체성을 부여하는 권리와 의무의 집합이다(Turner, 1997). 한마디로 전통적 시민권은 정치적, 지역적 공동체 내의 멤버십으로 특정 사회의 완전한 구성원으로 수용되는 것이다(Bloemraad, 2000; Bosniak, 2000; Bloemraad et al., 2008). 이러한 시민권 개념의 핵심은 멤버십과 권리 및 의무의 집합으로, 특히 중요한 것은 공통적이고 동질적인 정치체제로서 국민국가(nation state)의 구성원에게 보편적으로 부여된다는 점이다.

그러나 이주의 세계화로 인해 국민국가 범위 안에서 작동하던 전통적인 의미의 '시민권의 위기'가 발생했다(Soutphommasane, 2005: 401). 전통적 시민권 개념에서 시민권의 주체는 공통적이고 동질적인 문화와 가치,

그리고 정치 체계를 기반으로 하는 '개인들(individuals)'이다. 그러나 국가의 경계는 희미해지고 자본, 재화, 아이디어는 국민국가의 경계를 넘나들며 흐르고 있다. 이른바 이주의 세계화로 통칭되는 이주민의 증가는 전통적 시민권이 전제하고 있는 공통적이고 동질적이라는 조건의 충족을 어렵게 했다. 동질적이기보다는 이질적인 문화적 배경과 서로 다른 집단 정체성의 공존은 더 이상 국민국가를 전제로 한 시민권의 설명력을 현저히 약화시키면서 불가피하게 시민권의 위기를 가져온 것이다.

이처럼 전통적 의미의 시민권을 둘러싼 도전과 위기 상황에서 새롭게 등장한 것이 바로 '다문화 시민권'이다(Kymlicka, 1995; 2011). 다문화 시민권은 시민들 사이의 문화적 차이와 개인이 갖는 독특한(다수 집단과 다른) 정체성을 인정할 것을 주장한다. 더욱이 다문화 시민권에서 시민은 전통적 의미의 시민권에서 가정하는 추상화된 개인(abstracted individual)만이 아니라, 다양한 인종적, 문화적 정체성을 가진 '집단의 구성원'이다(Taylor, 1994; Castles, 1997). 따라서 전통적 의미의 시민권이 '개인(individual)-국가(the state)의 이분법'을 강조한다면, 다문화 시민권에서는 '개인-정체성집단-국가(individuals-identity groups-the state)'의 삼각관계가 중심이 된다(Shachar, 1999: 89; Soutphommasane, 2005: 403).

여기서 전술한 정체성 정치와의 접점이 만들어진다. 단순히 추상화된 개인을 넘어서, 개인이 속한 집단과 그 집단과의 동일시를 통해 형성되는 다양한 집단 정체성이 시민권과 연결되는 과정에서 사회적 희소자원을 둘러싼 경쟁과 이해관계의 갈등, 그러한 갈등 상황에 대응한 정치적 동원(이해결집, 인정의 요구, 저항 등), 그리고 다문화 시민권 부여를 둘러싼 국가로부터의 제도적(정책적) 개입과 그에 대한 정치적 논란(국가의 중립성)이 합쳐지면서 정체성의 정치는 더욱 복잡해진다.

다문화 시민권을 둘러싼 정체성의 정치

보편적 시민권의 신화

다문화 시민권은 다양한 정체성을 가진 집단 구성원을 시민권의 주체로 설정한다는 점에서 전통적 시민권에 비해 진일보한 측면이 있다. 그러나 다문화 시민권이 모든 정체성 집단에게 같은 정도로, 또는 같은 방식으로 시민권을 인정하는 것은 아니다. 즉 보편적 시민권이 아니다. 오히려 집단에 따라 시민권의 인정이 달라지는 차별적 편입과 배제가 존재하고, 이러한 차별성은 다수 집단 대 소수 집단 사이의 정체성 정치만이 아니라 소수 집단 대 소수 집단 사이에 존재하는 정체성 정치에 주목해야 할 필요성을 제기한다. 이는 다수 집단과 다른 정체성을 가진 모든 집단을 '동질적인 소수 집단'으로 통칭할 수 없다는 뜻이다. 오히려 소수 집단 내부에 존재하는 다양한 변이로 인해 다문화 시민권을 둘러싼 소수 집난 사이의 정체성 정치는 더욱 복잡해진다.

사실, 집단에 따른 차별적 편입과 배제는 전통적 시민권에서도 중요 쟁점 중 하나이다. 전통적 시민권 논의를 촉발한 마샬(Marshall)에 따르면(Marshall, 1950; 1981; see also Turner, 1997; Lister, 2005), 시민권은 자유권(civil rights/legal rights), 정치권(political rights) 그리고 사회권(social rights)으로 발전해왔다. 자유권(법적권한)은 사유재산권 및 개인의 자유와 관련된 제반 권리로, 사법 제도를 통해 구현되었다. 정치권은 정치적 활동이나 정치적 권력 행사에 참여할 수 있는 참정권 등으로, 의회 제도가 핵심이다. 사회권은 일정한 수준의 경제적인 안녕과 사회자원에 대한 권리로, 복지국가시스템을 통해 제도화되었다. 마샬식의 논의가 암묵적으로 전제하는 것은 시민권의 보편주의(universalism)와 통합성(unified)이다. 전자는 공통적이고 동질적 공동체인 국민국가 구성원 모두에게 시민권이 부여된다는 것이고, 후자는 자유권, 정치권, 사회권이 통합적으로 부여된다는 논리이다.

그러나 전통적 의미의 시민권이나 새로운 다문화 시민권 역시 보편적 시민권의 전제 조건과는 거리가 있다. 어떤 면에서 보편적 시민권 개념은 일종의 신화(myth)로서 작동한다. 일반적 의미에서 신화는 영웅 또는 영웅적(특이한) 사건에 대한 전설적 이야기로, 그 대부분이 만들어진 이야기나 상상 속의 아이디어로 구성된 허구일 개연성이 높다. 이러한 신화는 입증되지 않거나 심지어 허위일 수도 있는 집합적인 신념으로 확장되어 사회적 모순 또는 역설을 은폐하거나 인간의 행동과 상호작용을 일정한 방향으로 유도하고 특정의 사회제도나 질서에 정당성을 부여하는 거시적 기능을 수행하기도 한다(원숙연, 2015: 33-34). 이렇게 볼 때 전통적 시민권이나 다문화 시민권의 보편성은 보편적이지 않은 현실과 그 안에 존재하는 정치성을 은폐하는 역할을 할 수도 있다. 왜냐하면 보편적 시민권을 둘러싼 전제는 그대로 발현되지 않고 오히려 차별적으로 작동하는 것이 현실이기 때문이다.

이러한 차별성은 '시민권의 다층성(multi-layered construct)'이라고 할 수 있다(Yuval-Davis, 1999). 현실에서 시민권은 자유권, 정치권, 사회권이 통합된 형태로, 그리고 같은 방식으로 모든 집단에게 보편적으로 부여되기보다는, 특정한 기준과 논리에 따라 집단별 차별이 존재한다. 예를 들어 마샬의 시민권에서 시민은 "중산층의, 백인, 남성"을 전제하기 때문에(Smith, 1999: 214; Bloemraad et al., 2008: 157 재인용), 이들에게 부여된 시민권의 내용이나 부여 방식이 여성, 유색인종, 또는 동성애자 등 사회적 소수 집단에게 부여되는 것과 동일하지 않다는 점에서(Yuval-Davis, 1999), 시민권의 보편성은 한계가 있다. 조금 다른 맥락에서, 보편적 시민권은 사회적 소수 집단이 직면한 차별적 상황을 간과하거나 오히려 강화하는 결과를 가져올 수 있다는 점에서(Young, 1990; Bloemraad et al., 2008), 또 다른 한계를 노정한다. 여기서 보편성이란 다수 집단의 관점에서의 보편성이기 때문이다. 표면적이고 이론적으로 존재하는 시민권이 마치 모든 집단에게 보편적으로 주어진 것처럼 보이게 함으로써 이면에 존재하는 실제적 차별을 볼 수 없게 한다는 점에서 신화적 기능을 수행하는 것이다.

한편, 전통적 시민권의 통합성 역시 한계가 있다. 주지하는 바와 같이 서구에서 여성에게는 정치적 참정권 이전에 사회권이 먼저 부여되었던 것처럼(Skocpol, 1992), 모든 집단에게 시민권, 정치권, 사회권이 통합된 형태로 부여되지 않는 것이 현실이다. 사실 다수 집단인 남성의 입장에서 보면 사회권에 비해 정치권은 남성에게 익숙하고 유리한 자원배분의 방식이나 구조를 변경할 수 있어서 상대적으로 위협적이다. 따라서 기득권에 대해 덜 위협적인 사회권을 먼저 부여하는 방식을 취할 수 있다. 이처럼 다수 집단의 이해관계에 부합하는 방식으로 시민권을 선별적으로 부여하기 때문에 자유권-정치권-사회권의 통합성 보다는 집단에 따라 다르게 부여되는 시민권의 차별성 또는 선별성이 보다 현실적이다.

다문화 시민권의 다층성

시민권을 둘러싼 차별성과 선별성은 다문화 시민권에서도 그대로 나타난다. 어떤 면에서는 더욱 극명하다. 주류 집단과 소수 집단인 이주 외국인 사이의 시민권 부여의 차별성은 말할 것도 없고, 이주 외국인 집단 내에서도 다문화 시민권은 차별적으로 부여된다. 전술한 바와 같이 민족국가의 구성원에게만 제한적으로 부여했던 시민권과 그에 따른 사회적 자원에 대한 접근권을 이방인인 이주 외국인에게 부여하게 되는 다문화 사회에서 어느 집단에게, 어느 정도, 그리고 어떤 방식으로 개방할지는 상당히 정치적인 문제(선택)일 수밖에 없다. 이주 외국인 중 어떤 집단에게는 모든 시민권을 통합된 형태로 제공한다거나 어떤 집단에게는 법적 지위 없이 사회권을 부여하거나 정치적 활동이 허용되기도 하는 등(Leitner & Ehrkamp, 2003) 다문화 시민권 역시 다양한 이유와 맥락에 따라 다층적이고 차별적으로 부여된다. 이처럼 다문화 시민권이 이주 외국인 집단에 따라 선별적이고 차별적으로 부여된다는 것은 다문화 시민권을 둘러싼 인정의 정치가 다층적으로 수행된다는 것을 의미한다. 이는 주류 집단 대 이주 외국인 집단 간 정체성 정치를 넘어서 이주 외국인 집단 대 이주 외국인 집단 사이에 존재하는 정체성 정치의 다층성에 주목해야 하는 이유이기도 하다.

다문화 시민권과 정체성 정치의 발현 양상을 구체적으로 살펴보면 다음과 같다(Bloemraad, 2000; Bosniak, 2000; Bloemraad et al., 2008). 첫째, 법적지위로서 시민권이다. 이는 누가(어떤 집단), 어떤 방식과 조건 하에서 시민으로서의 지위를 부여받을 것인가를 결정한다. 이주 외국인의 증가에 따라 특정 인종이나 특정 문화 및 종교를 가진 집단에게는 시민권을 제한한다거나 시민권의 부여를 속지주의(place of birth: jus soli)로 할 것인지, 아니면 속인주의(parental origins: jus sanguinis)로 할 것인가를 결정하는 것 등이 이에 속한다. 또한 이주 외국인의 귀화에 따르는 조건이나 이를 설정하는 방식 등도 법적 지위로서의 시민권의 대상이다.

둘째, 권리로서 시민권(citizenship as rights)으로, 이는 개인과 국가 간의 권리와 의무관계와 연결된다(Somers, 2006). 납세 의무, 의무교육 등 시민으로서 의무와 시민으로서 향유할 수 있는 권리를 규정한 것이다. 특히 다문화 사회의 도래에 따른 다문화 시민권에서의 권리는 기계적이고 형식적인 평등을 넘어서 권리와 의무 관계를 통해 결과의 평등을 성취하는 것으로 그 범위를 확장한다. 이에 따라 이주 외국인에게 있어서 권리로서의 시민권은 의무 부여보다는 권리를 어디까지 부여할 것인가에 방점을 둔다. 예를 들어, 이주 외국인에게 내국인과 같은 수준의 납세 의무를 부여하는 것은 어렵고, 국방 의무는 그 속성상 내국인에게만 배타적으로 요구하는 것이 현실이다. 이주 외국인을 위한 적극적인 권리 인정을 통해 결과의 평등을 구현하는 것이 권리로서 시민권이 추구하는 방향이라는 전향적인 입장도 여기에 속한다.

셋째, 정치적 참여로서 시민권(citizenship a political participation)이다. 역사적으로 볼 때 정치적 참여로서의 시민권은 젠더, 인종, 종교, 계급 등 집단에 따라 제한적으로 제공되거나 배제가 빈번하게 이루어진 대표적인 영역이다(Yuval-Davis, 1999). 정치적 참여로서 시민권은 사회적 자원의 배분방식이나 접근성에 상당한 영향을 미침으로써 소수 집단과 다수 집단 간 권력 관계의 변화를 가져올 수 있기 때문이다. 더욱이 현대에서 정치적 참여로서 시민권은 개인의 권리를 넘어선 인권의 문제로 논의될 정도로 그 중요성이 커지고 있다(Bloemraad et al., 2008). 정치적 참여의 정도에 따라 시민으로서의 사회적, 경제적 편입 또는 배제가 결정될 수 있어서 그 중요성이 배가(倍加)된다.

넷째, 소속으로서 시민권(citizenship, that of belonging)이다. 이는 역사를 공유하고 동일한 문화적·사회적 의미를 갖는 제도 아래에서 함께 하는 시민권으로, 국적과 연결된다(Bloemraad et al., 2008). 소속으로서의 시민권은 그 자체로 배타적 성격을 갖는다. 역사와 제도를 공유하는 '우리'가 되기 위해서 다른 사람이 배제되는 상황을 상정하기 때문이다. 우리로 표상되는 사회적 응집을 위해서 일정한 배제가 필요하다는 논리로 이어지는 역설을 내포하는 시민권 영역이다.

다문화 시민권을 둘러싼 인정의 정치

이상에서 본 것처럼 법적 지위로서 시민권에서 소속으로서 시민권에 이르기까지 다양한 형태로 존재하는 다문화 시민권을 누구에게, 어떻게 부여하는가는 정치적 선택의 문제이다. 조상의 뿌리가 중요하고 제한된 시민권 부여와 배타성에 기반을 둔 민족적 기준(ethnic base)으로 할 수도 있고, 보편적이고 자발적 멤버십을 기초로 광범위하고 적극적으로 시민권을 부여하는 포용성을 강조하는 시민적 기준(civic base)이 될 수도 있다. 현실적으로 다문화 시민권을 부여하는 데 있어서 완전히 민족적 기준 또는 완전히 시민적 기준을 반영할 수는 없고 오히려 이주 외국인 집단의 속성이나 본질에 대한 주류 집단의 평가와 수용 정도에 따라 선별적 기준을 적용하는 것이 일반적이다. 어떤 기준을 선택하는가에 따라 집단 갈등은 불가피하게 야기된다. 이 모든 것—시민권 부여 기준, 선택, 갈등—이 반영되어 특정 사회, 특정 시기에 이주 외국인을 대상으로 한 정책의 속성과 내용이 달라진다. 이는 자연스럽게 이주 외국인 정책의 다층성으로 나타난다.

이러한 다층성은 이주 외국인 집단에 따라 시민권 부여 기준과 정도가 달라지는 차별성과 직결된다. 주지하는 바와 같이 다문화 시민권을 둘러싼 선택적 배제 또는 편입의 차별성이 발생하는 것은 다문화 시민권이 사회적 희소자원에의 접근권이기 때문이다(Brubaker, 1992; Turner, 1997). 앞에서 본 것처럼 다문화 시민권은 전통적인 의미의 경제적 또는 정치적 자원만이 아니라 교육, 지식 그리고 언어와 같은 문화적 자원에 대한 접근성을 결정한다. 어떤 형태로든 다문화 시민권을 둘러싼 갈등은 불가피하다. 과거 계급과 성별 등을 기준으로 시민권의 차별적 배제와 편입이 이루어졌다면, 이주의 세계화는 계급을 넘어선 문화적 정체성으로까지 그 기준을 변형·확장시키고 있다. 그렇다면 다문화 시민권 부여를 둘러싼 선택적 배제와 편입의 기제는 무엇일까?

이주 외국인 집단의 가치와 자격: 도구적 효용

다문화 시민권 부여를 둘러싼 선택적 배제와 편입의 첫 번째 기제는 이주 외국인 집단의 가치(worthy), 또는 자격(deserving)에 대한 '사회적' 평가이다. '사회적'에 방점이 있는 것은 이주 외국인 집단의 가치와 자격에 대한 평가기준은 객관적이지 않은 사회적 구성물임을 뜻한다. 즉 공간(국가)에 따라, 또는 같은 공간(국가)에서도 시간(시대)에 따라 그 가치와 자격은 달라진다. 시공을 초월한 인권이나 존엄과 같은 당위적이고 철학적 기준만은 아니다. 이렇듯 다문화 시민권 부여를 둘러싼 사회적 평가의 기준은 상황과 맥락에 구속되며 가변적이다.

이주 외국인에 대한 사회적 평가를 구속하는 상황과 맥락은 특정 공간과 시간을 지배하는(지배해온) 역사, 문화 그리고 사회, 정치, 경제적 특성에 따라 달라진다. 예를 들어, 이민 국가로 시작된 미국에서 다문화 시민권 부여를 둘러싼 사회적 평가가 오랫동안 단일 문화–단일 민족을 규범으로 당연시해 왔던 우리나라와 같을 수가 없다. 또한 단일 민족–단일 문화의 규범 하에서 이질적 민족이나 인종은 공히 배타와 배제의 대상이었던 과거와 이주의 세계화라는 현실의 변화와 '농촌 총각 장가보내기'로 대변되는 사회적 필요가 전면에 부각된 시점에서 결혼이주여성에 대한 사회적 평가는 다를 수밖에 없다. 이처럼 다문화 시민권의 부여를 위한 이주 외국인 집단의 가치와 자격에 대한 평가는 당위적이거나 객관적이기보다는 도구적이며 가변적이다. 특정 공간과 시간이 필요로 하는 도구적 효용에 이주 외국인 집단이 얼마나 부합하는가가 중요하다.

도구적 효용은 서로 연관된 몇 가지 요소로 구성된다. 첫째, 다문화 시민권 부여의 대상이 되는 이주 외국인 집단에 대한 긍정적, 또는 부정적 이미지와 평판이다(Ingram et al., 2007). 평판의 형성은 특정 사회의 맥락에 따라 달라지지만, 변하지 않는 것은 이주 외국인 집단의 존재와 이들에게 시민권을 부여하는 것이 주류 집단에게 어느 정도 위협적인가에 대한 인식이다. 만일 특정 이주 외국인 집단이 기존의 사회적 질서와 기득권에 대해 위협적 존재로 인식된다면 시공을 막론하고 배제의 대상이 된다(Jackson et al., 2001). 만일 형식적으로 완전한 배제를 할 수 없다면 가장 덜 위협적인 정도와 방식으로 편입시킨다. 예를 들어, 정치 참여로서의 시민권은 부여하지 않고 지극히 형식적인 법적 시민권만 부여한다거나 하는 선별적 배제가 이루어질 수 있다. 이러한 선별적 배제와 편입은 서구에서도 어렵지 않게 목격된다(Baubock, 2005; Hansen & Koehler, 2005). 한마디로 이주 외국인의 존재와 이들에게 부여된 시민권으로 인해 주류 집단의 문화적, 사회적 그리고 경제적 정체성이 위험해지지 않는 범위, 즉 용인 가능 범위까지만 받아들인다(Berry, 2001).

도구적 효용성을 구성하는 두 번째 요소는 이주 외국인 집단이 사회 전체의 복지(후생)에 어느 정도 기여할 것인가에 대한 인식이다(Ingram et al., 2007). 전술한 바와 같이 이주 외국인 집단이 주류 집단의 정치, 경제, 사회문화적 정체성에 위협적이지 않아야 한다는 것은 원칙적이고 추상적인 측면이 있다. 이에 반해 사회 전체의 복지에 기여해야 한다는 것은 보다 구체적이고 현실적인 기준이다. 다문화 시민권을 부여받기 위해서 이주 외국인 집단이 단순히 위협적이지 않아야 한다는 소극적인 조건을 넘어서, 보다 적극적으로 주류 사회에 도움이 되어야 한다는 요구가 존재한다. 전술한 바와 같이 우리나라에서 여성결혼이민자가 농촌 총각의 결혼과 출산율 저하라는 사회 문제에 일정 부분 기여할 것이라는 기대는 다른 이주 외국인 집단에 비해 정책적 편입의 범위가 넓어진 중요한 요인임은 부인할 수 없다(김현미, 2006; 원숙연, 2008; 김민정, 2011; 원숙연·정하나, 2014). 미국 등 서구 국가에서 다른 이주 외국인에 비해 의사나 박사 등 전문가나 재정적 투자 능력을 가진 이주 외국인 집단에 대해 보다 수용적인 것도 같은 맥락에서 이해된다.

이주 외국인 집단의 권력: 정체성의 속성

다문화적 시민권 부여를 둘러싼 선택적 배제와 편입의 두 번째 기제는 이주 외국인 집단이 가지는 권력이다. 이주 외국인 집단의 권력이 많다고(적다고) 평가되면 적극적으로 편입(배제)될 가능성이 높다. 이러한 가능성은 다문화 시민권을 둘러싼 인정으로서 편입과 배제는 다수의 주류 집단 대 소수의 이주 외국인 집단과의 관계만이 아니라 이주 외국인 집단 사이의 상대적 권력의 차이가 작용함을 보여준다. 일반적으로 이주 외국인 집단은 주류 집단보다 사회적 권력이 약한 것으로 평가되지만 이주 외국인 집단 사이에는 상대적 권력차이가 분명히 존재한다. 이러한 상대적 권력 차이를 만드는 데 있어서 집단 정체성은 중요한 기제이다.

전술한 바와 같이 인종적 다양성 확대에 따른 다문화 시민권의 부여는 정체성 정치와 인정의 정치 사이의 역학이다(Appiah, 2006; Dworkin & Dworkin, 1999: 17-24; 윤인진, 2004; 장미경, 2005; 전영평, 2007; 2008; 원숙연, 2008). 이러한 역학에서 중심이 되는 것이 집단 정체성의 힘이고, 그 힘을 결정하는 요소가 집단 정체성의 견고성과 명확성이다. 특정 이주 외국인 집단 구성원이 일체감을 느끼고 동일시하며 자신들의 정체성을 명확하게 하고 정체성 인정을 요구하는 집단과 그렇지 못한 집단은 주류 집단에게 미치는 영향력이 같을 수 없다. 여기서 두 가지 형태의 정체성이 작동하는 데, 내부적 정체성과 외부적 정체성이다. 전자가 말 그대로 이주 외국인 집단 내부에서 확립된 정체성이라면, 후자는 상황적 맥락에 의해 외부로부터 부여되거나 형성된 정체성이다.

이론적으로 볼 때 인종이라는 근본적이고 가시적이며 명확한 정체성 기준을 바탕으로 집단의 이해관계를 공유하면서, 내부적인 결집력과 제도화를 통해 형성된 정체성은 강력하고 견고하다. 따라서 주류 집단으로부터 정체성을 인정받을 가능성도 높다. 그러나 이론적 논리와는 달리 현실적으로 이주 외국인이 내부적 정체성을 견고하게 형성하는 일은 쉽지 않다. 동시에 내부적으로 확립된 정체성이 견고하지 못하다고 해서 주류 집단으로부터의 인정을 받을 수 없는 것도 아니다. 여기서 외부적 정체성에 주목할 필요가 있다. 말 그대로 외부적 정체성은 안으로부터 형성된 것이 아니라 주류 집단(또는 주류 집단 일부)으로부터 명확하고 견고하게 부여된 정체성이다. 상황에 따라서는 내부적 정체성보다 주류 집단에 의해 부여된 정체성이 인정을 받는 데는 더 효과적일 수도 있다.

우리나라에서 여성 결혼 이주 집단이 좋은 예이다. 우리나라 여성 결혼 이주자는 주로 저개발국가의 사회적으로 어려운 계층으로부터 유입되고 다양한 국적을 가지고 있어서 자신들의 정체성을 공유하고 결집해 인정을 요구하는 것은 현실적으로 어렵다. 한마디로 내부 정체성이 작동할 수 있는 공간이 거의 없다. 그럼에도 불구하고 결혼이주여성은 이주 외국인 집단 중 가장 적극적이고 포괄적으로 편입되고 인정받고 있다(원숙연, 2008; 원숙연·정하나, 2014). 이는 정부 또는 관련 여성 시민단체가 주축이 되어(최협 외, 2004; 장미경, 2005; 전영평, 2007), 결혼이주여성에게 견고하고 명확한 정체성을 외부로부터 부여했기 때문이다. 외부 정체성을 부여하는 이유는 다양하지만, 이미 언급한 것처럼 결혼이주여성이 갖는 도구적 효용이 높기 때문이다. 결혼이주여성은 한국 사회가 직면하고 있는 공공 난제(저출산, 농촌 총각 결혼하기 등)의 해결에 일정부분 기여하리라는 도구적 효용성이 주류 집단으로부터 이들의 정체성을 인정하게 하는 추동 요인이 된 것이다. 또한 관련 시민단체의 활동은 결혼이주여성의 이해관계와 정체성을 견고하게 하는 또 하나의 외부적 요인으로 작용했다(최협 외, 2004; 윤인진, 2004; 장미경, 2005). 결국, 원칙적으로 내부적으로 형성된 정체성의 힘이 강력하지만, 현실적으로는 주류 집단으로부터 부여된 정체성이 내부적 정체성보다 강할 수 있고, 이를 통해 타율적이기는 하나 나름의 명확하고 고정적인 정체성을 갖출 수 있다. 이러한 외부적 정체성이 인정의 정치에 더 효과적일 수도 있다.

정체성의 속성과 관련해 주목할 또 하나의 요소는 정체성이 갖는 역동성이다. 정체성은 생래적으로 부여된 정적인 상태(static state)만이 아니라 동적인 과정(dynamic process)까지 포함한다. 여기서 동적인 과정이란 자신들의 (집단)정체성을 명확히 하고 정체성을 주장함으로써 다문화 시민권을 둘러싼 편입과 배제에 영향력을 행사하고자 하는 집단적 의지 또는 활동을 의미한다. 예를 들어, 성적 소수자의 경우는 생래적으로 부여된 정적인 상태의 정체성이 사회적으로 인정되지 않는 경우가 많다. 만일 정체성을 정적인 상태로만 규정한다면 이들의 정체성을 논할 수 있는 장이 없다. 그러나 특정 집단의 정체성에 대한 사회적 인정이 부재한 경우에도 자신들의 정체성을 알리고 정체성 인정을 요구하는 그 과정까지 정체성으로 인정하면 상황은 달라진다. 그 과정 자체가 정체성이 될 수 있기 때문이다. 이처럼 정체성을 동적인 과정까지를 포함한 개념으로 규정할 때 정체성은 변화할 수 있으며, 새로운 정체성이 형성될 수 있는 가능성이 열리는 것이다. 요약하면 내적 또는 외적 정체성이 확고한 이주 외국인 집단은 물론 정체성이 부재하거나 일시적이거나 유동적이며 주류 집단으로부터 수용되지 않은 경우, 그 정체성을 확인하고 인정받기 위한 집단적 노력도 정체성에 포함함으로써(고동현, 1999; 장미경, 2005), 다문화 사회와 다문화 정책의 다층성을 보다 심층적으로 논의할 수 있게된다.

3부

다문화 사회 정치성의 '집단적' 다층성:

차별적 편입과 배제의 맥락

5장

신-사회위험으로서 이주 외국인

이주 외국인에 대한 일반 국민의 '개인적' 인식

다문화적 도전과 신-사회위험

납세자이자 유권자인 일반 국민이 이주 외국인을 어떻게 인식하는가는 이주 외국인 집단에 대한 편입과 배제에 영향을 미치는 중요한 맥락이다. 모든 정책 영역이 그렇듯 이주 외국인의 증가에 대응하기 위한 정책적 개입은 유, 무형의 정책 비용을 발생시킨다. 정책 비용은 국민의 세금으로 충당되기 때문에, 이를 부담해야 하는 일반 국민이 정책 대상자인 이주 외국인을 어떻게 생각하는지 그 인식의 지형을 파악하는 것이 중요하다. 특히 이주 외국인은 사회적 가시성이 높고 사회적 효용보다는 부담이 전면에 등장한다는 점에서 정책 비용에 대한 민감성이 상대적으로 높다. 여기에 더해 정책 비용 부담 집단과 정책 수혜 집단이 명확하게 구분됨에 따라 정책 비용 부담 집단으로서 일반 국민은 이주 외국인의 이해관계와 자신들의 이해관계를 갈등적 관계로 설정할 개연성이 높다. 이러한 맥락에서 볼 때 일반 국민이 이주 외국인의 유입에 따른 다문화적 상황에 대해 느끼는 위협감이 갖는 의미는 작지 않다.

이론적 논의에서 밝힌 바와 같이 탈-중심화, 초-다원성으로 표상되는 사회적 다양성 확대의 흐름은 우리나라에서도 예외가 아니다. 특히 과거와는 달리 비교적 새롭게 등장해 다양성의 기준이 되고 있는 인종적 다양성의 확대가 압축적으로 진행되면서 그러한 흐름이 가속화되고 있다. 인종이라는 새로운 다양성 기준의 등장은 과거와는 질적으로 다른 현실을 구성하며 새로운 인식의 지형을 만들어내고 있다. 대부분의 국가에서 인종에 기초한 사회적 다양성을 경험하고 있지만 우리의 경우는 몇 가지 점에서 그러한 변화가 주는 사회적 의미가 다르다. 오랫동안 단일 민족-단일 문화가 당연한 규범으로 생각되고 순혈주의에 대한 사회적 합의(동의)가 여전히 건재한 상황에서, 짧은 시간에 압축적으로 진행되는 이주 외국인의 증가는 그야말로 '다문화적 도전(multicultural challenge)'(Kymlica, 1995; 원숙연, 2008: 1)이 되고 있다.

이처럼 다문화적 도전으로 규정되는 이주 외국인의 증가는 과거와는 근본적으로 다른 '신-사회위험(new social risk)'으로 인식되기도 한다. 신-사회위험은 원래 후기 산업사회로의 이행에 따른 새로운 소수 집단의 등장, 이들 소수 집단을 둘러싼 빈곤과 사회적 배제와 연결된다(Esping Andersen, 1999; Taylor-Gooby, 2004). 따라서 신-사회위험은 주로 여성과 저숙련 노동자에게 초점을 맞추지만, 우리나라의 경우에는 새롭게 등장한 소수 집단으로서 이주 외국인의 증가도 신-사회위험의 한 요소로 규정될 수 있다.

그렇다면 과거에는 경험하지 못한 신-사회위험의 한 요소로 인종적 다양성의 확대와 다문화 사회로의 이행에 대해 일반 국민은 어떻게 인식하고 있을까? 인종을 달리하는 이주 외국인의 증가에 대한 일반 국민의 인식이 중요한 것은 이러한 인식이 다문화 사회의 정치성, 특히 차별적 편입과 배제의 맥락으로 작용할 수 있기 때문이다. 일반 국민은 이주 외국인 등 소수 집단과 대응되는 다수 집단이면서 동시에 유권자이자 납세자로서 이주 외국인 증가에 따른 사회적 비용을 감당하는 주체라는 점에서, 차별적 배제와 편입을 둘러싼 맥락 형성에 중요한 행위자이다. 무엇보다 차별적 편입과 배제를 공적 영역에서 실현하는 정책의 내용이나 방향성은 유권자이자 납세자인 이들 일반 국민의 인식으로부터 유리(遊離)될 수 없다. 물론 일정한 범위에서 정부나 정책이 일반 국민의 인식을 견인할 수 있지만, 이 경우에도 일반 국민의 인식에 대한 이해가 선행되어야 한다.

더욱이 우리나라는 오랫동안 단일 민족을 유지해왔기 때문에 인종에 대한 편견의 존재를 완전히 배제할 수 없다. 이론적 논의에서 제시한 것과 같이 이민 국가로 시작된 미국에서도 '노골적인 인종주의'는 과거보다 완화되었지만 보다 '교묘한 인종주의'가 강화되고 있는 것이 현실이다 (Pettigrew & Meetens, 1995; Williams et al., 1999). 만일 그렇다면, 오랫동안 단일 민족의 전통을 유지해왔던 우리 사회에서 이주 외국인 증가에 대해 일반 국민이 갖는 인식의 저변을 확인하는 작업이 갖는 의미는 결코 가볍지 않다. 또한 이주 외국인과 같이 새롭게 등장한 소수 집단에 대한 인식은 경제적 상황에 따라 달라지는데, 현재 우리 사회가 겪고 있는 경제적 불확실성과 어려움을 감안할 때 이주 외국인에 대한 일반 국민의 인식은 이주 외국인에 대한 편입과 배제의 맥락으로서 매우 중요하다.

이러한 중요성의 차원에서 우리나라 일반 국민을 대상으로 이주 외국인에 대한 인식의 지형을 살펴보고 그러한 인식의 지형을 만드는 데 작용하는 요소들이 무엇인지 실증적으로 확인한다. 이를 위해 분석단위를 달리해 인식의 지형을 살펴본다. 먼저 이번 장에서는 이주 외국인에 대한 일반 국민의 인식을 미시적(개인적) 차원에서 확인하고, 다음 장에서는 중범위적(지역적) 차원에서 접근한다.

먼저 일반 국민의 인식을 개인적으로 확인하는 데 있어서 단순히 추상적이고 규범적인 차원에서의 이주 외국인에 대한 인식이 아닌, 일상의 실질적인 경험을 통해 보다 구체적인 인식의 지형에 접근한다. 이를 위해 '이주 외국인을 이웃으로 받아들일 의향'과 '이주 외국인에게 일자리를 배정하는 것' 등 일상의 경험이 반영된 조사를 활용하고 이를 바탕으로 보다 실질적인 이주 외국인에 대한 인식의 지형을 제시한다.

신-사회위험으로서 이주 외국인의 증가

'신-사회위험'은 후기 산업사회로의 이행 과정에서 과거와는 다른 방식으로 발현되는 경제와 사회구조의 변화와 연결된다(김교성 외, 2010). 특히 잠재 성장 및 경제 성장률의 둔화와 복지국가의 재정위기, 그리고 노동 시장 일자리 확보의 어려움이 복합적으로 작용해 나타난 개념이다. 복합적 어려움 하에서 노동 시장이 필요로 하는 인적 자본을 확보하지 못한 소수 집단의 빈곤과 사회적 배제가 전면에 부상한다. 여기에 더해 여성의 노동 시장 참여에 따른 저출산, 고령화 및 가족 구조의 변화 등이 신-사회위험으로 망라된다. 한마디로, 신-사회위험은 사회의 구조적 변화의 흐름에 따라 발생한 (과거와는 다른) 새로운 위험이 여성이나 저숙련노동자 등 사회적 소수 집단에 미치는 부정적 영향력에 주목한다(Esping Andersen, 1999; Taylor-Gooby, 2004).

이처럼 신-사회위험이 집중 조명하는 것은 여성이나 저숙련 노동자와 같은 전통적 소수 집단이지만, 이 장에서는 한 걸음 더 나아가 이주 외국인의 증가와 이에 따른 사회적 배제로 외연을 확장하고자 한다. 사실 우리나라처럼 오랫동안 단일 민족을 기반으로 한 사회에서 이주 외국인의 압축적 증가는 본질적인 사회 변화이고, 이에 따른 사회적 배제가 발생할 개연성이 높기 때문이다. 이주 외국인의 유입은 노동 시장 구조의 변화, 과거와는 다른 형태의 차별의 존재, 문화접변(acculturation)과 다양성 확대 요구, 그리고 인종을 둘러싼 정치적 갈등 등 과거와는 본질적으로 다른 사회변동을 야기한다는 점에서(원숙연, 2008; 전영평, 2010; 원숙연, 2011a; 한승준·박치성, 2011), 새로운 사회위험으로 규정될 수 있다.

노동 이주의 경우 1980년 말부터 시작되어 1993년 산업 연수생 제도에 포괄되었다가 2004년 고용허가제와 2007년 방문취업제의 시행 등으로 확대 추세가 지속되었다(출입국 통계연보, 2016). 약 25년이라는 비교적 짧은 시간 동안 이주 외국인의 유입은 지속적인 증가 추세로 2016년 12월 현재 우리나라 이주 외국인 규모는 200만 명을 상회해 전체 인구의 약 4%를 차지하고 있다(통계청, 2017). 1980년대 중반까지 전체 인구의 0.09%였다는 점을 감안한다면, 그야말로 압축적으로 증가한 것이다.

또한 이주 외국인의 구성(국적)도 다양하다. 2006년과 2016년, 10년의 시간적 범위에 따른 국적별 체류 외국인 구성비중의 변화에 따르면(출입국 통계연보, 2017), 체류 규모에 따른 상위 6개국(중국, 베트남, 미국, 태국, 필리핀, 우즈베키스탄, 일본) 모두 상당한 증가세를 보였다. 이러한 증가는 한국의 다문화 사회로의 이행을 그대로 보여준다. 또한 구성비를 보면 중국 출신(한국계 포함)이 가장 많고 지난 10년 간 동일한 양상을 보였다. 주목할 것은 베트남 출신 이주 외국인의 규모 변화이다. 2006년의 베트남 출신 이주자 규모는 약 5만 5천 명으로 중국, 미국, 필리핀에 이어 4위였으나, 2016년에는 약 15만 명으로 늘어 중국에 이어 2위로 부상했다. 10년간 약 5배가 증가한 규모로, 주목할 만한 변화이다.

한편, 결혼 이주자의 성별 구성을 보면 시간에 따른 변화 없이 여성이 압도적인 다수를 차지한다. 그 결과 2017년 9월 현재 결혼 이주자는 약 15만 5천 명이다. 그중 여성이 약 13만 명으로 83.9%를 차지한다(행정자치부, 2018). 결혼 이주민의 성비 구성은 우리 사회가 갖는 '혈연'에 대한 인식을 반영한다. 무엇보다 결혼이주여성의 급증은 본질적인 변화를 수반했다. 1990년대 중반 이후 시작된 결혼이주여성의 유입은 2000년대에 들어와 급증함에 따라 다문화 사회로 이행하는 속도의 압축성과 본질적 변화가 가중되었다(황정미, 2007; 전영평, 2010; 원숙연·정하나, 2014). 2001년 전체 결혼 건수의 4.8%를 차지했던 국제결혼은 2010년 13.6%로 10년 만에 3배에 육박하는 증가세를 보였다(통계청, 2009).

결혼이주여성의 증가는 자연스럽게 다문화 가족 자녀의 급증으로 이어진다. 과거보다는 약화되었다고는 하나 여전히 순혈을 근간으로 하는 우리나라 가족 구조의 본질적인 변화를 야기하고 이는 일반 국민의 관점에서 볼 때 과거에는 없던 새로운 사회적 위험으로 인식될 수 있는 근거가 된다. 다문화 가족 자녀의 성장은 새로운 사회적 상황으로 이어질 수 있다. 아직은 6세 이하의 아동이 대부분이고 초등학교 연령의 어린 자녀가 많지만(행정자치부, 외국인 주민현황조사, 2016), 이들이 성장하면서 과거와는 다른 정책적 요구와 대응이 불가피할 것이다. 이는 이주 외국인 관련 정책이 과거의 보호적 또는 시혜적 정책 방향에서, 보다 다차원적이고 역동적으로 변해야 한다는 요구로 이어질 가능성을 제기한다. 이러한 정책적 요구와 필요는 이주 외국인 관련 정책이 공공난제가 될 가능성을 높인다(원숙연, 2017).

이처럼 이주 외국인의 증가에 따른 본질적이고 새로운 변화는 일종의 위협으로 인식되어, 일반 국민의 입장에서는 심리적 또는 사회적 배제의 가능성을 높이게 될 수도 있다. 우리나라에 유입되는 이주 외국인의 대부분이 저개발국가로부터의 저숙련의 기술노동 이주자나 하위 계층의 여성 결혼 이주자이기 때문에, 노동 시장 및 사회의 주변부에 포진한다. 이에 따라 또 다른 신-사회위험의 요소로 인식될 근거가 된다. 이상에서와 같이 인종을 달리하는 이주 외국인의 증가와 그에 따른 사회적 배제와 사회적 위험(불안) 요인이 될 가능성은 새로운 사회갈등의 원인으로 작용한다. 짧은 시간 내에 이주 외국인이 급증할 경우, 다수 집단의 입장에서는 집합적인 위협이 높아지고 실제보다 더 과장되게 불안과 경쟁의식을 느끼게 된다는 서구의 경험을 고려할 때(Jackson et. al., 2001), 이러한 가능성을 배제할 수 없다.

이주 외국인 '이웃'에 대한 수용

이상의 논의를 바탕으로 유권자이면서 납세자인 일반 국민이 이주 외국인에 대해 어떤 인식을 가지고 있는지를 개인적 차원에서 확인했다. 일반 국민을 대상으로 한다는 점에서 추상적이거나 규범적인 인식보다는, 실제 생활과 밀접한 상황을 기초로 해 이주 외국인에 대한 인식을 측정했다. 이를 위해 '이주 외국인을 이웃으로 수용할 것인가'와 '외국인보다 내국인에게 일자리 우선 배정'에 대한 인식을 활용했다. 이 두 상황은 사회적 관용과 관련한 대표적인 조사문항이다. 이론적 논의에서 본 것처럼 사회적 관용은 일상의 삶이나 생활 속에서 선호하지 않는 집단을 받아들이겠다는 의지와 연결되는 인식이다(Walzer, 1997; Hadler, 2012). 이 문항은 2015년에 제공된 가장 최근의 조사인 제 6차 세계가치조사(World Value Survey: WVS)에서 소수자에 대한 인식을 측정하기 위해 사용한 것으로, 우리나라 일반 국민 1200명을 대상으로 측정한 자료를 활용했다[1].

1 1,200명의 구성을 보면 여성이 50.7%로 약간 많지만 성비가 비교적 균형을 이루었

먼저, 이주 외국인을 '이웃으로 수용할 의지가 있는가'의 구체적인 문항은 "이민자/이주노동자가 이웃이 되는 것을 원하지 않는다"이다. 척도는 '원하지 않는다'(배제)와 '상관없다'(수용)로 구성되었다.

분석 결과 이민자 또는 이주 외국인을 '이웃'으로 받아들일 것인가에 대해 일반 국민은 수용과 배제의 인식 사이에 일정한 긴장 관계에 있는 것으로 보인다. 응답자 1200명 중 이주 외국인을 이웃으로 수용하겠다는 인식(55.8%)이 수용하지 않겠다는 인식(44.2%)에 비해 높기는 하지만 그 차이가 크지 않다. 수용과 배제의 인식이 긴장 관계에 있다는 해석의 또 다른 근거는 다른 나라와의 비교이다. 미국에서 일반 국민을 대상으로 동일한 문항으로 측정한 결과, 이들을 이웃으로 수용하겠다는 인식이 86.4%로, 이웃으로 받아들이지 않겠다는 인식 13.6%를 압도하는 것으로 나타났다(http://www.worldvaluessurvey.org/WVSOnline.jsp). 이렇게 본다면, 우리나라에서 이주 외국인을 이웃으로 받아들이겠다는 인식과 배제의 인식 사이에 팽팽한 긴장 관계가 있나는 평가가 가능해진다.

이러한 일반 국민의 전반적인 인식 지형을 기반으로, 인구 통계적 특성에 따라 일반 국민의 인식이 어떻게 다른지 보다 세부적으로 확인했다. 〈그림 1〉에 따르면, 인구 통계적 변수에 따라 정도 차이는 있지만, 이주 외국인을 이웃으로 받아들이겠다는 수용이 배제보다 높게 나타났다. 그러나 각 변수별 인식의 내적변이는 다양하게 존재한다. 흥미롭게도 성별과 혼인에 따른 인식의 지형은 거의 일치한다. 조사 대상 남녀 모두 이주

다. 기혼이 약 69%로 미혼에 비해 많고, 자녀수는 무자녀와 2명이 각각 31.7%와 34.6%를, 3명 이상(19.9%)과 1명(13.9%)이 그 뒤를 따른다. 연령은 20대부터 40대까지는 약 20%정도로 비교적 고르게 분포되고 60대 이상(18.4%)과 50대(16.2%)가 뒤를 따른다. 고용 지위는 정규직이 50%, 자영업이 32%를 차지해 자영업 비율이 높은 우리의 노동 시장 구조를 반영하는 구성으로 나타났다.

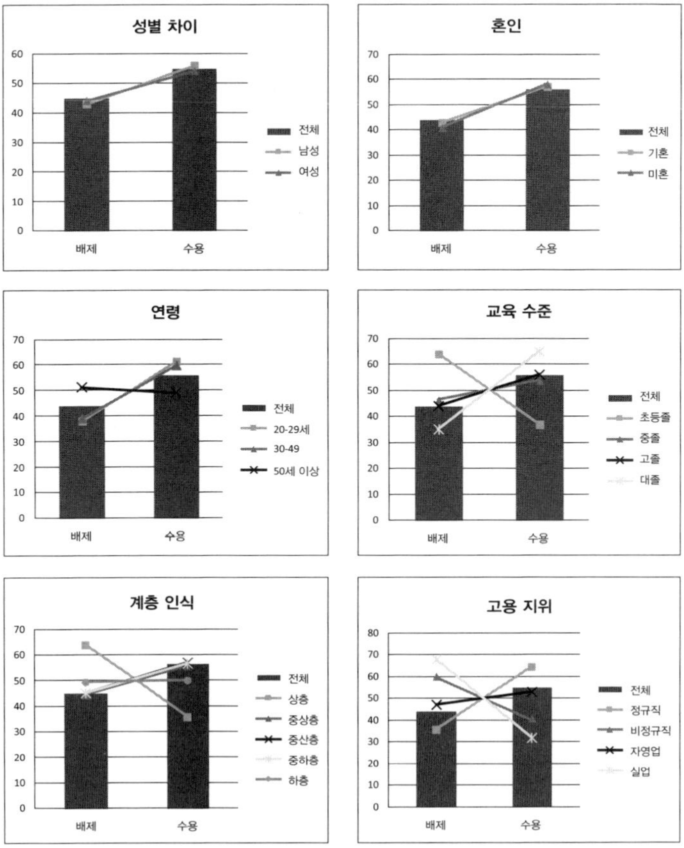

〈그림 1〉 차별적 배제와 편입의 지형(I): 이주 외국인을 '이웃'으로 수용

외국인을 이웃으로 수용한다는 인식이 배제보다는 조금 더 높고, 인식 구조는 거의 같다. 혼인도 성별과 거의 같은 형태의 인식을 보였다. 미혼은 가족 부양의 부담이 기혼에 비해 낮다. 이러한 상황은 이주 외국인이 노동시장에 유입됨에 따라 직면하게 될지도 모르는 경쟁이나 자원스트레스에 대해 덜 민감하게 만든다. 이에 반해 기혼은 자녀가 있을 가능성이 높고, 자녀가 있다는 것은 부양에 따른 부담을 가중시킨다. 이러한 부담은 고용 상황을 비롯해 사회적 자원 배분에 대한 민감성을 높이며 이는 이주 외국

인의 증가에 따른 자원 고갈의 가능성을 더 높게 느끼게 할 것이다. 그 결과 이주 외국인에 대한 수용의 폭을 좁게 할 수 있다. 무엇보다 기혼은 자녀의 미래를 걱정하게 되고 이주 외국인의 증가에 따라 발생할 지도 모를 미래의 불확실성이나 사회적 위험에 더 예민해질 수 있다. 이러한 민감성은 이주 외국인의 유입에 따라 실제로 발생하는 위험과는 상관없이 이주 외국인에 대한 심리적 배제를 강화하는 요인으로 작용할 가능성을 높인다.

한편, 연령이 낮은 집단에서 이주 외국인을 이웃으로 받아들이는 수용도가 평균보다 높고, 배제의 정도는 평균을 하회하는 수준으로 나타났다. 이론적으로 볼 때(Espanshade & Calhoun, 1993; Pantoja, 2006), 연령이 낮을수록 이주 외국인에 대해 수용적이다. 나이가 어릴수록 진보적이고, 진보적 인식은 사회정의나 형평성과 연결되면서 소수 집단에 대한 수용의 범위를 확장한다. 반대로 연령이 높을수록 보수적인 경향이 강해 사회적 소수 집단에 대해 배타적이다. 나이가 많을수록 과거의 관점이나 편견이 쉽게 변하지 않고 고착되어 소수 집단에 대한 편견이나 고정관념도 유지·강화되는 경향이 있기 때문이다. 분석 결과 중 특히 흥미로운 것은 20대와 3-40대의 수용과 배제 인식의 양상이 거의 같은 반면 50대 이상은 2-40대와는 완전히 다른 양상이라는 점이다. 50대의 경우, 배제는 평균보다 높고 수용은 평균보다 낮아 가장 보수적인 인식 구조를 나타냈다. 이상의 결과는 우리나라에서 연령에 따른 전반적인 인식 구조는 이론과 일치하나, 50대가 이주 외국인에 대한 보수적 인식을 고수하는 시작점임을 추정하게 한다.

이처럼 성별, 혼인, 연령에 따른 인식 구조는 비교적 단순한 데 반해 고용 지위, 교육 수준 그리고 계층에 따른 인식은 상당히 복잡한 지형을 구성한다. 첫째, 고용지위에서는 모든 집단이 서로 다른 인식 구조를 보이는 원심력이 작용한다. 외국인을 이웃으로 수용하는 데 있어 정규직이 가장 긍정적이고, 실업자 집단이 가장 부정적으로 나타나 두 집단의 인식은 역방향으로 구조화되어 있다. 그러나 비정규직은 실업 집단과 비슷한 양상을 보이면서도 실업 집단과 비교해 수용정도는 다소 높고, 배제는 상대적으로 낮았다. 자영업은 전체 평균과 거의 같은 인식 구조를 보였다. 이처럼 고용지위에 따른 인식의 다양성은 이들이 경험하고 직면하고 있는 경제적 상황과 노동 시장에서의 자원 압박이 작용한 결과로 해석될 수 있다. 즉 노동 시장에서의 지위와 이에 따른 경제적 불확실성이 이주 외국인의 증가에 따라 높아질 가능성이 있는 집단별로 수용과 배제가 상이하게 구조화되어 있기 때문이다. 이러한 결과는 소수 집단에 대한 인식이나 수용도가 경제적 상황에 따라 달라진다는 이론적 논의를 실증적으로 확인한다(Espenshade & Hempsted, 1996; Esses et al., 2001).

고용지위에 따른 인식의 발산적 구조는 교육 수준에 따른 인식 차이를 설명하는 데도 유용하다. 분석 결과에 따르면, 대졸과 초등학교 졸업 집단의 인식은 상호 반대 방향으로 구조화되고 중·고졸 학력 집단은 거의 일치하는 인식 구조를 보이면서 평균에 수렴했다. 교육 수준이 높을수록 이주 외국인 이웃에 대해 수용적인 태도를 보인 데 반해 교육 수준이 낮을수록 배타적인 태도를 보였다. 특히 대졸이상은 60%를 상회하는 응답자가 외국인 이웃을 받아들이겠다는 의지를 보임으로써 교육 수준이 아주 높거나 아주 낮은 경우를 양극단으로 하는 이분법적 인식 구조가 나타났다. 교육을 통해 사회적 평등이나 관용 등 진보적 인식을 습득할 기회를 갖게 됨에 따라 교육 수준이 높을수록 이주 외국인 등 사회적 소수 집단에 대한 수용범위가 넓어진다. 또한 교육 수준은 계층과 상관관계가 높아서 교육수준이 높은 경우 계층 사다리의 상층부에 위치할 개연성이 높다. 이는 교육과 계층 인식의 상승 효과를 예측하게 한다. 이와 함께 연령도 함께 작용했을 가능성이 있다. 2017년 현재 대학진학율이 70%가 넘는 현실을 감안하면(통계청, 2018), 학력이 낮은 집단은 주로 연령이 높을 가능성이 있기 때문이다. 여기에 더해 교육 수준은 노동 시장 참여와 노동 시장에서의 지위를 결정하는 대표적인 인적자본이다. 따라서 교육수준이 높을 경우 노동 시장에서의 지위도 함께 높아진다. 이 경우 이주 외국인으로 인한 노동 시장에서의 자원 압박이나 경쟁 가능성을 낮게 인식하게 되고 이는 이주 외국인을 이웃으로 받아들이는 데 긍정적으로 작용했을 가능성을 더한다.

이주 외국인 이웃에 대한 인식에 있어서 또 하나 주목할 만한 결과는 계층 인식에 따른 집단차이이다. 기존의 논의와 부합하는 방식으로 중간계층은 이주 외국인 이웃에 대해 배제보다는 수용이 평균을 약간 상회하는 수준으로 나타났고, 하위 계층은 수용보다는 배제가 다소 높게 나타났다. 관심을 끄는 것은 자신을 사회적 계층 사다리에서 가장 높은 곳에 있다고 인식하는 최상층에서 이주 외국인 이웃에 대해 가장 배타적이고 부정적인 인식을 보인다는 점이다. 다른 집단과는 완전히 다른 인식 지형이다. 이러한 결과는 계층이 높을수록 이주 외국인과의 경쟁 가능성이 낮고 자신들과는 '다른 리그'에 있다고 생각해 이주 외국인 유입에 대해 민감하지 않다는 이론적 논의와 배치된다(Espenshade & Hempsted, 1996). 탐색적이기는 하지만, 우리나라에서의 계층 인식 작동이 서구와는 다른 양상일 가능성을 보여준다. 또한 서구에서 개발된 자원스트레스 관점이 우리 사회의 현실에 부합하지 않을 가능성을 함께 제기한다.

이주 외국인 '일자리'에 대한 수용

이주 외국인을 이웃으로 받아들이는 데 있어서 계층에 따른 인식이 기존 연구와는 다르게 자원스트레스가 낮은 상위 계층에서 이주 외국인에 대한 배제가 강하게 나타났다. 이러한 결과는 우리 사회에서 독특하게 발현되는 자원스트레스의 영향력을 확인하는 추가 작업의 필요성을 제기한다. 이러한 필요성의 관점에서 '일자리'에 대한 인식을 중심으로 이주 외국인에 대한 수용 정도를 확인했다.

이주 외국인에 대한 인식 구조를 확인하는 데 있어서 '일자리'는 상당히 중요한 요소이다. 이주 외국인 유입에 따르는 부정적 인식이 형성되는 데 있어서 고용이라는 사회적 희소 자원에 대한 경쟁 압박이 상당하기 때문이다(Esses et al., 1998, 2001; 원숙연, 2008). 이주 외국인이 증가함에 따라 봉착하게 되는 사회적 자원을 둘러싼 제로섬적 경쟁은 이주 외국인을 '이웃'으로 받아들이거나 '이주 외국인을 차별해서는 안 된다'와 같은 선언이나 당위와는 다른 엄연한 현실이다. 엄연한 현실은 위협감이나 불안감으로 이어진다. 따라서 '이웃'과는 다른 맥락에서 '일자리'와 같이 중요한 희소 자원을 나눌 의지가 있는가는 이주 외국인에 대한 인식을 확인하는 데 중요한 의미가 있다. 이러한 맥락에서 세계가치조사의 "일자리가 부족할 때 고용주는 이민자보다 내국인에게 일자리 우선권을 주어야 한다"의 문항을 중심으로 외국인이주자에 대한 인식을 확인했다. 이 문항은 '반대(1)–보통(2)–찬성(3)'으로 구성되어 있다.

전반적인 차원에서 볼 때, "일자리가 부족할 경우, 이주 외국인보다 내국인에게 일자리를 우선 배정해야 한다"는 것에 대해 70% 이상의 응답자가 긍정적이었다. 반면 내국인에 대한 일자리 우선 배정에 반대하는 것은 6%로 매우 미미한 수준을 나타냈다. 약 20% 정도가 유보적 입장(보통이다)을 보였다. 이러한 결과는 응답자 대다수가 이주 외국인에게 일자리를 우선 배정하는 것에 대해 부정적이라는 것을 확인한다. 대표적인 사회적 희소 자원인 일자리의 의미와 중요성을 생각할 때 이처럼 배타적 인식은 설명 가능하다.

주목할 것은 동일 문항에 대해 미국은 50%가 긍정적으로, 23.4%가 반대를 표명했으며, 25.7%가 유보적 입장이라는 점이다. 이러한 인식의 지형은 우리나라와는 상당한 차이가 있다. 다만 이주 외국인을 이웃으로 받아들일 것인가에 대해 70%가 찬성한 것과 비교하면 그 차이는 다소 낮다. 이는 이민 국가로 시작하고 인종적 소수자에 대해 비교적 관대한 미국인들도 '일자리'에 대해서는 더 보수적이고 배타적인 인식을 가지고 있다는 설명을 가능하게 한다. 일자리가 갖는 경쟁적인 성격과 무관하지 않은 결과이다.

이주 외국인에 대한 일자리 우선 배정을 둘러싼 전반적인 인식 구조를 바탕으로 세부적인 인식의 지형을 알아보기 위해 일반 국민의 인구 통계적 배경에 따라 차이를 분석했다(그림 2).

분석 결과는 몇 가지 논제를 제기한다. 첫째, 정도의 차이를 차치한다면, 성별, 혼인, 연령 그리고 교육 수준에 따른 전체적인 인식 구조는 평균과 크게 다르지 않다. 세부적으로 볼 때 여성보다는 남성이, 미혼보다는 기혼이, 그리고 50대 이상에서 인식의 배타성이 다소 높지만, 양상은 유사하다. 이러한 결과는 전술한 이웃에 대한 수용에 있어서 집단별 양상이 다양했던 것과는 대조적이다. 이는 '일자리'를 둘러싼 인식이 집단에 따라서 차이를 보이기보다는 수렴한다는 것을 의미한다. 수렴하는 인식이 의미하는 바는 '일자리'의 사회적 의미나 민감성이 광범위하게 공유되어 있다는 것이다. 이에 따라 다소 복잡한 인식의 지형을 보인 '이주 외국인 이웃'과는 달리 일자리에 대한 인식은 비교적 단순한 지형을 나타낸 것으로 해

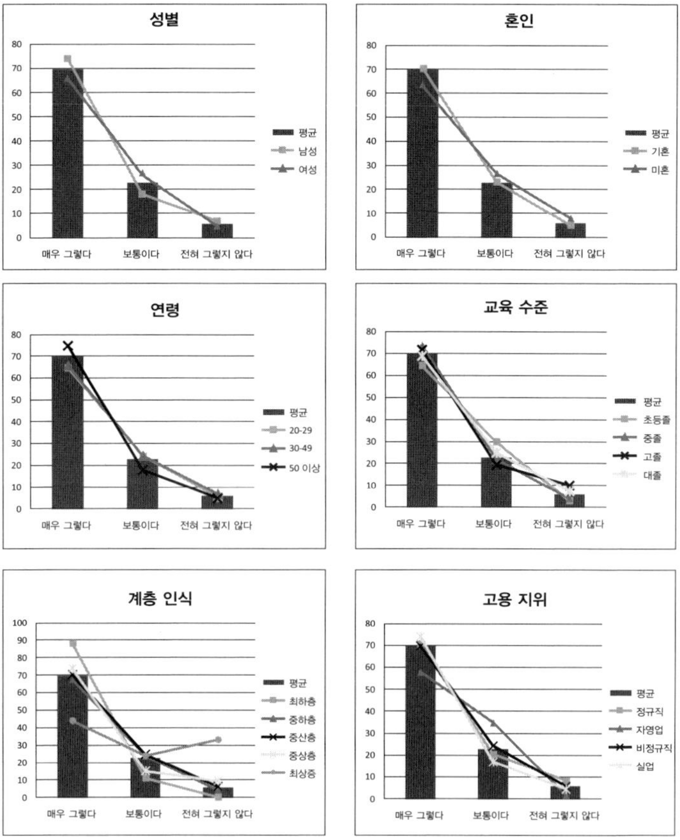

〈그림 2〉 차별적 배제와 편입의 지형(II): 이주 외국인 '일자리(job)' 우선 배정

석된다.

또 다른 논제는 계층 인식과 관련된다. 분석 결과에 따르면, 자신을 최상위층으로 인지하거나 최하위층으로 인지하는 경우, 중산층으로 인지하는 것과는 다른 인식 구조를 보인다. 최상위층의 경우, 이주 외국인에게 일자리를 우선 배정하는 것에 대한 부정적인 인식이 평균을 훨씬 하회한다. 70%를 상회하는 평균에 비해 상위계층은 40%를 조금 넘는 수준에서

부정적 인식을 보였다. 반면 일자리가 부족할 경우 외국인에게 일자리를 우선 배정해야 한다는 인식은 평균이 6%인 데 반해 최상위층은 33%로 현격한 차이를 보인다. 이는 최상위층으로 갈수록, 이주 외국인과 일자리를 두고 경쟁을 할 가능성이 없다고 생각하기 때문으로 보인다. 다시 말해 설혹 이주 외국인에게 일자리를 우선 배정한다고 해도 최상층에 있는 자신의 일자리가 없어지거나 자신에게 돌아올 자원이 감소하는 일은 없으리라는 믿음과 무관하지 않다. 이는 이주 외국인 이웃에 대해서는 가장 배타적이고 부정적인 최상위층이 일자리에 대해서는 가장 관대한 인식을 보임으로써 극명한 대조를 이룬다는 점에서 흥미롭다. 최상위층에서 보이는 인식의 이중성은 감정적으로는 이주 외국인을 이웃으로 받아들이기 어렵지만, 일자리를 가지고 경쟁할 가능성은 없기 때문에 그 부분에 대해서는 당위적인 판단을 한 것으로 해석될 여지를 제공한다.

계층과 관련해 주목을 끄는 또 하나의 결과는 최상위층의 인식과는 전면적으로 다른 최하위층의 인식이다. 이주 외국인에게 일자리를 우선 배정하는 것에 대해 가장 부정적이며, 그 수준은 평균을 훨씬 상회한다. 이는 자원스트레스와 이주 외국인에 대한 인식 간 관계를 그대로 확인하는 결과이다. 스스로를 최하위층이라고 인식하는 계층은 이주 외국인의 유입으로 인한 자원 결핍과 자원스트레스를 가장 많이 경험할 가능성이 있다. 특히 우리나라 이주 외국인은 3D 업무를 비롯해 일반 국민이 기피하는 일자리에 대거 포진해 있고 이러한 일자리는 주류 집단 중 최하위층의 일자리와 중첩된다. 이러한 상황은 최하위층으로 하여금 외국인의 유입에 따른 불안감과 위협 의식을 크게 느끼게 하는 요인이다. 결국, 일자리를 둘러싼 경쟁 가능성과 제로섬적 관계 설정은 최하위층으로 하여금 이주 외국인에게 일자리를 우선 배정하는 것에 대해 부정적인 인식을 갖지 않을 수 없게 한 것이다.

마지막으로, 고용 지위에 따른 인식은 상대적으로 단순한 구조를 보인다. 위에서 본 것처럼 고용지위에 따라 이주 외국인 이웃을 수용하는 것에 대해 다양하고 발산적 인식 차이가 나타난 것과는 상당한 대조를 이룬다. 정규직, 비정규직, 실업 집단에 따라 일정한 정도의 차이는 존재하지만, 거의 일치하는 양상을 보이고 있다. 이는 일자리가 부족한 경우, 내국인보다 이주 외국인에게 일자리를 우선 배정해야 한다는 것에 대해 부정적인 인식을 공유하고 있음을 재확인해준다. 한 가지 주목할 것은 자영업자는 이주 외국인에게 일자리를 우선 배정하는 것에 대한 반대는 다소 낮고, 유보적인 입장은 다소 높은 인식 구조를 보였다는 점이다. 이러한 차이는 자영업은 '창업'에 기반을 두고 있어서 노동 시장에서의 '고용'을 기초로 하는 다른 집단과는 상이한 환경이 조성되기 때문으로 해석된다.

외국인 이웃? 외국인 일자리? 위험 인식의 차별성

모두(冒頭)에서 밝힌 바와 같이 단일 민족-단일 문화가 규범이었던 우리에게 인종적 다양성은 그 자체로서 본질적 도전이며 사회적 위험으로 인식된다. 무엇보다 짧은 기간 압축적으로 진행된 이주 외국인의 증가는 위험 인식을 가중시키는 요인으로 작용할 개연성이 높다. 이주 외국인과의 접촉이나 이주 외국인 수용에 대한 사회적 합의 또는 단일 민족 가치관의 변화 등이 수반되지 않은 상태에서 급격하게 진행된 측면이 있기 때문이다. 이러한 현실을 고려할 때 우리나라 일반 국민이 이주 외국인에 대해 갖는 인식의 지형을 확인하는 작업은 중요하다.

이에 따라 우리나라 일반 국민 1,200명을 대상으로 이주 외국인에 대한 인식의 지형을 살펴보았다. 추상적이고 당위적인 차원에서의 이주 외국인을 수용하는 것은 어쩌면 쉬운 일이다. 문제는 추상과 규범을 넘어서 현실의 삶에 직접적으로 영향을 미치는 '이주 외국인을 이웃으로 수용'하거나 '이주 외국인에게 일자리를 우선 배정'하는 일은 실질적인 인식의 지형을 그대로 보여줄 수 있는 중요한 현실이다.

이주 외국인을 '이웃'으로 받아들일 것인지나 이주 외국인에게 '일자리'를 우선 배정할 것인지와 같은 실질적인 현실 인식에 대한 실증적 분석에서 중요한 논제가 발견되었다. 첫째, 거스를 수 없는 인종적 다양성의 확대와 이에 따른 다문화 사회로의 이행 과정에서 이주 외국인에 대한 인식은 현실의 속성에 따라 차별적이다. 이주 외국인을 '이웃'으로 받아들이는가와 '일자리'를 제공할 것인가에 따른 인식의 지형이 차별적으로 나타났다. 이주 외국인을 '이웃'으로 받아들이는 데 있어서 수용과 배제의 인식 사이에 긴장 관계가 형성되어 있는 데 반해 '일자리' 우선 배정에 대해서는 배제 인식이 압도적으로 나타나 강한 대조를 이룬다. 이주 외국인을 '이웃'으로 받아들이는 데 있어서 수용과 배제 사이에 존재하는 긴장은 집단에 따른 인식의 차이를 복잡하게 만드는 데 기여한 것으로 보인다. 이러한 인식의 복잡성은 이주 외국인을 이웃으로 받아들이는가에 대해서 다양한 인식이 공존하고 있다는 반증이다. 동시에 이주 외국인에 대한 인식이 변화과정에 있다는 뜻이기도 하다. 그러나 일자리 제공의 경우, 집단 간 인식의 차이가 비교적 단순해 거의 모든 집단이 안정적이고 일관되게 배타성을 공유하고 있는 것으로 보인다. 이러한 차이는 '이웃'과 '일자리'가 갖는 사회적 의미와 영향력 차이 때문으로 해석된다.

사실 이러한 영향력의 차이는 자원스트레스와 직결된다. 이론적 논의에서 밝힌 바와 같이 이주 외국인을 포함한 소수 집단에 대한 인식의 저변에는 자원스트레스가 자리한다(Espenshade & Hempsted, 1996; Esses et al., 2001). 연구 결과는 교육 수준이 낮고, 하층에 위치하며 고용 지위와 고용

조건이 열악할 때 자원스트레스를 많이 느끼고 이는 이주 외국인에 대한 부정적 인식을 강화하는 것을 확인함으로써 자원스트레스의 영향력을 가늠하게 한다. 이는 도구적 집단갈등모형(IMGC: Instrumental Model of Group Conflict)이 우리나라에서도 유효함을 보여준다(Esses et al., 1998; 2001; 원숙연, 2008: 34). 무엇보다 이웃과 일자리에 따라 자원스트레스가 달리 작동할 가능성을 보여줌으로써 이주 외국인에 대한 인식을 보다 세부적으로 분석할 필요성을 제기한다. 이처럼 이주 외국인에 대한 인식이 평등이나 사회적 정의와 같이 추상적이고 당위적 차원을 넘어서 '현실'의 문제와 맞닿아 있다는 점에서 행정학(정책학)에서 무겁게 받아들여야 하는 지점이다. 단순히 이주 외국인을 받아들이는 것이 바람직하다는 식의 선언적 접근은 더 이상 유효하지 않다. 경제적 상황이 나쁠수록, 사회적 계층화가 심화될수록 이주 외국인의 증가는 그 자체로서 자원스트레스와 집단 간 갈등 인식을 강화할 수 있기 때문이다.

이러한 가능성은 일자리 배분에 있어서 극명하다. 일자리를 둘러싼 자원스트레스를 많이 받을 것으로 예상되는 청년층이나 기혼 그리고 실업집단이 이주 외국인에 대해 부정적인 인식이 강한 것이 이를 확인해준다. 주지하는 바와 같이 현재 경제적 상황의 어려움으로 인해 청년 실업이 사회적 문제로 대두되고 있다. 3포 세대를 넘어 7포세대로 운위되는 청년일자리를 둘러싼 상황이 상당히 어렵다. 이처럼 어려운 상황은, 나이가 어릴 경우 진보적인 인식을 갖는 일반적인 논의와 달리, 일자리를 둘러싼 현실적인 문제를 우선하게 만든다. 현재 우리나라에서 청년 실업에 대한 위험인식이 증가하고 있고, 이러한 위험의식은 외국인에게 일자리를 배정하는 것에 대한 거부감을 높게 인식하게 할 개연성이 있다. 결국, 일자리를 둘러싼 자원 압박은 일반적으로 청년층이 갖는 진보적 인식과 다른 방향으로 인식의 향배를 결정한다. 나이가 어릴수록 외국인에 대한 수용도가 높다는 기존의 논의와 배치되는 결과는 우리 사회가 직면하고 있는 청년 일자리의 부족과 경제적 어려움을 반영하는 것은 아닌지 주목해야 한다. '일자리 부족'이라는 현존하는 어려움 속에서 인종적 다양성이 우리 사회와 문화를 더욱 윤택하게 할 것이고 이에 따라 다양성을 적극적으로 수용해야 한다는 선언은 공허한 수사에 불과하다. 보다 현실적인 문제인식에 기반을 두고, 이주 외국인에 대한 인식에 작용하는 자원스트레스의 차별성을 반영한 정교한 정책 설계가 필요한 이유이기도 하다.

6장 자원스트레스와 접촉의 역설

이주 외국인에 대한 일반 국민의 '집합적' 인식

집합적 인식의 중요성

5장에서 일반 국민의 인식을 개인 단위에서 확인했다면 이번 장에서는 이주 외국인에 대한 개인적 인식과 함께 '집합적' 인식의 지형에 주목한다. 이론적 논의에서 제시했던 것처럼 인종을 기초로 한 사회적 다양성의 확대와 그에 따른 인식은 집단 정체성 또는 사회적 정체성과 연결되어 있다. 따라서 개인적 수준의 인식의 합이 반드시 집합적 인식의 합과 동일한 것은 아니다. 이러한 문제의식에서 출발해 이 장에서는 유권자로서의 일반 국민이 인종적 다양성의 확대와 이주 외국인의 유입에 대해 어떠한 인식을 가지고 있는지를 '지역'을 단위로 확인하고자 한다. 지역은 집합적 차원에서의 자원스트레스가 다르고 이주 외국인의 규모에 따른 접촉빈도 및 이주 외국인의 출신국 비중과 구성에 따른 집단 정서가 다르게 형성될 개연성이 있다. 이는 개인적 차원에서 이주 외국인을 생각하는 심리적 차원과는 다르게 또는 확장된 거시적이고 사회적 차원에서 이주 외국인에 대한 인식의 지형이 형성될 수 있다. 이러한 판단에 따라 이주 외국인에 대한 일반 국민의 인식을 지역을 대상으로 집합적으로 확인하고자 한다.

이를 위해 지역의 범위를 서울로 설정해 이주 외국인의 규모, 이주 외국인의 국적 및 주거 양태, 그리고 각 지역의 재정자립도를 통한 경제적 상황을 고려해 이주 외국인을 얼마나 위협적인 것으로 느끼는지와 이주 외국인을 편입 또는 배제하는 것에 대한 인식의 지역적 지형을 실증적으로 확인한다. 인종적 다양성의 확대와 이주 외국인의 유입에 대한 일반 국민의 집합적 인식을 확인하는 데 서울을 공간적 대상으로 설정한 이유는 다음과 같다. 첫째, 2011년 말 현재 서울시는 전국에서 거주 외국인의 규모가 가장 크다(서울시 통계연보, 2011). 둘째, 주로 결혼이주여성이 편중되어 있는 지방과는 대조적으로 다양한 국적과 직업군의 이주 외국인이 거주하고 있다. 또한 서울시의 구별로 외국인의 거주 양태가 비교적 다양하다. 서대문구 연남동 차이나타운, 종로구 혜화동 필리핀 거리와 창신동 네팔 거리, 중주 광희동의 러시아와 몽골 촌, 서초구 반포동 프랑스 마을, 용산구 동부이촌동과 한남동의 미국인 촌 그리고 구로구 가리봉동의 조선족 마을 등이 그 예이다. 마지막으로 서울 시민은 다양한 매체를 통해 인종적 다양성과 다문화 사회의 도래에 대한 노출도가 비교적 높다. 여기에 더해 다양한 국적의 외국인에 대한 직·간접적 경험이 많아 이주 외국인에 대한 인식이 견고하게 형성되었을 가능성이 상대적으로 높다.

무엇보다 이 장에서 특히 주목하는 것이 이주 외국인에 대한 집합적 인식인데 서울시는 25개 구별로 이주 외국인의 거주 양태가 다 다르다. 또한 구별로 경제적인 상황이나 재정상황도 차이가 있다. 따라서 서울시는 방법론적 개인주의에 입각해 시민 개인을 평균으로 수렴하는 방식으로 이주 외국인에 대한 인식의 지형을 확인하는 것과 함께 각 구청을 집합적인 수준으로 범주화해 인식의 지형을 살펴보기에 타당한 대상이다.

이러한 판단에 따라 이주 외국인에 대한 서울 시민의 개별적 인식과 지역을 기준으로 한 집합적 인식을 확인하는 쌍방향의 접근을 통해 다문화 사회 및 다문화 인식의 정치성을 확인하는 데 기여할 것으로 보인다.

이주 외국인 거주 양태와 인식의 다층성

이 장은 이주 외국인과 이들을 대상으로 한 정책을 어떻게 생각하는지를 지역을 단위로 규명한다는 점에서 이주 외국인의 거주 양태의 지역별 편차를 확인할 필요가 있다. 서울시에 거주하는 이주 외국인 규모가 크다거나 다양한 직업군이 공존한다는 것도 매력적이지만 특히 관심을 끄는 것은 서울시 각 구별 외국인의 거주 양태가 다양하다는 점이다. 서대문구(연남동 차이나타운), 종로구(혜화동 필리핀 거리, 창신동 네팔 거리), 중구(광희동 러시아 및 몽골 촌), 서초구(반포동 프랑스인 촌), 용산구(동부이촌동 한남동 미국인 촌), 구로구(가리봉동 조선족 마을) 등 각각의 구별로 특정 국가로부터 이주한 외국인이 집중거주하고 있다. 집중거주의 생태계가 어떻게 형성되었는지는 차치하고, 각 지역에 거주하는 서울시민은 이들 외국인과의 접촉이 빈번하리라는 추정이 가능하다. 이는 이주 외국인에 대한 인식이나 이들을 대상으로 하는 정책 방향에 대한 선호가 지역을 기준으로 다르게 형성되는 요소로 작용한다.

이에 따라 서울시 25개 전 구의 거주민을 대상으로 설문조사를 실시했다. 지역별 표본의 동질성을 확보하기 위해 각 구청 민원실이라는 동일공간에서 조사대상을 수집했다. 25개 구청의 민원실을 이용하는 민원인은 그 지역의 다양한 인구 통계적 배경을 반영하기 때문에 완벽하지는 않지만 일정한 수준의 대표성 확보가 가능하다고 판단되었기 때문이다. 이와 함께 표본의 균질성을 최대한 담보하기 위해 각 구청별로 동일한 수(30개)의 설문지를 균분했다. 동일한 시기, 구청민원실이라는 동일한 공간에서 동일한 수의 표본을 추출함으로써 인구 통계적 배경의 동질성을 확보하기 위한 노력을 경주했다.

이러한 노력을 통해 25개 구청에 총 755개의 설문을 배포해 최종분석에는 558개를 사용했다. 개인적 특성으로는 여성이 317(57.2%), 남성이 237(42.8%), 연령은 20대가 152명(29.5%), 30대가 133명(24.1%), 40대가 128명(23.1%)으로 비교적 고르게 분포되어 있고, 50대 이상이 103명(18.6%)으로 뒤를 이었다. 다만 10대가 26명(4.7%)으로 다소 낮은 비율이나 민원업무의 특성상 10대 이용률이 높지 않다는 점에서 이해 가능한 분포이다. 한편, 이 장에서 주목하는 집합적 차원에서의 구별 표본은 강남구(24), 강북구(21), 강서구(28), 관악구(22), 광진구(21), 구로구(18), 금천구(27), 노원구(23), 도봉구(26), 동내문구(20), 동작구(26), 마포구(21), 서대문구(22), 서초구(20), 성동구(22), 성북구(29), 송파구(18), 양천구(22), 강동구(18), 영등포구(22), 용산구(25), 은평구(17), 종로구(26), 중구(24), 중랑구(16)로 나타났다. 최대 29에서 최소 16까지 다소의 편차는 있으나 지역별 차이를 분석하는 데 있어서 큰 무리가 없는 것으로 판단된다.

주지하는 바와 같이 우리나라에서 이주 외국인과 관련한 측정도구가 축적되어 있지 않다. 이에 따라 관련 연구가 상대적으로 많이 이루어진 외국에서 개발된 설문 문항과 우리나라에서 가용한 문항을 상호 비교하고 우리의 맥락에 맞게 선별적으로 활용했다. 외국에서 개발된 측정 문항은 문화적 맥락이 달라 발생하는 미묘한 뉘앙스의 차이를 최소화하기 위해 최대한 의역을 했다. 민원실을 찾는 일반 국민을 대상으로 하기 때문에 단순하고 일상적인 용어로 설문을 구성했다.

이러한 과정을 거치고 관련 연구를 바탕으로 해(Jackson et al., 2001; Zick et al., 2001; Breugelmans & Vijver, 2004; Berry, 2001; 2005; 원숙연, 2008), 이주 외국인의 증가에 대한 지지와 위협 인식으로 나누어 설문을 구성했다. 외국인의 기여에 대한 인정, 이주 외국인으로 인한 침해 인식, 그리고 수용 제한으로 구성했다. 기여 인정은 이주 외국인의 증가가 주류 문화를 풍부하게 하고 국가 경쟁력에 도움이 되는가에 대한 평가로, 침해는 이주 외국인의 유입으로 인해 사회적 불안이 가중되고 학교 교육의 질이 저하할지도 모른다는 우려로, 수용 제한은 이주 외국인의 수를 제한하거나 이주 외국인의 출신국에 따라 차별적인 대우를 하는 것이 필요한가에 대한 인식으로 구성했다.

한편, 이주 외국인 정책은 이론적 논의에서 제시한 것과 같이 동화, 차별 배제 그리고 다문화주의로 구분해(Banting & Kymlicka, 2006; 제1차 외국인 정책기본계획, 2008; 원숙연·박진경, 2009), 동화는 사회 통합 프로그램 이수, 한국어 교육 지원, 차별금지법 제정 등으로, 차별 배제는 계약 종료 시 즉각 출국, 불법 체류자 송환, 이주 외국인에 대한 임금 차등 지급 등으로, 다문화주의는 이중 언어 지원, 선거권 부여, 이중 국적 허용 및 고용 우대 조치 등 각각의 정책 방향에 부합하는 정책 수단으로 구성했다.

이상의 측정 도구를 바탕으로 서울시 25개 구를 지역적 기준으로 해 집합적 수준에서 이주 외국인 및 이주 외국인 정책에 대한 일반 국민의 인식을 실증적으로 확인했다. 특히 각 구별 이주 외국인의 거주 규모, 재정자립도, 그리고 집중 거주 외국인의 출신국에 주목했다.

자원스트레스의 역설: 지역별 재정자립도의 차별적 영향력

이론적 논의에서 밝힌바와 같이 이주 외국인에 대한 인식과 이들을 대상으로 한 정책에 대한 선호를 결정하는 데 있어서 개인의 경제적 상황이 중요하다. 이는 자원스트레스로 설명된다. 자원스트레스는 자신이 원하는 자원에 접근성이 제한된다는 주관적 평가이다(Esses et al., 1998; Esses et al., 2001: 394). 여기서 자원은 물질적 자원만이 아니라 문화적·사회적 자원과 같은 비물질적 자원을 포함한다. 예를 들어 이주 외국인의 증가로 인해 다수 집단의 후생이 감소하는 것은 물질적 자원과 관련되고, 인종적 다양성으로 인해 민족 정체성이 혼란을 겪는다면 이는 사회적 자원과 연결된다. 또한 이주 외국인의 증가로 문화적 정체성이 훼손된다면 이는 문화적 자원과 관계된다. 이처럼 유무형의 자원이 모두 중요하지만 가시성이 높고 민감하게 느끼는 것이 물질적 자원으로, 물질적 자원에 대한 압박감을 결정하는 기본적인 요소는 경제적 상황이다. 한마디로 소수 집단으로서 이주 외국인의 유입을 통해 다수 집단이 원하는 자원을 획득하고 접근하는 것에 제약을 느끼는 정도에 따라서 이주 외국인에 대한 수용과 배제에 차이가 발생한다. 이는 다문화 사회가 갖는 정치성의 중요한 단면이다.

개인의 입장에서 볼 때, 자신을 둘러싼 경제적 상황이 어려울 경우, 이주 외국인의 증가로 인해 발생하게 될 사회적인 부담에 대해 훨씬 더 민감하고 자신들이 원하는 자원에 대한 접근이 제한될지도 모른다는 불안을 크게 느낀다. 이 경우, 이주 외국인 정책에 따른 비용 부담도 크게 느껴질 개연성이 높다(Palmer, 1996; Hood & Morris, 2000; Lee & Ottati, 2002; Breugelmans & Vijver, 2004). 이러한 민감성과 부담감은 이주 외국인이나 이들을 대상으로 한 정책에 대한 부정적인 인식을 증폭시킨다. 반면 경제적 상황이 좋을 경우, 이러한 부담감이나 제약으로부터 비교적 자유롭기 때문에 이주 외국인이나 이들을 위한 정책에 대해 둔감하거나 관대해진다.

이상에서와 같이, 자원스트레스가 이주 외국인에 대한 개인의 인식에 미치는 영향력을 집합적인 차원에서 적용할 경우, 경제적 상황이 좋은 지역과 그렇지 않은 지역 간 이주 외국인에 대한 인식과 그들을 위한 정책에 대한 선호가 달라질 수 있다. 개인을 넘어 국가의 경제적 사정이 불안정하고 나쁘다고 인식할수록 외국인 정책에 대해 보수적인 태도를 보인다는 서구의 연구 역시(Bobo & Kluegel, 1993), 같은 맥락에서 이해될 수 있다. 한마디로 경제적 상황이 좋지 않은 지역의 주민은 경제적 상황이 좋은 지역의 주민과 비교할 때 외국인이나 외국인 정책에 대한 인식이 부정적이 되리라는 추론이 가능해진다.

이러한 이론적 추론을 확인하기 위해 집합적 수준에서의 경제적 상황에 따라 지역을 구분하고, 이를 바탕으로 이주 외국인에 대한 인식과 이주 외국인 정책에 대한 선호차이를 확인했다. 지역 수준에서의 경제 상황을 보여주는 지표로서 각 구의 재정자립도를 활용했다. 2011년 기준 25개 구를 개별적으로 분석할 경우, 편차가 크지 않기 때문에 재정자립도 상위 3개구와 하위 3개구로 나누어 편차를 확대해 차이분석을 실시했다. 2011년 기준 서울시 내 25개 구 중 재정자립도가 상위인 지역은 강남구(82.8%), 서초구(79.4%) 그리고 중구(77.1%) 순이고, 재정자립도가 최하위인 지역은 노원구(27.7%), 중랑구(31.5%) 그리고 강북구(32.1%) 순이다(서울시통계연보, 2011).

먼저, 재정자립도 기준 상위와 하위지역에 따라 이주 외국인에 대한 인식을 확인했다. 그 결과, 이주 외국인의 유입이 우리 사회에 주는 기여에 대해서는 재정자립도가 낮은 지역에서 다소 높은 인식을 보였으나 그 차이는 통계적으로 지지되지 않았다. 반면, 이주 외국인으로 인한 사회문화적인 부담과 침해 가능성은 재정자립도가 높은 지역(2.5233/5)이 낮은 지역(2.1375/5)에 비해 현격하게 높았고, 그 차이는 통계적으로 강하게 지지되었다(t, 3.609, $p<0.001$). 또한 이주 외국인에 대한 수용을 제한해야 한다는 배타적이고 배제적인 인식도 재정자립도가 높은 지역(2.6559/5)이 낮은 지역(2.3017/5)에 비해 훨씬 높게 나타났으며, 그 차이는 통계적으로 지지되었다(t, 3.116, $p<0.01$). 이처럼 재정자립도를 기준으로 경제적인 상황이 좋은 지역이, 경제적인 상황이 나쁜 지역에 비해, 이주 외국인의 유입으로 인한 위협감과 부정적인 인식을 더 많이 느끼는 것으로 나타났다.

한편, 외국인 정책에 대한 인식도 이주 외국인에 대한 인식과 궤를 같이 한다. 재정자립도가 높은 지역(3.8433/5)이 낮은 지역(3.5000/5)에 비해 외국인을 대상으로 한 배타적이고 보수적인 차별 배제에 대한 선호가 높고 그 차이는 통계적으로 지지되었다(t, 2.467, $p<0.05$). 이에 반해 이주 외국인 집단이 갖는 고유한 문화를 인정하고 적극적으로 지원하는 전향적인 정책 방향인 다문화주의에 대해서는, 재정자립도가 높은 지역(3.2828/5)이 낮은 지역(3.4100/5)에 비해 선호가 떨어지는 것으로 나타났다. 이러한 차이는 통계적으로 지지되었다(t, −1.180, $p<0.05$). 이는 재정자립도를 기준으로 한 경제적인 상황이 상대적으로 좋은 곳에서 이주 외국인을 대상으로 한 정책에 대해 소극적이고 방어적인 선호를 보인다는 뜻이다. 이러한 정책 선호도는 이주 외국인의 유입에 따른 침해와 수용 제한이 재정자립도가 높은 지역에서 더 강하게 나타난 결과와 일관성을 갖는다. 우리나라에 성공적으로 적응할 수 있도록 도와주는 동화에 대해서는 재정자립도가 높은 지역(3.8134/5)에 비해 낮은 지역(3.8167/5)에서 다소 높게 나타났지만 그 차이가 통계적으로 지지되지 않았다(t, −.031, ns).

이상의 결과는 서울시민을 대상으로 할 때, 이주 외국인 및 이주 외국인 정책을 받아들이는 데 있어서 자원스트레스가 적을수록 관대하고 전향적이라는 기존의 논의와는 다른 방향이다. 한마디로 자원스트레스의 역설이 존재한다. 이는 자원스트레스와 이주 외국인에 대한 인식 간의 관계를 논의한 서구의 이론이 우리 사회를 설명하는 데는 한계가 있고 서구 이론의 적용에 보다 신중할 필요성을 제기하는 의미있는 결과이다.

접촉의 역설: 지역별 이주 외국인 거주 규모의 역학

접촉과 사회적 범주화의 상호작용

이론적 논의에서 제시한 것처럼 합리적 의사결정모형은 인간의 합리성을 전제하고 특정 대상을 판단하고 이해하는 데 있어서 대상에 관련된 모든 정보를 완전하고 적절하게 처리하는 것을 상정한다. 그러나 인간이 인지적, 시간적, 그리고 자원의 제약으로 인해 상대방에 대한 판단과 그에 기반을 둔 의사결정에 필요한 모든 정보를 개별적으로 수집해 처리하는 것은 현실적으로 불가능하다. 이러한 현실적 어려움을 최소화하고 인지의 합리성을 추구하기 위해 범주를 통한 정보 처리를 한다. 즉 평가대상에 대한 정보를 개별적으로 처리하는 것이 아니라 정보를 최대한 효과적으로 조직화하고 처리할 수 있도록 범주화해서 집합적으로 평가하는 것이다.

그런데 범주에 기초한 정보 처리가 가장 빈번하게 이루어지는 상황은 상대방(집단)에 대해 잘 모를 때이다. 상대방과의 접촉이 부족할 경우, 증거가 아닌 범주에 기초해 평균에 수렴하는 방식으로 평가하고 결정하는 경향이 있다. 이처럼 접촉이 없고 잘 모를수록 평가 대상이 속한 집단이나 범주의 속성(인종, 성별 등)에 의존하고 특정 집단에 대한 고정관념적 판단이 강화된다. 이러한 논리는 접촉가설에 기초한다.

접촉가설에 따르면(Rothbart & Oliver, 1985; Brown & Hewstone, 2005; Pettigrew & Tropp, 2008), 접촉이 많을수록 대상 집단에 대해 범주가 아닌 증거에 따라 평가할 수 있는 여건이 마련된다. 또한 접촉을 통해 상대방에 대한 이해의 폭이 넓어지면서 긍정적으로 평가하려는 경향성을 보인다. 접촉이 증가하면서 대상 집단에 대해서 몰라서 느끼는 막연한 두려움이 감소하고 객관적으로 축적된 증거가 많아지기 때문이다. 이러한 접촉가설의 논리를 따라가면 접촉은 여성이나 이주 외국인과 같은 소수 집단에 대한 고정관념적 편견을 완화하는 중요한 기제로 작동한다.

접촉과 사회적 범주화의 상호작용을 이 책이 주목하는 이주 외국인에게 적용할 경우, 이주 외국인이 많이 거주하는 지역 주민은 이주 외국인과의 접촉 기회나 노출도가 높아 이들과의 상호작용 빈도가 많아진다. 접촉에 따른 상호작용 빈도가 높을 경우, 이주 외국인에 대한 막연한 불안감이 완화되고 편견의 감소가 가능해질 수 있다. 이렇게 되면 이주 외국인을 대상으로 한 정책에 대해서도 관대하게 평가하고 그 필요성에 대한 수용도가 높아지는 결과를 가져올 것이다.

접촉 매개로서 이주 외국인 규모와 평가의 역학

접촉과 이주 외국인에 대한 평가 간의 관계는 경험적으로도 입증된다. 미국에서 히스패닉과 아시아인과의 접촉이 많은 지역사람들이 이들에 대한 평가가 보다 긍정적이다(Hood & Morris, 1997; Williams et al., 1999; Pantoja, 2006). 이러한 논의를 서울시에 적용할 경우, 이주 외국인의 거주 비율이 높은 지역 주민은 이주 외국인과의 접촉 빈도나 이해의 폭이 상대적으로 높아질 개연성이 있어서, 거주 비율이 낮은 지역 주민과 비교할

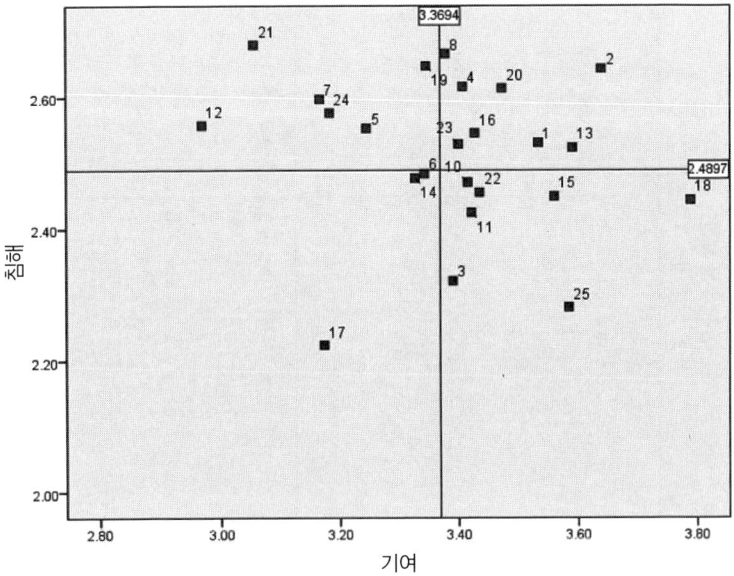

〈그림 3〉 이주 외국인에 대한 지역별 인식(I): 기여 대 침해

때, 이주 외국인에 대한 평가와 이들을 대상으로 한 정책에 대해 보다 관대하리라는 예측이 가능하다.

이러한 예측을 실증적으로 확인하기 위해 먼저 서울시 관내 25개 구를 단위로 해 우리 사회 발전에 대한 이주 외국인의 기여를 기준으로 하고 부정적인 인식인 침해와 수용 제한을 비교하는 방식으로 집합적 인식의 지형을 확인했다.(그림 3과 그림 4)[2]

분석 결과에 따르면, 흥미롭게도 이주 외국인에 대한 평가에 접촉이 긍정적으로 작용하리라는 이론적 논의와는 다른 결과가 나타났다. 서울시

2 모든 그림에서 표시된 구(區)의 범례는 다음과 같다. 1: 강남구 2: 강동구 3: 강북구 4: 강서구 5: 관악구 6: 광진구 7: 구로구 8: 금천구 9: 노원구 10: 도봉구 11: 동대문구 12: 동작구 13: 마포구 14: 서대문구 15: 서초고 16: 성동구 17: 성북구 18: 송파구 19: 양천구 20: 영등포구 21: 용산구 22: 은평구 23: 종로구 24: 중구 25: 중랑구(가나다 순)

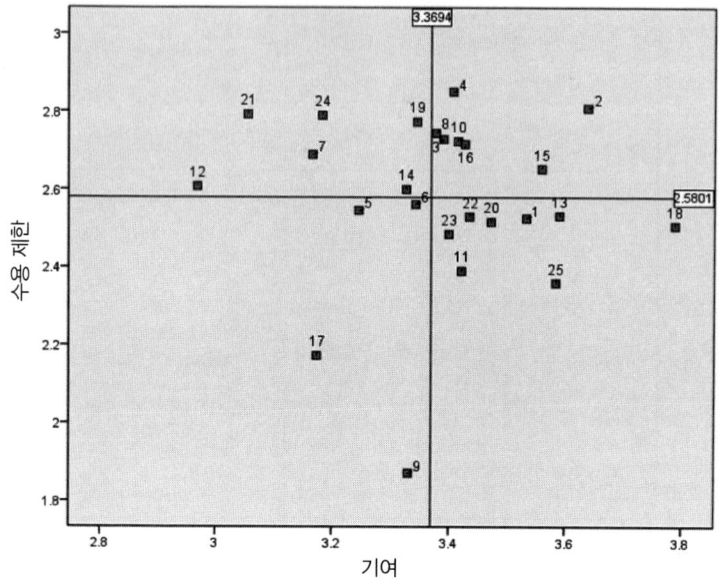

〈그림 4〉 이주 외국인에 대한 지역별 인식(Ⅱ): 기여 대 수용 제한

25개 구 대부분이 평균(기여: 3.3694/5, 침해: 2.4897/5)으로 수렴하는 경향을 보이는 데 반해, 평균을 기준으로 했을 때 기여를 높게 인식하는 지역(그림의 2와 4분면)은 마포구(12위), 송파구(14위), 서초구(19위), 강동구(20위) 그리고 중랑구(21위) 등 거주 외국인 규모가 비교적 적은 지역이다. 그에 반해, 평균을 기준으로 상대적으로 기여를 낮게 인식하는 지역(그림의 1과 3분면)은 구로구(2위), 용산구(7위), 동작구(8위)로, 상대적으로 거주 외국인의 수가 많은 곳이다(서울시통계연보, 2011).

한편, 이주 외국인이 우리 사회에 미치는 긍정적인 기여를 기준으로 해 이주 외국인에 대한 부정적인 침해 인식을 높게 갖는 지역은 용산구(7위), 금천구(3위), 양천구(18위) 그리고 강동구(20위)로 이주 외국인의 수가 많은 곳과 적은 곳으로 양분되었다. 그러나 침해를 적게 인지하는 지역은 강북구(24위), 중랑구(21위), 성북구(11위) 등 상대적으로 거주 외국인이 적은 곳이다. 유사한 맥락에서 외국인에 대한 수용범위가 상대적으로 넓은 지역은 노원구(23위)와 성북구(11위)로 거주 외국인의 규모가 상대적으로 작은 지역이라면, 이주 외국인에 대한 수용의 범위가 제한적인 곳은 지역 간 차이가 크지 않았다.

이상에서 이주 외국인에 대한 인식에 주목한 것에서 한 걸음 더 나아가 이주 외국인을 대상으로 하는 정책에 대한 인식의 구조를 분석했다.

〈그림 5〉에서 보는 것처럼 차별의 정책 방향을 가장 선호하는 지역은 관악구(3위), 영등포구(1위), 용산구(7위) 등이다. 이에 반해 차별에 대해 가장 낮은 선호를 보인 곳은 노원구(23위), 양천구(18위) 그리고 동작구(8위)이다. 이러한 결과는 외국인과의 접촉 빈도가 높을수록 이주 외국인 정책에 대해서 관대하다는 이론적 논의와 상당한 거리가 있다.

한편, 차별 배제보다 덜 배타적이며 한국 사회에 성공적으로 적응할 수 있도록 적응을 도와주는 온건한 정책 방향인 동화를 선호하는 지역은 동대문구(6위), 서대문구(9위) 그리고 종로구(10위)로 차별 배제의 정책 방향을 선호한 지역보다는 이주 외국인 거주 규모는 작지만, 전반적으로 볼 때 이주 외국인 거주 규모가 상위에 있는 지역이다. 보다 진보적이고 외국인의 문화를 인정하고 지원하는 방향인 다문화주의에 대해 상대적으로 높은 선호를 보인 지역은 강남구(16위)와 성북구(11위)인데 반해 용산구(7위)와 중구(13위)는 다문화주의에 대해 비교적 낮은 선호를 보였다.

또 하나 주목할 결과는 지역적 특성과 관련된다. 성북구(11위)는 이주 외국인의 기여를 비교적 낮게 인지하면서 동시에 침해 인식도 평균보다 낮게 나타났다. 또한 이주 외국인에 대한 수용의 범위도 상대적으로 좁지 않다. 이렇게 보면 성북구는 외국인에 대해 긍정적이지도 그렇다고 부정적이지도 않은 지역으로 볼 수 있다. 이처럼 외국인에 대한 일관되지 않은 입장은 외국인 정책에 대한 선호에서도 그대로 나타난다. 차별 배제에 대

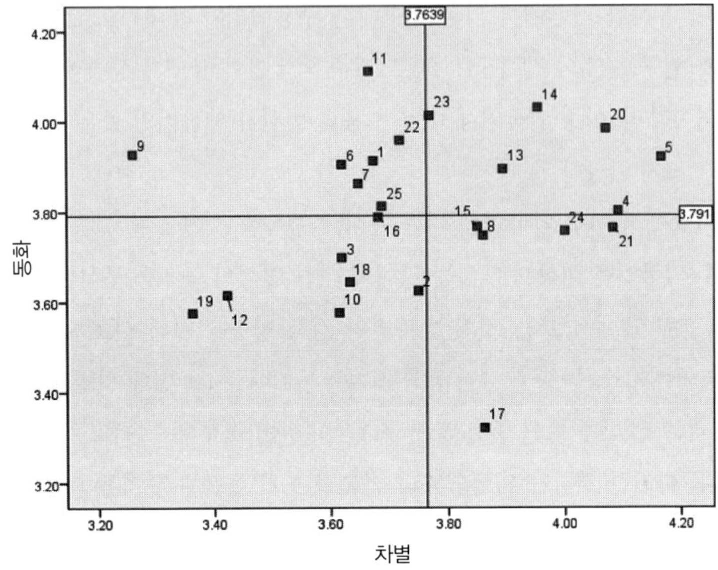

〈그림 5〉 이주 외국인 정책에 대한 지역별 인식(I): 차별 대 동화

한 선호가 상대적으로 높으면서도 비교적 온건한 정책 방향인 동화보다는 상대적으로 전향적인 다문화주의에 대해서 선호가 높은 비일관성이 나타난다. 다음으로, 용산구는 다른 지역에 비해 이주 외국인의 기여는 매우 낮게, 외국인으로 인한 침해 인식은 가장 높게 나타났다. 자연스러운 결과로 이주 외국인에 대한 수용의 범위도 낮게 나타났다. 이처럼 용산구는 서울시 25개 구 중 이주 외국인에 대해 가장 부정적인 평가를 보이는 지역이다. 이주 외국인에 대해 용산구가 보여준 부정적인 인식은 이들을 대상으로 한 정책에 대한 인식에서도 그대로 반영되어 나타났다. 보수적이고 배타적인 정책 방향인 차별에 대한 선호는 상당히 높은데 반해 다문화주의에 대한 선호는 비교적 낮게 나타나 전반적인 차원에서 일관성을 보인다. 한편, 동작구는 이주 외국인의 기여는 낮게, 침해와 수용 제한에 대해서는 비교적 높게 나타나 용산구와 유사한 패턴을 보인다. 노원

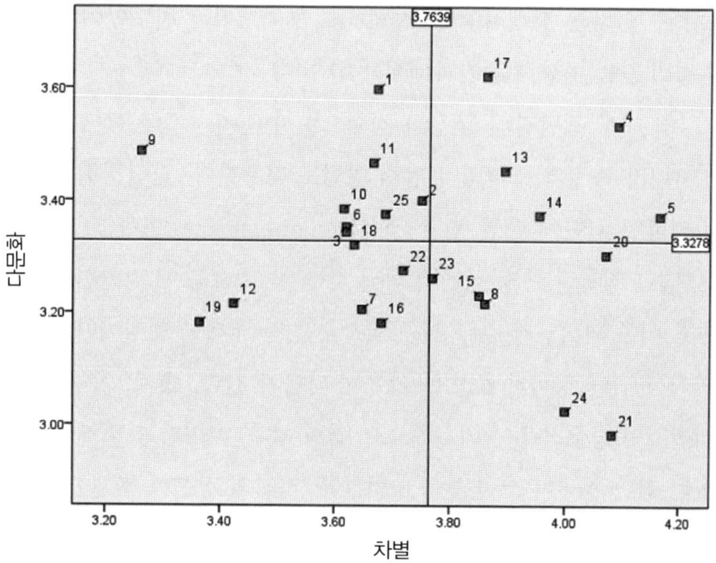

〈그림 6〉 이주 외국인 정책에 대한 지역별 인식(II): 차별 대 다문화주의

구의 경우, 이주 외국인에 대한 수용이 가장 높게 나타났다. 노원구는 이주 외국인의 거주 비율이 23위로 매우 낮은 지역이라는 점에서 거주 외국인 규모가 작을 경우 외국인에 대한 인식이 긍정적일 수 있다는 추정을 지지한다.

이주 외국인 출신국에 따른 인식의 다층성

기본적으로 접촉가설은 접촉 빈도에 초점을 맞추는 반면, 집단갈등이론은 접촉의 질에 주목한다(Ayers et al., 2009). 비록 접촉의 빈도가 높아도 접촉 과정에서 만나는 부정적인 정서가 축적된다면 오히려 대상 집단에 대한 평가가 부정적일 수 있기 때문이다. 다시 말해 접촉의 질이 나쁠 경우 대상 집단과의 갈등이 촉진되고 이러한 갈등으로 인해 집단 간 분리가 발생할 수 있다는 점에서(Hood & Morris, 2000), 접촉 빈도만이 아니라 접촉의 질이 갖는 영향력을 간과해서는 안 된다.

그런데 대상 집단과의 긍정적 경험으로서 접촉의 질은 직접적인 경험만이 아니라 특정 집단과의 간접적 경험도 작용한다. 간접경험 중 하나가 이주 외국인 집단에 대한 집단 정서(group sentiments)이다(Jackson et al., 2001). 집단 정서란 특정 집단에 대해 갖는 '좋고 싫음'에 기반한 정서적 대응이다. 이주 외국인과 같은 인종적 소수 집단에 대한 인식이나 정책 선호에 있어서 집단 정서가 중요한 이유는 다음과 같다. 첫째, 이주 외국인과의 직접적인 상호작용이 현실적으로 쉽지 않다. 따라서 간접적 접촉이 될 수 있는 집단 정서가 그만큼 중요해진다. 직접적 경험이 부재한 상태에서 어떤 외국인 집단은 정서적으로 더 좋고, 다른 외국인 집단은 정서적으로 덜 좋고 하는 감정적 선호가 작용할 여지가 많아지기 때문이다. 이러한 감정적 정서에는 고정관념적 편견이 일정 부분 작용한다. 두 번째, 이주 외국인 집단은 가시성이 높고, 정책을 통한 수혜가 명확하고 집중되는 경향이 있다. 따라서 비용 부담을 해야 하는 다수 집단의 입장에서는 자신들과 이해관계의 충돌이 있다고 느낄 개연성이 높다(Butz & Plant, 2006; Ayers et al., 2009; Pittinsky & Montoya, 2009; 원숙연, 2011b). 따라서 특정 외국인 집단에 대한 감정적·정서적인 유대가 있다면(없다면), 그러한 이해관계의 충돌을 덜(더) 부정적으로 평가할 가능성이 있다.

이상의 이론적 논의에 근거할 때 평가 대상이 되는 집단이 어떤 이주 외국인 집단인가에 따라 정서가 달라지고 그러한 정서의 차이는 이들 이주 외국인 집단에 대한 인식은 물론 이들을 대상으로 한 정책 선호의 차이를 만들어낼 수 있다. 이러한 차이는 서구에서도 발견되는데, 미국에서 유럽이나 캐나다에서 이주해온 이민자에 대한 인식이 비서구권에서 이주해온 이민자에 비해 더 우호적이며, 이들을 지원하는 정책에 대해서 보다 관대하다. 호주나 캐나다에서도 유럽 이민자집단이 비-유럽권 이민자보다 더 선호되고 긍정적으로 평가되는 등 유사한 양상을 보인다. 우리나라에서 이주 외국인의 출신국에 따른 정서적 대응과 관련한 조사에 따르면(한국종합사회조사, 2003; 2008; 윤인진 외, 2010), 개발도상국 출신보다는 선진국 출신 이주 외국인에 대해 감정적·심리적 거리를 더 가깝게 느낀다. 이주 외국인 집단에 따라 달라지는 집단 정서는 외국인집단에 대한 인식의 차별성으로 나타나고 이들을 대상으로 한 정책 선호에 차이를 만들어낼 수 있다.

이러한 관계의 흐름을 실증적으로 확인하기 위해 특정 외국인이 집중적으로 거주하는 지역에 따라 어떤 인식 차이가 존재하는지 분석했다. 이미 밝힌 바와 같이 특정 국가 이주 외국인들이 집중 거주하는 지역인 구로구 (조선족), 서대문구 (화교), 서초구 (프랑스), 용산구 (영미권), 종로구 (동남아권), 중구 (러시아/몽골)를 대상으로 이주 외국인에 대한 인식과 정책 선호를 확인했다.

그 결과, 기여는 서초구(3.5600/5)가 가장 높게 인식하는 데 반해 용산구(3.0560/5)가 가장 낮은 인식을 보였다. 이 두 지역의 극단적 인식 사이에 종로구(3.4000/5), 서대문구(3.3273/5), 중구(3.1833/5), 구로구(3.1667)가 위치했다. 이러한 인식의 차이는 제한적인 수준이기는 하지만 통계적으로 지지되었다(F, 2.059, $p<0.1$). 침해와 수용제한에 대한 집단차이는 통계적으로 지지되지는 않았지만, 기여와는 반대의 양상을 보인다. 침해의 경우, 기여를 가장 낮게 인정한 용산구(2.6800/5)에서 가장 크게 느끼는 데 반해 기여를 가장 높게 인식하는 서초구(2.4500/5)에서 가장 낮게 나타났다. 이는 자연스러운 인식의 흐름으로 보인다. 이 두 극단을 기준으로 침해를 많이 느끼는 정도는 구로구(2.5972/5), 중구(2.5764/5), 종로구(2.5288/5), 서대문구(2.4773/5)가, 수용제한과 관련해서는 용산구(2.7920/5)가 가장 강하고

종로구(2.4846/5)가 가장 약하며, 중구(2.7896/5), 구로구(2.6889/5), 서초구(2.6525/5), 서대문구(2.6000/5) 순으로 나타났다.

다음으로, 집중 거주 지역별 외국인 정책에 대한 선호를 확인한 결과, 집단 간 선호의 차이가 통계적으로 지지되지는 않았지만, 탐색적인 차원에서 몇 가지 흥미로운 결과를 보인다. 먼저, 차별 배제와 같이 보수적이고 배타적인 정책에 대한 선호는 용산구(4.0833/5)가 가장 높고, 구로구(3.6471/5)가 가장 낮았다. 그 뒤를 중구(4.0000/5), 서대문구(3.9545/5), 서초구(3.8500/5), 종로구(3.7692/5) 순으로 따른다. 이에 반해 가장 적극적이고 전향적인 다문화주의에 대한 정책 선호는 용산구(2.9833/5)가 가장 낮고, 서대문구(3.3727/5)가 가장 높게 나타났다. 그 외에 종로구(3.2615/5), 서초구(3.2300/5), 구로구(3.2059/5), 중구(3.0250/5) 순으로 이주 외국인 정책 방향으로 다문화주의에 대한 선호를 보였다.

이러한 결과를 기존의 관련 연구와 비교 분석해볼 필요가 있다. 이주 외국인의 출신국에 따라 우리나라 일반 국민이 느끼는 감정적 거리는 미국(캐나다), 유럽, 일본, 동남아 순이다(윤인진 외, 2010). 그러나 본 연구의 결과는 이러한 조사와는 일정한 거리가 있다. 프랑스인이 집중 거주하는 서초구가 이주 외국인에 대한 긍정적 인식이 높고, 보다 전향적이고 적극적인 다문화주의 정책을 선호하는 것은 기존 조사와 일맥상통한다. 그러나 일반 국민의 인식에서 감정적 거리가 제일 가까운 영미권 출신이 집중 거주하는 용산구의 경우, 이주 외국인의 기여를 가장 낮고, 이주 외국인으로 인한 침해는 가장 높고, 그리고 이주 외국인의 수용을 제한해야 한다는 인식 또한 가장 높았다. 한마디로 미국인이 집중 거주하는 용산구에서 이주 외국인에 대한 가장 부정적인 인식이 자리하고 있는 것이다.

이처럼 상반된 결과는 직접 접촉이나 경험이 없이 형성된 집단 정서와 직접적인 경험에 따른 인식이나 집단 정서 사이에 간극이 존재할 수 있음을 추정하게 한다. 사실 일상적인 접촉(의 가능성)이 수반되지 않은 집단 정서는 일정부분 고정 관념적 평가에 기초한다. 그 경우는 다소 막연한 정서가 개입된 것이라면, 직간접적인 접촉 기회가 있는 집중 거주 지역에서의 집단 정서는 보다 구체적이고 현실적인 경험이다. 용산구민이 보이는 인식은 프랑스인이 주로 거주하는 서초구와는 상당한 대조를 이룬다. 이러한 차이의 원인에 대한 후속연구가 필요하지만, 용산구는 상당한 규모의 미군이 거주하는 곳이고 미군 관련 범죄 등 부정적인 노출이 비교적 많다. 이에 반해 서초구에 거주하는 프랑스인은 규모도 미군보다 적고 범죄와 같은 부정적인 노출이 상대적으로 적다는 점이 어느 정도 작용했을 수 있다.

역설적 상황과 서구 이론의 한계

이주 외국인의 유입은 거스를 수 없는 대세로, 이에 대한 대응은 선택이라기보다는 불가피한 현실이 되고 있다. 이러한 흐름에서 보다 적실성 있는 정책 방향을 설정하기 위해 일반 국민의 인식의 지형을 파악하는 일이 중요하다. 이러한 중요성의 맥락에서 개인적 수준의 인식을 살펴본 이전 장의 논의를 확장해 이 장에서는 '지역'이라는 집합적 수준에서 이주 외국인에 대한 인식과 이주 외국인 정책 선호를 둘러싼 차별과 배제의 맥락을 실증적으로 확인했다.

실증결과는 몇 가지 화두를 던진다. 이주 외국인에 대한 인식에서 중요하게 작용하는 맥락적 요소로 지목되었던 자원스트레스와 접촉의 영향력이 기존 연구의 방향과는 상당한 차이를 보였다. 일종의 역설이 존재했다. 이러한 결과는 이주 외국인에 대한 인식과 관련해 서구에서 개발된 이론적 논의가 우리의 현실을 설명하는 데 한계가 있음을 의미한다.

이러한 부정합성은 특히 두 가지 측면에서 포착된다. 먼저, 지역의 재정자립도로 측정된 자원스트레스가 우리나라에서 보여주는 역설의 가능성이다. 서구의 연구는 경제적 상황이 좋을수록 이주 외국인의 유입이나 이들을 대상으로 한 정책적 개입으로 인한 위협감이나 비용 부담 인식이 적고 관대하다고 보았다. 그러나 우리나라 서울시의 경우, 재정자립도가 높은 지역에서 오히려 이주 외국인에 대해 부정적이고 덜 관대한 입장을 보였다. 이는 기존의 이론적 논의와는 배치되는 결과로, 다수 집단 안에서도 자원이 많고 자원스트레스가 상대적으로 적은 지역임에도 이주 외국인에 대해 더 민감하게 반응한 것이다. 이러한 결과에 대한 보다 심층적인 연구가 축적되어야 하지만 탐색적인 차원에서 생각해볼 수 있는 것은 위협 인식의 작동이다. 자원이 많다는 것은 자원스트레스를 적게 느끼면서 동시에 '잃을 것이 많다'는 의미이기도 하다. 따라서 자원을 많이 가진 다수 집단은 자신들이 이주 외국인과 일자리 등을 놓고 경쟁을 하지는 않는다 하더라도 이주 외국인의 유입이나 이들을 대상으로 한 정책의 비용부담으로 인해 자신들이 가진 자원을 잃을지도 모른다는 우려를 할 수도 있다.

이와 관련해 또 하나 가능한 설명은 재정자립도가 높은 지역이 낮은 지역에 비해 거주 외국인의 규모가 크다는 점이다. 2011년 현재 재정자립도가 낮은 노원구, 중랑구 그리고 강북구는 거주 외국인 규모가 각각 23위, 21위, 24위로 최하위 그룹에 속하는 데 반해, 재정자립도가 높은 강남구, 서초구 그리고 중구의 이주 외국인 규모는 각각 16위, 19위, 13위로 상대적으로 크다. 이러한 차이는, 연구 결과가 보여주는 것처럼, 거주 외국인 규모가 클수록 외국인에 대해 부정적인 인식이 높아지는 현상과 재정자립도 사이의 상승 작용으로 인해 나타난 결과로 추정할 수 있다.

이주 외국인 정책에 대한 선호 역시 이러한 방향성과 크게 다르지 않다. 비교적 소극적인 정책 방향인 동화에 대해서 재정자립도가 낮은 지역에서 상대적으로 높았지만 그 차이가 유의미하지 않았다. 이에 반해, 보다 적극적이고 전향적인 다문화주의에 대한 선호나 차별 배제에 대해서는 경제적으로 여유 있는 지역과 그렇지 않은 지역과 일정한 차이가 확인된다. 재정자립도가 높은 지역에서는 다문화주의에 대한 선호가 상대적으로 낮고, 차별 배제에 대한 정책 선호가 더 높게 나타났다. 이처럼 자원스트레스가 상대적으로 낮을 것으로 예측되는 곳에서 배타적이고 배제적인 정책 선호가 더 높게 나타난 것은 우리 사회의 특수성을 일정 부분 반영하는 것으로 해석된다.

흥미로운 또 하나의 결과는 '접촉의 역설'이다. 연구 결과에 따르면, 거주 외국인의 규모가 큰 지역일수록 외국인에 대해 비교적 부정적인 평가를 하는 것으로 나타났다. 이주 외국인의 유입이 우리 사회의 발전에 기여할 것이라는 긍정적 인식은 물론 침해와 수용 제한으로 구성된 부정적 인식 모두에서 일관되게 나타났다. 보다 정교한 관련 연구가 이루어져야 하겠지만, 우리나라 서울에 거주하는 시민의 경우 거주 외국인의 규모에 따른 이주 외국인과의 접촉빈도가 이들에 대한 긍정적인 인식으로 이어지리라는 접촉가설의 역설적 결과를 보여준다.

이러한 결과는 이주 외국인에 대한 인식이나 이들을 위한 정책 선호와 자원스트레스 사이의 관계에서 서구와는 다른 역학이 작용한다는 점을 분명하게 보여준다. 이처럼 우리나라에서 나타나는 특수한 역학은 이주 외국인 관련 정책 수단을 강구할 때 서구와 다른 맥락에 대한 고려가 필요하다는 점을 재확인한다. 우리나라는 이주 외국인 관련 정책 경험이 축적되지 않아 다른 나라로부터 정책 이전 또는 정책 확산이 빈번하게 이루어진다. 정책 이전이나 정책 확산의 불가피성을 인정하면서도 경계해야 할 것은 우리와 다른 나라의 정책이 만들어진 맥락에 대한 이해와 성찰 없이 다른 나라의 정책 경험을 '그대로 가져다 베끼는(copy & paste learning)' 정책 표절(policy plagiarism)(Sharman, 2010: 623-625)이다. 정책표절은 정책과 현실 간의 디커플링 또는 정책의 형식주의를 심화시킴으로써 현실의 변화를 견인하지 못하기 때문이다. 우리의 현실에 부합하는 이론의 개발 필요성은 물론 정책 표절의 위험에 대한 명확한 인식 모두 아무리 강조해도 지나치지 않다.

7장

정책 아이디어와 이주 외국인 정책 선호의 분절성

중앙정부 공무원의 인식

정책 아이디어와 그 중요성

이주 외국인 정책의 형성과 집행의 주체인 공무원들이 증폭하는 사회적 다양성을 어떻게 받아들이는가는 정책의 내용과 방향성에 영향을 미친다는 점에서, 이주 외국인 정책은 공무원들이 가진 정책 아이디어(policy idea) 차원에서 논의할 필요가 있다. 제도나 정책의 형성과 변화를 거시적 관점에서 조망하는 역사적 제도주의는 특정 정책을 결정하는 과정에서 이해관계와 이를 매개하는 제도의 상호작용에 주목한다(Peters & Pierre, 1998; Pierson, 2000; 2004; Beland, 2005). 특정 정책의 내용과 방향을 결정하는 데 있어서 이들 이해관계와 제도의 영향을 인정하면서도 현실에서 정책 과정에 참여하는 행위자들이 특정 정책 이슈에 대해 갖는 아이디어, 즉 정책 아이디어를 무시할 수 없다(Hall, 1993; 하연섭, 1999; 2002; 정용덕 외, 1999). 정책 아이디어는 특정 정책의 기반이 되는 이념, 또는 가치와 같은 추상적이고 이데올로기적인 지향성이다. 정책 아이디어는 정책 내용과 방향의 지침 또는 길잡이로서 작동하며 특정 정책 아이디어가 선택되면 특정 시점에 정책 결정자의 행동 방식을 제약할 뿐 아니라 일정기간 정책 선택에 영향을 미친다(Hall, 1989). 이러한 정책 아이디어는 크게 두 가지 유형이 있다(Goldstein & Keohane, 1993).[3] 첫째, 패러다임으로서 아이디어(idea as paradigm)이다. 이는 정책엘리트가 정책 문제의 속성을 어떻게 규정하며, 수용 가능한 해결책의 범위가 어느 정도인지를 결정하는 일종의 준거 또는 거시적 세계관으로서의 아이디어이다. 두 번째, 프로그램으로서 아이디어(idea as program)이다. 이는 정책 과정 참여자들이 특정 정책 문제에 대해 생각하는 구체적이고 전문적인 해결책으로서 아이디어이다. 전술한 패러다임으로서 아이디어가 거시적이고 준거적 속성을 갖는 것에 반해 프로그램으로서 아이디어는 보다 구체적이고 기술적인 아이디어이다. 그것이 패러다임으로서 아이디어인지 프로그램으로서 아이디어인지에 따라 방식과 정도의 차이는 있지만, 정책 과정의 중심 행위자로서 공무원들이 특정 정책 이슈에 대해 갖는 정책 아이디어가 정책내용이나 방향성에 상당한 영향을 미치는 것은 부인할 수 없다.

이렇듯 공무원의 정책 아이디어는 모든 정책 영역에서 중요하지만, 특히 우리나라 이주 외국인 관련 정책에는 더욱 중요하다. 서구 국가들과는 달리, 사회적 다양성을 심각하게 고민하지 않았던 우리나라는 단기적이고 압축적인 다문화적 도전에 대한 사회적 대비가 부족했다. 다시 말해 단기간의 압축적인 사회적 다양성의 증가로 인해 사회 구성원들 사이에서 다

---

3 Goldstein & Keohane(1993)은 패러다임으로서 아이디어와 프로그램으로서 아이디어 외에 공적정서로서 아이디어를 제시했다. 공적정서로서 아이디어는 일반 국민이 특정 정책 이슈에 대해 갖는 문제해결에 대한 가정이다. 이 장에서는 공무원의 정책인식에 초점을 맞추기 때문에 공적정서로서 아이디어는 논의에서 제외했다.

양성 또는 다문화와 관련한 의제가 논의될 공론의 장이 형성되기도 전에 정부의 정책적 대응의 필요성이 제기되었다. 단일 민족 중심의 오랜 전통으로 인해 과거에는 경험하지 못한 상황이기 때문에 민간의 자생적인 대응이 한계가 있고, 이에 따라 부처 간 경쟁적으로 제시된 백화점식 관련 프로그램이 양산되었다. 한마디로 이주 외국인 정책은 대표적인 정부주도 정책 영역이 된 것이다(김희정, 2007; 오경석, 2007; 원숙연, 2008).

이러한 현실적 맥락에서 이주 외국인 정책의 형성과 집행의 중심에 있는 공무원들의 정책 아이디어–패러다임으로서 아이디어이든 프로그램으로서 아이디어든–는 이주 외국인 정책의 내용과 방향을 결정하는 데 상당한 영향력을 미칠 수밖에 없다. 주지하는 바와 같이 공무원은 정책 행위자로서 결정된 정책의 단순한 집행자 이상의 의미가 있다. 또한 관련 공무원들이 특정 사안에 대해 갖는 인식과 입장은 정책의 방향과 내용은 물론 그 효과성에도 영향을 미칠 수 있기 때문에 공무원들의 정책 아이디어는 그 중요성이 배가된다.

이러한 중요성에 대한 인식을 바탕으로, 인종을 기초로 한 사회적 다양성의 증가와 다문화 사회로의 진행에 대한 공무원들의 인식이 어떤 지형을 가지고 있는지를 확인할 필요가 있다. 이러한 인식에 따라 이주 외국인 정책이 그 내용과 방향을 달리 할 여지가 그만큼 많아지기 때문이다. 이에 이 장과 다음 장에 걸쳐 공무원들의 인식에 집중한다. 이번 장에서는 중앙정부 공무원의 인식에, 다음 장에서는 지방정부 공무원의 인식에 주목해 논의를 진행한다.

이주 외국인 정책 아이디어를 찾아서

이상에서 논의한 바와 같이 인종적 다양성에 대한 공무원의 정책 아이디어가 갖는 중요성을 고려하면서 이번 장에서는 중앙정부 공무원의 인식에 주목한다. 본 연구가 중앙정부 공무원을 대상으로 한 이유는 다음과 같다. 일본의 경우, 오랜 지방자치제의 역사 속에서 지방자치단체가 시민단체와 연계해 다문화 정책-다문화 공생 정책이라고 부르는- 형성에 중추적 역할을 수행해오고 있다(한승미, 2005). 이에 반해 우리나라는 외국인 관련 정책의 방향과 내용을 중앙정부에서 설정하고, 지방자치단체는 중앙에서 제시된 내용을 그대로 답습하는 경향이 있다(외국인 정책위원회, 2006; 김희정, 2007; 윤인진, 2007; 원숙연, 2008). 이는 외국인 관련 정책의 역사가 짧고 압축적으로 이루어지는 상황에서 일종의 하향식(top-down) 접근이 주를 이루기 때문으로 보인다. 이러한 현실에 비추어 볼 때 이주 외국인 정책의 아이디어를 구성하는 사회적 다양성에 대한 중앙공무원의 인식과 정책의 방향성을 확인하는 것이 필요하다.

이러한 필요성의 맥락에서 이 장에서는 다음의 질문에 답을 구하고자 한다. 외국인 정책의 내용과 방향의 결정에 중요한 역할을 하는 중앙정부 공무원은 우리 사회가 경험하고 있는 다인종-다민족-다문화의 상황을 어떻게 인식하는가? 인종적 다양성의 확대에 대해 지원적인지 아니면 아니면 위협적인 요소로 보는가? 중앙정부 공무원은 이주 외국인 정책의 방향성에 대해 어떤 인식과 선호를 가지고 있는가?

이상의 질문에 답을 구하기 위해 중앙정부 15개 부 610명의 공무원을 대상으로 실증 분석을 실시했다. 사회적 다양성과 관련한 정책적 개입의 역사가 일천해 외국인 및 사회적 다양성 관련 업무 수행을 하거나 경험이 있는 중앙 공무원의 표본을 확보하기가 쉽지 않다. 이러한 현실적 한계를 고려해, 이주 외국인 관련 업무의 주요 부처인 법무부, 노동부, 보건복지가족부는 60부씩, 그 외의 부서에는 40부씩 균분해 설문조사를 실시했다. 응답자의 성비는 남녀 각각 63.6%, 37.4%이고, 직급은 3-4급 59명, 5급 233명, 6-7급 263명으로, 주요 실무를 담당하는 중하위급이 지배적이다. 사회적 다양성(외국인 관련) 정책 경험 유무에 따른 공무원의 인식의 차이를 밝히기 위해 관련 업무 경험의 유무를 기준으로 표본을 구분했다. 이에 따라 관련 업무 경험이 없는 공무원이 476명(78%)으로 대부분을 차지했다. 외국인 관련 업무 경험이 있는 130명의 공무원 중 97명(15.9%)은 지원업무에, 나머지 33명(5.4%)은 규제업무를 수행한 것으로 나타났다.

측정 도구와 관련해 현실적으로 서구 국가가 사회적 다양성의 증가 및 그에 따른 정책적 대응을 앞서 경험했기 때문에 1차적으로 그들의 경험이 반영된 측정도구를 활용했다. 이에 더해 우리나라 제1차 외국인 정책기본계획과 기존의 연구에서 사용된 측정 도구를 함께 사용했다. 먼저, 사회의식은 진보-보수 성향에 대한 자기보고식 평가와 동성애 등 소수자 인정, 국가보안법 등 북한에 대한 태도, 경제적 진보성, 젠더 평등성에 대한 수용성을 중심으로 구성했다(Jackson et al., 2001; 김상학, 2004; 황정미 외, 2007). 단일 민족성은 단일 민족의 유지 및 가치에 대한 평가와 향후 전망에 대한 태도로 구성했다(한국노동연구원, 2007; 황정미 외, 2007). 국민 정체성(국민조건)은 국제사회조사(ISSP: International Social Survey Program)의 국가 정체성 중 '국민조건(nationhood)'으로 구성했다. 이는 민족 요인과 시민 요인으로 구성되는데(Smith, 1991; ISSP, 1995; 2003), 전자는 혈통(부계/모계), 출생지 및 장기 거주로, 후자는 법과 제도에 대한 존중 및 국적 취득 여부, 언어 구사 정도 및 소속감 등으로 구성했다(ISSP, 1995; 2003; 정기선, 2003). 다음으로 다문화 수용성과 다문화 위협 인지는 유럽에서 개발된

EU Monitoring Center for Racism and Xenophobia(EUMC) 보고서(2005), 그리고 황정미 외(2007)를 중심으로 구성했다.

도구적 효용성 우선:
단일 민족과 국민 조건에 대한 공무원의 인식

인종적 다양성에 근거한 다문화 사회에 대한 인식을 본격적으로 확인하기에 앞서, 이들 인식과 밀접하게 연결된 기초적인 사회인식을 확인했다. 이러한 기초적 인식은 인종적 다양성의 확대와 다문화 사회의 도래에 대한 태도를 형성하는 데 있어서 기저(underlying)에서 작동하는 것이기 때문이다.

먼저, 사회의식은 전반적인 의미에서의 보수-진보의 성향으로 구분할 수 있다. 일반적으로 보수주의적 가치관은 인종적 다양성을 포함한 다문화적 상황이 개별 국가의 고유한 주권과 정신적 가치를 훼손시킨다는 이유로 비판적 태도를 보인다. 특히 보수주의의 경우, 인위적으로 다양성을 증대시키거나 다양성을 관리하려는 목적으로 정부가 정책적으로 개입하는 것에 대해 반대한다(Wolfe, 2000; Jackson et al., 2001; Hartmann & Gerteis, 2005).

사회의식으로서 전반적인 수준에서 정치 이념을 측정하기 위해 기본적 가치관이 진보와 보수 중 어디에 속하는지 자기평가를 했다. 여기에 더해 구체적인 수준에서의 사회적 이슈(동성결혼 인정, 소득분배, 여성할당제 등)에 대한 동의 정도를 통해 이념의 지형을 측정했다. 그 결과 사회의식은 2.9(5점 만점) 이상으로 나타나 사회 이슈에 대한 공무원들의 인식이 비교적 진보적인 것으로 나타났다. 사회적 다양성에 대한 관용과 인정은 진보

이념과 보다 가깝다는 점에서(Martiniello, 2002, 윤진 역; Hartmann & Gerteis, 2005; 김비환, 2007: 최종렬 외, 2008) 이러한 결과는 인종적 다양성에 기초한 다문화적 상황에 대한 수용의 범위가 비교적 클 가능성을 추정하게 한다.

한편, 단일 민족관은 이주 외국인 정책을 둘러싼 인식에 상당한 영향을 미칠 것이다. 오랫동안 혈통에 기초한 단일 민족이 사회적 규범으로 작동해왔던 우리나라에서 다민족-다문화 사회의 도래는 순혈주의에 대한 근본적이고 본질적인 변화를 요구한다. 따라서 공무원이 단일 민족관을 얼마나 고수하는가에 따라 정책 아이디어가 달라지고, 이는 이주 외국인 정책의 내용을 달리할 수 있다. 이러한 논의의 맥락에서 단일 민족에 대한 자부심과 긍지와 같은 가치관과 단일 민족 유지와 국가 경쟁력과의 관계, 그리고 인종적 다양성이 사회적 결속에 미치는 부정적인 영향 등을 중심으로 중앙정부 공무원의 인식을 측정했다. 그 결과 단일 민족에 대한 인식은 2.5(5점 만점)로 중도적 인식을 보였다. 동일한 척도로 구성된 비교 대상이 없어 일직선상의 비교는 조심스럽지만, 이처럼 단일 민족관에 대한 중도적 입장은 다음과 같은 두 가지 해석을 가능하게 한다. 먼저, 중앙정부 공무원들은 다문화적 도전이라는 새로운 상황적 변화에 일정 부분 조응하려고 하지만, 단일 민족 유지에 따른 긍정적인 인식을 여전히 유지하고 있다고 해석될 수 있다. 그러나 다르게 해석하면 우리 사회가 오랫동안 단일 민족 규범을 유지해왔다는 점에서 중앙정부 공무원의 중도적 입장은 상당한 변화로 해석될 수도 있다.

같은 맥락에서 '국민됨(nationhood)'에 대한 공무원들의 인식 역시 이주 외국인 정책의 내용과 방향성을 달리할 수 있다. 정책 과정에 직접 참여하는 중앙정부 공무원이 국민이 되기 위한 조건으로 혈통에 기초한 민족적 요인에 무게를 둔다면, 시민적 기준을 중시하는 경우와 비교해서 이주 외국인에 대해 폐쇄적인 정책 아이디어를 가질 가능성이 높다. 이러한 정책 아이디어는 이주 외국인을 위한 정책의 내용이나 방향이 보수적이고 경직적일 것이라는 추정을 가능하게 한다(ISSP, 1998; Choe, 2004; 원숙연·박진경, 2009).

이러한 논의의 맥락에서 국민 조건에 대한 중앙정부 공무원들의 인식을 측정한 결과, 시민적 요소(3.16/5)를 민족적 요소(2.73/5)보다 높게 인정하는 것으로 나타났다. 이러한 결과는 인종적 다양성에 기초한 다문화 사회로의 이행 과정에서 보다 유연하고 합리적이며 변화 가능한 국민 조건을 인정할 여지를 제공한다. 흥미로운 것은 국민 조건에 대한 공무원들의 인식이 일반 국민과 어떻게 다르게 형성되어 있는가이다. 이미 밝힌 바와 같이 공무원은 우리 사회의 다양성을 정책적으로 관리하고 대응해야 하는 일에 직접 참여하기 때문에 일반 국민과 인식 차이가 존재할 수 있기 때문이다.

이에 따라 시차는 존재하지만 2007년 일반 국민을 대상으로 동일한 문항으로 조사한 자료를 바탕으로(황정미 외, 2007) 비교 분석했다. 다만 조사 시기 및 표본 분포 등에 차이가 있어서 평균을 기준으로 일직선상에서 비교하는 것은 무리가 있어서 순위를 기준으로 비교했다. 비교 분석에 따르면, 일반 국민은 민족적 기준에 상대적으로 높은 비중을 두는 데 반해, 공무원은 시민적 기준에 무게중심을 두는 것으로 볼 수 있다. 구체적으로 일반 국민과 공무원의 인식이 수렴하는 부분은 생애 대부분 한국 거주(일반 국민: 10위, 공무원: 9위), 한국 문화 계승 의지(일반 국민: 9위, 공무원: 6위), 한국어 능력(일반 국민: 2위, 공무원: 3위), 한국인임을 느끼는 것(일반 국민: 1위, 공무원: 1위), 한국 국적 소지(일반 국민: 3위, 공무원: 4위) 등으로 나타났다.

그러나 몇 가지 요소에서는 상당한 인식의 간극이 존재한다. 중요도 순위에 있어서 3단계 이상의 차이를 보이는 요소를 중심으로 비교하면, 국민조건으로 한국인임을 느끼는 것을 가장 중요한 기준으로 둔 것은 일반 국민이나 공무원 모두 공통적이다. 그러나 공무원은 시민적 요소와 사회에 대한 기여의 정도(공무원: 5위, 일반 국민: 8위)를 강조하는 데 반해, 일반 국민은 부계나 모계의 혈통(일반 국민: 4/5위, 공무원: 7/8위)을 상대적으로 중시한다는 점이다. 이러한 결과를 정리하면 다음과 같다. 일반 국민의 경우, 국민이 되기 위해서는 여전히 민족적 기준에 비중을 둠으로써 인종적 다양성의 확대에 따른 다문화적 현실과 인식 사이에 일정한 간극이 있음을 보여준다. 이에 반해 공무원은 이주 외국인의 증가를 일선에서 경험하면서 정책적 대응의 필요성을 감안할 수밖에 없는 상황에서 인종적 다양성의 확대에 대해 비교적 유연한 인식을 가진 것으로 볼 수 있다. 특히 이주민이 우리 사회에 할 수 있는 기여에 보다 더 비중을 둠으로써 인종적 다양성을 도구적 관점에서 접근한다는 해석도 가능해진다.

수용인가 위협 인식인가:
인종적 다양성에 대한 공무원 인식의 차별성

전반적 인식의 지형

이상의 단일 민족관이나 국민 조건에 대한 인식은 인종에 기초한 사회적 다양성이 증가하는 현실을 바라보는 기초적이고 전반적인 인식의 지형을 보여준다. 이러한 전반적인 인식을 바탕으로 이주 외국인의 증가에 정책적으로 대응해야 하는 공무원으로서 이주 외국인과 연결된 보다 구체적이고 직접적인 인식을 확인할 필요가 있다. 당위적이고 추상적인 가치의 차원에서는 사회적 다양성을 인정하고 존중하며 긍정적으로 인식한다고 해도 실제 증가하는 이주 외국인을 대상으로 한 정책을 수립하고 집행할 때는 보다 현실적인 인식이 정책 아이디어로 작동하기 때문이다. 다시 말해 인식의 분리가 있을 수 있다.

이러한 맥락에서 인종적 다양성에 기초한 다문화 사회로의 이행을 얼마나 수용하는지(다문화 사회 수용) 또는 다문화 사회로의 이행에 위기감을 느끼는지(다문화 사회 위협인지)로 나누어 분석했다. 다문화 수용은 '다양한 인종, 종교, 문화가 공존하는 것이 좋다', '사회적 다양성이 국가 경쟁력에 도움이 된다', '이주 외국인이 늘면 한국 문화는 보다 풍성해진다' 등의 문항으로 구성했다. 이에 반해 위협인지는 '불법 체류자는 즉각 돌려보내야 한다', '외국인 근로자 때문에 한국인의 임금이 낮아진다', '외국인 근로자들은 한국인의 일자리를 빼앗아 간다', '외국인이 늘면 범죄가 증가한다' 등으로 측정했다. 측정 결과, 인종적 다양성의 증가에 따른 다문화 사회로의 이행을 긍정적으로 생각하는 다문화 수용이(3.87/5) 다문화 사회로의 이행을 부정적으로 보는 위협인지(2.65/5)에 비해 상당히 높게 나타났다.

이러한 결과는 몇 가지 차원에서 해석될 수 있다. 우리나라 중앙정부 공무원들은 인종적 다양성 확대에 따른 다문화 사회의 긍정적인 측면을 실제로 높게 인식했을 수 있다. 이와 함께 이주 외국인의 유입이 압축적으로 이루어짐에 따라 과거와는 다른 다문화 사회로의 이동이 불가피한 상황에서 사회적 다양성의 증가가 국가 경쟁력에 긍정적으로 작용하리라는 '희망 섞인 기대(wishful thinking)'가 더해졌을 수도 있다. 여기에 오랫동안 단일 문화를 당연시했던 우리나라에서 인종적 다양성은 민감한 이슈이다. 민감한 이슈에 대해서는 자신의 진의를 속이는 사회적 관대화(social desirability) 경향성이 발현된다는 점에서, 다문화 사회에 대한 긍정적인 수용 인식이 높아졌을 수 있다.

이러한 전반적인 인식을 바탕으로, 보다 세부적인 인식의 지형을 확인하기 위해 공무원의 인구 통계적 특성과 업무 경험을 바탕으로 집단 간 차이분석을 실시했다. 먼저, 공무원의 성별을 기초로 인식의 차이를 살펴본 결과, 다문화 사회로의 이행을 수용하는 것은 남성 공무원(3.90/5)이 여성 공무원(3.81/5)에 비해 다소 높았으나 성별에 따른 유의미한 차이는 확인되지 않았다(t. 1.556, ns). 그에 반해 다양한 인종 또는 민족의 유입으로 인한 다문화 사회로의 이행이 우리의 삶에 미치는 부정적인 변화와 영향력으로 구성된 위협 인식은 여성 공무원(2.56/5)보다 남성 공무원(2.70/5)에게서 더 높게 나타났다. 이러한 인식의 성별차이는 통계적으로 지지되었다(t. 2.547, $p<0.01$). 이러한 성별차이는 기존의 논의와 맥을 같이한다. 일반적으로 여성이 남성보다 이주 외국인과 같은 소수자에 대한 연민이나 동정이 강한 측면이 있다. 또한 이주 외국인의 증가가 노동 시장의 일자리에 부정적 영향을 미칠 수 있는데, 노동 시장 참여는 여성보다 남성이 일상적이기 때문에 그러한 변화가 보다 예민하고 현실적으로 다가왔을 수 있다.

특히 흥미로운 것은 이주 외국인 관련 정책을 수행한 경험 유무에 따라 나타나는 인식의 차이다. 분석 결과에 따르면 다문화 사회 사회로의 이행에 대한 수용성과 위협인지 모두 유의미한 차이를 보였다. 이주 외국인과 관련한 업무경험이 없는 공무원의 다문화 사회 수용(3.82/5)이 다문화 사회 위협인지(2.67/5)보다 상당히 높게 나타났다. 주목할 것은 관련 업무 경험의 속성에 따른 인식의 차이이다. 관련 업무 중 지원 업무를 경험한 공무원의 경우 다문화 사회에 대한 수용(4.07/5)이 규제 업무를 한 공무원(3.93/5)에 비해 높게 나타났다. 반대로 다문화 사회에 대한 위협 인지는 지원 업무를 한 경우(2.43/5)보다 규제업무를 수행한 경험을 가진 공무원(2.99/5)이 더 높게 나타났다. 업무 경험에 따른 다문화 사회 수용(F. 5.234; $p<0.05$)과 위협 인지(F. 10.999; $p<0.001$)에 대한 인식 차이는 통계적으로 지지되었다. 이러한 결과는 규제 업무가 금지와 배제를 근간으로 하고 이

주 외국인의 유입에 따라 나타나는 부정적인 측면에 보다 많이 노출되는 속성을 가진 업무영역이기 때문이다. 즉, 관련 업무를 통해 이주 외국인에 대한 부정적 접촉 경험이 많은 것이 작용한 것으로 보인다.

한편, 직급에 따라 이주 외국인의 증가로 인한 다문화 사회로의 이행을 다르게 인식하는지를 확인했다. 그 결과, 직급이 올라갈수록 다문화 사회로의 이행에 대해 긍정적인 인식은 올라가는 것으로 나타났고(3-4급: 4.904 /5, 5급: 3.9264/5; 6-7급: 3.8155/5), 그 차이는 통계적으로 지지되었다(F. 4.407, $p<0.01$). 비록 통계적으로 지지되지는 않았지만(F. 2193, ns.), 직급에 따라 다문화 사회의 부정적인 인식인 위협인지가 낮아지는 결과와 일관성을 갖는다(3-4급: 2.5627/5, 5급: 2.5888/5; 6-7급: 2.6943/5). 이러한 결과는 서구에서도 유사한 양상을 보인다. 비록 공무원을 대상으로 한 연구는 아니지만, 교육 수준이 높을수록, 사회적 계층이 높을수록 다문화 사회의 긍정적인 면에 집중하고 이주 외국인을 위한 적극적 정책에 대해 덜 부정적인 것으로 나타났다(Williams et al., 2000; Jackson et. al., 2001). 이러한 결과는 교육 수준이 높고 사회적 계층이 높을 경우 이주 외국인과의 직접적인 경쟁 관계에 있을 가능성이 적고, 따라서 다문화 사회에 따른 위협의식이 상대적으로 적기 때문으로 설명될 수 있다. 같은 맥락에서 직급이 높다는 것은 다문화 사회로의 이행에 따른 위기감이 상대적으로 적기 때문에 수용성이 그만큼 넓어질 수 있다는 해석이 가능해진다.

이주 유형에 따른 집단별 선호의 차별성

무엇보다 정책은 유무형의 비용을 발생시키고 이러한 비용에 대해 공무원은 민감할 수밖에 없다. 따라서 당위의 영역에 존재하는 인식과 정책 비용이 고려된 현실적 인식 사이에는 간극이 발생할 여지가 많다. 이러한 관점과 함께 이주 외국인이 압축적으로 증가하고 있는 현실을 고려해 외국인의 이주 유형에 따른 인식(선호)의 차이가 존재하는지 알아보았다.

법무부, 여성부, 보건복지가족부 등 유관 기관에 따르면, 우리나라에서 외국인의 이주 유형은 결혼 이주, 노동 이주 그리고 민족이주로 구분된다. 결혼 이주는 말 그대로 우리나라 국민과의 결혼을 목적으로 이주한 경우로 여성 결혼이민자와 남성 결혼이민자 모두를 포함한다. 노동 이주는 두 가지 유형으로 구분되는데, 생산직 노동 이주와 고급 노동 이주이다. 우리나라 노동 이주의 성격상 생산직 노동 이주가 주를 이루었다. 한국 노동 구조와 고용 환경에서 저임금 인력의 수급을 위해 단순 기능직이나 단순 노무 인력 수급을 목적으로 한 것이 현실이다. 이를 통해 일반 국민이 기피하는 3D 업종에 투입하는 형식을 취했기 때문이다. 외국인 취업 현황을 보면 취업 외국인 중 72.6%가 30인 미만 사업장에 주로 취업하고 있는 것도 이를 확인한다(통계청, 이민자 체류실태 및 고용조사, 2017). 이처럼 생산직 중심의 노동 이주에 전문직의 고급노동이 추가된 것은 이명박 정부 국가 경쟁력강화위원회에서 글로벌 고급 인력 유치 방안 마련이 계기가 되었다.[4] 고급 노동 이주는 소위 '글로벌 고급 인력'으로서, "경영, 기술, 교

4 대부분의 정책이 그렇듯 이주 외국인에 대한 정책적 대응의 특성은 정권이 추구하는 이념과 무관하지 않다. 진보 이념에 기초한 참여정부와 보수 이념의 이명박 정부에서 이주 외국인 정책의 강조점이 달랐던 것도 같은 맥락에서 이해된다. 이러한 차이는 정책비전과 실제 정책추진체계에 이르기까지 차이를 발생시켰다. 참여정부는 이주 외국인 정책비전을 "외국인과 더불어 사는 열린사회 구현"으로 세운 데 반해 이명박 정부는 "외국인과 함께하는 세계 일류국가"이다. 또한 정책추진체계로 참여정부는 '빈부격차·차별시정위원회'인 데 반해, 이명박 정부는 '국가 경쟁력강화위원회'이다. 이에 따라 정책 대상에서의 차이가 자연스럽게 만들어졌다. 참여정부는 '여성결혼이민자 가족 및 혼혈인·이주자 사회통합 지원방안'을 기초로 '결혼이민자 및 재한외국인'에게 주목했다. 이에 반해 이명박 정부는 '글로벌 고급 인력 유치 방안'을 중심으로 한 '우수 인력'에 강조점을 두었다. 이상의 차이는 이 두 정부가 표방한 정치 이념과 그에 따른 정책기조의 차이가 그대로 반영된 것이다. 보다 자세한 내용은 외국인 정책위원회(2007) 등을 참고.

육, 지식 서비스 등의 분야에서 특별한 지식, 경험 등을 보유한 자로서 경제 발전에 기여하는 외국인 전문 인력"으로(국가 경쟁력강화위원회, 2008), 출입국관리법상 비자 E-1부터 E-7 자격, 그리고 기업투자 자격인 D-8의 비자가 이에 속한다. 마지막, 민족 이주는 재외동포법에 기반을 둔 중국이나 미국을 비롯해 외국 거주 동포를 대상으로 한 이주 형태이다.

이상의 이주 형태를 기준으로 이들 이주 집단별로 어느 정도의 긍정적 또는 수용적 인식을 가지고 있는지를 측정했다. 그 결과 중앙정부 공무원이 가장 선호하는 이주 유형은 고급 노동 이주로 나타났다(4.08/5). 그 뒤를 생산직 노동 이주가 차지했고(3.30/5), 결혼 이주(3.13/5)가 다음으로 나타났으며, 민족 이주가 가장 낮은 선호를 보였다(2.96/5).

이상과 같은 이주 유형에 따른 공무원 선호의 차별성이 제시하는 몇 가지 중요한 함의가 있다. 공무원의 입장에서, 정책 대상자로서의 고급 노동 이주가 갖는 현실적 효용이 높다는 것이다. 이론 논의에서 밝힌 바와 같이 이주 외국인을 받아들이는 것에는 인권이나 당위의 차원을 넘어서서 정치적 측면이 작용한다. 정치적 측면에서 중요한 요소 중 하나는 이주 외국인 집단이 우리 사회에 얼마나 기여할 수 있는가를 가늠하는 도구적 효용성이다. 이에 따라 이주 외국인 집단의 가치와 자격에 대한 평가가 긍정적이어야 하고, 보다 직접적으로는 이주 외국인 집단이 주류 사회 전체의 후생과 발전에 기여할 수 있는 효용성이 있어야 한다(Jackson et al., 2001; Ingram et al., 2007). 이러한 기준으로 볼 때, 고급 노동 이주는 다른 이주유형에 비해 긍정적으로 평가될 가능성이 크다. 이들 고급 인력이 가진 전문성이나 능력 그리고 투자 여력 등이 우리 사회의 발전에 기여할 수 있는 여지가 많다고 생각될 수 있기 때문이다. 주로 경영자, 연구원, 과학자, 엔지니어, 교수, 금융·의료·디자인·건설·첨단산업(IT, BT, 신소재 등) 관련 전문가 등으로 구성되는 고급 인력은 비용보다는 효용이 더 높다고 인식될 수 있다. 정책 비용에 민감할 수밖에 없는 공무원에게 생산직 노동 이주에 비해 고급 노동 이주에 대한 선호가 높은 것은 이해 가능한 결과이다.

이주 유형에 따른 선호에 있어서 주목할 또 하나의 인식은 생산직 노동 이주에 대한 선호가 결혼 이주에 대한 선호보다 높다는 점이다. 우리나라 외국인 이주와 관련해 결혼 이주가 갖는 비중은 무시할 수 없다. 이주 규모는 차치하더라도 결혼 이주자, 특히 결혼이주여성이 갖는 사회적 의미가 크다는 점에서 그렇다. 주지하는 바와 같이 농촌 총각 결혼 기피와 출산율 하락이라는 사회 문제를 해결하고, 순혈은 아니어도 '아버지 피'를 가진 '준-한국인'을 생산한다는 점이 결혼 이주가 갖는 사회적 의미와 효용에 작용했던 것은 부인할 수 없다. 그러한 의의와 비중에도 불구하고, '생산직 노동 이주'에 비해 결혼 이주의 선호도가 상대적으로 낮은 것은 흥미롭다. 보다 심층적인 연구를 통해 논의가 축적되어야 하겠지만, 탐색적인 차원에서 볼 때 생산직 노동 이주의 사회적 부담을 적게 인식한 결과로 해석될 수 있다. 즉 생산직 노동 이주의 경우 저임금의 노동 조건 하에서 내국인이 기피하는 3D 업종의 노동력 확보에 도움이 된다. 또한 이들은 영구 거주가 아닌, 필요에 따라 일시적으로 활용할 수 있는 일종의 임시적 노동자(guest workers)이다. 이러한 현실적 구조는 공무원으로 하여금 노동 이주에 따른 사회적 비용보다 사회적 효용이 더 높다고 인식하게 만들 수 있다.

이에 반해 결혼 이주는 높은 사회적 효용만큼 일정한 사회적 비용을 수반한다. 결혼 이주는 기본적으로 영주(永住)를 전제한다. 또한 결혼 이주를 통해 형성된 다문화 가족에 대한 복지수요는 불가피하게 발생한다. 이러한 현실은 결혼 이주에 대한 양가적 인식으로 이어져 이들이 갖는 높은 사회적 효용에도 불구하고 노동 이주에 비해 상대적으로 낮은 선호도를 갖게 한 것으로 보인다. 이러한 해석은 해외 거주 동포를 대상으로 한 민족이주에 대한 선호가 가장 낮은 결과를 통해서도 확인된다. 윤리적이고 당위적인 차원에서 볼 때 해외 거주 동포를 보호하는 것이 바람직하다. 불행한 역사의 산물인 해외 거주의 경우는 더욱더 그렇다. 그러나 당위의 영역을 넘어서 정책 비용이라는 현실의 관점에서 볼 때 민족 이주에 따른 동포 유입은 사회적 효용을 상쇄할 여지가 많다. 정책 일선에 있는 공무원의 입장에서 해외 거주 동포의 적응과 보호에 따르는 복지 및 사회적 비용을 간과할 수 없기 때문이다.

'당위적 인식'과 '현실적 선호'의 분절성

단일 민족-단일 문화 규범이 강하게 작동했던 우리나라도 인종에 기초한 사회적 다양성의 증가로부터 자유롭지 못하다. 다른 나라에서 오랜 시간에 걸쳐 이루어졌던 인종적 다양성의 확대가 다문화적 도전으로 칭해질 정도로 짧은 기간 압축적으로 진행됨에 따라 정책적 대응의 필요성과 어려움은 그만큼 높아졌다. 이러한 상황은 인종적 다양성에 대한 사회적 합의가 이루어지기도 전에 정책을 양산했고 이는 관련 공무원들의 정책 아이디어나 정책 선호의 영향력을 배가하는 요소로 작용했다.

이러한 현실을 기초로, 이 장에서는 이주 외국인 대상 정책 과정의 일선에 있는 중앙정부 공무원이 인종적 다양성의 확대를 어떻게 인식하고 어떤 선호를 가지고 있는지를 확인했다. 이러한 인식이 이주 외국인 정책에 대한 중앙정부 공무원의 정책 아이디어 형성에 상당한 영향을 미칠 것이기 때문이다. 무엇보다 이주 외국인과 관련한 역사가 일천하고 인종적 다양성에 대한 사회적 경험이 축적되지 않은 우리나라에서 공무원은 단순히 정책의 집행자 이상이라는 점에서 이들이 가진 정책 아이디어나 선호가 향후 이주 외국인 정책의 내용과 방향에 대한 가늠자가 될 수 있다.

실증 분석 결과가 갖는 함의는 '당위적 인식'과 '현실적 선호'의 분절성으로 요약될 수 있다. 단일 민족이나 국민 조건에 대해 비교적 합리적이고 유연하며 근대적인 성격의 시민적 요소에 무게중심을 두는 것으로 나타났다. 또한 인종적 다양성 확대에 따른 다문화 사회에 대해 보다 관대하고 긍정적인 인식을 보였다. 이처럼 중앙정부 공무원은 전반적으로는 규범적이고 당위적인 인식의 지형을 보였다. 그러나 보다 현실적이고 구체적인 측면에 대해서는 '도구적 효율성'을 근간으로 한 차별적 인식이 확인되었다. 이주 외국인의 증가에 따른 다문화 사회로의 이행에 대해 전반적으로는 긍정적이지만, 이주 외국인 집단이 구체적으로 특정될 경우 선호의 차별성이 나타났다. 전문성과 투자 등 유무형의 자원과 함께 유입되는 고급 노동 이주에 대해서는 강한 선호를 보이는 반면, 생산직 노동 이주나 결혼 이주에 대해서는 상대적으로 낮은 선호를, 민족이주에 대해서는 가장 낮은 선호를 보였다. 이러한 선호의 차별성은 이주 외국인 집단이 우리 사회에 어떤 기여를 할 수 있는지, 또는 어느 정도의 부담 요인이 되는지에 대한 평가가 작동한 결과로 보인다. 단순히 당위적인 차원을 넘어서 정책을 구현해야 하는 공무원 입장에서는 이주 외국인 집단에 대해 현실적이고 시장주의적 판단을 하고 있음을 의미한다.

당위와 현실의 분절성을 보여주는 또 하나의 결과는 이주 외국인 관련 경험 유무에 따른 인식의 차이이다. 분석 결과에 따르면, 외국인 관련 경험이 있는 경우가 업무 경험이 없는 경우보다 인종적 다양성 확대에 따른 다문화 사회로의 이행에 대해서 긍정적이다. 그러나 경험의 질에 따라 인식의 지형이 달라진다. 이주 외국인과 부정적인 접촉을 할 개연성이 높은 규제 업무를 하는 경우는 이주 외국인의 증가에 따른 다문화 사회의 긍정적인 면보다는 부정적인 위협 인식을 더 강하게 나타냈다. 이러한 인식의 지형은 지원업무를 하는 중앙정부 공무원들이 다문화 사회가 갖는 긍정적인 측면에 주목하는 인식과는 대조를 이룬다.

이처럼 이주 외국인 정책 과정의 중심에 있는 중앙정부 공무원들이 이주 외국인에 대한 인식과 이들을 대상으로 한 선호에 차별성과 분절성을 보이는 것은 규범과 현실 사이의 간극, 그 이상의 의미를 갖는다. 이는 이주 외국인 관련 정책 아이디어를 구성하는 데 있어서 중앙정부 공무원들이 이주 외국인 집단이 갖는 '도구적 효용'과 이들에게 지불해야 하는 '정책 비용(사회적 부담)'을 비교형량 할 가능성을 보여주기 때문이다. 전술한 바와 같이, 이주 외국인 관련 정책은 대표적인 관주도의 정책 영역이다. 캐나다, 프랑스, 호주 등 인종적 다양성에 대한 역사적 경험이 많은 국가도 정부가 적극적으로 관여해 왔지만 우리나라는 더욱더 그렇다. 무엇보다 인종에 기초한 사회적 다양성이 압축적으로 진행됨에 따라 정부의 주도적 역할이 더욱 강조될 수밖에 없던 상황 논리도 작동했다. 이러한 측면에서 이주 외국인 정책의 내용과 향배를 결정하는 데 있어서 공무원의 정책 아이디어의 영향력은 다른 영역에 비해 커질 수밖에 없다. 특히, 이 장에서 주목한 중앙정부의 중상위직의 공무원은 정책의 전체적인 구도와 방향 설정에 미치는 영향이 크다는 점에서 '도구적 효용성'이 중시되는 인식 지형이 향후 이주 외국인 정책에 대해 시사하는 바가 작지 않다.

8장 집단 정체성-집단 이해관계-집단 정서와 정책 선호의 역학

지방정부 공무원의 인식

사회적 구성물로서 정책 선호

이론적 논의에서 밝힌 바와 같이, 정책은 사회적 구성물로서 특정 정책 이슈를 둘러싼 이해관계 집단의 인식과 상호작용 양태가 정책의 내용이나 방향성에 영향을 미친다(Schneider & Ingram, 2005; Schneider & Sidney, 2009; 원숙연, 2008; 한승준·박치성, 2011). 정책을 둘러싼 관계 집단은 크게 정책 비용 부담 집단, 정책 수혜 집단, 그리고 정책 과정의 주요 행위자인 공무원 집단으로 구성된다. 이 장에서는 이들 세 집단 중 공무원, 특히 지방정부 공무원에 주목하고자 한다. 그 이유는 다음과 같다. 이전 장에서 밝힌 바와 같이 우리나라에서 이주 외국인 관련 정책은 대표적인 정부 주도의 정책 영역으로 이주 외국인 증가에 따른 사회적 문제해결에 공무원의 인식과 역할이 중요하다. 같은 맥락에서 이주 외국인의 증가에 따른 다문화적 사회로의 진행 자체가 새로운 경험이라는 현실은 그간 축적된 정책 경험이나 참고할 만한 정책적 유산이 부족하다는 뜻이 된다. 이처럼 생경한 현실에서 공무원은 정책 대안을 '새롭게 구성'하거나, 이미 인종적 다양성을 경험한 선발국가의 정책 대안 가운데 적절한 대안을 '선택'해야 한다. 새롭게 구성을 하든, 선택을 하든 공무원들이 외국인 및 외국인 정책에 대해 어떠한 인식을 하고 있는가는 당위의 차원이 아닌 사회적 구성 차원이다. 이렇게 구성되는 정책 대안 중 특정의 대안을 선택하는 데 있어서 다양한 행위자들 간의 이해관계와 이러한 이해관계에 대한 공무원들의 주관적(또는 집합적) 판단이 작용할 수밖에 없다. 이는 정책 내용과 방향을 선택하는 데 있어서 무엇이 문제인지를 규정하고, 문제의 원인을 밝히고, 그에 대해 어떠한 대응을 할 것인가를 결정하는 공무원들의 인식이 중요한 이유이기도 하다.

이러한 문제의식에서 출발해 이 장에서는 이주 외국인 정책에 대해 공무원들이 실제로 어떤 인식을 하고 있으며 그러한 인식에 작용하는 요인이 무엇인지를 밝히고자 한다. 이를 위해 서울시 소재 25개 구청의 공무원을 대상으로 연구를 진행했다. 우리나라의 이주 외국인 정책은 대표적인 정부 주도 정책 영역으로 중앙정부의 역할이 크다. 그러나 중앙정부의 큰 비중이 지방정부의 역할이 중요하지 않다는 것을 의미하지는 않는다. 주지하는 바와 같이 지방정부는 각 지역이 직면해 있는 특수 상황을 반영한 정책 내용과 방향 설정에 상당한 영향을 미치고 있다. 더욱이 지방정부 공무원은 일선에서 이주 외국인과 직접적인 접촉의 기회를 많이 가지고 이들의 정책 수요를 반영할 수 있는 현실적 위치에 있다. 이에 따라 지방정부 공무원의 인식을 통해 이주 외국인 정책에 대한 이해를 제고하는 것은 다문화 사회의 다층성을 확인하는 데 중요한 의미가 있다.

이러한 문제의식에 따라 이 장에서는 지방정부 중 서울시를 대상으로 논의를 진행하고자 한다. 서울시 공무원을 대상으로 한 이유는 서울이 외국인 관련 정책에 갖는 위상 때문이다. 2012년 현재 지역별 외국인 거주 비율에 따르면(통계청, 2012), 서울은 우리나라 전체 외국인 중 30%인 25만 5천여 명이 거주함으로써 전국에서 외국인 거주비율이 가장 높다. 이는 서울시민의 2.2%에 해당하는 규모이다. 또한 서울은 다양한 국적과 직업군의 외국인이 거주하는 다양성을 확보하고 있다. 이는 결혼 이주자 중심인 지방과는 다른 양상이다. 이처럼 외국인의 거주 규모가 크고 다양성이 확보되어 있다는 것은 관련 정책의 수립과 집행에 따른 공무원들의 역할이 확대되고 중심이 될 가능성을 보여준다.

이상에서 제시된 논의의 맥락에서 이 장에서는 서울시 25개 구청 공무원을 대상으로 다음과 같은 질문에 답을 구하고자 한다. 첫째, 공무원은 외국인 및 이들을 대상으로 하는 정책에 대해 어떠한 인식을 하고 있을까? 외국인 정책에 대한 인식의 지형(차이)이 어떻게 형성되어 있을까? 외국인 정책에 대한 인식의 차이를 발생시키는 요인은 무엇이며, 각 요소 간 차별적 영향력은 어떠한가? 이러한 결과가 향후 공무원들이 이주 외국인 정책의 내용 및 방향성을 선택하는 데 주는 시사점은 무엇인가?

이주 외국인 정책 선호: 몇 가지 논거

관련 논의에 따르면(Berry & Kalin, 1995; Jones & Smith, 2001; Esses et al., 2001; Zick et al., 2001; Ingram et al., 2007; 원숙연, 2008; 2017; 한승준·박치성, 2011; 원숙연·정하나, 2014), 이주 외국인 정책에 대한 인식에 작용하는 영향요인은 집단 정체성(group identity), 집단 이해관계(group interest) 그리고 집단 지각(group perception)으로 구성된다. 이들 세 가지 요소의 기저논리는 이론적 논의에서 제시한 사회적 범주화이다. 이주 외국인을 대상으로 한 정책은 다수 집단인 내국인을 대상으로 한 정책과는 달리, '집단'이 중심에 있기 때문이다. 이들 집단 정체성, 집단 이해관계 그리고 집단지각이 이주 외국인 정책에 대한 공무원들의 인식에 작용하는 경로와 논리는 다음과 같다.

집단 정체성: 민족 요인 대 시민 요인

이론적 논의에서 제시한 것처럼, 사회적 범주화로 내집단 편향과 외집단 배제가 발현된다는 점에서 집단 정체성은 외국인 정책에 대한 인식에 작용한다. 사회적 범주화를 통해 자신이 속한 집단의 사회적 가치를 높게 평가함으로써 자신의 정체성을 고양하는 것이다(Tajfel & Turner, 1979; Tajfel, 1982). 이러한 기능을 수행하기위해서 자신이 속한 집단의 정체성을 다른 집단의 정체성과 분리하고 자신이 속한 집단은 긍정적으로, 다른 집단은 부정적으로 보는 가치 판단적 평가를 한다. 이주 외국인 또는 이주 외국인 정책에 대한 인식 중 집단 정체성의 맥락에서 주로 논의되는 것이 국민 정체성(national identity)이다.

우리나라의 경우, 단일 민족-단일 문화의 규범에 기반을 두어 우리 국민과 외국인 집단을 분리하고 그 분리를 기반으로 외국인에 대해 부정적인 평가를 하는 것 등이 이에 속한다. 물론 UN이나 EU와 같은 초국가적 구성체의 등장에 따라 민족, 민족국가, 민족정체성과 같은 요소들의 영향력이 완화되고 있는 것은 부인할 수 없다(Giddens, 1987; Castales et al., 1988; Shils, 1995). 그러나 여타의 정책과 달리, 외국인 정책의 일차적 대상자가 인종을 달리한다는 특수상황으로 인해 외국인 관련 정책에 대한 인식에 있어서 집단 정체성의 요소로서 민족정체성의 영향력은 건재하다(Smith, 1991; Inglis, 1996; ISSP, 1998; Choe, 2000; Jones & Smith, 2001; 정기선,

2003; 박진경·원숙연, 2010).

외국인 정책에 대한 인식에 작용하는 집단 정체성에 있어서 대표적인 대리변수로 논의되는 것이 '국민됨(nationhood)'에 대한 평가, 또는 국민 조건이다. 다수 집단의 관점에서 볼 때 외국인 정책은 자신들과 다른 인종을 수용해 내국인의 지위를 부여하는 것을 기반으로 하기 때문에 누구에게 어떤 조건으로 그러한 지위를 줄 것인가는 중요한 이슈이다. 한 국가의 구성원의 국민됨(국민의 조건)에 대한 자기 이해, 또는 그에 대해 생각하고 이야기하는 방식인 국민 정체성은 크게 민족적 요인(ethnic factors)과 시민적 요인(civic factors)으로 구성된다(Smith, 1991; Jones & Smith, 2001; 박진경·원숙연, 2010). 민족적 요인은 부모의 인종과 같이 변경이 어려운, 태생적이고 귀속적인 요인을 기준으로 하는 것으로 배타적이고 경직적이다. 한마디로 국민됨에 있어서 '피(Jus sanguinis: right of blood)'가 중요한 조건이다(Inglis, 1996: 152). 이에 반해 이전 장에서도 논의한 바와 같이, 시민적 요인은 법과 제도에 대한 존중 및 국적 취득 여부, 언어 구사 정도 및 소속감과 같이 후천적으로 취득 가능하고 유연한 요소로 구성된다(ISSP, 1998). 이에 따라 '지역(jus soli: right of soil)'이 국민됨의 중요한 기준이다(Inglis, 1996: 153).

이와 같이 국민됨을 기준으로 국민 정체성을 부여하는 데 있어서 민족적이고 귀속적인 요인을 강조할 경우는 시민적이고 취득 가능한 요인을 강조하는 것과 비교해, 인종적 다양성이나 이주 외국인에 대해 소극적이고 배타적인 태도로 이어진다(Smith, 1991; Jones & Smith, 2001). 만일 공무원이 이처럼 배타적이고 소극적인 태도를 가질 경우, 이주 외국인을 대상으로 한 정책에 대해서도 부정적이거나 지극히 소극적으로 대응할 가능성이 높아진다. 이에 따라 이주 외국인을 대상으로 한 정책적 개입에 있어서 적극적이고 전향적인 다문화주의보다는 단속이나 규제와 같은 정책의 필요성을 높게 인지할 것이다(Inglis, 1996; 박진경·원숙연, 2010; 원숙연, 2013a).

집단 이해관계: 자원스트레스에 대한 주관적 인식

정책 비용은 경제적 비용과 같이 가시적이고 물리적인 비용도 있지만, 상징적이고 비가시적인 비용도 있다. 모든 정책이 비용을 유발하지만 이주 외국인 정책은 특히 비용에 민감한데, 정책 비용 부담 집단과 수혜 집단의 구분이 명확하기 때문이다. 주로 정책비용을 부담하게 되는 다수 집단의 입장에서, 이주 외국인 정책이 자신들의 집단 이해에 부정적인 영향을 미칠 가능성에 대해 민감해질 수밖에 없다. 무엇보다 이주 외국인 정책의 경우, 기존의 사회적 자원 배분 구조에 변화를 가져올 재분배적 성격이 내포되어 있기 때문에 집단 간 이해관계의 충돌과 갈등의 가능성이 다른 영역에 비해 높은 경향이 있다(Ayers et al., 2009; Pittinsky & Montoya, 2009; 한승준·박치성, 2011; 원숙연, 2013a).

이처럼 소수자 정책으로서 이주 외국인 정책과 관련해 비용을 부담할 가능성이 높은 다수 집단은 정책을 통한 이해관계의 제로섬적 관계를 더 크게 느낄 개연성이 열려 있다. 여기서 자원스트레스 또는 자원압박이 중요하게 작용한다(Esses et al., 2001). 다수 집단은 이주 외국인의 증가로 이들을 대상으로 한 정책의 시행과 그 비용 부담에 대한 일련의 상황을 평가하는 데 있어서 자신들이 원하는 사회적 자원이 줄어들지도 모른다는 자원스트레스를 느낄 가능성이 있다. 물론 다수 집단 중에서도 그러한 자원스트레스를 느끼는 정도는 다 다르다. 만일 이주 외국인의 유입에 따라 자신들이 접근할 수 없는 자원의 양이 줄어든다고 인식한다면, 이주 외국인에 대해 부정적이고 이들을 대상으로 한 정책에 대해서도 소극적인 태도를 견지하게 된다. 이러한 인식은 주관적인 것이고 개인들은 자신이 속한 사회적 계층에 따라 다르게 인식할 수 있기 때문에, 특정 시점의 실제 거시적 경제 상황이나 현실적 경제 자원과는 무관하다. 다시말해 거시적 경제 상황이 좋아도 개인이 자원스트레스를 높게 느낄 수도 있고 그 반대도 성립한다.

결국, 자신이 처한 경제적 상황이 비관적이라면 이주 외국인의 유입에 따라 발생하는(할지도 모르는) 부담과 비용에 따른 자원스트레스를 높게 인식할 가능성이 있다. 이렇게 인식되는 자원스트레스는 집단 이해관계에 대한 민감성을 높인다. 이러한 자원스트레스는 이주 외국인 집단이나 이들을 대상으로 한 이주 외국인 정책에 대한 부정적 인식으로 이어진다(Palmer, 1996; Hood & Morris, 2000; Lee & Ottati, 2002; Breugelmans & Vijver, 2004)

여기서 주목할 것은 이 장이 공무원의 인식에 초점을 맞추기 때문에 개인적 차원에서 느끼는 자원스트레스만이 아니라 국가의 경제 상황에 대한 인식, 즉 거시적 차원에의 자원 압박에 대한 인식이 함께 작용할 개연성이 높다는 점이다. 정책 과정의 주요 행위자로서 정책비용에 대한 민감도가 일반 국민에 비해 높기 때문이다. 따라서 공무원 개인이 느끼는 자원스트레스는 물론, 국가 전체 수준에서 현재와 미래의 경제 상황을 어떻게 느끼는가에 따라 이주 외국인의 유입과 이들을 대상으로 한 정책에 대한 인식이 달라질 수 있다.

집단 정서: 이주 외국인 집단에 대한 정서

집단 지각은 특정 집단에 대한 정서에 기초한 평가적 태도이다. 이론적 논의에서 밝힌 바와 같이, 특정 집단에 대한 평가적 태도는 그 집단에 대한 사회적 이미지나 사회적 평판과 연결된다(Berry, 2001; Ingram et al., 2007; 원숙연, 2013a). 다수 집단의 입장에서 볼 때, 이러한 평가적 태도에 따라 소수 집단의 유입을 어느 정도 인정하고 받아들일 것인가가 달라진다(원숙연, 2011b). 이주 외국인 집단에 대해서도 그대로 적용되며 특히 이들을 대상으로 한 정책의 필요성과 범위가 어느 정도인가를 결정하는 데 있어서 평가적 태도의 영향력이 작동한다.

제한된 자원 하에서 사회적 문제 해결책으로 동원되는 정책은 기회비용을 불가피하게 발생시킨다. 특정 집단에 정책 자원을 동원할 경우 다른 집단에 동원할 정책 자원은 줄어들 수밖에 없다. 따라서 정책대상 집단의 사회적 가치에 대한 평가에 따라 정책의 기회비용을 수용할 것인지 아닌지가 결정될 수밖에 없다. 특히 우리나라와 같이 이주 외국인에 대한 사회적 경험이 일천하고 이에 대한 배타적 인식이 강한 경우에는, 외국인 집단에 대한 정서와 평가적 태도가 이주 외국인 정책에 미칠 가능성이 더 커진다.

이주 외국인에 대한 평가적 태도는 크게 이주 외국인의 유입이 한국 사회 발전에 얼마나 기여할 것인가, 또는 이들의 유입이 한국 사회를 얼마나 불안하게 할 것인가로 대변되는 집합적 위협으로 나누어진다(Jackson et al., 2001; Zick et al., 2001; 원숙연, 2008; 2013a). 만일 이주 외국인이 한국 사회 활력의 증대와 경제적 또는 사회문화적 발전에 기여한다고 느낀다면, 이주 외국인의 유입이나 이들을 대상으로 한 정책에 대해 긍정적인 인식으로 이어질 것이다. 이에 반해 이주 외국인의 증가가 한국 사회의 문화적 순수성이나 사회적 안정을 저해하고 범죄율이 증가하고 노동 시장을 교란하는 등 경제적인 위협이 된다고 느낀다면 그 반대의 인식이 확산될 것이다.

이처럼 이주 외국인 집단에 대해 어떻게 평가하고 이들에 대한 감정적 정서가 어떻게 형성되는가에 따라 일반 국민은 물론 정책 행위자인 공무원 역시 이들을 대상으로 한 정책 비용을 감수할 것인가에 대한 인식이 달라진다. 적어도 이주 외국인으로 인해 한국 사회가 더 발전하는 것은 고사하고 한국의 주류 사회에 위협이 되어서는 안 된다는 주관적 인식이 있을 때 이들을 대상으로 한 정책을 인정할 수 있을 것이다. 한마디로 이주 외국인 정책에 대해 어떤 인식을 가지는가는 이주 외국인이 한국의 주류 사회에 얼마나 긍정적(또는 부정적)인가에 대한 주관적 평가, 즉 집단인식에 따라 달라지며 이러한 관계는 우리나라에서도 실증적으로 확인된다(원숙연, 2011a, b).

이주 외국인 정책 선호: 증거를 찾아서

이상에서 제시한 집단 정체성-집단 이해관계-집단 정서가 이주 외국인 정책에 대한 인식에 작용하는 맥락을 확인하기 위해 서울시 관내 25개 전 구청의 공무원을 대상으로 실증분석을 실시했다. 지역에 초점을 맞춘 것은 아니지만 25개 구청 공무원이 최대한 균일하게 참여할 수 있도록 30부를 균분했으나 30부를 거부하는 경우 20-25부가 배포되었다. 그 결과, 배포된 총 620부 중에서 534부가 최종분석에서 사용되었다. 표본의 구성은 남성(37.8%)에 비해 여성(61.8%)이 지배적이고 학력은 약 83%가 대졸 이상으로 나타났다. 직급은 7급(35.8%)과 8급(31.7%)이 대부분이고 6급(11%), 9급(19.7%)으로 구성되었다. 이주 외국인 업무관련 경험이 있는 경우가 14.7%에 불과해 대부분이 관련 업무경험이 없는 것으로 나타났다. 따라서 이주 외국인 관련 경험에 따른 결과 해석에 주의가 필요하다.

이미 밝힌 바와 같이 이주 외국인 정책에 대한 인식 및 수용에 집단 정체성(국민 정체성)-집단 이해관계(자원스트레스로서 경제적 상황인식)-집단 정서(외국인 집단에 대한 정서)이 어떻게 작용하는지 확인하기 위해 다양한 측정개념으로 구성했다. 국민 정체성은 국민의 자격 조건으로 민족적 요인과 시민적 요인으로 구분하고 박진경·원숙연(2010)의 척도를 수정해 활용했다. 자원스트레스를 측정하는 경제 상황에 대한 인식은 개인의 현재와 미래의 경제 상황 인식과 국가의 현재와 미래의 경제 상황에 대한 평가로 구성해, Espenshade and Hempstead(1996)의 척도를 우리 상황에 맞게 재구성했다. 집단 정서는 서구에서 개발된 척도를 선별적으로 활용해(Jackson et al., 2001; Zick et al., 2001; Breugelmans & Vijver, 2004), 이주 외국인에 대한 긍정적 평가와 부정적 평가로 나누었다. 전자는 기여(예: 외국인의 증가가 주류 문화를 풍부하게 하고, 국가 경쟁력에 도움이 되는 정도 등)로, 후자는 침해(예: 이주 외국인이 한국의 주류 사회 및 주류 집단의 생활양식을 위협하는 정도)로 규정해 이주 외국인의 등장 및 증가에 따른 사회적 불안의 증가, 교육의 질적 저하, 복지 부담의 증가 등으로 측정했다.

한편, 이주 외국인 정책에 대한 인식은 이주 외국인을 대상으로 한 정책적 대응에 대한 주관적 평가로 규정하고 서구에서 개발된 척도를 선별해(Pratto & Lemieux, 2001), 우리 상황에 부합하게 수정해 구성했다. 구체적으로 이주 외국인 정책으로 인한 세금 부담 및 자원 낭비의 정도, 이주 외국인 정책이 우리의 국가 경쟁력 강화에 기여하는 정도 등으로 조작했다. 이상의 측정 도구의 신뢰도를 확인한 결과, 국민 정체성 중 시민 요인(∝: .874), 민족 요인(∝: .748), 집단 인식 중 이주 외국인에 대한 평가에서 기여(∝: .841), 침해(∝: .737) 그리고 이주 외국인 정책(∝: .796) 모두 척도의 일관성이 확보된 것으로 나타났다.

집단 정체성-집단 이해관계-집단 정서의 차별적 영향력

이주 외국인 집단에 따른 평가의 다층성

탐색적인 차원에서 집단인식으로 이주 외국인에 대한 평가와 이주 외국인 정책에 대한 인식의 구조를 확인하고자 인구 통계적 변수를 기준으로 차이를 분석했다. 먼저 성별 차이와 관련해, 이주 외국인의 기여에 대한 인식은 남성 공무원(3.3466/5)이 여성 공무원(3.3418/5)에 비해 높게, 부정적인 침해에 대해서는 여성 공무원(2.6368/5)이 남성 공무원(2.6335/5)에 비해 다소 높게 인식했다. 그러나 이러한 차이는 통계적으로 확인되지 않았다. 이주 외국인 정책의 경우, 남성 공무원(2.4836/5)이 여성 공무원(2.4190/5)에 비해 긍정적으로 평가하는 것으로 나타났으나, 그 차이 역시 통계적으로 지지되지 않았다.

연령과 직급에 따른 인식차이는 비슷한 형태로 나타났다. 이주 외국인의 기여는 연령이 높을수록 낮게 인식한 데 반해(20대, 3.4241; 30대, 3.2627; 40대, 3.3681), 침해는 높게 인식했으며(20대, 2.5602; 30대, 2.7461; 40대, 2.7724), 그 차이는 통계적으로 확인되었다(기여: F, 3.173, $p<0.05$; 침해: F, 5.080, $p<0.01$). 흥미로운 것은 긍정적 인식인 기여에서 연령에 따른 차이가 크지 않은 데 반해 침해는 집단 간 차이가 현저하다는 점이다. 그에 따라 40대가 2-30대에 비해 이주 외국인의 유입에 따른 침해 가능성을 가장 높게 인식했다. 이상의 결과는 연령의 증가에 따라 인종적 다양성에 대한 수용 범위가 좁고 인종 편견이 경직적이어서 이주 외국인에 대해 부정적 반응을 보인다는 기존의 연구를 확인한다(Espenshade & Hempsted, 1996; Palmer, 1996; 원숙연, 2011a, b).

같은 맥락에서 직급도 유사한 양상을 보이는데, 이는 기본적으로 직급과 나이가 연동하기 때문으로 보인다. 직급이 높아질수록 이주 외국인에 대한 침해를 높게 인식하는 것으로 나타났으며(9급, 2.4667; 8급, 2.6138; 7급, 2.7124; 6급 이상, 2.7860), 집단 간 차이는 통계적으로 지지되었다(F, 5.080, $p<0.01$). 그 외 기여나 이주 외국인 정책에 대한 직급별 차이는 통계적으로 확인되지 않았다. 마지막으로 이주 외국인 관련 업무 경험에 따른 기여, 침해에 대한 인식 및 이주 외국인 정책에 대한 인식 모두에서 통계적으로 유의미한 차이가 발견되지 않았다.

이상의 결과는 몇 가지 함의를 갖는다. 먼저, 이주 외국인에 대한 긍정적 평가보다는 부정적 평가에서 집단 간 차이가 현저하다는 점이다. 이는 부정적인 것이 긍정적인 것보다 자극적이고 민감한 정보이기 때문이다. 또한 기여를 구성하는 이주 외국인의 유입에 따라 나타나는 문화 다양성이나 국가 경쟁력은 추상적인 데 반해 침해를 구성하는 이주 외국인 유입에 따른 복지와 세금부담, 교육의 질 저하는 보다 현실적이고 구체적이라는 점이 작용한 것으로 보인다. 또 다른 함의는 이주 외국인 정책에 대한 인식의 집단 차이가 통계적으로 지지되지 않았다는 점이다. 이러한 결과는 이주 외국인 정책에 대한 인식의 차이를 만드는 것은 단순히 배경적 요인을 넘어선 보다 복잡한 요인의 작용일 가능성을 보여준다. 이에 따라 집단 정체성, 집단 이해관계 그리고 집단 정서라는 새로운 차원의 요인이 갖는 영향력과 요인별 영향력의 차별성을 확인할 필요를 제기한다.

집단 정체성-집단 이해관계-집단 정서의 차별성

서울시 관내 25개 구청 공무원이 갖는 이주 외국인에 대한 인식에 집단 정체성-집단 이해관계-집단 정서의 영향력을 실증적으로 확인한 결과는 다음과 같다(표 1).

〈표 1〉 이주 외국인 정책 선호에 대한 집단 정체성-집단 이해관계-집단 인식의 영향력

변수		변수별 구성요소			
			β	*t*	sig.
집단 정체성	국민 정체성	시민 요인	.035	.878	.381
		민족 요인	.160	4.328	.000***
집단 이해관계	자원스트레스	개인의 현재 경제 상황	–.112	–2.858	.004**
		국가의 현재 경제 상황	.047	1.200	.231
		개인의 미래 경제 상황	.002	.050	.960
		국가의 미래 경제 상황	–.058	–1.231	.219
집단 정서	이주 외국인에 대한 평가	침해	–.419	–9.706	.000***
		기여	.251	5.866	.000***
인구 통계적 변수		연령	–.004	–.073	.942
		성별	–.041	–1.083	.279
		학력	.008	.206	.837
		혼인	–.017	–.375	.708
		직급	.081	1.536	.125
		외국인관련 업무경험	.009	.224	.823
Ad. R^2		.347			
F		18.418***			

* <.05, ** <.01, *** <.001.

그 결과 몇 가지 흥미로운 논제가 확인된다. 첫째, 집단 정체성, 집단 이해관계, 집단 정서의 구성 요소 중 집단 정서가 이주 외국인 정책에 대한 인식에 가장 강한 영향력을 미치는 것으로 나타났다. 그중 이주 외국인이 우리 사회의 교육이나 복지 및 세금에 부정적으로 작용한다는 침해 인식이 강하게 작용하는 것으로 나타났다. 그다음으로 이주 외국인이 우리 사회에 다양성을 높이고 국가 경쟁력 강화에 도움이 된다는 기여가 영향을 미치는 것으로 확인되었다.

이러한 결과는 다음과 같이 해석될 수 있다. 첫째, 인종이 다른 외국인의 이주 역사가 짧은 우리나라에서는 인종적 다양성에 따른 사회적 변화

나 그것이 가져올 사회적 결과에 대한 불확실성이 높다. 이는 막연한 두려움으로 이어질 수 있다. 공무원은 정책 과정에서 직·간접적으로 이주 외국인과 접촉하기 때문에 이에 대해 보다 민감할 수 있다. 더욱이 여전히 존재하는 단일 민족-단일 문화의 규범이 작동함에 따라 만일 이주 외국인이 우리 사회의 사회문화적 가치와 질서에 위협이 된다고 인식한다면, 그들을 대상으로 한 정책을 긍정적으로 받아들이기는 쉽지 않다. 이주 외국인 정책, 특히 재분배 정책의 경우, 대상 집단이 명확해 다수 집단의 입장에서 볼 때 이주 외국인과 제로섬 관계를 상정할 가능성이 높다(Pittinsky & Montoya, 2009; 원숙연, 2013a, 2015b). 이는 이주 외국인으로 인한 침해 인식을 강화하는 요소로 작용할 수 있다. 정리하면 이주 외국인을 우리 사회에 위협과 침해적 요소로 인식한다면, 공무원 입장에서도 정책에 따른 직접적 비용과 다른 집단에 대한 간접적 기회비용을 감수하면서까지 이주 외국인 정책을 적극적으로 펼칠 의지가 감소할 수밖에 없다. 같은 맥락에서 이주 외국인이 우리 사회에 도움이 되는 집단이라고 인식이 되면 그 반대의 양상이 나타날 것이다.

두 번째 논제는 집단 정체성을 구성하는 국민 정체성에서 민족 요인이 이주 외국인 정책에 대한 긍정적 인식에 작용한다는 결과이다. 민족적 요인에 기초한 국민 정체성은 피에 기초한 귀속적이고 경직적인 조건이어서 이러한 조건에 대한 동의가 이주 외국인 정책에 대한 긍정적인 인식과는 모순되는 것처럼 보일 수 있다. 그러나 우리나라의 상황을 고려할 때 몇 가지 점에서 해석 가능한 결과이다. 먼저, 피 또는 혈통에 중심을 둔 민족적 요인을 국민조건으로 중시하는 경우, 이주 외국인을 위협적인 존재로 인식할 가능성이 크다. 이 경우, 이주 외국인 관련 정책에 대해 부정적일 수도 있지만 달리 생각하면 정부의 적극적인 개입을 통해 이주 외국인의 증가에 따른 위협을 약화시켜야 한다는 필요를 더 크게 느낄 수도 있다. 이때 이주 외국인 정책은 적극적이고 전향적인 정책이기보다는 차별과 배제 또는 단속 중심의 규제 정책을 상정할 수도 있기 때문이다. 같은 맥락에서 민족적 요인을 중시하는 사람들에게 문제 집단으로 인식될 이주 외국인을 정책을 통해 문제성이 적은 그래서 우리 사회에 부담이 되지 않는 집단으로 만들기 위해 이주 외국인 정책이 필요하다고 생각할 수도 있다. 이 경우는 주로 동화 정책을 상정하고 있을 수 있다(박진경·원숙연, 2010; 원숙연, 2013a, 2015b). 원하지는 않지만, 이주 외국인의 증가를 막을 수 없다면 이들을 우리 사회에 동화시킬 수 있는 대안이 필요하다고 느낄 수도 있기 때문이다. 결국, 민족적 요인을 중시하는 공무원은 이주 외국인을 더 위협적으로 생각하고 이러한 위협을 약화시키기 위한, 즉 덜 위협적인 존재로 만들기 위해 정책적 개입의 필요성을 높게 인식할 수도 있는 것이다.

또 다른 논제는 집단 이해관계의 자원스트레스 중 개인의 현재 경제 상황을 긍정적으로 평가할 경우 이주 외국인 정책에 대해 긍정적인 것으로 나타났다는 점이다. 이에 반해 개인이 미래 경제 상황이나 국가의 현재 및 미래 경제 상황 모두 그 영향력이 확인되지 않았다. 이러한 결과는 공무원이라고 해도 개인으로서 느끼는 현재의 경제 상황이 가장 현저한 요소라는 점을 보여준다. 미래의 경제 상황은 전망적인 것이어서 현재 체감하는 경제 상황보다 현실감 있게 작용할 수 없다는 점에서 이해 가능한 결과이다. 또한 공무원으로서 국가의 경제 상황에 대해 상대적으로 민감할 수 있으나 이 또한 개인적 경제 상황에 비해 거시적이기 때문에 실질적 영향력을 가늠하는 것이 쉽지 않다. 공무원 입장에서 개인의 경제 상황과 국가의 경제 상황에 대해 느끼는 심리적, 현실적 거리가 일정부분 작용한 결과로 보인다.

집단 정서의 위력과 도구적 효용성

이주 외국인 정책에 대한 인식과 수용에 집단 정체성-집단 이해관계-집단 정서가 차별적으로 작용하는 역학을 지방정부 공무원의 인식을 기초로 해 분석했다. 그 결과, 이주 외국인에 대한 부정적 평가인 침해와 긍정적인 평가인 기여로 구성된 집단 정서가 중요한 영향요인임이 확인되었다. 한마디로 이주 외국인 정책에 대한 인식은 이주 외국인 집단에 대한 정서적 평가의 함수로 보인다.

이주 외국인 정책의 대상 집단인 이주 외국인에 대한 인지적 또는 감정적 정서가 중요하다는 것은 기존의 연구에서도 확인된다. 예를 들어, 흑인 집단에 대한 부정적 정서가 흑인을 대상으로 한 적극적 조치에 부정적으로 작용하거나(Reyna et al., 2005; 원숙연, 2011b, 2012b), 히스패닉에 대한 집단평가가 히스패닉 관련 정책에 영향을 미친다는 연구(Rocha et al., 2011; 원숙연, 2011b)가 그것이다. 이러한 결과에 더해 우리나라에서도 이주 외국인 집단에 대한 부정적, 또는 긍정적 평가가 이주 외국인 집단을 대상으로 한 정책비용과 기회비용을 수용하는 데 작용한다는 또 하나의 증거가 더해진 셈이다.

어떤 면에서 이러한 결과는 중앙정부 공무원을 대상으로 한 이전 장에서의 결과와 맥을 같이한다. 중앙정부 공무원의 경우에도, 이주 외국인과 관련한 정책 아이디어를 구성하는 데 있어서 이주 외국인 집단이 갖는 도구적 효용에 무게중심을 두는 것으로 나타났기 때문이다. 즉 이주 외국인 집단이 갖는 도구적 효용과 정책 비용을 비교형량 할 가능성을 보여주었다. 사실, 서울시 관내 구청 공무원이 이주 외국인 정책을 판단하는 데 있어서 주목한 기여와 침해 역시 이주 외국인 집단이 갖는 도구적 효용의 다른 이름인 것이다. 결국, 중앙정부 공무원이든 지방정부 공무원이든 이주 외국인 정책을 수용하고 선호를 결정하는 데 있어서 이주 외국인 집단이 우리 사회에 어떤 도구적 효용이 있는가에 방점을 찍고 있으리라는 추정을 가능하게 하는 결과들이다. 공무원이 일반 국민에 비해 외국인을 대상으로 한 규제적이고 배타적인 정책의 필요성을 더 높게 인식한다거나(원숙연, 2012a), 이주 외국인을 대상으로 한 복지 확대에 대해 전문가나 언론인에 비해 공무원이 더 부정적이라는 결과 또한 같은 맥락에서 이해할 수 있다.

이처럼 이주 외국인 증가에 따른 다양한 사회적 문제를 정책적으로 해결해야 하는 공무원 입장에서 정책 대상인 이주 외국인에 대한 평가(기여 또는 침해)의 영향력이 높게 작용하는 것은 어떤 면에서는 필연적이다. 정책 비용에 대해 민감할 수밖에 없기 때문이다. 또한 현실에서 몇 걸음 먼저 나가는 운동의 논리와 달리 정책은 현실로부터 한 걸음 정도 앞서는 행정의 논리에 따라야 하기 때문이다. 이주 외국인이 우리 사회에 기여하는 집단이라는 믿음이 전제될 때, 정책 비용을 지불할 가치가 있다는 판단이 따르고 이는 정책 순응을 확보하는 데 있어서 중요한 요건이 된다. 정책은 당위나 선언이 아니고 유무형의 직접 비용과 기회비용이 수반되는 현실이다. 따라서 공무원들이 이주 외국인 정책의 필요성을 인식하는 데 이주 외국인 집단이 갖는 도구적 효용 혹은 침해나 기여에 대한 인식이 작용하는 것을 당위나 운동의 논리로 재단하거나 비난하는 것은 비현실적인 주장이 될 가능성이 높다.

9장 이중적 정체성과 모순적 정책 선호

결혼이주여성의 인식

'낯선' 시선으로: 결혼이주여성의 사회적 의미

지금까지 인종적 다양성의 확대와 그에 따른 이주 외국인 정책 등에 대한 일반 국민과 공무원의 인식을 살펴보고 그것이 갖는 함의에 주목했다. 이들 집단 내부에 존재하는 인식의 다양성과 다층성, 그리고 이를 만들어 내는 차별적 배제와 편입의 동학을 확인했지만, 이들 모두 '다수 집단'의 '익숙한' 시선에 기반한다. 그러나 인종적 다양성에 기초한 다문화 사회를 보다 균형 있게 이해하고 이를 기초로 적실성 있는 정책 설계를 하기 위해서는 다수 집단의 익숙한 시선을 넘어 소수 집단의 '낯선 시선'을 마주할 필요가 있다. 다수 집단의 관점에서 바라보는 다문화 사회와 소수 집단의 시선으로 바라보는 그것이 같을 수 없고, 다수 집단의 관점에서 선호하는 정책 방향은 소수 집단의 욕구와 필요를 충족시키지 못할 가능성을 배제할 수 없기 때문이다.

이러한 문제의식에서 이 장에서는 이주 외국인 중 결혼이주여성의 시선과 경험에 주목한다. 이미 논의했던 것처럼, 우리나라에서 외국인의 이주 형태는 크게 노동 이주, 민족 이주 그리고 결혼 이주로 구성된다. 이들 중 결혼 이주, 특히 결혼이주여성에게 주목하는 이유는 이들이 우리 사회에 갖는 의미 때문이다. 그 의미는 다음과 같다. 첫째, 결혼이주여성은 '한국인 아버지'의 피를 물려받은 '준 한국인'을 생산한다는 점에서 다른 외국인 집단과는 다른 정체성(위치)을 갖는다(설동훈 외, 2006; 설동훈·윤홍식, 2008: 박순희, 2011). 변화하고 있지만 여전히 건재한 피에 대한 집착으로 볼 때 순혈은 아니지만 적어도 부계로 연결된 아이를 생산한다는 점에서 결혼 이주남성과는 분명 다른 위치에 있다(원숙연, 2008). 둘째, 여타의 이주 외국인 집단과 다른 사회적 위치로 인해 결혼이주여성과 그 자녀는 적극적으로 편입되는 새로운 정책대상자이다(박진경·원숙연, 2010; 원숙연, 2012a; 원숙연·정하나, 2014). 결혼이주여성이 과거와는 다른, 그러나 새로운 사회적 의미를 갖는 정책 대상으로 부상한 것이다. 새로운 정책대상의 등장은 관련 정책 주체에게 이들이 한국 사회를, 한국인을 어떻게 인식하고 있는지 그리고 이들에게 필요한 정책 대안은 무엇인지를 이해해야 하는 새로운 과제를 부과한다.

이 장은 이처럼 새롭게 부과된 과제를 수행하고자 한다. 그 과정에서 결혼이주여성의 인식과 경험이 갖는 다양성, 즉 내적 변이에 주목한다. 결혼이주여성이라는 범주로 통칭되지만 이들 집단 내부에는 다양한 기준에 따른 하위 집단이 존재한다. 또한 그 각각의 하위집단은 상이한 사회적 위치와 의미 그리고 상이한 인식의 지형을 갖는다. 이러한 사회적 지위와 사회적 의미 그리고 상이한 인식은 상이한 정체성으로 이어진다. 따라서 이들을 단순히 결혼이주여성이라는 하나의 동질적인 집단으로 범주화할 경우 내부에 존재하는 인식과 경험의 다층성과 다양성을 간과하게 된다. 이는 단순히 현실을 제한적으로 이해하는 것을 넘어서 이들을 대상으로 한 정책의 적절성과 효과성에 있어서 일정한 손실을 초래한다는 점에서 그 부정적 결과가 가볍지 않다.

이러한 인식을 기초로 이 장에서는 결혼이주여성을 상대로 한국에서의 자원스트레스, 한국인의 차별 인식 및 한국인에 대한 거리감, 그리고 외국인 정책에 대한 선호를 확인하는 데 있어서 결혼이주여성 내부의 차이를 고려한다. 이러한 내부적 변이를 보다 세부적으로 확인하기 위해 이주 외국인 여성을 거주 목적, 거주 기간, 혼인 여부, 자녀 유무, 출신 국가, 한국 국적 취득 여부 등 다양한 기준에 따라 하위 집단으로 나누고, 이들 하위 집단 내부에 존재하는 인식과 경험의 차이를 밝힌다. 이를 통해 같은 이주 여성이라고 해도 '결혼'이주여성이 갖는 특수성과 그것이 관련 정책에 주는 함의를 심층적으로 논의한다. 이처럼 이주여성 집단 내부의 변이를 확인하고자 하는 노력은 그간 다수 집단 대 소수 집단, 또는 이주여성 대 이주남성이라는 집단 간 (between groups) 차이에 집중하는 양자구도를 벗어나 이주 외국인 여성 집단 내(within a group) 차이와 인식의 다층성에 주목한다는 점에서 의미가 있다.

이주의 여성화와 결혼이주여성의 현실

1993년 외국인 산업 연수 제도를 시작으로 외국인 유입이 본격화되었지만 이주 외국인에 대한 사회적 관심이 증폭된 데는 소위 결혼이주여성으로 통칭되는 이주여성의 증가가 관련 있다. 2017년 현재 결혼이주여성은 전체 이주 외국인 중 약 7.1%를 차지해 외국인 근로자 26.7%에 비해 규모는 작지만 사회적 비중과 의미는 결코 작지 않다(법무부, 2017). 결혼

이주자는 남녀 모두를 포함하지만 성별 구성을 보면 여성이 압도적인 다수를 차지하고 있으며 시간에 따른 변화가 없다. 그 결과 2017년 9월 현재 결혼 이주자는 약 15만5천 명으로 그중 여성이 약 13만 명인데 반해 남성은 약 2만5천 명을 차지한다. 이로써 결혼 이주자의 남녀비율은 각각 16.1% 대 83.9%이다(행정자치부, 2018).

이러한 성비는 몇 가지 의미가 있다. 첫째 전술한 바와 같이 우리 사회가 갖는 부계 중심의 혈연에 대한 가치관과 농촌 총각 장가보내기 프로젝트의 일환으로 결혼 이주가 이루어진 사회적 맥락과 무관하지 않다. 같은 맥락에서 소위 이주의 여성화(feminization of migration)는 세계화 과정에서 진행된 성별 노동 분업과도 연결된다. 세계화와 함께 성별 노동분업이 상대적으로 가난한 국가 출신의 여성 이주를 통해 지속되거나 강화되어 온 경향이 있다(김민정 외, 2006; 김이선 외, 2006; 원숙연·정하나, 2014). 세계적인 현상인 여성 이주는 국가와 상황에 따라 가사노동, 돌봄 노동, 제조업과 같은 공장노동, 성산업 그리고 결혼 이주 등으로 다층적으로 구성되어왔다(Macklin, 1999; 김경주, 2010: 147에서 재인용). 그중 우리나라에서는 주로 결혼을 통한 이주, 특히 농촌 총각에 대한 결혼 기피라는 사회적 현상의 대증적 처방과 연결되는 특수성이 있다(원숙연, 2008).

〈그림 7〉에서 보는 것처럼 2000년대 이후 결혼 이주가 급격하게 증가하고 이 추세가 지속되면서, 2016년 현재 전체 결혼 건수 대비 국제결혼 비율이 7.7%에 이르고 있다(통계청, 2017). 결혼이주여성의 국적별 구성을 보면 시기에 따라 비중의 차이는 있지만 중국이 지배적인 추세에는 큰 변화가 없다. 다만 결혼이민자의 유입이 시작된 2000년대 초반에는 일본과 태국이 2위를 차지했으나 2006년 이후부터는 베트남 출신의 결혼 이주자의 비중이 지속적으로 증가해 중국과 베트남의 투톱체제가 지속되고 있다. 또 하나 흥미로운 것은 결혼이민자가 유입이 이루어진 2000년대 초반

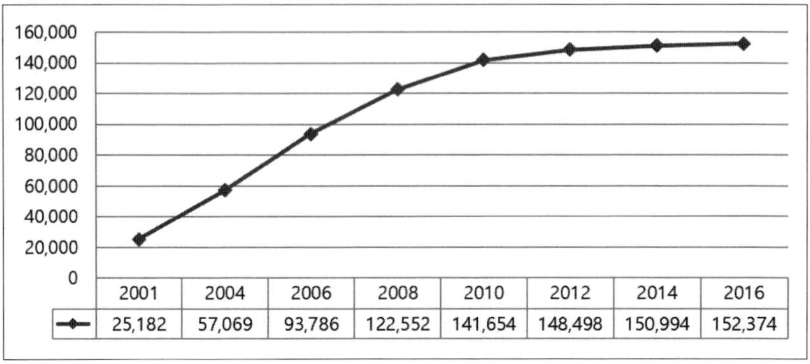

〈그림 7〉 결혼 이주 규모의 변화(2001~2016)

에는 일본과 태국이 2위를 차지했으나 2006년 이후부터는 베트남 출신의 결혼 이주자의 비중이 지속적으로 증가하고 있다는 점이다.

한편, 결혼이민자(여성)의 증가는 필연적으로 다문화 가족 및 그 자녀의 증가로 이어진다(그림 8). 이러한 증가 추세는 순혈에 대한 사회적 규범을 중시해온 한국 가족 구조의 근본적인 변화를 의미한다. 여기에 더해 다문화 가족 자녀의 성장에 따른 정책적 대응의 필요성을 제기한다. 아직은 초등학교 연령의 어린자녀가 많지만 이들의 성장에 따라 과거와는 다른 형태의 정책적 요구와 대응이 불가피하게 될 것이다.

사실, 결혼이주여성과 그 가족에 대한 연구와 관심은 비교적 활발하다(김현미, 2006; 김이선 외, 2006; 구차순, 2007; 설동훈 외, 2006: 홍성필, 2007; 설동훈·윤홍식, 2008; 황미혜, 2011). 이들에 대한 관심이 이주 외국인 여성에 대한 사회적 인식을 환기하는 데 견인차 역할을 한 것은 인정한다. 그럼에도 불구하고 이러한 관심의 저변에 결혼이주여성의 정체성을 '시혜'와 '보호'의 대상으로만 규정하고 있는 것은 아닌지 고민해봐야 한다. 결혼 이주 초기에는 그러한 정체성이 적절할 수 있지만, 이주의 역사가 지속되는 시점에서 이제 더 이상 보호의 대상이기보다는 여성 스스로가 자신의 삶을 구

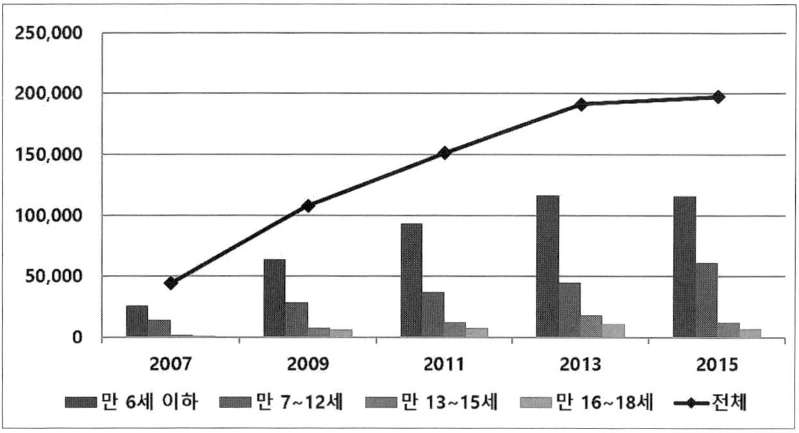

자료: 행정자치부(2016), 외국인 주민 현황 조사

〈그림 8〉 다문화 가족 자녀의 증가 및 연령별 규모(2007–2015)

축하고 사회적인 위치를 공고히 할 수 있는 사회의 일원으로서의 정체성을 인정해야 한다. 지금까지처럼 소수 집단인 이주여성을 어떻게 생각하고 얼마나 수용하는지를 '다수 집단의 관점'에서 일방적으로 확인하는 작업을 넘어서야한다(김혜순, 2006; 원숙연, 2008; 차용호, 2009; 박진경·원숙연, 2010; 이병렬·김희자, 2011). 오히려 이주여성의 관점에서 자신들의 새로운 터전인 한국을, 함께 해야 할 한국인을 어떻게 인식하고 있으며, 한국에서의 삶을 어떻게 구성하고 있는지에 대한 확인이 필요하다.

무엇보다 이주 외국인 정책에서 결혼이주여성을 시혜와 보호의 대상이라는 정체성에 국한시켜 이들의 실제적 선호나 인식을 반영하지 않은 다수 집단의 관점으로 만들어낸 하향식 정책 방향이 적절한 것인지 고민해봐야 한다. 정책 수요는 정책대상의 현실의 필요에 기초할 때 적실성을 갖는다. 정책 대상인 이주여성이 자신들의 삶에 영향을 미치는 정책에 대해 가지고 있는 인식과 필요, 그리고 자신들이 원하는 정책 내용과 선호를 확인하는 작업이 필요한 이유가 여기에 있다. 이러한 필요성의 맥락에서 이 장에서는 이주 외국인 여성이 한국을, 한국인을, 한국에서의 삶을 어떻게 보고 있고 자신들이 원하는 정책 방향은 무엇인가를 실증적으로 밝힌다. 그 과정에서 특히 주목하는 것은 이주여성 집단의 내부변이 즉 집단 내 차이이며, 이러한 차이를 만들어내는 요소와 그것이 갖는 함의를 심층적으로 밝히고자 한다.

제한된 접근성과 출신 국가의 다양성

전술한 이주의 여성화와 이주여성의 현실에 대한 이해를 바탕으로 한국 사회에 대한 이주여성의 인식 지형을 알아보기 위해 서울시에 거주하는 이주 외국인 여성에 주목했다. 그 이유는 조사 시점을 기준으로 할 때 서울에 가장 많은 이주 외국인이 거주하고 있기 때문이다. 또 하나, 이 장은 이주여성 집단의 내적변이에 주목하기 때문에 다양한 이주목적으로 구성될 필요성이 있다. 주로 결혼 이주 목적에 집중된 지방에 비해 서울은 결혼이주여성만이 아니라 다양한 형태의 이주 목적을 가진 이주 외국인 집단이 있고 이에 따라 출신 국가 분포도 다양하다. 이처럼 출신 국가가 다양하다는 것은 다양한 언어의 설문지가 필요하다는 뜻이 된다. 이에 따라 한국어로 만들어진 설문지와 함께 영어, 중국어, 베트남어로 번역한 설문지와 함께 구성했다. 최대한 의미나 어감이 손상되지 않도록 수차례에 걸쳐 번역과 재번역을 실시했다.

서울에 거주하는 이주 외국인 여성에 대한 접근성은 제한된다. 접근성을 둘러싼 현실적 제약 조건 하에서 이주여성을 만날 수 있는 장소는 다문화 가족지원센터로 판단했다. 2008년 다문화 가족지원법의 제정과 함께 이주 외국인 및 다문화 가족의 사회문화적 적응을 지원하기 위해 다문화 가족지원센터를 설치·운영해 오고 있다. 다문화 가족지원센터는 다문화 정책 및 프로그램을 전달하는 최일선의 전달 체계로 다양한 이주 외국인이 정책서비스 및 한국 사회를 경험하고 있다. 이에 따라 서울시 소재 다문화 가족지원센터 23개소를 이용하는 이주 외국인 여성과 그들의 지인을 소개받는 형식으로 '눈덩이 포집(snowballing)'을 실시했다. 그런데 다문화 가족지원센터만을 활용할 경우, 기관의 속성상 결혼이주여성에 집중되는 편파가 발생할 우려가 있다. 이러한 가능성을 줄이고 다양한 이주여성 집단을 확보하기 위해 서울 소재 6개 대학에 각 20부씩 설문을 추가 배포했다. 총 350개의 설문지 중 최종 분석에는 불성실 응답을 제외한 220부를 사용했다.

이미 밝힌 바와 같이 이 장에서 주목하는 것은 이주 외국인 여성이 한국을, 한국인을 어떻게 인식하고 있으며 자신들과 관련한 정책에 대한 선호에 집단차이가 존재하는가이다. 다양한 배경을 가진 분석대상의 특성은 다음과 같다. 연령은 20대가 50.9%이고, 30대가 33.2%, 그리고 40대 이상이 15.9%로, 이러한 구성은 결혼이나 유학 등 주로 젊은 층 중심의 이주에 따른 결과로 보인다. 학력은 고졸 이하가 42.5%, 대졸(전문대 포함)이 47.5%이며 대학원 이상이 10%에 달한다. 상대적으로 높은 학력은 이주여성 중 유학생이 있기 때문으로 보인다. 혼인의 경우, 기혼이 78.4%이고, 그중 유자녀도 66.8%로 나타났다. 이는 우리나라 거주 목적으로 결혼이라는 응답이 58.2%인 것과 맥을 같이하는 결과이다. 그 외 학업이 24.1%, 취업이 10.0%, 기타가 7.7%로 나타났다. 거주기간은 1년에서 3년 미만이 39.1%, 3년에서 5년이 25.9%, 5년 이상이 35.0%로 비교적 균형을 이룬 것으로 보인다. 출신국가는 중국계가 18.0%, 베트남이 24.0% 필리핀이 27.6%로 나타나 중국계가 상대적으로 낮게 나타난 점과 몽골계가 25.3%

로 상대적으로 높게 나타난 것이 특이하다. 한국 국적을 소지하지 못한 경우(67.4%)가 소지한 경우보다 (32.3%) 월등히 높았다.

이상의 한국 국적 유무, 자녀 유무, 거주 기간, 출신 국가, 한국 거주 목적에 따라 하위 집단을 세분해 분석함으로써 이주 외국인 여성이 갖는 인식의 다층성을 확인할 수 있을 것으로 기대된다. 예를 들어 한국 국적 소지 여부에 따라 정체성이나 태도가 달라질 수 있다. 한국 국적이 있는 경우 기본적으로 '정주'를 목적으로 하기 때문에 일정기간 단순한 '체류'를 전제하는 외국인 여성이 한국인과 한국에서의 삶을 대하는 태도와 차이가 날 수 있다. 또한 자녀가 있을 경우, 한국에 대한 애착이 달라지고 현재만이 아니라 아이의 미래를 고려하게 된다. 이 경우 보다 장기적인 관점에서 현 상황을 보게 될 것이다.

이처럼 다양한 배경을 가진 서울 거주 외국인 여성들을 중심으로 한국에서의 자원스트레스, 한국인의 차별 인식, 한국인에 대한 사회적 거리감, 그리고 선호하는 외국인 정책 등을 조사했다. 관련 연구를 바탕으로 (Espenshade & Hempstead, 1996; Esses et al., 2001; 원숙연, 2012a), 한국에서 느끼는 자원스트레스를 현재와 미래의 경제적 사정에 대한 주관적 인식과 생활 수준에 대한 만족도로 측정했다. 차별 인식은 한국종합사회조사(KGGS)에서 이주 외국인에 대한 차별의식을 묻는 문항을 재구성했다. 이주 외국인 여성이 느끼는 한국인에 대한 사회적 거리감은 보가더스 척도를 활용해 '이웃으로 사는 것'에서부터 '자신이나 자녀의 배우자로 받아들이는 것'으로 구성했다. 한편, 이주 외국인 여성이 선호하는 외국인 관련 정책은 이론적 논의에서 제시한 차별 배제, 동화, 다문화주의를 구성하는 정책 수단에 대한 선호나 필요성을 측정하는 방식으로 구성했다.

결혼이주여성 인식의 모순적 지형

높은 기대 대 높은 자원스트레스: 역설적 관계

이주 외국인 여성 집단이 경험하는 자원스트레스는 지난 5년간 자신의 가계 소득이 한국 가정의 평균과 비교해 어떠한지와 그에 대한 주관적 만족도로 측정했다. 자원스트레스의 집단별 차이의 경우, 연령, 학력, 거주기간, 거주 목적 등 여타의 기준에 따른 집단차이는 통계적으로 지지되지 않았다. 이에 반해, 한국 국적 유무와 출신 국가에 따라 경제적 사정에 대한 주관적 만족도로서 자원스트레스를 느끼는 정도에 차이가 존재했다. 구체적으로 한국 국적 취득자(2.9249/5)의 자원스트레스는 국적 미취득자(3.1902/5)에 비해 높게 나타났고[5], 그 차이는 통계적으로 지지되었다(t, 2.942, $p<0.01$).

이러한 결과는 몇 가지 차원에서 설명될 수 있다. 국적 취득 절차와 요건이 까다롭고 일정기간 거주가 전제되기 때문에,[6] 국적 취득자의 상당 부분이 결혼이민자일 가능성이 높다. 우리나라 결혼이주여성은 대부분 저개발 국가에서 유입되고 한국 및 한국에서의 삶에 대한 기대를 가지고 온 경우가 많다. 따라서 이러한 기대와 현실 사이에 간극이 있을 경우, 기대가 없는 경우와 비교할 때, 훨씬 더 큰 실망을 하게 된다. 속성상 자원스트

5 자원스트레스는 경제적인 삶에 대한 만족도로 측정했기 때문에 만족도 점수가 높을수록 자원스트레스가 낮은 것을 의미한다.

6 한국 국적을 취득하기 위한 조건은 다음과 같다. '5년 이상 대한민국에 주소를 가지고 있는 자, 민법상 성년, 자신의 자산이나 기능, 또는 가족에 의존해 생계를 유지할 능력을 가지고 있는 자, 국어 능력과 대한민국 풍습에 대한 이해 등 대한민국 국민으로서의 소양을 가지고 있는자'이다(국적법, 제5조 일반귀화요건). 다만, 한국인의 배우자인 경우, 5년 이상인 대한민국 거주 기간이 2년 이상으로 단축된다.

레스는 객관적인 사실의 영역만이 아니라 주관적 기대와 연결된다. 기대가 높은데 그 기대에 부응하지 못할 경우, 자원스트레스는 더 높게 느껴진다는 뜻이다. 이러한 논리를 적용해본다면, 국적을 취득한 이주 외국인 여성은 한국 및 한국에서의 (경제적) 삶에 대한 기대가 국적이 없는 여성에 비해 높고 이처럼 높은 기대는 심리적으로 자원스트레스를 높게 인식하게 될 개연성을 높인다. 또한 국적을 취득하지 않은 경우는 정주가 아닌 일시적 체류를 전제하기 때문에 자신의 경제적인 상황과 한국인의 경제적인 상황을 비교하지 않는다. 반대로 국적 취득자는 자신의 경제적인 상황을 한국인의 그것과 비교하게 되어 상대적 박탈감을 느낄 수 있고, 상대적 박탈감은 자원스트레스 인식을 높이는 하나의 요인이 될 수 있다.

또 하나 흥미로운 결과는 이주여성의 출신국에 따른 자원스트레스의 차이이다. 분석 결과에 따르면, 베트남(2.8679/5)과 중국 출신(2.9365/5)이 몽골(3.1131/5)이나 필리핀 출신(3.3443/5)에 비해 자원스트레스를 높게 인식한다. 그러한 인식의 차이는 통계적으로 지지되었다(F값, 6.720, $p<0.001$). 이와 관련해 보다 심층적인 논의가 이루어져야 하겠지만 생각해볼 수 있는 것은 중국과 베트남은 결혼이주여성의 비율이 높다는 점이다. 이미 논의했던 것처럼 우리나라 결혼이주여성의 출신국은 중국과 베트남의 투톱체제로 형성되어 있다. 따라서 중국이나 베트남 출신 여성은 한국에 일시적으로 머무르는 방문자로서보다는 정주민으로서 정체성을 가질 개연성이 있다. 따라서 결혼이주여성일 가능성이 높은 중국이나 베트남 출신 여성의 경우, 위에서 밝힌 국적 유무와 같은 맥락에서 한국에 대한 주관적 기대가 높고 자신의 삶을 한국인들의 삶과 비교해 평가할 수 있다. 조금 다른 맥락에서 개방 체제이기는 하나 중국과 베트남은 사회주의적 전통을 가지고 있어서 한국의 자본주의적 경제체제를 기반으로 하는 경쟁적인 삶에서 오는 어려움과 박탈감을 더 높게 느꼈을 수도 있다.

정주 가능성과 차별 인식의 약화

이주여성이 한국 사람들로부터 느끼는 차별 인식은 어느 정도일까? 차별인식은 한 개인이 특정 집단의 구성원이라는 이유로 부당한 처우의 대상이 되는 것을 말한다(전영평, 2010). 사실 우리나라 이주의 속성을 볼 때 저개발국에서 온 여성들은 그들의 개인적 정체성과는 무관하게 '낮은 사회적 지위를 가진 한국 남성과 결혼한 외국인' 또는 '싼 임금으로 한국에 노동력을 제공해주는 외국인'이라는 집단 정체성으로 범주화되어 차별과 편견의 대상이 되어온 것이 현실이다(원숙연·정하나, 2014). 이러한 거시적 맥락에서 이주 외국인 여성이 일상에서 한국인으로부터, 또는 한국인과의 관계에서 경험하는 차별을 어떻게 인식하고 있는지를 살펴보았다. 특히 그러한 차별 인식이 이주 외국인 여성집단에 따라 다르게 존재하는지에 집중했다.

집단 간 차별 인식의 차이를 측정한 결과, 학력, 결혼 여부, 자녀 유무, 한국 국적 유무, 출신 국가, 한국 거주 목적에 따라 다르게 나타나는 인식의 다층성이 확인되었다. 먼저, 학력이 높을수록 한국 사회의 차별성을 높게 느끼는 것으로 나타났다. 대학원 졸업(2.8030/5)의 차별 인식이 가장 높았고 그 뒤를 대졸(2.9487/5)이 따르고, 전문대졸과 고졸이하가 비교적 낮은 것으로 나타났다. 차별 인식에 대한 이러한 집단 차이는 통계적으로 유의미하다(F, 6.222, $p<0.001$). 주지하는 것처럼 학력이 높을수록 사회 비판 의식이 높고 평등이나 정의와 같은 진보적 이념에 대한 지지가 높다는 점에서(원숙연, 2011a), 예측 가능한 결과이다. 이러한 일반적인 논리를 넘어서 주목할 점은 분석 대상이 이주 외국인 여성이라는 사실이다. 이주여성 중 학력이 높은 경우는 한국으로 이주하기 전 출신 국가에서도 일정한 수준의 사회적 지위에 있었을 가능성이 있다. 따라서 한국으로 이주함으로

써 이들이 이주하기 전 자신들의 출신국에서 누렸던 사회적 지위와 상당한 간극이 발생했을 수 있다. 다시 말해 학력이 낮은 경우는 이주 전 자신의 국가에서의 지위와 한국으로 이주함으로써 갖게 된 사회적 지위 사이의 격차가 상대적으로 작을 수 있다. 이처럼 이주 전, 후의 사회적 지위 사이의 격차는 이들이 느끼는 주관적인 차별의식을 확대하는 데 기여했을 수 있다. 한마디로 학력에 따라 강화되는 사회적 비판의식 및 평등이념과 이주로 인해 발생하는 사회적 지위사이의 간극이 복합적으로 작용해 이주여성 외국인 중 학력이 높은 집단에서 한국인의 차별의식을 더 높게 느꼈을 수 있다.

다음으로 혼인, 자녀, 한국 국적, 한국 거주 목적 등에 따라 차별의식에 차이가 있는 것은 기본적으로 유사한 경로로 설명이 가능하다. 이들 변수는 모두 한국에서의 정주 가능성과 연결된다. 분석 결과에 따르면 결혼을 목적으로 이주해온 여성(3.2943/5), 자녀가 있는 기혼 여성(3.2857/5), 한국 국적을 취득한 여성(3.3052/5)은 학업(2.8742/5)이나 취업(2.9848/5)을 위해 일시적으로 체류하는 여성에 비해 차별받는다는 인식이 낮았다. 앞의 집단은 한국에서 장기적인 정주와 자신과 자신의 자녀가 한국인 즉 내집단(in group)으로 살아갈 가능성을 높게 인식한다. 다시 말해 결혼을 목적으로 한 여성, 자녀가 있는 여성, 국적이 있는 여성은 자신과 자신의 자녀를 '준 한국인'으로 포지셔닝할 가능성이 있다. 이는 자신과 자신의 자녀를 외국인이 아닌 내국인으로 간주하려는 무의식이 작용하고 일정 부분 내집단 선호가 개입될 여지가 있다. 여기에 더해 한국 정부는 결혼이주여성과 그 자녀 그리고 국적취득자는 다른 이주 외국인 집단과는 달리 정책적 대상으로 적극적으로 포용하면서 다양한 형태의 정책적 혜택을 부여해왔다(원숙연, 2008; 2013a). 이러한 포용의 경험은 한국인으로부터 느끼는 차별 인식을 약화시키는 데 일정 부분 기여했을 것으로 추정된다.

한국인에 대한 이주여성의 사회적 거리감: 기대의 이중성

그간 다수 집단인 한국인의 시각에서 이주 외국인 집단에 대한 사회적 거리감을 주로 논의한 반면, 소수 집단의 시각에서 다수 집단인 한국인에 대한 거리감은 관심 영역 밖에 있었다고 할 수 있다. 이처럼 기존의 논의에서 주목하지 않았던 이주 외국인 여성이 한국인에 대해 어느 정도의 심리적 거리감을 갖는지를 실증적으로 확인하고자 했다. 이에 따라 전반적인 차원에서 한국인에 대한 심리적 거리감을 측정하기 위해 삶 속에서 관계의 개입도(관여도)가 낮아 쉽게 수용할 수 있는 것에서부터(예: 이웃이나 직장동료) 높은 개입도로 인해 수용이 쉽지 않은(자신이나 자녀의 배우자) 관계 순으로 이주 외국인 여성이 한국인에게 느끼는 사회적 거리감을 조사했다.

첫째, 이주 외국인 여성의 출신 국가에 따라 한국인에 대한 심리적 수용도가 어떠하며 집단에 따른 차이가 어떻게 구조화되어 있는지를 측정한 결과는 다음과 같다. 먼저 한국인을 이웃으로 받아들이는 것에 대해서는 베트남(3.74/5) 중국(3.67/5), 몽골(3.63/5), 필리핀(3.48/5) 순으로, 한국인을 직장동료로 수용하는 것과 관련해서는 베트남(3.79/5) , 몽골(3.71/5), 중국(3.69/5), 필리핀(3.64/5) 순으로, 한국인 직장 상사에 대해는 베트남(3.64/5), 필리핀(3.52/5), 몽골(3.25/5), 중국(3.24/5) 순으로 나타났다. 한국인과 자신의 친척이 결혼하는 것에 대해는 필리핀(4.07/5), 베트남(3.23/5), 중국(3.05/5), 몽골(2.66/5) 순으로 받아들였다. 가장 관여의 정도가 깊은 자신 또는 자신의 자녀와 한국인이 결혼하는 것에 대해서는 필리핀(3.67/5), 베트남(3.26/5) 중국(2.83/5), 몽골(2.14/5) 순으로 긍정적으로 수용하는 것으로 확인되었다.

이상의 결과는 다음과 같이 해석된다. 전반적인 차원에서 이주 외국인 여성의 관점에서 볼 때 자신의 삶 속에 관여하는 정도가 적은 이웃이나 직장 동료로서 한국인을 수용하는 정도가 친척이나 본인 및 자녀의 배우자로 한국인을 수용하는 것에 비해 수용의 폭이 넓었다. 이는 논리적으로 설명 가능한 결과이다. 다만 구체적인 양상은 출신 국가별로 다양하다. 먼저, 결혼이주여성의 규모가 큰 국가 출신과 상대적으로 적은 국가 출신 여성에게서 나타나는 차이이다. 전술한 바와 같이 분석대상 중 중국계나 몽골 출신은 학생이나 취업자의 비중이 상대적으로 높다. 이에 따라 한국인을 이웃이나 직장 동료로 쉽게 수용하는 데 반해 결혼 상대로는 상당한 거리감을 느끼는 것으로 보인다. 이와는 달리 분석 대상 중 필리핀 출신 여성은 결혼이민자가 많아 한국인을 친척, 배우자 등 가족 구성원으로 받아들이는 것이 이웃이나 직장 동료로 지내는 것보다 자연스럽게 느껴질 수 있다, 결국, 이주여성은 자신들이 처한 상황과 경험에 따라서 한국인에 대한 수용과 사회적 거리감을 달리 느끼는 것으로 해석될 수 있다.

또 하나 주목을 끄는 결과는 베트남과 필리핀 출신 여성의 차이이다. 두 집단 모두 결혼이주여성의 비중이 높은데 필리핀 출신 여성이 베트남 출신 여성에 비해 배우자로서 한국인에 대한 거리감을 가깝게 느끼는 것으로 나타났다. 탐색적인 차원에서 이러한 차이는 필리핀 여성의 결혼이민 역사와 한국에서의 결혼 생활에 대한 만족도의 관점에서 해석될 수 있다. 필리핀은 경제적 어려움을 타계하기 위해 이주를 국가차원에서 장려한 측면이 있어서 노동 이주와 결혼 이주에 대한 저항감이 비교적 낮다(Odine de Guzman, 2008). 이와 함께 필리핀 여성의 한국 결혼 이주 역사가 상대적으로 길어 한국 사회에 대한 적응이 쉽고 성당을 통한 네트워크의 형성이 한국에서의 삶에 긍정적으로 작용하는 경향이 있다(김민정, 2011). 이에 반해 베트남 출신 여성은 한국인과의 결혼 이주의 역사가 비교적 짧고, 악덕 중개업자를 통한 잘못된 결혼이나 불행한 결말 등 결혼 이주를 둘러싼 한국인에 대한 부정적인 경험이 많은 것이 일정 부분 작용했을 것으로 보인다(김현미, 2009).

다음으로, 집단별로 한국인에 대한 거리감을 분석했다. 그 결과, 연령, 소득, 및 거주 기간에 따른 사회적 거리감의 집단차이는 통계적으로 유의미하지 않은 데 반해 학력, 한국 거주 목적, 결혼 및 자녀 유무, 그리고 한국 국적 소지에 따른 집단 간 차이가 유의미하게 나타났다. 구체적으로 학력의 경우, 고졸 이하(3.5312/5), 전문대졸(3.4462/5), 대졸(3.3323/5) 그리고 대학원졸 이상(3.0273/5)으로, 집단 간 차이가 통계적으로 지지되었다(F, 4.142, $p<0.001$). 이주 목적의 경우, 학업(3.0755/5), 취업(3.2636/5), 결혼(3.5969/5)에 따른 집단차이가 통계적으로 지지되었다(F, 9.859, $p<0.001$). 기혼(3.4946/5)과 미혼(3.0826/5), 자녀가 있는 경우(3.5156/5)와 자녀가 없는 경우(3.2055/5) 한국 국적이 있는 경우(3.6592/5)와 없는 경우(3.2980/5)로, 결혼(t, 16.806, $p<0.001$), 자녀(t, −3.043, $p<0.01$) 그리고 국적 유무(t, −3.975, $p<0.001$)에 따라 통계적으로 유의한 집단 차이를 보였다. 점수가 높을수록 한국인에 대한 사회적 거리감이 낮고 수용도가 높은 것을 의미한다.

이러한 결과는 다음과 같이 해석된다. 학력에 따른 사회적 거리감은 대졸이상이 가장 높은 거리감을 느끼는 것으로 나타나 차별 인지와 유사한 양상을 보인다. 이와 함께 자녀가 있는 기혼 여성, 한국 국적 취득자가 한국인에 대한 사회적 거리감이 낮았다. 이는 외국인 여성이 자신의 정체성을 어떻게 보고 있는가에 따른 차이로 볼 수 있다. 기혼의 아이가 있고 국적을 취득한 여성은 그렇지 않은 여성에 비해 자신의 정체성을 한국인과 가깝게 둘 개연성이 높다. 물론 이주 이전의 정체성을 포기한 것은 아니지만 한국인에 보다 가까운 정체성이 형성될 여건에 있는 것은 분명하다. 여기서 주목할 것은 이들이 한국인에 대해 거리감을 덜 느낀다는 것이 한국인 및 한국 사회에 대한 긍정적인 평가로만 이어지는 것은 아니라는 점이다. 전술한 바와 같이 기대가 큰데 기대에 부응하지 못할 경우, 부정적인 평가가 더 높아질 수 있기 때문에 높은 기대의 역설이 존재하는 것이다. 이렇게 본다면 이주여성이 한국인에 대해 느끼는 가까운 사회적 거리감이 오히려 더 부정적인 평가로 이어질 가능성을 내포하고 있음을 상기할 필요가 있다.

이주 외국인 정책 선호의 수렴과 발산

바람직한 것은 정책 대상이 선호하는 정책을 설계하고 집행하는 것이다. 정책이란 현실의 문제를 해결하기 위한 수단적 성격을 가지기 때문에 비록 완벽하게 대응할 수는 없지만 정책 대상이 생각하는 자신들의 문제와 필요를 반영할 때 문제 해결력이 높아진다. 사실 그간 이주 외국인에 대한 정책에 대해 다수 집단인 우리나라 국민의 선호와 방향을 논의해왔지만, 정착 이주 외국인이 자신들과 관련된 정책 방향에 대해 어떠한 선호가 있는가에 대해서는 상대적으로 소홀했다. 이러한 현실 인식에 기초해 그간 관심을 가지지 않았던 이주 외국인 정책에 대한 이주 외국인 여성의 선호를 확인하고자 한다.

이론적 논의에서 제시한 것과 같이 이주 외국인 정책 방향은 차별 배제, 동화, 다문화주의로 구성되어 있다. 이러한 정책 방향에 대한 선호에 있어서 이주 외국인 여성집단에 따른 유의미한 차이가 있는지를 실증적으로 확인했다. 그중 통계적으로 유의한 것은 다음과 같다. 차별 배제는 출신국가(중국계 3.6619/5, 몽골 3.0619/5, 베트남 3.8443/5, 필리핀 3.6205/5, 기타 3.7167/5, F, 4.709, $p<0.01$), 결혼 여부(미혼 3.313/5, 기혼 3.6115/점, t, −2.330, $p<0.01$), 자녀 유무(있음 3.6675/5, 없음 3.3178/5, t, −2.385, $p<0.1$), 한국 국

적 유무(있음 3.7514/5, 없음 3.4387/5, t, −2.106, $p<0.01$)에 따른 차이가 나타났다. 동화는 출신 국가(중국계 4.1369/5, 몽골4.084/5, 베트남 4.217/5, 필리핀 3.6216/5, 기타 4.5370/5, F, 4.709, $p<0.01$)에 따른 차이만이 확인된 데 반해, 다문화주의는 연령(20대 3.7210/5, 30대 4.1313/5, 40대 이상 3.9571/5, F, 7.214, $p<0.001$), 출신 국가(중국계 3.8869/5, 몽골 3.8393/5, 베트남 4.2154/5, 필리핀 3.6339/5, 기타 4.1944/5, F, 5.127, $p<0.001$), 결혼 여부(미혼 3.6196/5, 기혼 4.0020/5, t, −3.190, $p.<0.01$), 자녀 유무(있음 4.0221/5, 없음 3.6724/5, t, −3.416, $p.<0.001$), 한국 국적 유무(있음 4.0704/5, 없음 3.8177/5, t, −2.377, $p.<0.01$)에 따른 집단 차이가 확인되었다.

이상의 결과는 몇 가지 논제를 제기한다. 첫째, 연령이 높을수록 동화와 다문화주의에 대한 정책 선호가 높은 것으로 나타났다. 그러나 차별 배제는 연령에 따른 선호의 차이가 발견되지 않았다. 이는 결혼이나 자녀 유무에 따른 선호의 차이가 일정 부분 작용한 것으로 볼 수 있다. 나이가 어릴수록 학업을 목적으로 한국에 왔을 가능성이 높고 학생은 일시적 체류를 전제하기 때문에 한국에서의 이주 외국인 정책에 대한 관심이나 선호의 차이가 크지 않다. 어떤 정책이든 일시적 체류를 목적으로 하는 자신들의 삶에 크게 영향을 미치지 않을 것으로 보기 때문이다. 반면, 나이가 많을수록 기혼의 유자녀일 가능성이 많고 정책 내용이나 방향이 단순히 자신의 삶만이 아니라 자신의 자녀가 만나게 될 미래에 영향을 미칠 것으로 인식하게 된다. 그에 따라 자기 자녀의 미래를 위해 보다 전향적이고 적극적인 정책 방향을 선호하게 될 것이다. 이러한 경향성은 관련 연구에서도 유사하게 나타나고 있다(최병두·김영경, 2011; 원숙연, 2012a; 원숙연·정하나, 2014).

같은 맥락에서 기혼의 이주여성이 미혼의 이주여성에 비해, 그리고 아이가 없는 여성과 비교할 때 다문화주의에 대한 선호가 높게 나타났다. 이주여성에게 있어서 결혼은 한국에 정착해야 하는 현실이고 이는 단순한 체류와는 본질적으로 다르다. 따라서 한국 정부가 보다 적극적으로 개입하기를 바란다. 한국 사회에서 자신들의 이해를 결집하거나 표출하는 것이 불가능에 가까운 이주여성들로서는 정부의 적극적인 개입에 의존할 수밖에 없다. 그렇게 본다면 차별 배제나 동화보다 적극적이고 이주 외국인에게 유리한 내용으로 구성되어 있는 다문화주의에 대한 선호가 높은 것은 어쩌면 자연스럽다. 물론 한국 사회에 맞추고 적응하는 데 도움을 주는 동화도 좋지만 다문화주의는 한 발 더 나아가 이주 외국인의 유입에 따른 사회적 다양성이나 이들의 권익 보호까지 그 정책의 범위가 확장되어 있기 때문이다. 이미 언급했던 것처럼 아이가 있는 기혼의 이주여성은 자녀의 미래에 대한 고려가 불가피하다. 자신이 소수자로서 감내해야 하는 차별이나 어려움이 준한국인인 자신의 아이에게는 이어지지 않았으면 하는 바람이 작용했을 수 있다. 이러한 상황을 고려할 때 이들이 다문화주의에 대한 선호가 높은 것은 설명 가능하다.

마지막으로 이주 외국인 여성이 자신들과 관련한 이주 외국인 정책에 대해 갖는 선호 차이에 있어서 주목할 만한 결과는 동화에 대한 선호의 집단 차이가 다문화주의나 차별 배제에 대한 선호의 차이보다 크지 않다는 점이다. 이러한 결과는 동화주의에 대해서는 이주여성이 처한 현실적 차이와 무관하게 일정한 수준의 선호가 존재한다는 뜻이 된다. 한국에의 성공적 적응이라는 동화 정책이 추구하는 기본 목표에 대해 집단 간 이견이 없기 때문이다. 한국의 문화와 언어 습득과 적응은 가장 기본적이고도 필수적인 요구라는 점에서 특정 선호가 다르게 작동할 여지가 없음이 재확인된다. 이처럼 동화는 가장 절박한 요구로서 집단에 따라 선호의 차이가 반영될 여지가 없는 수렴의 영역인 것이다.

결혼이주여성의 이중적 정체성과 모순적 선호

우리나라에서 인종적 다양성이 확대된 역사는 오래지 않았지만, 속도의 압축성은 이론(異論)의 여지가 없다. 그러한 압축성의 중심에 (결혼)이주여성이 있다고 해도 과히 틀린 말은 아니다. 그런데 소위 이주 외국인 여성으로 통칭되지만 그 안에 다양한 하위 집단이 존재하고 각각의 하위 집단은 나름의 서로 다른 사회적 위치를 점하고 있으며, 사회적 위치에 따라 각기 다른 선호와 필요로 만들어진 내적변이, 즉 다층성이 존재한다. 이러한 다층성의 존재에도 불구하고 단순히 '이주 외국인 여성'이라는 단일의 집단으로 범주화하고 이들의 현실과 선호가 마치 '동질적인 것'으로 규정한다면 이는 현실을 지나치게 단순화하는 것임은 물론 이들의 선호가 반영된 적실성 있는 정책 설계를 어렵게 한다.

이러한 기본적 문제의식 하에서 이 장에서는 이주 외국인 여성의 다양한 배경을 기준으로 하위 집단을 나누고 각각의 하위 집단이 한국인을, 한국 사회를 어떻게 바라보고 있는지, 그리고 자신들을 대상으로 하는 정책 방향에 대한 선호가 어떻게 구조화되어 있는지를 실증적으로 규명했다. 그 결과 몇 가지 의미 있는 함의를 발견했다. 먼저, 인식과 선호에 있어서 결혼이주여성 집단이 다른 이주 외국인 여성 집단과 확연히 분리된다는 점이다. 기본적으로 이주 외국인 집단 자체가 과거에는 없던 새로운 정책 대상이지만 특히 결혼이주여성은 다른 이주여성 집단과는 성격을 달리한다는 것이 확인되었다. 순혈은 아니지만 한국 아버지의 피를 가진 준-한국인을 생산한다는 점에서 한국 가족 구조 및 가치관에 본질적 변화를 야기하는 것은 물론 이들의 이중적 정체성(dual identity)이 다른 집단과는 다른 방식으로 한국인과 한국 사회, 그리고 정책 선호를 만들어내는 것으로 보인다.

구체적으로 보면, 이주 외국인 여성 중 국적이 있는 집단과 국적이 없는 집단 간의 인식과 선호에 있어서 차이가 발생한다. 일반적으로 볼 때 국적을 가진 집단은 결혼 이주가 대부분이기 때문에 국적을 가진 집단과 결혼 이주여성이 중복될 개연성이 높다. 흥미롭게도 이들 집단이 한국에서의 경제적 삶에 대한 불만족으로 측정된 자원스트레스를 많이 느끼는 것으로 나타났다. 이처럼 높은 자원스트레스는 이들이 한국에서의 삶에 대해 갖는 기대와 무관하지 않다. 자원스트레스는 주관적인 기대와 연결되어 있어서 삶이 기대에 부응하지 못할 경우 불만족이 더 높아지는 것이다. 국적이 있는 (결혼)이주여성은 한국 및 한국에서의 (경제적) 삶에 대한 기대가 높고 자신들의 삶을 다른 이주 외국인 여성 집단이 아닌 다수 집단인 한국 여성과 비교할 가능성이 높아진다. 이때 불가피하게 상대적 박탈감이 발생한다. 준거 집단을 한국 여성에 둠으로써 나타나는 높은 기대가 그 원인 중 하나이다. 이는 역설적이게도 결혼 이주를 통해 한국에 정주하는 여성이 한국과 한국인에 대해 더 부정적인 집단이 될 수 있는 가능성을 제공한다는 점에서 주목할 필요가 있다.

자원스트레스와는 달리 이주 목적이 결혼이고, 자녀가 있고, 국적이 있는 경우 한국에서의 차별 인식은 상대적으로 낮았다. 발현되는 현상은 자원스트레스와 다르지만 그 내부적 메카니즘은 유사하다는 점에 주목할 필요가 있다. 결혼을 목적으로 하고 자녀가 있으며 국적이 있는 여성의 경우는 자신들을 준-한국인이라고 여기는 내집단 정체성이 형성될 수 있다. 이러한 정체성은 내집단 선호로 이어져 한국 사회의 차별 정도를 낮게 인식하게 했을 가능성이 있다. 다만 내집단 선호 역시 기대감에 근거하고 있고, 이들이 느끼는 차별인식 또한 주관적 기대감의 변화에 따라 가변적이다. 따라서 전술한 자원스트레스에서 본 것처럼, 이들의 기대에 한국 사회가 부응하지 못할 경우 더 부정적인 인식으로 전환될 수 있음을 명심해야 한다.

이처럼 자원스트레스나 차별 인식에서 나타나는 인식의 지형은 '결혼이주여성' 집단이 '이주 외국인'이라는 정체성과 함께 '준-한국인'이라는 또 하나의 정체성이 공존하는 '이중정체성(dual identity)'을 가진 결과로 해석될 수 있다. 이러한 해석이 보다 명확해지는 것은 이주 외국인 정책에 대한 선호에서이다. 이주 외국인 여성 중 기혼자로서 자녀가 있는 여성과 한국 국적을 취득한 여성은—결혼이주여성일 가능성이 높은—다문화주의에 대한 선호와 동시에 차별 배제를 선호하는 모순을 보인다. 차별 배제와 다문화주의는 상호 배타적인 측면이 있어서 한쪽에 대한 선호가 높으면 다른 쪽에 대한 선호가 낮은 것이 일반적이다. 그럼에도 불구하고, 기혼의 자녀가 있고 국적이 있는 결혼이주여성의 경우, 이 두 정책 방향에 대한 선호가 동시에 높은 모순적인 양상을 보인다. 이처럼 모순적인 결과에 대해 가능한 설명 역시 이중적 정체성이다. 기혼의 자녀가 있고, 한국 국적을 취득한 이주 외국인 여성은 내국인으로서의 정체성과 외국인으로서 정체성을 동시에 가지기 때문이다. 자신이 이주자이지만, '한국인의 피를 받은' 자녀를 생산했고, 국적이 있기 때문에 다른 이주 외국인 집단에 대해서는 '준 한국인'으로서의 정체성을, 그러면서 동시에 한국인과의 관계에서는 어쩔 수 없이 '이주 외국인'으로서의 정체성을 갖는 것이다. 이러한 이중정체성으로 인해 자신과 다른 이주 외국인에 대해서는 차별 배제를, 자신들 스스로를 위해서는 다문화주의를 선호하는 모순적 인식 구조가 나타난 것으로 추정된다. 이러한 추정은 관련 조사를 통해서도 지지된다. 결혼이민을 통해 한국에 거주하고 있는 외국인 여성이 스스로를 한국인(32.6%)이라고 응답한 비율이 자신이 출신국가 국민이라고 응답한 비율(25.5%)보다 높다. 물론 자신의 자녀에 대해서는 67%가 한국인으로서 정체성을 부여한다(설동훈 외, 2006). 이러한 이중적 정체성으로 인해 '다른 외국인'에 대해서는 차별 배제의 정책을 선호하지만, '한국인'과 비교해서 자신들은 어쩔 수 없이 차별받는 '외국인'이기 때문에 외국인의 권익에 대해 적극적이고 전향적인 다문화주의에 대한 선호가 높게 형성되는 이중성이 나타난 것이다. 이러한 이중성과 모순된 선호는 우리나라 이주 외국인 집단 중 가장 적극적으로 편입하는 결혼이주여성과 그 자녀에 대한 정책 내용과 방향성에 대한 보다 면밀하고도 정교한 설계가 필요함을 그대로 보여준다.

4부

다문화 사회 정치성의 '정책적' 다층성:

차별적 편입과 배제의 현실

10장 이주 외국인 정책의 '집단별' 차별성

도구적 효용과 집단 정체성의 역학

정책의 사회성과 이주 외국인 정책의 선택

이주가 전-지구적인 수준에서 현실화되면서 다인종·다문화의 공존 가능성을 모색하는 다문화주의와 이에 대응한 국가 정책에 대한 이론적·실천적 관심이 확대되고 있다. 이는 다문화적 도전에 어떻게 대응할 것인가가 정부를 포함한 공공영역에서 중요한 화두가 되고 있음을 반증한다. 오랫동안 단일 문화-단일 민족을 당연시해왔던 우리나라에서 다문화적 도전의 규모와 속도의 압축성은 한국 사회가 경험하지 못한 본질적인 변화를 가져온 것이 사실이다. 대표적인 노동력 수출 국가였던 우리나라에서 1988년 이후 국내 이주자가 급증해 2017년 현재 체류 외국인의 규모는 200만 명으로 전체 인구의 4%에 이른다(통계청, 2017). 이와 함께 국제 결혼도 증가해 2001년 전체 결혼 건수의 4.8%였던 국제 결혼이 2017년 현재 20,835건으로 전체 결혼 건수의 7.88%로 급증했다(통계청, 2018). 이처럼 이주 외국인 증가 규모나 속도의 압축성으로 인해 과거에는 경험하지 못했던 사회 문제가 발생하고 이에 대한 정책적 대응이 요구되고 있다. 외국인의 이주는 노동 시장과 경제 구조의 변화, 문화적 개방과 다양성의 확대, 소수 인종의 정치적 입지 변화를 비롯한 다양한 차원의 사회 변동을 내포한다. 9장에서 이미 살펴본 바와 같이 결혼이주여성의 증가는 단순 노동이주자와는 달리 '한민족-한문화'라는 오랫동안 견지해온 대전제에 대한 도전이라는 점에서 본질적인 변화를 수반한다. 이처럼 급증하는 외국인의 이주와 다문화 가정의 증가는 과거와는 다른 정책적 개입의 필요성을 제기했고 이에 대응한 정부의 노력은 다양한 정책으로 구체화되고 있다.

이러한 상황적 맥락에서 주목해야 할 것은 정책의 사회성과 정책 선택이다. 정책은 진공 상태에 존재하지 않고 다양한 사회적 행위자들의 상호작용을 통한 사회적 산물이다. 따라서 정책 과정은 당위나 윤리의 문제가 아니다. 현실의 문제를 해결하기 위한 '수단을 선택하는' 작업이다. 선택은 그 자체로서 정치적인 과정이다. 다양한 사회적 행위자와 요소들을 고려해 이루어지기 때문이다. 이주 외국인을 대상으로 한 정책 역시 다양한 요인들이 고려된 정치적 선택의 결과이기 때문에 모든 이주 외국인 집단이 같은 정도와 양태로 정책적 고려대상이 되지 않는 차별성이 존재한다.

사실, 다수 집단의 관점에서 볼 때 왜 또는 어떻게 이주 집단별로 상이한 정책적 선택을 하며 그러한 차별적 선택에 작용하는 요인이 무엇인지 밝히는 것은 중요한 의미가 있다. 왜냐하면 그러한 작업을 통해 이주 집단내부에 존재하는 차별성 즉 집단 내(within groups) 차이를 밝힐 수 있기 때문이다. 이주 외국인과 관련한 기존의 논의는 다수 집단인 일반 국민 대 소수 집단인 이주 외국인 집단 사이의 차이(between groups)에 주목해왔다. 기존의 접근이 갖는 기여를 인정하지만, 집단 간 차이에만 집중할 경우 소수 집단인 이주 외국인 집단의 동질성을 지나치게 강조하고 이들 사이에 존재하는 변이를 간과할 위험에 대한 경계의 필요성 또한 부인할 수 없다.

이론적 논의에서 누차 밝힌 바와 같이 이주 외국인 정책은 다수 집단과 소수 집단 사이에 존재하는 정체성의 정치와 인정의 정치가 작동하는 역동적 과정이다. 일견, 이주 외국인은 다수 집단에 비교해 소수 집단으로 통칭되지만 그 집단 내부에 다양한 형태의 정체성과 인정의 정치가 작동한다. 따라서 이주 외국인 집단 내부에 존재하는 권력의 차이나 다수 집단으로부터의 배제와 편입의 차이를 무시한 채 다수 집단과의 비교를 기반으로 한 소수 집단의 동질성만을 강조할 경우, 정책 선택의 집단별 다층성을 설명할 수 없게 된다.

이러한 문제의식에 따라 이 장에서는 정책이란 사회 문제를 해결하기 위한 기능적 대응을 넘어 사회적 구성물로서 다양한 역학이 작동하는 정치적 선택이라는 점을 전제한다. 이러한 전제를 기반으로 이주 외국인 정책으로 통칭되는 정책적 개입에 있어서 이주 외국인 집단에 따른 차이(변이)가 존재하는지, 만일 차이(변이)가 존재한다면 그러한 차이를 만들어내는 요인은 무엇이며 그러한 차이가 갖는 의미는 무엇인가를 밝히고자 한다. 한마디로 이 장은 이주 외국인을 받아들이는 다수 집단의 관점에서 정책적 선택의 차이를 조망하는 것이다.

이주 외국인 정책의 구조와 흐름

이 책의 서론에서 밝힌 바와 같이 인종적 다양성과 관련한 우리 사회의 경험과 현실은 '내용의 본질성'과 '속도의 압축성'으로 요약된다. 내용의 본질성이란 오랫동안 단일 민족-단일 문화가 사회적 규범으로 받아들여져 왔다는 점에서 그렇고 '한 핏줄-한민족'을 근간으로 한 순혈주의적 전통이 여전히 강한 사회적 현실과 관련된다. 이러한 현실에서 인종을 달리하는 외국인이 유입되는 것은 말할 것도 없고 국제 결혼을 통한 '혼혈'의 한국인이 증가했다. 이는 이주 외국인에 대한 인식이나 이주 외국인에 대한 심리적 수용을 어렵게 하는 심리적 생태계를 만드는 데 기여했을 것으로 추정된다.

이미 확인한 바와 같이 우리나라 국제 결혼이 급증하면서 2001년 전체 결혼 건수의 4.8%를 차지했던 국제 결혼이 2010년 전체 결혼 건수의 13.6%인 4만 3121건에 이르고 있다. 10년 만에 3배에 육박하는 증가추세를 보였다(통계청, 2009). 결혼 이민자의 규모는 남녀가 모두 포함된 것이지만 성별 구성을 보면 여성이 압도적인 다수를 차지하며 시간에 따른 변화가 없다. 결혼 이민자(여성)의 증가는 다문화 가족 및 그 자녀의 증가로 이어진다. 이러한 증가 추세는 '순혈'에 대한 사회적 규범을 중시해온 한국가족 구조의 근본적인 변화를 야기한다(원숙연·정하나, 2014; 원숙연, 2015b).

한편, 속도의 압축성이란 다문화 사회로의 이행이 상당히 짧은 시간에 급속하게 이루어졌다는 것이다. 지금까지 우리 사회가 경험한 변화를 관통하는 특징은 압축성이다. 소위 압축 성장이 표상하는 바와 같이 모든 면에서 변화의 속도가 매우 빠르고 급진적인데, 이주 외국인의 증가에 따른 다문화 사회로의 이행 역시 예외가 아니다. 1980년대까지 대표적인 노동력 수출 국가였던 우리나라는 1990년대에 들어오면서 국내 이주자의 규모가 급증했다. 그 결과 2017년 12월 현재 국내 체류 외국인은 전체 인구의 약 4%에 근접하고 있다. 특히 2005(1.07%)년과 2010(2.50%)년 단 5년 사이에 전체인구 대비 이주 외국인 비율이 1% 포인트가 증가하는 급증세를 보이고 그 추세는 현재까지 지속되고 있다(출입국·외국인 정책 통계연보, 2005-2016). 또한 2016년 현재 체류 외국인의 국적도 다양하다. 한국계를 포함한 중국 출신이 지배적인 비율을 차지하기는 하지만(49.6%), 베트남

(7.3%), 미국(6.8%),태국(4.9%), 필리핀(2.8%), 일본(2.5%) 그리고 캄보디아(2.2%) 등 다양한 국적으로 구성되어 있다(출입국·외국인 정책 통계연보, 2016). 2006년과 2016년, 10년의 시간적 범위 내에서 국적별 체류 외국인의 구성 비중 변화를 보면(출입국·외국인 정책 통계연보, 2016), 체류규모에 따른 상위 7개국 모두 상당한 증가세를 보였다. 이러한 증가는 한국의 다문화 사회로의 이행을 그대로 보여준다. 흥미로운 것은 베트남 출신 이주 외국인의 규모 변화이다. 2006년의 베트남 출신 이주자 규모는 약 5만5천 명으로 중국, 미국, 필리핀에 이어 4위였으나, 2016년에는 약 15만 명으로 늘어 중국에 이어 2위로 부상했다. 10년간 약 5배가 증가한 규모로 주목할 만한 변화이다.

이처럼 이주 외국인의 유입이 내용 면에서 본질적이고 속도 면에서도 압축적이라는 점은 다문화적 도전임을 그대로 보여준다. 우리 사회가 직면한 다문화적 도전을 더욱 어렵게 하는 것은 인종적 다양성에 대응해 축적된 정책 경험이나 정책 유산이 많지 않다는 점이다. 이주 외국인에 대한 법률 중 대표적인 〈출입국관리법〉이 1963년 3월에 제정되었지만, 이는 출입국의 공정한 관리와 체류 외국인의 거주 및 등록에 관한 규정이라는 점에서 인종적 다양성의 증가에 직접적으로 대응한 것으로 보기는 어렵다. 또한 60-70년대는 이주 외국인의 규모도 많지 않았고 80년대까지는 출입국 관리 혹은 불법이나 범법 외국인에 대한 대응이 주를 이루었기 때문에(고강인, 2017) 본격적인 의미의 이주 외국인 정책이라 하기는 어렵다.

이상에서와 같이 우리나라의 이주 외국인 유입을 둘러싼 내용적 본질성과 속도의 압축성에 대응해 시행된 이주 외국인 정책의 주요 내용을 이주 외국인 집단별로 정리하면 다음과 같다.

〈표 2〉 우리나라 이주 외국인 집단별 주요 정책

	시기	주요 정책	특징/내용
이주노동자	1991.11	해외투자기업연수생제도 도입	- 중소제조업 및 건설업 등 노동집약적 업종의 인력난에 대응 - 외국인 노동자를 제도적으로 수입하기 시작
	1993.11	외국인산업연수생제 도입	- 노동관계법 보호의 사각지대 - 연수생의 작업장 이탈로 인한 불법노동자화(불법체류) - 임금체불, 폭력 착취 등 비인권적 노동문제 야기
	1998.9	연수취업제 전환	- 산업기술연수생제도의 문제에 대한 대응으로 일부 보완된 형태
	2002.12	취업관리제	- 방문동거(F-1-4)체류자격을 부여 - 노동부 고용안정센터의 취업 알선을 통해 취업 활동 가능
	2003.8	'외국인 근로자의 고용 등에 관한 법률' 제정	- 총리실소속 〈외국인 인력정책위원회〉 설치 및 관련 정책 심의 · 의결
	2004.8	고용허가제 시행	- 최장 3년 채용가능 - 국가 또는 공공기관이 관리 - 외국인 근로자에 대한 효율적인 고용 관리와 권익보호 장치 마련
	2006.5	외국인 정책 기본 방향 및 추진 체계 발표	
결혼이주자	2006.4	'여성 결혼 이민자 가족 및 혼혈인 · 이주자의 사회통합을 위한 종합대책' 마련	- 대통령소속 빈부격차 · 차별시정위원회를 통해 대책 추진
	2007.12	'결혼 중개업의 관리에 관한 법률'제정	- 건전한 결혼중개업의 지도, 육성, 이용자의 보호를 통해 건전한 결혼문화 형성
	2008.3	'다문화가족지원법'제정	- 다문화 가족 구성원의 안정적인 가족생활과 사회구성원으로서의 역할과 책임을 다할 수 있도록 지원
	2009.12	'다문화가족정책위원회'구성	- 국무총리실 산하 - 다문화 가족의 사회통합과 삶의 질 향상에 대한 중요사항을 심의, 조정
	2009.12	'사회통합위원회'구성	- 대통령 직속 - 사회 각계 각층의 화합과 통합 증진을 위한 정책과 사업을 추진하는 기구
	2010.4	'결혼중개업관리에 관한 법률'(개정안) 국회통과	

	시기	주요 정책	특징/내용
이민/동포	1997.12	국적법 개정	
	1999.9	재외동포의 출입국과 법적지위에 관한 법률	
	2007. 3	방문취업제 시행	– 방문취업(H–2) 비자를 통한 자유로운 방문 및 취업활동 보장
	2007.7	'재한외국인처우기본법' 시행	– '출입국관리국'을 '출입국외국인 정책본부'로 확대 개편 – 외국인 정책의 중장기 기본 방향 설정
	2009.12	'다문화가족정책위원회'구성	– 국무총리실 산하
	2010.5	국적법 개정안 공포	'다문화가족정책위원회' 다문화가족지원정책 기본 계획(안) (2010~2012)

이처럼 이주 외국인 정책은 정책 대상별로 다양하게 시행되어 왔다. 이러한 정책을 표면적으로 보면 이주노동자나 결혼 이주자 그리고 동포 모두 외국인 정책의 대상 집단이라는 공통점이 있다. 그러나 과연 각 집단에 대한 수용 범위나 양태가 동질적일까? 이러한 물음에 대한 답은 이주 외국인 정책의 정치성을 보여주는 차별적 포섭과 배제를 밝히는 작업을 통해 구할 수 있을 것이다.

이주 외국인 정책에 나타난 포섭과 배제의 기제

다수 집단의 관점에서 볼 때 이주 외국인 집단에 따라 상이한 정책 선택은 왜 그리고 어떻게 이루어질까? 이주 외국인 집단에 따라 상이한 정책선택의 저변에는 어떤 요소들이 자리하고 있을까? 이러한 질문은 이주 외국인 정책의 방향성 또는 정향성과 관련된다. 이는 각각의 이주 외국인 집단을 정책 대상으로서 공식적인 정책 영역에 어느 정도 수용하는가에 대한 것으로 크게 편입과 배제로 구성된다. 정책 과정을 정치적 산물로 보는 사회적 구성주의에 따르면(Ingram et al., 2007), 정책 과정에서 특정의 정책 대상 집단을 어느 정도 또는 어떤 방식으로 편입(배제)하는가는 사회적 구성에 따라 달라진다. 다시 말해 정책 대상 집단의 속성이 객관적으로 존재하는 것이 아니라 사회적으로 만들어진다는 것이다. 따라서 정책 결정자는 사회적 평가나 판단에 근거해 정책에 따른 수혜와 부담을 배분한다. 한마디로 이주 외국인을 같은 정도나 방식으로 정책 과정에서 고려하기보다는 어떤 집단은 보다 더(덜) 적극적으로 포섭하거나 배제한다. 그렇다면 어떤 집단을 보다 더(덜) 적극적으로 포섭하거나 배제하는 사회적 구성은 무엇으로 결정될까? 이러한 질문에 대한 답을 구하는 것은 이 책의 2부 〈다문화 사회의 '탈정치성' 비판〉의 이론적 논의를 실증적으로 확인하는 작업이다.

이주 외국인 집단의 도구적 효용

이론적 논의에서 밝힌 바와 같이 차별적 편입과 배제의 첫 번째 기제는 이주 외국인 집단의 가치 또는 자격에 대한 사회적 평가이다. 이주 외국인 집단의 도구적 효용성에 대한 사회적 평가의 기준은 상황과 맥락의 구속을 받는 가변성을 특징으로 한다. 이주 외국인에 대한 사회적 평가를 구속하는 상황과 맥락은 특정 공간과 시간을 지배하는(지배해온) 역사, 문화 그리고 사회, 정치, 경제적 특성에 따라 달라진다. 이렇듯 정책 영역에 더(덜) 적극적으로 포섭 또는 배제할 것인가를 결정하는 데 기준이 되는 이주 외국인 집단의 가치와 자격에 대한 평가에는 그 집단이 갖는 도구적 효용성이 고려된다. 도구적 효용성은 상호 연관된 몇 가지 요소로 구성된다. 첫째, 이주 외국인 집단에 대한 긍정적 또는 부정적 이미지와 평판이다(Ingram et al., 2007). 평판의 형성은 가변적이지만 변하지 않는 것은 이주 외국인 집단의 존재와 정책을 통해 이들에게 사회적 자원을 배분하는 것이 다수 집단에게 얼마나 '위협'이 되는가이다. 만일 특정 이주 외국인 집단이 기존의 사회적 질서와 기득권에 위협적 존재로 평가된다면 배제의 대상이 될 가능성이 높다(Jackson et al., 2001). 만일 형식적으로 완전한 배제를 할 수 없다면 가장 덜 위협적인 정도와 방식으로 편입시킬 것이다.

또 다른 요소는 이주 외국인 집단의 기여 가능성이다(Ingram et al., 2007). 이주 외국인 집단이 주류 집단을 위협하지 않는 것을 넘어서 보다 구체적이고 현실적으로 주류 사회에 도움이 된다면 주류 집단으로서는 적극적인 포섭의 이유가 된다(Ingram et al., 2007). 우리나라에서 여성 결혼 이민자가 농촌 총각의 결혼과 출산율 저하를 해결하는 하나의 대안으로 논의되었던 것이나 미국이나 캐나다가 자신들에게 도움이 되는 투자 이민에 대해서 보다 적극적으로 편입하려 한 경향성 모두 이주 외국인 집단이 갖는 기여 가능성에 주목했기 때문으로 설명 가능하다.

이주 외국인 집단 정체성(주장)의 위력

이주 외국인 정책에 나타난 차별적 배제와 편입의 또 다른 요소는 이주 외국인 집단이 갖는 정체성의 힘이다. 이러한 집단 정체성이 강할 경우 이주 외국인 정책이 적극적으로 편입할 가능성이 그만큼 높아진다. 이론적 논의에서 밝힌 바와 같이 이주 외국인 집단 내부에서도 정체성의 힘이 다 다르게 발현된다. 내부적인 결속이 강하고 이를 바탕으로 자신들의 정체성을 강하게 주장하며 인정의 정치에 관여할 경우 이주 외국인 집단이 다수 집단에게 행사할 수 있는 힘은 커진다(장미경, 2005; 전영평, 2007; 원숙연, 2008).

그런데 이론적 논의에서도 밝힌 바와 같이, 소수 집단인 이주 외국인이 자신들의 정체성을 견고하게 유지하고 정체성을 주장하는 일은 간단하지 않다. 어떤 경우, 이렇게 강한 정체성의 주장은 오히려 다수 집단에게 위협으로 인지될 수도 있다. 또 다른 경우로 내부적인 집단 정체성이 확고하지 않아도 오히려 다수 집단으로부터 확고한 정체성을 부여받을 수도 있다. 이는 전술한 이주 외국인 집단이 갖는 도구적 효용성과 연결되어 있다. 우리나라에서 결혼이주여성이 대표적인 예가 될 수 있다. 현실적으로 결혼이주여성이 내부적으로 견고하고 강력한 정체성을 주장하기는 쉽지 않다. 그러나 이들이 한국 사회에 갖는 도구적 효용성인 기여가 고려되어 다수 집단으로부터 강한 외부적 정체성을 부여받았다고 볼 수 있다. 이미 밝힌 것처럼 결혼이주여성은 한국 사회의 저출산 문제와 농촌 총각이 직면한 결혼 기피 현상과 그에 따른 사회적 문제를 해결하기 위한 하나의 대안이었다. 한마디로 한국 사회에 도움이 되었기 때문에 다수 집단으로부터 외부적 정체성을 부여받고, 이를 바탕으로 이주 외국인 정책 대상으로 적극적으로 편입될 가능성이 그만큼 높아지게 된 것이다.

도구적 효용과 정체성의 상호작용

이상의 논의를 정리하면 이주 외국인 집단의 도구적 효용과 정체성의 속성에 따른 편입과 배제의 차별적 역학은 다음과 같이 개념적으로 도식화된다. 정체성의 속성이나 도구적 효용성 모두 정도의 문제이기 때문에 연속선상의 어느 지점에 존재한다. 다만 논의의 편의를 위해 단정적으로 말한다면 도구적 효용성이 높고 정체성이 명확한 경우와 불명확한 경우가 존재할 때 전자에 대해서는 적극적인 포섭의 형태인 동화가 시도될 것이다. 결혼이주여성이나 그 자녀가 대표적인 예가 될 수 있다. 그에 반해 도구적 효용은 높으나 정체성(주장)이 불명확한 경우 도구적 효용으로 인

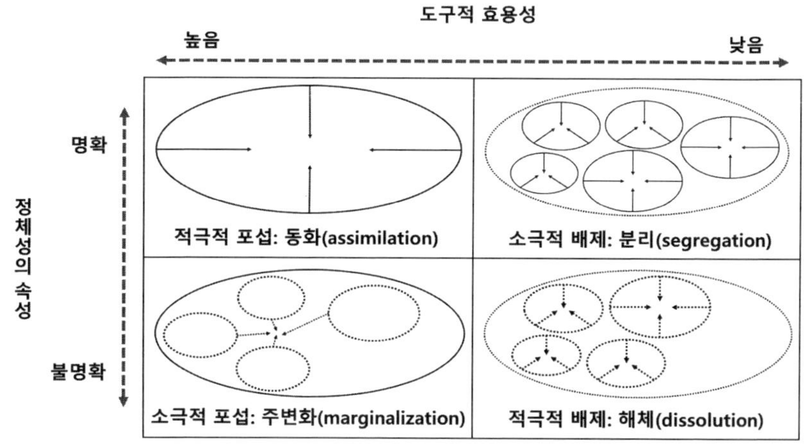

출처: 원숙연(2008)을 기초로 재구성

주) 외부의 원(도구적 효용성의 정도), 내부의 원(정체성주장의 경계 및 집단 동일시의 정도), 점선과 실선(강도)

〈그림 9〉 도구적 효용과 정체성의 상호작용: 편입과 배제의 역학

해 일정 부분 포섭할 수는 있으나 상대적으로 소극적인 형태인 주변화가 가능하다. 예를 들어 고급 인력의 노동 이주나 합법적인 외국인 이주 노동자가 이에 속한다. 반대로 도구적 효용은 낮지만 정체성(주장)이 명확한 경우, 소극적 배제인 분리가 시도될 수 있는데, 우리나라에서 결혼 이주 남성이나 화교 집단이 이에 해당한다(원숙연, 2008). 마지막으로, 도구적 효용성도 낮고 정체성도 불명확한 경우, 적극적인 배제인 해체가 가능한데, 불법 체류 외국인 등을 생각해볼 수 있다.

〈그림 9〉에서 외부의 원은 정책으로 포괄되는 정도를 나타낸다. 공식적인 정책 대상 집단으로 규정되어 정책의 범위 내에 편입되는 경우(실선으로 표시)와 공식적인 정책의 영역에 포함되지 못하는 경우(점선으로 표시)로 구분된다. 내부의 원은 각 집단 정체성의 명확성 정도를 의미한다. 전술한 바와 같이 정체성의 명확성은 내부적이고 자체적인 정체성, 외부적

이고 공식적인 정체성, 그리고 정체성의 주장과 가시성의 정도를 포함한다. 이에 집단 내부의 자체적이고 고유한 정체성과 외부로부터 부여된 정체성이 상대적으로 명확하고 고정적인 경우(내부의 실선으로 표시)와 내부적 정체성 및 부여된 정체성 모두 명확하지 않은 경우(내부의 점선으로 표시)로 구분할 수 있다.

이에 따라 이주 외국인을 대상으로 한 정책 기조는 크게 동화, 분리, 주변화 및 해체의 네 가지로 분류 가능하다(cf. Berry, 2001). 먼저, 가장 전통적인 통합의 틀로 논의되고 있는 동화는 다양한 배경을 가진 구성원에게 주류 사회의 핵심 가치에 대해 강한 순응 압력을 행사한다. 그림에서 보는 바와 같이 하나의 '중심'을 강조하면서 소수 집단 각각이 갖는 나름의 정체성은 인정하지 않는 방식이다(Alexander, 2001; Hartmann & Gerteis, 2005에서 재인용). 둘째, 분리는 소수 집단의 정체성이 상대적으로 명확하고 고정적인 경우에 해당한다. 흥미로운 것은 이주 외국인 집단의 강한 정체성은 다수 집단과 비교해 극복하기 어려운 차이로 부각될 가능성이 있고 이러한 차이는 정책적 배제의 근거 또는 기초가 되기도 한다는 것이다. 셋째, 주변화는 정책적 편입을 통해 주류 사회의 핵심 가치에 대한 순응 압력이 작용하기는 하지만 동화와 비교할 때 그 강도는 약한 편이다(점선으로 표시된 화살표). 특히, 소수 집단의 정체성은 동화나 분리에 비해 상대적으로 덜 명확하다. 마지막으로 해체는 공식적인 정책 대상 집단으로 고려되지 않을 뿐 아니라 소수 집단의 정체성도 명확하지 않고 집단화되지 못한 경우에 해당한다.

이주 외국인 정책의 집단별 포섭과 배제의 현실

적극적 포섭: 동화

도구적 효용이 상대적으로 높고, 집단 정체성이 명확한 이주 외국인 집단은 적극적 포섭의 대상이다. 이주 외국인 정책 유형 중 동화에 해당하는 것으로 우리나라에서 여성 결혼 이주자와 그들의 자녀가 대표적이다. 이미 언급한 바와 같이 여성 결혼 이주자 집단의 도구적 효용성은 한국 사회가 직면한 농촌 총각의 결혼과 저출산 문제와 맞물려 있다. 여성 결혼 이주자는 농촌 총각이 경험하는 결혼의 어려움을 해결하는 대안으로 구상되었기 때문이다. 결혼을 통해 이주여성은 '한국아비지'의 피를 물려받은 미래의 한국인을 생산한다는 점에서 도구적 효용이 크다. 혈통에 대한 사회적 가치가 여전히 중시되는 우리 사회에서 볼 때 여성은 '완전히 다른 피'를 가진 여타의 외국인 집단과는 구분되는 정책 대상이다.

이러한 도구적 효용성은 결혼이주여성 집단 내부의 자생적이고 견고한 정체성 주장은 없지만 우리 사회나 관련 NGOs로부터 부여된 강력한 외부적 정체성의 원천으로 작용한다(원숙연, 2008). 이와 같이 우리나라에서 결혼이주여성의 도구적 효용성과 외부로부터 부여된 강한 집단 정체성은 다양한 방식으로 국가정책에 결혼이주여성을 편입시키는 동화 정책의 근거가 된다. 2004년 개정된 국적법에서 여성 결혼 이주자의 귀화요건을 다른 집단과 비교해 완화한 것도 같은 맥락에서 이해할 수 있다.[1] 국가 정책

1 이는 간이 귀화 요건으로 1) 한국 배우자와 결혼해 한국에 거주한 지 2년, 혹은 2) 한국 배우자와 결혼 후 3년 및 한국 거주 1년 중 하나만 충족하면, 귀화가 가능하도록 했다. 이는 최소 5년간의 한국 거주와 한국어 구사 능력 및 한국 문화에 대한 이해 등 일반 귀화 요건과 비교할 때 상당히 완화된 수준이다(김희정, 2007).

이 여성 결혼 이주자를 얼마나 적극적으로 포섭하고 있는가는 〈표 3〉에 잘 나타나 있다. 정책의 내용도 전방위적이고 다양한 부처가 관여하고 있는 것으로 확인된다.

〈표 3〉 결혼이주여성 대상 주요 정책

주관부처	정책내용
대검찰청	결혼 중개 업체 탈법 행위에 대한 단속
	인신매매(성매매) 중개 행위에 대한 관리방안
법무부	입국 전 결혼의 진정성 확보를 위한 국제 결혼 사증 심사 강화, 신상 정보 제공 제도 정착화
	배우자의 신원보증 해지 신청 요건 강화
	혼인파탄 귀책 사유에 대한 입증 책임 완화
	이혼에 의한 간이 귀화 신청 시 입증요건 완화
	사실혼 부모 출생자녀 및 외국인 모에게 국적 또는 영주권 부여
법무부 보건복지부(질병관리본부)	결혼 비자 발급 서류 · 절차 표준화
여성가족부	결혼 당사자에게 국제 결혼에 대한 정보 제공
	가정폭력피해자 지원 체계 구축 및 보호
	한국 생활 적응에 필요한 정보 제공 시스템 구축
	정부 지원서비스의 사각 지대 발굴 및 개선 방안 마련
	자녀 돌봄 서비스 지원
	한국 생활 적응 및 정착 지원
	결혼 이민자가족지원센터 운영
	자원 봉사 활동 인프라 구축 및 통역, 상담, 교육 인력 양성
	이주여성쉼터 단계적 확대 및 운영 내실화
여성가족부 법무부	정부 정책 안내 및 일반 국민 의식제고를 위한 홍보
보건복지부	복지 및 상담서비스 제공
	기초 생활 보장 및 건강 증진 지원
	자녀 출산 및 양육 지원
	국제 결혼 중개업 관리를 위한 입법 추진
교육부	다문화 교육 추진 체계 구축
	학교의 결혼 이민 자녀 지원 기능 강화
	교사다문화역량강화
	다문화 가족 아동 왕따 예방

출처: 원숙연(2008), 감사원(2018)에서 재구성

이와 함께 다문화 가족을 대상으로 한 방문교육사업, 부모교육, 자녀생활지원 및 한국어 교육 등 정책적 지원이 다각도로 이루어지고 있다(감사원, 2018). 부모교육의 경우, 만 12세 미만의 자녀가 있는 결혼 이민자를 대상으로 임신·출산·영아기, 유아기, 아동기 등 생애주기별로 자녀의 양육 관련 교육과 정보를 최대 15개월 동안 제공한다. 자녀생활교육은 만 3-12세 이하 다문화 가족 자녀, 중도 입국 자녀를 대상으로 다양한 생활 지원을 한다. 또한 입국 5년 이하 결혼 이민자, 중도 입국 자녀(만 24세 이하)를 대상으로 최대 10개월 동안 한국어 교육을 통해 한국의 언어와 문화를 이해할 수 있도록 지원한다. 한편, 복지부가 시행하는 공공부조 제도 중 긴급복지 지원은 한국 국민과 결혼 중인 경우 자격이 부여되며, 이혼하거나 사별한 경우에도 한국 국적의 직계존비속을 돌보고 있다면 유지된다. 고용부에서 실시하는 실업급여도 F-6(결혼이민) 체류자격은 당연가입으로 일반 국민과 동일한 지원기준을 적용하고 있다.

이처럼 한국 정부는 여성 결혼 이민자와 그들의 자녀 등 한국인과의 혈족관계에 있는 외국인에 대해서는 적극적으로 편입하고 통합하는 정책 방향을 유지해왔다. 탈법적인 결혼 중개 방지 및 국제 결혼 당사자 보호는 물론 가정폭력피해자 등의 안정적 체류 지원 및 보호 강화, 그리고 한국 사회 조기 적응 및 정착 지원 등을 포함해 전방위적이고 적극적인 포섭 정책을 추진하고 있음이 확인된다.

소극적 포섭: 주변화

도구적 효용성이 비교적 높으나 집단 정체성의 견고함이나 정체성 주장이 동화 대상보다 약한 이주 외국인의 경우 소극적 포섭의 대상이 된다. 합법적인 외국인 이주 노동자가 이에 속한다. 국내의 다양한 사업장에서

임금을 목적으로 근로를 제공하는 외국인 이주 노동자는 1990년대 유입되기 시작해 2017년 6월 현재 약 51만 명 이상이 체류하고 있다. 이는 우리나라 전체 체류외국인 중 약 23%를 차지하는 규모이다. 이들 중 약 27만 명은 비전문취업(E-9비자)이며 약 24만 명은 방문취업(H-2)이다(출입국·외국인 정책본부, 2017).

합법적으로 체류하는 이주 외국인 근로자의 정체성은 비교적 명확하고 고정적이다(원숙연, 2008). 다만 이들 집단의 정체성은 주로 외부로부터 부여된 경향이 있다. 이주 외국인 근로자는 국적이 다양하기 때문에 동질적 정체성을 공유하기는 현실적으로 어렵다. 이들의 정체성은 주로 다른 이주 외국인 집단과 유사하게 한국 사회로부터의 차별과 배제가 존재함에 따라 부여된 소수 집단으로서의 정체성이다. 여기에 더해 이주 외국인 근로자를 사회적으로 지원하는 노동 단체가 노동운동 차원에서 외부적으로 정체성을 부여한 측면이 있다. 즉 견고하게 형성된 내부적 정체성은 아니지만 다양한 단체를 통해 노동운동의 외연이 이주 외국인으로 확장되면서 이들에게 부여된 외부적 정체성이다.

주지하는 것처럼 이주 외국인 근로자는 3D업종을 중심으로 한 인력난을 타개하기 위해 1993년 '외국인 산업기술연수제도'를 도입으로 유입되었다. 그러나 산업기술연수제도가 의도했던 것과 달리 불법 체류와 불법 취업 등을 오히려 조장하는 한계가 드러나면서 2004년부터 외국인 고용허가제가 시행되었다(원숙연, 2008; 법무부, 2018; 최윤철, 2018). 고용허가제도는 기업이 적정 규모의 외국인 근로자를 합법적으로 고용할 수 있도록 허가해주는 제도로 이를 통해 적어도 형식적으로는 외국인 근로자도 합법적인 노동자가 될 수 있는 여건이 마련되었다(최윤철, 2018).

산업연수제도에서 고용허가제로의 전환은 외국인 근로자의 노동권의 측면에서 진일보한 것이지만 외국 근로자에 대한 한국 정부의 정책 기조는 폐쇄 전략에서 제한적 개방 전략으로 전환하는 과도기로 평가된다(우평균, 2002; 설동훈, 2004). 초기의 폐쇄 전략을 지양하고 다소 개방적인 입장으로 선회했지만, 적극적인 개방이 아닌 정부의 철저한 통제하에서 특정 부문이나 특정 기술 범주에 한해 단기적으로만 개방하는 방식을 취한다는 점에서 그렇다. 또한 외국인 근로자에 대한 지원 서비스가 외국인 근로자 지원센터나 한국산업인력공단 등을 통해 제공되었지만,[2] 실질적인 측면에서 최저 임금 및 산재보험 등 최소한 적용 대상으로 남아 있다. 비교적 최근 이주 외국인 근로자의 인권 보호와 관련한 정책적 노력이 강화되고 있는 것은 환영할 만하다. 고용부 소관으로 입국 전·후 정보제공을 강화하고, 외국인근로자 산업재해 은폐 방지 및 외국인근로자 산재 예방을 위한 맞춤형 지원 등이 한 예이다. 이와 함께 법무부의 민관 협력 외국인 근로자 인권보호 체계 구축과 성범죄 전력 고용주의 외국인 고용 제한 등도 같은 맥락에서 이해된다. 이러한 노력을 통해 이주 외국인 노동자에 대한 부당한 차별과 착취를 극복할 수 있는 법률적, 형식적 근거가 된 것은 부인할 수 없지만 이주 외국인을 공식적인 정책 영역으로 적극적으로 포섭하는 것으로 보기는 어렵다.

소극적 배제: 분리

결혼이주남성

공식적인 정책의 범위 안에서 적극적으로 포섭되어온 결혼이주여성에 비해 한국 여성과 결혼한 결혼이주남성은 오히려 소극적 배제의 대상이

2 이들이 제공하는 지원은 다음과 같다. a) 사업장 내 애로 및 갈등 조정, b) 조기 귀국 외국인근로자 출국 지원, c) 외국인 근로자 재해 사고 지원, d) 외국인 근로자 생활 고충, 법률 상담, e) 체류 관리 신고 업무 행정 지원, f) 외국인 근로자 통역 지원 콜센터 운영.

다. 결혼이주여성과 결혼이주남성의 규모 차이가 두 집단을 대상으로 한 편입의 적극성을 일부 설명할 수도 있다. 2017년 현재 기준 국제 결혼에서 한국 여성과 외국인 남성과의 결혼은 28.6%로 한국 남성과 외국인 여성과의 결혼(71.4%)과 상당한 격차를 보인다(통계청, 2017). 이처럼 한국 남성과 결혼한 이주여성이 지배적인 것은 사실이지만 남성 결혼 이주자에 대한 정책의 배제성을 단순히 수의 문제로 설명하는 데는 한계가 있다.

결혼 이주자는 성-중립적인 개념임에도 불구하고 결혼이주남성은 정책대상 집단으로서 공식적인 지위가 확고하지 않다. 여성 결혼 이주자가 한국문화와 사회에 성공적으로 적응할 수 있도록 제공되는 언어 및 다양한 프로그램은 차치하고라도 과거 남성 결혼 이민자는 가장 기초적인 체류자격에 있어서도 여성 결혼 이민자와는 다른 처우를 받았다(정혜실, 2007; 법무부, 2008). 예를 들어 호주제가 폐지되기 이전에는 외국인 남성과 결혼한 한국 여성은 호주가 되고 이를 근거로 외국인 남성 배우자의 체류자격을 인정하는 비자를 발급받을 수 있었다. 원래 우리나라 국적법은 부계 중심으로 아버지가 대한민국 국민인 경우에 한 해 그 자녀가 대한민국 국적을 취득할 수 있었다. 1997년 정부는 이 조항이 헌법 제36조 제1항의 '혼인과 가족생활에 있어서의 양성평등원칙'에 위배된다는 판단에 따라 국적법에 남녀평등원칙을 적용해 부모양계혈통주의를 채택했다. 그 당시 국적법 개정이 사회적 지위와 책임 및 의무에 있어서 남녀평등을 인정한 것처럼 보이지만 개정의 저변에는 국내 다문화 가족 자녀에 대한 법적 권리의 보호가 중심에 있었다. 그 당시 외국인 남성과 한국인 여성 사이에서 출생한 자녀는 무국적자로 교육 및 의료보험 등 기본권 보장에서 배제되었기 때문이다 (김도희·장임숙, 2016).

유사한 맥락에서 결혼이주남성의 법적 지위는 비자 발급에서도 차이가 났다. 한국인 남성과 결혼한 이주여성의 비자는 F-1인 데 반해 한국인 여성과 결혼한 이주남성의 비자는 C-3으로 친지방문자격 비자가 발급되었다. C-3은 방문비자로 취업이 어려울 뿐 아니라 3개월에 한 번씩 출국했다 재입국해야만 유지할 수 있는 불안정한 비자이다. 물론 2011년 12월 15일부터는 결혼이민비자(F-6)를 만들어 성별과 무관하게 비자를 발급하는 것으로 변경되었으나(김두년, 2013), 초기에는 성별에 따른 차이가 엄존했다. 이처럼 국적법 개정 등을 통해 체류 자격에 있어서 일부 진전이 있었으나 기본적으로 남성 결혼 이주자는 여성 결혼 이주자에 비해 정책 영역에서 배제 대상이었음은 부인할 수 없다.

이와 같이 우리나라에서 이주 외국인 정책의 중심이 '여성' 결혼 이주자의 적응과 지원에 맞추어져 있다. 이는 여성 결혼 이주자의 도구적 효용성에 대한 긍정적 평가와 무관하지 않다. 다문화지원센터를 포함해 이주 외국인 지원 활동을 하는 곳에서도 남성 결혼 이민자를 위한 프로그램 개발에는 소극적인 것도 이러한 경향성을 보여준다. 우리 사회에서 다문화 혹은 다문화 가족은 여성 결혼 이민자를 상정하고 있을 가능성을 배제할 수 없다.

화교

우리나라에서 소극적 배제인 분리의 또 다른 대상 집단은 화교이다. 화교는 해외에 거주하는 중국계 민족의 통칭으로 우리나라에 거주하는 한화(韓華)는 구화교(대만 국적)와 신화교(중국 국적)로 구분된다(정회옥 외, 2015).[3] 1880년대부터 이주를 시작한 구화교는 한국에 130년 이상 거주하

3 중국 국적을 유지하고 있는 경우를 화교(華僑)로 부계의 조상이 중국 민족이나 현지의 국적을 취득해 중국 국적을 지니지 않은 경우를 화인(華人)으로 구분하기도 한다. 그러나 우리나라는 정책적으로 귀화를 억제하는 경향이 있고, 결혼을 통한 국적 취득도 많지 않은 상황이어서 이러한 구분은 별 의미가 없으며 화교로 통칭된다(양필승·이정희, 2004).

고 있으며, 우리나라에서 가장 오랫동안 거주해온 외국인이다. 1940년대부터 1970년대 중반까지 가장 많았다가 1970년대 중반 이후 한화에 대한 규제가 엄격해지면서 그 수가 감소하기 시작했다. 중국 태생의 신화교는 1992년 한·중 수교 이후 유입된 중국 국적 이주자이다. 2014년 12월 기준 화교는 약 2만 2천 명으로 집계되고 있다(박철민·민기, 2015)

한국에 거주하는 구화교는 집단 내부의 정체성이 비교적 명확하고 강한 편이다. 과거와의 연속성에 대한 근본주의적 집착이 강하고 화교학교를 중심으로 이루어진 모국의 언어와 역사, 문화적 전통에 대한 교육, 그리고 배타적 결혼양식은 중화민족으로서의 내적 정체성을 유지하는 구심점이 되고 있다(장수현, 2001). 흥미로운 것은 이들이 갖는 정체성의 특수성이다. 이들은 한국에서 오랫동안 함께 살아왔음에도 불구하고, 한국 현행법상 외국인이다(박철민·민기, 2015). 그에 반해 중국이나 대만에서는 한국인으로 취급받는 모순적 이중성이 있다.

이처럼 특수한 정체성은 한국 정부가 오랫동안 견지해온 배제와 차별 정책과 무관하지 않다. 구화교에 대한 정책은 다양한 측면에서 차별과 배제로 규정된다. 100년 넘게 거주해 왔음에도 까다롭고 배타적인 귀화 정책을 통해 구화교를 영원한 외국인으로 남겨두고 배제해왔다(오경석, 2007). 화교는 현행법상 외국인이면서도 주민세, 교육세, 재산세 등 납세의 의무 등 국민으로서의 의무를 내국인과 다름없이 수행하고 있다(박철민·민기, 2015). 그럼에도 불구하고 구화교에 대한 정책적 배제는 여러 방면에서 나타난다. 구체적으로 화교 학교의 학력은 인정되지 않는다. 화교학교에 대한 한국 정부의 입장은 교육 기관이 아닌 임의단체로 규정하기 때문이다. 이로 인해 한국에서 구화교는 취업과 진학에서 불리한 위치에 있다. 또한 공공 서비스 및 복지 서비스 제공에 있어서도 배제의 대상이다. 결혼이주여성에게는 부여되는 다양한 복지 수급권이 구화교에게는 제공되지 않는다. 전술한 바와 같이 구화교는 외국인이면서도 내국인과 똑같이 납세 의무를 지고 있지만 국민기초생활보장법은 대한민국 국민을 그 대상 조건으로 함에 따라 구화교가 복지 혜택을 받을 수 있는 방법은 없다(박경태, 2004; 박철민·민기, 2015). 이와 함께 주민등록번호가 없어 경제활동이 제약되고 금융 업무의 한계는 물론 핸드폰이나 자동차 구입 등 기본적인 생활을 영위하는 데도 여러 가지 제약이 따른다. 영주권을 획득한 화교는 지방자치단체 선거에서 선거권을 행사할 수 있지만 대통령 선거나 국회의원 선거에서는 선거권을 행사할 수 없고 피선거권은 부여되지 않는다. 이처럼 한국의 (구)화교는 오랜 기간 영주하고 다양한 국민으로서의 의무를 실질적으로 수행하고 있음에도 불구하고 이주 외국인 노동자와 비견되는 정도의 차별과 배제의 대상이 되고 있다.

적극적 배제: 해체

이주 외국인 중 적극적 배제의 대표적인 집단은 불법 이주 외국인 노동자이다. 전술한 바와 같이 한국 정부는 1993년 도입된 '외국인 산업기술연수제도'를 시작으로 해 2000년 연수취업제로 변환·시행되면서 산업연수생이 일정 기간 연수생으로 근무한 후 근로자 신분으로 전환해 취업할 수 있도록 허용했다. 그러나 이러한 정책 의도와 달리 산업기술연수제도는 불법체류 및 불법취업을 양산하고 인권탄압과 차별을 심화시키는 등 문제를 노정했다. 이에 '외국인근로자의 고용 등에 관한 법률'을 제정해 2004년부터 외국인 고용허가제를 시행했다(한동우, 2002; 우평균, 2002; 설동훈, 2004).

사실, 고용허가제는 단순 기능 외국 인력이 합법적으로 취업할 수 있는 길을 마련함으로써 단순 기능 외국 인력 정책의 토대를 만들었다. 그러나 고용허가제는 단기 취업 제도, 사업장 변경 금지, 가족 동반 불허용 등 매우 제한적인 정책 기조로 인해 합법적으로 취업한 외국인 근로자를 다시 미등록(결국 불법) 외국인 근로자로 전락시키는 (의도하지 않는) 결과를 가져왔다(조규식·이선희, 2017). 관련 통계에 따르면(출입국·외국인 정책본부, 2017), 2017년 말 기준 등록 외국인 중 고용허가제에 따라 입국한 단순 노무직 외국인 노동자(E-9, 비전문취업)의 약 54.8%인 45,387명이 불법체류자인 것으로 파악되고 있다.

이와 함께 불법 체류자가 양산되는 것은 정부의 고용허가 절차가 까다롭고 배타적이기 때문이다. 동시에 외국인 노동자에게 합법적인 체류 자격을 부여하지 않고 불법 체류를 방조하거나 묵인함으로써 그들의 노동력을 값싸게 활용할 수 있도록 하는 이중적 태도에서 기인한다. 불법이라는 약점을 이용해 법적 보호와 지원이 부재하고 이들의 인권과 노동권은 유린되는 것이다. 한마디로 우리나라 외국인 정책에서 불법 체류 외국인 노동자는 단속과 추방의 대상이거나 기껏해야 의도적인 묵인의 대상으로만 존재하는 것이다(원숙연, 2008). 비교적 최근 정부는 인도적 차원에서 긴급의료, 아동 교육권 등 불법 체류자의 인권을 보호하기 위한 공공복지 서비스를 제공하려는 노력을 기울이고 있다. 또한 불법체류의 가능성이 있는 노동자를 대상으로 한 '외국인 귀국 지원 제도' 등을 통해 외국인근로자가 체류 기간 만료 후 자발적으로 귀국할 수 있는 여건을 마련하고 있다(최윤철, 2018). 그러나 이러한 노력에도 불구하고, 여전히 불법체류 외국인은 공식적인 정책 영역에서 그 가시성이 매우 낮아 배제의 대상임을 부인할 수 없다.

이주 외국인 집단의 도구적 효용과 부계 혈통의 상승 작용

이주 외국인 집단 사이에는 차별적 편입과 배제가 존재한다. 이를 가능하게 하는 중요한 기제는 이주 외국인이 갖는 도구적 효용성과 집단 정체성이다. 우리나라에서 이 두 기제의 상대적 영향력을 따진다면 현재까지는 이주 외국인 집단이 갖는 도구적 효용성이 더 커 보인다. 이주 외국인이 소수 집단으로서 갖는 사회적 권력의 양과 집단 정체성을 논의하기에는 아직은 유의미한 규모에 이르지 못했기 때문일 것이다.

이주 외국인 집단을 정책적으로 얼마나 편입시킬 것인가를 결정하는 도구적 효용성은 이주 외국인 집단이 한국 사회의 발전을 위해 제공하는 또는 제공할 것으로 예측되는 기여의 정도이다. 부인할 수 없는 것은 여성 결혼 이주자는 결혼 적령기 여성의 농어촌 남성 기피로 인한 농어촌 남성의 결혼 어려움, 저출산과 같은 공공 난제를 풀기 위한 해결책이라는 점이다. 이러한 기준에 비추어 볼 때 여성 결혼 이주자의 도구적 효용은 다른 어떤 집단과 비교해도 높게 평가될 수밖에 없다. 이는 이주 외국인 정책이 결혼이주여성을 적극적으로 포섭하는 것에 대한 사회적 정당성을 부여한다.

흥미로운 것은 이러한 도구적 효용성의 영향력은 몇 가지 다른 기제와 함께 작동할 때 강화된다는 점이다. 그중 특히 주목할 것은 '혈통'의 정책적 반영이다. 혈통은 이주 외국인에 대한 차별적 편입과 배제의 대전제처럼 보인다. 차이의 인정을 요체로 하는 다문화 사회에서 (조차도) 정책으로의 편입을 위해 '혈통' 또는 '피'가 중요하다는 것은 모순적이고 역설적이다. 일견 차이의 인정과 혈통의 강조는 함께 가기 어려운 것처럼 보이기 때문이다. 그러한 모순적 속성에도 불구하고 '피'는 이주 외국인에 대한 정책적 편입의 필요조건이며 충분조건이 되고 있다. '피'의 사회적 의미는 여성 결혼 이민자와 그 자녀를 정책 영역에 적극적으로 편입하도록 추동하고 있다.

물론, 결혼이주여성과 그 자녀는 오랫동안 유지해온 한국 사회의 순혈주의와는 거리가 있지만, 한국 남성의 '피를 물려받은' 아이를 생산한다는 점에서 여타의 이주 외국인과는 질적으로 다르다. 이는 자연스럽게 '부계혈통'의 영향력으로 확장된다. '여성은 결혼 이주, 남성은 노동 이주'라는 암묵적 등식 하에서 정책에 편입되는 것은 '아버지의 피'이고, 정책을 통한 포섭의 대상은 한국인 남성과 결혼한 외국인 여성과 그 자녀로 전제된다(원숙연, 2008). 이는 자연스럽게 한국인 여성과 결혼한 외국인 남성은 공적인 정책 영역에서 배제하는 기제로 작동한다. 정책으로 편입되기 위한 전제조건으로서 피의 가치가 같지 않음을 보여준다. 피의 가치도 젠더 차별적일 가능성을 내포한다.

이처럼 우리나라에서 외국인 정책이라는 이름으로 통칭되는 이주 외국인에 대한 정책적 개입은 동질적이지 않다. 오히려 집단에 따른 차별적 편입과 배제가 존재하고 이러한 편입과 배제의 저변에서 작동하는 기제인 도구적 효용성은 부계 혈통의 사회적 의미와 맞물려 그 영향력이 상승하는 것이다. 이러한 도구적 효용과 부계 혈통의 상승 작용은 지극히 한국적 특수성이다.

11장 이주 외국인 정책의 '내용적' 다기성(多岐性)

탐색적 국제 비교

정책 이전과 국제 비교

세계 경제 및 노동 시장의 개방과 이를 기반으로 한 이주의 세계화는 피할 수 없는 현실이다. 시기와 정도의 차이는 있지만, 대부분의 국가에서 다문화 사회로의 이행이 목격되고 있다. 다문화 사회로의 이행은 민족이나 인종을 기초로 한 소수 집단과 다수 집단의 분리로 이어진다. 이러한 분리는 기존의 관행 및 구조에 균열과 충돌을 만들어내고 높은 인화성을 가지고 갈등을 증폭시킨다. 이러한 현실적 변화와 갈등에 대응한 정책적 개입은 시간과 공간에 따라 다양한 이름(예: 다문화 정책, 외국인 정책, 이민 정책, 사회통합 정책 등등)으로 존재한다.

이전 장에서 살펴본 바와 같이 우리나라도 1990년대 중반 이후 본격화된 이주 외국인의 유입과 함께 다문화 사회로 이행하고 있다. 이주 외국인의 압축적 증가는 일반 국민도 그렇지만 이에 대응해야 하는 정부에게는 도전적인 상황이 아닐 수 없다. 단일 민족-단일 문화의 전통 하에서 인종적 다양성 증가와 관련한 정책 경험이 축적되어 있지 않고 참고할 만한 정책 유산도 부족하다는 점은 정부가 직면한 도전에 그 무게를 더한다. 이러한 맥락에서 이 장에서는 우리나라의 이주 외국인 정책의 구체적인 구조를 밝히고자 한다.

이전 장에서는 이주 외국인 정책이 이주집단에 따라 어떻게 다른가를 논의했다면, 이 장에서는 정책의 '내용별' 차이를 살펴보고자 한다. 이주 외국인 정책의 내용은 그 자체로 다차원적이다. 국적 취득에서부터 교육, 노동, 가족 및 정치적 참여에 이르기까지 정책의 내용이 매우 다양하고 망라적이기 때문이다. 이러한 정책 내용별 차이는 이론적 논의에서 밝힌 바와 같이 특정 국가에서 다문화적 시민권을 어디까지, 그리고 얼마나 적극적으로(또는 소극적으로) 부여할 것인가에 따라 달라진다.

우리나라에서 이주 외국인 정책이 내용별로 어떻게 다른가를 밝히기 위해 이 장에서는 다른 국가와의 비교 접근을 시도한다. 국제비교를 하는 이유는 다음과 같다. 이주 외국인 정책의 내용적 다차원성을 절대적인 차원에서 파악할 수도 있다. 하지만 다른 나라와의 비교를 통해 상대적인 차원에서 접근할 경우 우리 현실이 보다 명확해진다. 특히 우리나라와 같이 인종적 다양성과 관련한 경험이 축적되지 않은 경우, 인종적 다양성을 이미 경험한 선발 다문화 사회의 정책은 중요한 참고사항이 된다. 정책은 다양한 대안 중에서 일정한 기준에 근거해 선택을 하는 것인데, 이러한 선택의 과정에서 다른 나라의 정책 경험이 기준을 제시하기도 하기 때문이다. 비슷한 맥락에서 선발 다문화 국가의 정책 수단을 모방하기도 한다. 정책을 선택하는 데 있어서 기준의 제시를 통해 또는 정책 수단의 모방에 따라 이른바 정책 이전(policy transfer)이 이루어진다(Dolowitz & Marsh, 1996; 2000). 이러한 맥락에서 볼 때, 우리나라의 이주 외국인 정책의 내용적 다차원성을 탐색하는 데 있어서 다른 나라와의 비교는 발견적 의미가 있다.

이에 따라 우리나라 이주 외국인에 대한 정책적 대응을 대표적인 이민 국가로 시작된 미국과 캐나다, 그리고 백호주의에서 다문화 사회로 발전한 호주와 비교한다. 이들 국가는 이주에 대한 사회적 수용도가 높고 캐나다와 호주는 정책기조로 다문화주의를 표방한다(Martiniello, 2002; Castles & Miller, 2003; Kymlicka & Banting, 2006). 이에 반해 우리나라는 인종적 다양성에 대한 사회적 수용범위가 넓지 않다. 이는 자연스럽게 동화를 정책 기조로 한다(원숙연, 2008; 원숙연·박진경, 2009).

상이한 사회적 맥락과 정책 기조를 가진 국가에서 구체적인 정책 수단이 과연 어떻게 다르며, 어떤 공통점이 있는지를 정책 이전의 맥락에서 조망하고자 한다. 최근 국제적 이주의 흐름 속에 이민 국가로 통칭되는 미국이나 캐나다는 말할 것도 없고, 전통적으로 이주 외국인에 대해 폐쇄적이었던 독일이나 프랑스 등 유럽국가, 심지어 단일 문화-단일 민족이 오랜 규범이 되어왔던 우리나라도 이주 외국인의 증가에 따라 적극적인 정책 대응을 하고 있다. 일견 서로 다른 맥락을 가진 국가임에도 이주 외국인 대상 정책의 구체적인 내용이 수렴하고 있는 듯 보이는 것도 정책 이전과 무관하지 않다. 이러한 정책 이전의 흐름 속에서 우리나라의 이주 외국인 정책의 내용별 특성이 다른 나라와는 어떻게 다르고 그것이 갖는 함의가 무엇인지를 밝힌다.

비교 자료의 등가성: MIPEX의 활용

국제 비교를 위한 중요한 전제 조건은 자료의 가용성이다. 그런데 여기에서의 가용성은 단순히 자료에 접근이 가능하고 분석에 사용할 수 있다는 것에만 그치지 않는다. 자료의 등가성이 확보되어야 한다. 정치, 경제, 사회문화, 그리고 역사적 맥락이 다른 국가를 일직선상에서 비교한다는 것은 제한적 타당성이 있을 수밖에 없지만 이러한 한계를 최소화하기 위해 최대한 등가성이 확보된 자료를 활용해야 한다. 이를 위해 동일한 척도로 동일한 시점에 조사된 대표성 있는 자료가 필요하다. 더욱이 우리나라를 포함해 미국, 캐나다, 호주와 같이 광범위한 지역을 포괄하는 경우에는 자료의 등가성에 대한 요구는 배가된다.

이러한 요구를 최대한 반영할 수 있는 가용자료로서 이 장에서는 이민자통합정책지수(Migration Integration Policy Index: 이후 MIPEX)를 활용한다. MIPEX는 Barcelona Centre for International Affairs(CIDOB)와 Migration Policy Group(MPG)이 공동으로 주관하는 조사 프로젝트의 결과로 이주 외국인을 대상으로 한 각 국가의 정책자료를 수집해 통합한 것으로 국가 간 비교에 적합한 자료이다. 이 장에서 활용한 MIPEX 2014는 조사대상 국가도 38개국으로 비교적 광범위하고 대표성 또한 확보한 자료로 평가된다.

MIPEX는 거의 모든 정책 영역을 망라해 조사한다는 점에서 각 국가 이주 관련 정책의 구조를 파악하는 데 유효하다. 구체적으로 노동 시장 이동성, 가족 재결합, 교육, 정치 참여, 국적 취득 및 차별 금지 등의 영역과 각 영역별 4개의 하위변수로 구성된다. 하위 변수의 내용은 〈표 4〉와 같다(원숙연·마민지, 2017). 노동 시장 이동성은 합법적으로 거주하는 외국인이 노동 시장에 접근하고 노동자로서의 기술을 향상시킬 수 있는 기회와 권리가 있는가에 초점을 맞춘다. 가족 재결합은 합법적으로 거주하는 외국인이 자신의 가족과 재회할 수 있는 권리가 부여되는 정도이다. 정치참여는 합법적으로 거주하는 외국인이 정치적 활동에 참여할 수 있는 정도이고, 교육은 모든 이민자 자녀들이 내국인 자녀처럼 학교에서 성취하고 발

〈표 4〉 MIPEX의 정책 영역 및 하위변수

영역	하위변수	내용
노동 시장 이동성	노동 시장 접근성 (Access to labour markets)	합법적 이주노동자와 그 가족이 노동 시장에 접근하는 것이 내국인과 비교해 동등한 정도
	일반 지원 접근성 (Access to general supports)	합법적 이주노동자와 그 가족이 노동 시장에서 필요한 기술이나 교육의 기회에 접근하는 것이 내국인과 비교해 동등한 정도
	타겟 지원 (Targeted support)	이주 외국인이 노동자로서 필요한 훈련의 기회가 주어지는 정도
	노동자 권리 (Workers' rights)	합법적 이주자가 노동자로서 직장 및 사회보장권리를 내국인과 비교해 동등하게 제공받는 정도
가족 재결합	적격성(Eligibility)	합법적 외국인 이주자가 가족을 부양할 수 있는지 여부
	취득 조건 (Conditions)	가족 재결합을 위해 이주 외국인 시민권 신청자에게 필요한 요건이 EU 시민과 비교해 동일한 정도
	신분 보장 (Secutiry of status)	이주 외국인 시민권 신청자가 EU 시민과 비교해 동등하게 보호받는지 여부
	관련 권리 (Rights associated)	가족 재결합을 위해 입국한 가족 구성원이 부양자와 동일한 주거와 사회경제적 권리를 갖는지 여부
교육	접근성 (Access)	법적 지위와 무관하게 모든 아동이 모든 수준의 교육에 접근할 수 있는 정도
	타겟화된 수요 (Targeting needs)	이주민 집단의 특별히 필요한 지원이 학교에서 제공되는 정도
	새로운 기회 (New opportunities)	언어, 문화 등 다양한 학습기회와 지원이 이민자 집단에게 제공되는 정도
	이주문화교육 (Intercultural education)	학생과 교사를 대상으로 한 이주문화교육이 제공되는 정도
정치 참여	선거권 (Electoral rights)	합법적 외국인 이주자가 선거권을 가지거나 후보자로 등록할 수 있는지 여부
	정치적 자유 (Political liberties)	합법적 외국인 이주자가 내국인과 동일하게 정당과 정치 단체를 설립하거나 참여할 수 있는지 여부
	자문 기구 (Consultative bodies)	이주민 대표자 또는 단체로 구성된 독립적인 자문 기구(단체나 협회)의 존재 여부
	구현 정책 (Implementation polices)	이민자와 그 협회가 정치적 활동에 참여하도록 장려하는 캠페인이나 기금의 존재 여부

영역	하위변수	내용
국적 취득	적격성 (Eligibility)	귀화를 위해 이민자가 기다려야 하는 기간 및 속지주의 여부
	취득 조건 (Conditions)	신청자가 귀화의 기본 요건을 충족하도록 장려되는지 여부
	신분 보장 (Security of status)	정부가 장기체류 신청자를 체계적인 과정을 통해 보호하는지 여부
	이중 국적 (Dual nationality)	귀화한 이민자와 그들의 자녀가 하나 이상의 국적을 취득할 수 있는지 여부
차별 금지	정의(Definition)	법제도적으로 인종, 민족, 종교 및 국적에 따른 차별을 금지하는 정도
	적용 영역 (Fields of application)	차별금지법이 고용, 교육, 주거, 보건 등의 영역을 포괄하는 정도
	집행 (Enforcement mechanisms)	차별 피해자의 보호를 위한 법적 장치가 마련되어 있는 정도
	평등 정책 (Equality policies)	차별금지 및 평등을 위한 실질적 권한 부여의 정도

자료: MIPEX(2015), 원숙연 · 마민지(2017)에서 재구성.

전할 수 있도록 장려되고 있는지에 주목한다. 한편, 국적취득은 합법적 이민자의 귀화를 장려하고 국내에서 태어난 자녀에게 완전한 시민권을 부여하는지에 대해 차별 금지는 모든 거주자가 인종, 민족, 종교 및 국적 차별로부터 법적 보호를 받는지를 보여주는 하위 정책 영역이다.

이처럼 이주 외국인을 대상으로 한 정책을 다차원적이고 망라적으로 구성해 조사한 MIPEX를 근거로 우리나라 이주 외국인 정책의 내용별 다차원성을 확인한다. 특히 MIPEX의 하위 정책 영역별 우리나라의 현실을 이민 국가로 통칭되는 미국, 캐나다, 호주와의 비교를 통해 상대적인 위치를 파악한다.

이주 외국인 정책의 전반적 구조

MIPEX를 근거로 할 때, 이주 외국인을 대상으로 한 우리나라 정책의 전반적인 수준(55.48점)은 이민 국가로 통치되는 미국(61.98점), 캐나다(70.48점), 호주(65.88점)에 비교해 낮은 것으로 나타났다. 더욱이 4개국 전체 평균인 63.45점보다 낮다. 이러한 결과는 우리나라의 이주 외국인 유입 역사가 짧고 이에 대한 정책적 대응의 경험도 일천하다는 점에서 예측 가능한 결과이다. 또한 우리나라의 전반적인 정책 기조인 동화와도 크게 벗어나지 않는다.

그런데 구체적인 내용에서 하위 정책 영역을 기준으로 할 때 흥미로운 결과가 발견된다. 우리나라의 경우, 정책 영역에 따라서 이주 외국인에 대한 사회적 수용의 범위가 넓은 미국이나 호주보다 더 전향적이고 적극적인 개입이 보이기 때문이다. 예를 들면 우리나라 노동 시장 이동성은 71.46점으로 캐나다(80.83점)에 비해서는 낮지만, 미국(66.88점)이나 호주(57.50점)보다는 높게 나타났다. 더욱이 관심을 끄는 것은 우리나라의 이주 외국인을 대상으로 한 정치 참여 분야는 53.75점으로 정치 참여 영역에 있어서 가장 적극적인 호주(68.75점)보다는 낮지만, 캐나다(47.50점)나 미국(36.25점)보다 높았다. 이론적 논의에서 밝힌 바와 같이 사회적으로 민감한 자원인 정치 자원을 이주 외국인에게 부여하는 정치적 시민권에 대해 다수 집단은 기본적으로 소극적이다. 그럼에도 불구하고 우리나라에서 정치 참여 영역에서 발견되는 전향성은 흥미로운 결과이다. 미국의 경우, 다른 어떤 영역과 비교해서도 정치 참여의 영역에서 가장 소극적이라는 점에서 우리와는 상당한 대조를 이룬다. 그 외의 영역은 정도의 차이는 있지만 다른 국가에 비해 전반적으로 낮은 양태를 보인다. 그 가운데에서도 국적 영역에서 가장 소극적인 것으로 나타났으며 다른 국가에서 가장 전향적인 차별 금지에 있어서도 낮은 수준을 보이는 것으로 확인되었다.

이상의 전반적인 지형을 통해 우리나라가 노동 시장 접근성이나 정치적 참여와 같이 사회적인 희소 자원으로서 민감성이 높은 영역에서 다른 국가보다 적극적인 것으로 나타난 점은 이례적이다. 보다 면밀한 검토가 있어야겠지만, 한 가지 생각해볼 수 있는 것은 정책의 형식주의 가능성이다. 이주 외국인을 대상으로 한 법적이고 형식적인 여건은 갖추어져 있지만 실제 현실에서 그대로 운용되지 않을 가능성을 내포하고 있는 것으로 보인다. 노동 시장과 정치 참여는 기득권 차원에서 볼 때 다수 집단이 이를 쉽게 제공할 수 없는 자원이기 때문이다. 사실 MIPEX는 제도나 정책의 형식을 중심으로 하기 때문에 실제 운용 상황을 확인하는 것은 현실적으로 어렵다. 대표적인 사회적 희소 자원인 노동 시장 접근성과 정치 참여가 다른 나라와 비교해 높다는 것은 되려 우리나라의 형식과 실제 간 간극이 더 크다는 반증일 수 있다는 점에서 주목할 만하다. 이주 외국인 정책의 전반적인 차원에서 발견되는 형식주의의 가능성을 구체적인 내용 차원에서 확인할 필요성이 제기된다.

이주 외국인 정책의 내용별 구조

노동 시장 이동성

〈표 4〉에서 밝힌 바와 같이 노동 시장 이동성은 노동 시장 접근성, 일반 지원 접근성, 타겟 지원 그리고 노동자 권리로 구성된다. 노동 시장 이동성을 구성하는 하위 요소별로 우리나라 이주 외국인 정책에 나타난 노동

시장 이동성을 다른 나라와 비교 분석했다. 그 결과(그림 10), 우리나라 이주 외국인 정책의 노동 이동성은 일정한 수준은 유지하는 것으로 보인다. 그중에서도 타겟 지원은 다른 나라에 비해 상당히 높은 수준을 유지했다. 이주 외국인에게 노동자로서 필요한 요구나 훈련의 기회가 부여되는 정도인 타겟 지원이 비교적 높은 결과는 이주 외국인의 유입이 주로 노동 이주로부터 시작되었다는 점과 이들에 대한 활용이 사회적으로 중시된다는 점에서 이해 가능하다. 한마디로 한국 사회에서 이주 노동자의 유입은 경제적이고 도구적인 차원에서 이루어졌기 때문에 이들이 한국 사회에 기여할 수 있는 부분에 역점을 두고 있음을 보여주는 하나의 예라고 할 수 있다.

여기에 더해 노동자 권리가 캐나다 다음으로 높게 나타난 것 역시 주목할 만하다. 이에 반해 접근성은 다른 나라와 비교해 상대적으로 낮게 나타났다. MIPEX에서의 접근성은 합법적 이주 노동자와 그 가족의 노동 시장 진출이 내국인과 동등하게 보장되는 정도인데 이러한 결과는 우리나라에서 다수 집단인 일반 국민과 동등하게 접근성이 보장되지 않는 차별성을 그대로 보여준다. 10장에서도 확인한 바와 같이 우리나라에서 이주노동자는 소극적인 편입의 대상이기 때문에 그 가족까지 정책 대상으로 편입하는 접근성이 낮은 것은 이해가능한 결과이다.

이상의 결과를 종합하면, 우리나라는 이주노동자가 노동 시장에 접근하는 것에 대해서는 차별성을 유지하면서 일단 노동 시장에 들어오면 최대한 그들이 역할을 수행해 도구적 효용성을 충족할 수 있는 방식으로 정책을 구조화하고 있는 것으로 해석할 수 있다.

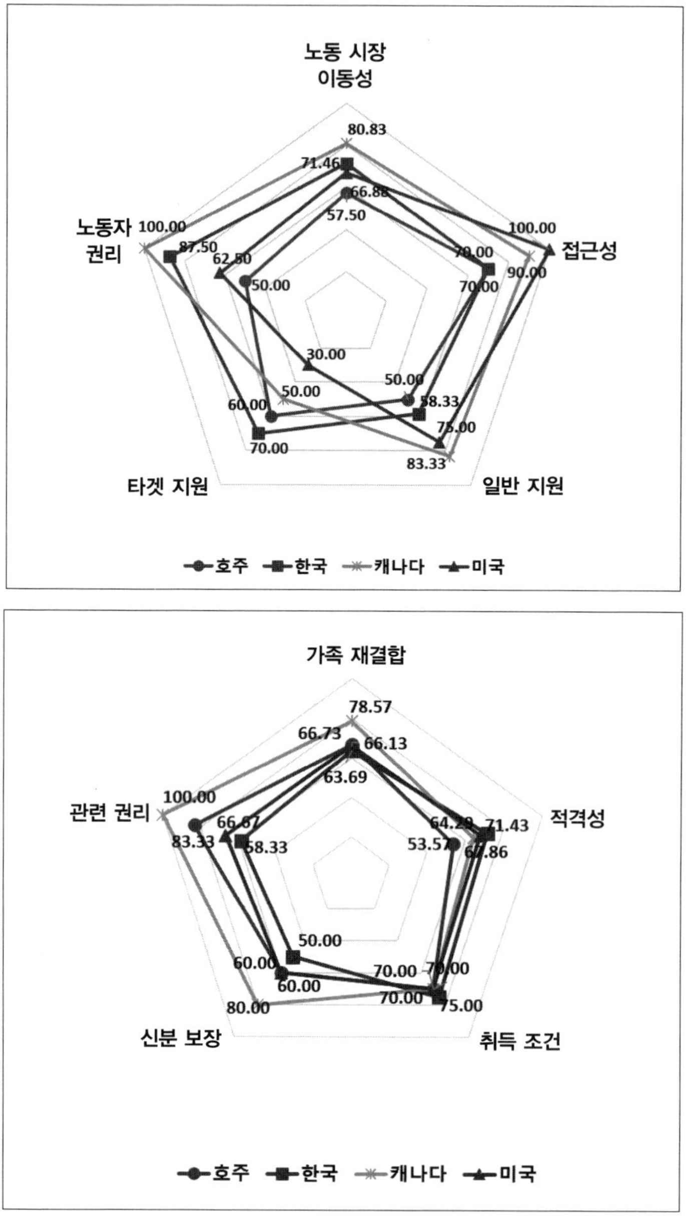

〈그림 10〉 이주 외국인 정책의 내용별 구조: 노동 시장 이동성과 가족 재결합

가족 재결합

가족 재결합은 합법적으로 이주한 외국인이 자신의 가족과 재회할 수 있는 권리를 어느 정도 보장하는가와 관련이 있다. 이는 적격성, 취득 조건, 신분 보장 및 제반 권리로 구성된다. MIPEX에 나타난 가족 재결합의 내용별 특성에 따르면, 전반적으로 볼 때 우리나라의 가족 재결합 관련 정책은 상당히 소극적인 수준으로 평가할 수 있다. 단일 민족-단일 문화의 강한 전통을 오랫동안 강하게 고수해온 맥락을 고려할 때 이해되는 측면이 없지 않다. 전반적으로 낮은 수준이지만 특히 정부가 주류 집단과 동등하게 보호하는가와 관련한 신분 보장 차원은 매우 낮은 것으로 나타나 다수 집단과의 차별성을 그대로 보여주고 있다.

유사한 맥락에서 가족 결합을 위해 입국한 가족 구성원에게 사회경제적 서비스나 권리를 부여하는 관련 정책도 매우 낮은 수준에 머물러 있음을 확인할 수 있다. 이에 반해 합법적으로 거주하는 이주 외국인이 가족을 부양할 수 있다는 적격성은 높게 나타났다. 이는 가족 재결합을 위한 법적 장치를 형식적으로 부여하고 있음을 보여준다. 결론적으로 한국 사회에서 이주 외국인의 가족 재결합의 경우, 법적이고 형식적인 체계는 일정 부분 갖추고 있지만 실질적으로 권리를 부여하거나 다수 집단과 동등한 정도로 보호하는 것에는 상당히 소극적인 정책의 형식주의 양상을 보인다.

교육

이주 외국인을 대상으로 한 교육 관련 정책 영역의 경우, 우리나라는 미국, 캐나다, 호주 등 이민 국가에 비해 다문화 교육이나 다문화에 대한 학습 기회와 지원이 상대적으로 부족한 것으로 나타났다. 이에 반해 법적 지위와 무관하게 교육을 권리로 향유할 수 있도록 하는 접근성은 비교적 높았다. 우리 사회에서 교육이 갖는 의미와 사회적 가치를 고려할 때, 합법 여부와 무관하게 이주 외국인 집단이 교육의 기회를 갖는 것은 높게 평가할 만하다. 그러나 언어, 문화 등 다양한 학습 기회를 제공하는 다문화 교육 영역에서 다른 국가와 비교해 상당히 낮은 수준을 보인 것에는 주목할 필요가 있다.

다문화 교육을 강조하고 다문화가족지원센터 등을 통해 활발한 활동이 이루어짐에도 불구하고 정책내용에 있어서 다른 나라에 비해 상당히 소극적인 것은 접근성과의 격차라는 차원에서 문제적 상황이다. 특히 이주 외국인에게 우리 사회에 존재하는 사회적 기회를 제공하기 위한 다문화 교육을 체계적인 시스템이 아니라 개별 사례별 재정 지원이나 프로젝트 형태로 일시적이고 대증적으로 접근하고 있는 것은 아닌지 점검해볼 필요성을 제기하는 결과이다(허영식, 정창화, 2012; 원숙연·마민지, 2017).

이와 함께 가장 낮은 수준으로 나타난 다문화 교육도 시사하는 바가 적지 않다. 다문화 교육 영역은 모든 학생과 교사를 위한 다문화 교육이 제공되는 정도로 구성된다. 그런데 우리나라에서 학교 현장의 이중 언어 교육은 말할 것도 없고 내국인을 대상으로 한 다문화 역량이나 다문화 감수성과 관련한 교육이 얼마나 실효성 있게 이루어지고 있는지에 대해서는 여전히 회의적 시각이 지배적이다(김선미, 2011; 진시원, 2012; 이해주, 2015). 결국, 우리나라는 이주 외국인에게 주류 사회인 한국 사회에 적응하고 기여할 것만을 요구하는 데 반해, 다수 집단인 내국인이 다문화를 수용하고 감수성을 높일 수 있는 교육이 얼마나 이루어지고 있는지에 대해서는 관심을 보이지 않는다는 해석이 가능하다. 다문화 교육에 있어서 이러한 이중성에 대한 재검토 필요성을 제기하는 결과이다.

정치 참여

〈그림 11〉에서 극명하게 보여주는 바와 같이 정치 참여는 MIPEX가 포괄하는 다른 정책 영역과 비교해 국가 간 차이가 확연하고 독특한 양상을 보인다. 비교 대상 국가들 사이의 차이는 물론 동일 국가 안에서도 하위 구성영역에 따라 그 차이가 현저하다. 이러한 현상은 정치 참여로 대변되는 정치적 자원은 여타의 자원에 비해 민감하고 갈등의 소지가 많음을 웅변한다. 자유주의를 이념적으로 지향하는 대표적인 국가인 미국의 경우, 이주 외국인이 사적인 차원에서 정치적 활동을 하거나 정치 단체를 결성하는 것은 충분히 보장한다. 그러나 공적인 영역에서의 선거권 부여나 구현 정책에 있어서는 매우 소극적인 양상을 보인다. 오히려 우리나라가 선거권과 관련해서는 미국보다—적어도 형식적으로는—더 전향적인 것으로 나타났다. 그러나 정치적 자유를 제공하는 것에 대해서는 미국과 비교할 때 소극적인 정책 태도를 견지했다.

전반적인 차원에서 볼 때, 정치적 참여를 구성하는 하위 요소 중 선거권 부여는 대부분의 국가에서 소극적인 양상을 보인다. 이처럼 소극적인 선거권 부여와 비교하면 자문 기구나 구현 정책은 비교적 높은 수준을 유지하고 있다. 그러나 그러한 차이는 일종의 기저 효과(base effect)가 작동한 측면이 없지 않다. 대부분의 국가가 이주 외국인의 선거권과 피선거권을 엄격히 제한하면서도 이민자의 정치 활동은 상대적으로 보장하는 이중성이 공통적으로 나타나기 때문이다(원숙연·마민지, 2017). 이미 밝힌 바와 같이 정치 참여는 정치 공동체의 구성원, 다시 말해 시민에게 부여되는 정치적 시민권의 성격을 가지기 때문에 이주 외국인을 대상으로 한 정책에서 나타나는 형식과 실질적 내용 사이의 이중성은 이해 가능하다. 그에 반해 우리나라는 전반적인 차원에서 소극적인 속성을 일관되게 보인다. 이주

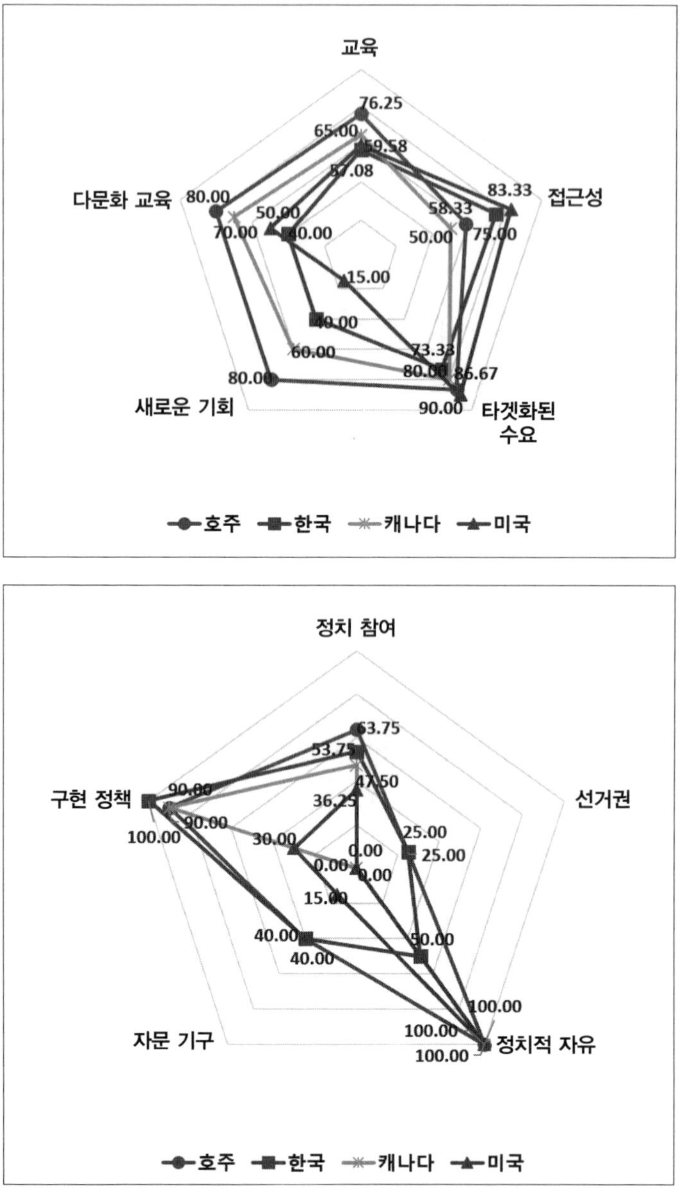

〈그림 11〉 이주 외국인 정책의 내용별 구조: 교육과 정치 참여

외국인의 정치 참여와 관련해 다른 나라가 보이는 이중성이나 우리나라가 보이는 소극성 모두 방식은 다르지만, 정치적 자원을 둘러싼 사회적 의미와 무게를 그대로 보여준다는 점에서 실질적으로는 수렴하는 것으로 해석될 여지가 있다.

국적 취득

국적 취득의 적격성, 취득 조건, 신분 보장 및 이중 국적 등의 하위 차원으로 구성된 국적 취득 영역에서도 우리나라는 독특한 양상을 보인다. 미국, 캐나다 그리고 호주는 정도의 차이는 있지만 일정 부분 수렴하는 양상이다. 이에 반해 우리나라는 이들 국가와는 완전히 다른 양상을 보인다. 물론 이는 세 국가에 비해 민족이나 혈통 등을 강조하는 우리 사회의 문화적 전통으로 인해 이주 외국인의 국적 취득이 까다로운 속인주의를 택하고 있는 점이 반영된 결과로 해석된다. 다만 장기 체류 신청자에 대한 보호장치인 신분 보장에 있어서는 다른 국가와 유사한 양태를 보이는 점은 눈에 띈다.

속인주의의 전통을 일조일석에 포기하는 것이 현실적으로 쉽지 않다. 그러나 독일의 사례가 주는 함의를 생각해볼 필요가 있다. 우리와 유사하게 민족과 혈통을 강조하는 사회적 맥락을 가지고 유럽에서 유일하게 속인주의를 고수하던 독일에서도 최근 국적 취득에 있어서 속지주의적 요소를 가미하는 움직임이 포착되기 때문이다(Oezcan, 2004; 강휘원·강성철, 2010; 원숙연 ·마민지, 2017). 이러한 독일의 변화는 저출산과 고령화 그에 따른 노동 인구의 감소 등 현실적 필요성이 대두한 것과도 무관하지 않다. 우리나라도 이러한 사회적 문제에 직면하고 있으며 어쩌면 다른 나라보다 더 심각한 상황이라고 할 수 있다. OECD 국가 중 최하위의 출산율과 세계적으로도 유례를 찾기 어려울 정도로 빠르게 고령화가 진행되는 것이 우리의 현실이기 때문이다(김진일·박경훈, 2017; 우해봉, 2018). 이러한 상황을 고려한다면, 민족이나 혈통과 같은 전통적인 가치와 경제적이고 도구적인 현실적 가치 사이에서 어떤 선택을 할 것인지에 대한 사회적 논의와 합의의 필요성이 강하게 제기된다.

차별 금지

차별 금지는 모든 거주자가 인종, 민족, 종교 및 국적에 따른 차별로부터 법적 보호를 받는지를 보여주는 정책 영역이다. 미국, 캐나다, 호주의 경우 MIPEX의 다른 정책 영역에 비해 차별 금지를 구성하는 하위변수들은 비교적 안정되고 균형 있는 양상을 보여준다. 특히 캐나다는 적극적이면서 안정적이다. 미국은 평등 정책 분야에서 캐나다보다 소극적인 면이 있지만 전체적으로 볼 때는 캐나다와 유사한 양상을 보인다. 호주는 미국이나 캐나다에 비해 다소 소극적인 면이 있지만 하위변수들이 전반적으로 균형 있게 형성되고 있다. 이들 국가처럼 이주의 역사가 오래된 사회에서는 차별 금지라는 당위적 필요성에 대해 반대할 이유와 명분이 없다는 점이 작용했을 것으로 보인다.

여기서 흥미로운 것은 차별 금지와 관련한 우리나라의 현실이다. MIPEX에 따르면, 우리나라의 경우 고용, 교육, 주거, 보건 등의 거의 모든 영역을 차별금지법이 포괄하고 있기 때문에 적용 영역은 여타의 국가와 비교해 손색이 없다. 그러나 차별금지법이 현실에서 구현되기 위한 제반 여건 분야에서는 상당히 소극적인 양상을 보인다. 이러한 현상은 명목적이고 형식적인 법제를 통해 거의 모든 영역에서 차별을 금지하고는 있지만 실제적으로 이주 외국인이 차별을 받지 않도록 하기 위한 장치나 실제

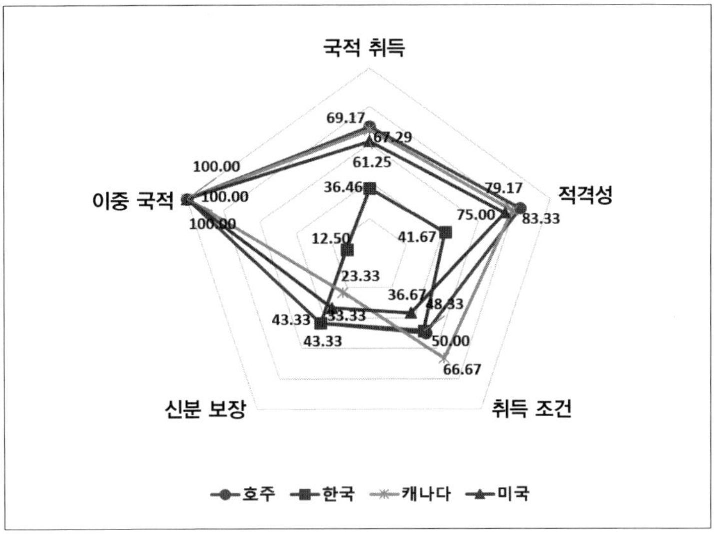

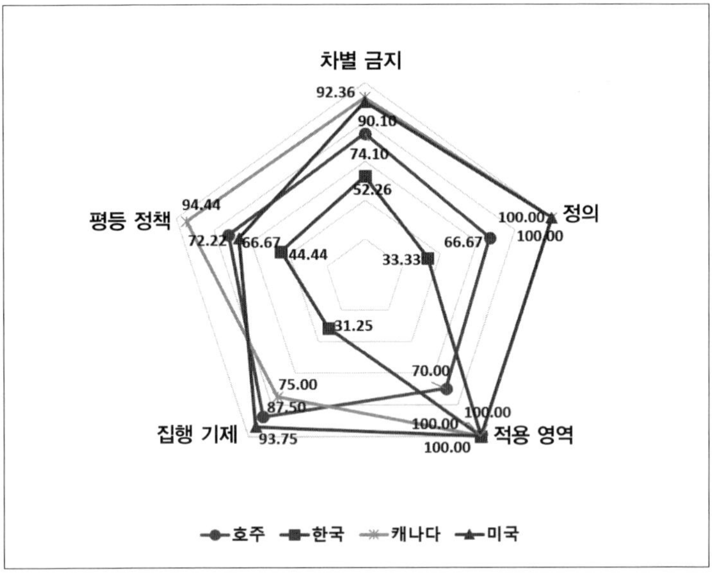

〈그림 12〉 이주 외국인 정책의 내용별 구조: 국적 취득과 차별 금지

집행은 제한적이라는 뜻이 된다. 이는 정책이 갖는 형식주의의 전형적인 양태이다. 법과 현실 사이의 간극 또는 공백이 존재하는 것이다. 말할 것도 없이 이러한 간극과 공백은 소수 집단으로서 이주 외국인과 다수 집단으로서 일반 국민 사이의 잠재적 갈등의 원인으로 작용할 가능성을 그만큼 높인다.

이주 외국인 정책의 다기성과 그 함의

특정 국가의 정책 경험이 다른 국가의 정책 대안으로 활용되는 정책 이전은 현실이 되고 있다. 특히 이주 외국인 이슈와 같이 과거의 정책 경험이 없는 우리의 상황에서 다른 국가의 정책 경험은 정책 이전의 가능성을 더욱 높인다. 이처럼 정책 내용이 사회적 맥락에 구속됨과 동시에 정책 이전의 필요성이 공존하는 이중적 상황은 우리나라의 이주 외국인 정책의 위치를 다른 나라와 비교할 필요성을 강하게 제기한다.

이러한 문제의식에 따라 이 장에서는 이주 외국인 정책을 둘러싼 우리의 현실을 이민 국가인 미국, 캐나다, 호주와 비교했다. 이들 국가와 우리나라의 맥락과 경험의 차이로 인해 일직선상의 비교는 조심스럽다. 그러나 정책 이전의 관점에서 볼 때 이주 외국인에 대한 사회적 수용의 범위가 넓은 국가라고 해서 모든 영역에서 우리나라보다 전향적이고 적극적인 이주 외국인 정책을 펴는 것은 아니라는 점이 확인되었다. 물론 총론에서는 이들 국가가 우리나라보다 이주 외국인에 대해 전향적이지만 각론의 모든 정책 영역에서 우리나라보다 더 전향적인 것은 아니다. 다시 말해 정책 영역에 따라, 또는 각각의 정책 영역을 구성하는 하위 차원에 따라 다르게 나타나는 정책 내용의 다양성 또는 다기성이 존재하는 것이 확인되었다. 정책은 당위나 이념이 아니라 현실의 문제를 해결하기 위한 사회적 선택이고, 이러한 선택은 특정 공간과 시간 범위 안에서 작동하는 다양한 집단의 상호작용과 논리가 부딪치면서 사회적 구성물을 만들어낸다. 이것이 정책 내용이 다양성과 다기성을 내포하는 이유이다.

이처럼 우리나라의 이주 외국인을 대상으로 한 정책이 보여주는 정책 영역별 다기성과 다양성은 이주 외국인 정책에 대한 다차원적 접근의 필요성을 웅변한다. MIPEX는 이주 외국인 정책의 세부 영역에 따라 그 구조와 지형이 동질적이지 않음을 보여준다. 정책집단에 따라 차별적 배제와 편입이 존재하는 것을 넘어서 동일 집단에 대해서도 정책 영역에 따라 그 내용이 달라질 수 있음을 확인해 준다. 이는 이주 외국인 정책 내용이 다양한 형태로 분화할 가능성을 보여준다는 점에서 실천적으로나 학문적으로 도전적이다. 유연하고 다원적 접근에 따른 요구와 갈등을 다양하게 담아내야 한다는 점에서 더욱 그렇다.

우리나라 이주 외국인 정책 내용에 따른 다양성과 관련해 또 하나 주목할 것은 이주 외국인 정책에 내포되어 있는(있을) 형식주의의 가능성이다. 정책 영역에 따라 다양한 패턴을 보여주는 다기성에도 불구하고 공통적으로 존재하는 것은 법적인 형식에는 비교적 전향적인 데 반해, 이를 구현하는 실질적인 접근에 있어서는 소극적이라는 점이다. 다시 말해, 이주 외국인 정책을 둘러싼 당위적이고 논리적인 수사(修辭)는 적극적이나 이를 현실화하는 정책적 의지나 실질적 대안은 약하다는 것이다. 물론 이러한 이중성이 우리나라에서만 나타나는 것은 아니다. 소수 집단과 다수 집단의 관계에서 일정 부분 불가피한 현상처럼 보이기도 한다. 그러나 MIPEX에서 이주 외국인 정책을 둘러싼 이중성 또는 형식주의의 정도가 국가마다 차이가 있는 것을 인정하더라도, 우리나라의 경우 그 간극이 크고 일상화되어 있는 것처럼 보인다. 노동 시장 참여와 정치 참여라는 사회적으로 민감한 희소 자원에 대해서도 비교적 전향적일 수 있는 것은 이러한 자원을 함께 나눌 실질적 의지가 없어서 일수도 있다. 이는 일종의 역설이며 정치적 선택이다. 이주 외국인에게 사회적 희소 자원을 나누어야 한다는 법적이고 당위적인 방향성이 실질적으로 나누겠다는 의지와 행동을 담보하는 것은 아니기 때문이다. 이러한 이중성을 윤리적인 차원에서 비판하려는 것은 아니다. 정책은 이상향을 꿈꾸는 당위나 사회운동 논리와는 달리 현실에 뿌리를 둘 수밖에 없다. 그러나 주목할 것은 정책의 형식주의나 이중성이 저절로 생긴 것이 아니라 인위적으로—정치적으로—만들어졌을 수 있다는 점이다. 이주 외국인의 유입이 불가피한 상황에서 사회적 희소 자원을 똑같이 나눌 수 없을 때 형식적으로 나누되 실질적으로는 나누지 않는 선택된 방식 중 하나가 형식주의이기 때문이다.

12장

이주 외국인 정책에 대한 선호의 다층성

'다문화 삼각지대'의 관점에서

다문화 삼각지대

대부분의 정책이 그렇듯 이주 외국인 정책을 둘러싼 이해관계 집단은 일반 국민, 공무원, 이주 외국인의 삼각구도(triangle)이다. 이주 외국인 정책은 다문화 사회 이전에 대응한 정책이라는 점에서 '다문화 삼각지대(multicultural triangle)'라고 할 수 있다.

이주의 세계화라는 파고 속에서 일반 국민은 납세자로서 외국인 정책으로 인해 유발되는 비용의 현재적 또는 잠재적 부담자이다. 따라서 이들 일반 국민이 이주 외국인 관련 정책을 어떻게 생각하고 어떤 선호를 가지고 있는가는 중요하다(Lee & Ottati, 2002; Breugelmans & Vijver, 2004; Pantoja, 2006). 이주 외국인의 증가는 그간 우리 사회가 당연시해온 단일 민족-단일 문화 가치관에 대한 전면적 도전이기 때문에 일반 국민이 이주 외국인이나 이들을 대상으로 한 정책의 수용 폭이 넓지 않다. 이는 자연스럽게 이주 외국인이나 이들을 위한 정책적 대응에 대한—특히 적극적 지원 정책—심리적 저항으로 이어질 수 있다. 이러한 상황에서 납세자로서 정책비용을 부담할 수밖에 없는 일반 국민들이 외국인 정책에 대해 갖는 선호를 이해하는 것은 정책의 정당성과 정책 순응 확보 차원에서 중요하다.

한편, 공무원 역시 다문화 삼각지대의 주요 이해관계집단이다. 우리나라에서 시민단체의 역할과 추동력에 무게를 두기도 하지만(윤인진, 2010), 전반적인 차원에서 볼 때 이주 외국인 관련 정책은 대표적인 정부 주도의 정책 영역이다(김희정, 2007; 원숙연, 2008). 정도의 차이는 있지만 서구도 이주 외국인 정책은 정부주도의 속성을 갖는다(Inglis, 1996: Banting et al., 2006). 전술한 7장과 8장에서 본 바와 같이 정책 과정에 참여하는 공무원의 정책 아이디어나 선호가 정책 내용과 방향성을 결정하는 데 중요하게 작용한다.

다문화 삼각지대의 또 다른 이해관계 집단은 이주 외국인이다. 이주 외국인의 사회적 지위와 영향력을 고려할 때 이주 외국인이 직접적으로 정책 내용이나 방향성에 영향을 미치는 것은 쉽지 않은 일이다. 그러나 이주 외국인은 정책 대상자로서 이들의 필요와 선호가 반영되지 않은 정책은 현실적이지 못하고 형식주의로 흐를 위험이 있다. 또한 정책은 희소 자원을 배분하며 이 과정에서 기회비용의 발생은 불가피하다. 따라서 정책의 방향이나 내용이 정책 대상자의 필요에 부응하지 못하거나 이들이 직면한 현실을 규율하지 못한다면 그것은 사회적 자원의 낭비로 이어진다. 이러한 차원에서 외국인 정책의 내용과 방향성을 설정하는 데 있어서 일차적인 정책 대상자로서 이주 외국인의 인식과 필요를 파악하는 작업의 중요성은 아무리 강조해도 지나치지 않다.

이상의 논의의 맥락에서 이주 외국인 관련 정책에 이해관계를 갖는 대표적 집단인 일반 국민-공무원-이주 외국인으로 구성된 '다문화 삼각지대'로 설정하고 각각의 이해관계 집단이 외국인 정책의 내용과 방향성에 대해 가지는 선호를 밝히고자 한다. 특히 각각의 집단이 갖는 선호가 어느 정도 일치 또는 차이가 있는지에 초점을 맞추어 논의를 진행한다.

대상 집단의 다양성과 척도의 등가성

이 장에서는 이주 외국인 정책을 둘러싼 선호의 다층성을 납세자인 일반 국민, 정책 주체인 공무원, 그리고 일차적 정책 대상자인 이주 외국인 등 다양한 집단을 대상으로 확인한다. 이를 위해 이론적 논의에 근거해 외국인 정책의 방향성을 대표하는 차별 배제, 동화, 다문화주의에 대한 선호를 측정했다. 이 장의 문제의식과 목적의 차원에서 볼 때 이 세 집단 모두를 대상으로 하는 것은 타당하다. 그러나 이들 대상 집단에 접근하는 것과 척도의 등가성을 확보하는 일은 간단하지 않다. 일반 국민과 공무원은 모두 우리나라 국민이기 때문에 언어적 장애가 없지만 이주 외국인의 경우 한국어에 대한 장애가 큰 문제가 된다. 이주 외국인의 출신 국가만큼 언어도 다양하기 때문에 이를 반영한 측정 도구와 설문지를 만드는 것이 조사 과정의 어려움을 가중한다.

그러한 어려움을 최소화하기 위한 하나의 방안으로 연구대상의 소재지역을 서울로 한정했다. 또한 이들 세 집단 모두를 대상으로 이주 외국인 정책 선호를 파악하는 데 서울이 갖는 장점이 있다. 먼저, 서울 시민의 경우, 외국인이나 외국인 정책에 대한 노출도가 높아 이와 관련한 인식이 일정 부분 형성되었을 개연성이 있다. 또한 다양한 언론 매체를 통해 다문화 사회로의 이동이나 이주 외국인에 대한 정보 제공이 활발하다. 이와 함께, 다른 지역에 비해 서울에는 다양한 배경과 목적을 가진 이주 외국인이 분포되어 있다. 공무원의 입장에서 보면 외국인 관련 정책 개입에 있어서 서울시는 다른 지방자치단체에 비해 선도적인 역할을 하고 있다. 서울시 25개 구청은 건강가족지원센터 내 다문화가족지원센터를 두어 이주 외국인을 위한 다양한 지원 및 정책 프로그램을 수행하고 있다. 이주 외국인의 입장에서도 서울시 거주 외국인 규모가 클 뿐 아니라 결혼이주여성이 집중되어 있는 지방과는 달리 다양한 국적과 직업군의 이주 외국인이 거주하고 있다. 이처럼 여러 가지 차원에서 일반 국민-공무원-이주 외국인으로 구성된 다문화 삼각지대를 포괄하기에 서울시가 타당한 연구 대상이 될 것으로 판단되었다.

설문 조사는 일반 국민과 공무원을 1단계로, 이주 외국인을 2단계로 나누어 실시했다. 일반 국민은 최대한 표본의 균질성과 대표성을 확보하기 위해 서울시 관내 25개 전 구청의 민원실에서, 공무원은 서울시 내 25개 각 구청 총무과를 통해 다양한 부서에 근무하는 공무원을 대상으로 설문 조사를 실시했다. 일반 국민과 공무원 모두 구청 당 30부의 설문을 균분해 배포했고 불성실 응답을 제외한 일반인 558명, 공무원 534명이 최종 분석에서 활용되었다. 이주 외국인은 일반 국민과 공무원에 비해 설문 대상에 접근하는 것이 쉽지 않고, 이주 외국인이 겪는 언어적 어려움으로 인해 다양한 언어로 구성된 설문지가 필요했다. 설문 대상 확보는 연구 목적과 취지에 공감하는 외국인 근로자센터와 다양한 종교 단체를 통해 이루어졌다. 언어 문제를 고려해 중국인의 경우 한국어와 중국어 구사가 가능한 연구 보조원을 고용해 조사를 진행했다. 이와 함께 우리나라 유학생과 전문가의 도움을 받아 영어, 캄보디아어, 몽골어 버전의 설문지를 구성해 조사를 실시했다. 이러한 노력을 통해 총 192명의 외국인이 최종분석에 참여했다. 이러한 과정을 거쳐 총 1,284명(일반 국민: 558명, 공무원: 534명, 이주 외국인: 192명)을 대상으로 실증 분석이 이루어졌다.[4]

설문은 인종적 다양성을 먼저 경험한 서구에서 개발된 것과 우리의 상황에 맞게 재구성해 사용했던 기존의 도구를 본 연구의 목적에 맞게 선택적으로 사용했다(cf. Martiniello, 2002; Banting & Kymlicka, 2006; 박진경·원숙연, 2010). 차별·배제는 주류 사회가 원하지 않은 이민자의 영주가능성을 막고 내국인과 차별적인 대우를 기본 목표로 하는 정책 방향으로(불법 체류자 단속 및 송환, 외국인 범죄 강력 처벌 등), 동화는 이주 외국인으로 하여금 주류 사회에 성공적으로 적응할 수 있도록 지원하고 내국인과 동등하게 대우하는 것으로(국적 취득 시 한국어 이수 강화, 한국어 교육에 대한 지원, 이주 외국인에 대한 사회 복지 혜택의 확대, 그리고 차별금지법의 제정), 다문화주의는 이주 외국인 문화를 인정하고 유지와 보존을 지원하며 이주자를 주류 사회에 적극 편입시키는 것으로 규정했다(이중 언어 교육 재정 지원, 이중 국적의 허용, 고용상의 우대 조치 및 선거권 부여).

차별 배제와 다문화주의의 이분법: 정책 방향별 차이

이주 외국인을 대상으로 한 정책 선호의 포괄적인 지형을 알아보기 위해 정책 방향에 따른 집단 간 선호의 차이 분석과 사후 검증을 실시했다.

---

4 각 집단별 표본의 개략적인 특성은 다음과 같다. 먼저 일반 국민은 남성이 42.8%, 여성이 57.2%, 학력은 대학 재학 이상이 약 79%를 차지했고 미혼이 46.4%, 기혼이 53.6%, 연령은 20대, 30대, 40대 각각 29.5%, 24.1%, 23.1%를 차지했고 50대 18.6%와 10대 4.7%로 구성되었다. 소득은 200만 원에서 700만 원이 약 89%를 차지했다. 공무원의 경우, 남성이 37.8%, 여성이 61.8%, 학력은 약 88.0%가 대졸 이상, 기혼이 63.9%, 미혼이 34.8%, 연령은 2~30대가 약 90%를 차지했다. 직급은 7급과 8급이 각각 38.8%와 31.7%를 차지했고 6급이 약 10.0%, 9급이 약 20.0%를 차지했다. 이주 외국인은 남성이 36.8%, 여성이 63.2%, 결혼 여부는 기혼이 41.9%, 미혼이 54.2%, 이주 목적은 외국인 근로자가 25.0%, 외국인 학생이 49.5%, 결혼이주여성이 25.5%를 차지했다.

그 결과 차별 배제-동화-다문화주의 모두에서 통계적으로 유의미한 집단 간 정책 선호가 확인되었다. 먼저, 차별 배제의 경우, 일반 국민(3.77/5), 공무원(3.90/5), 외국인(3.10/5)으로 이러한 차이는 통계적으로 지지되었다(F, 7.941, $p<0.001$). 동화는 일반 국민(3.90/5), 공무원(3.79/5), 외국인(3.87/5), 다문화주의는 일반 국민(3.27/5), 공무원(3.33/5), 외국인(3.59/5)이고 정책 유형별 선호의 집단 차이는 모두 통계적으로 지지되었다(동화: F, 5.183, $p<0.01$, 다문화주의: F, 18.491, $p<0.001$). 사후 분석 결과에 따르면, 차별 배제와 다문화주의의 경우, 공무원, 일반 국민 그리고 이주 외국인이 모두 다 다른 인식을 가진 것으로 나타났다. 그러나 그 상대적인 선호는 반대의 양상인데, 차별 배제는 공무원, 일반 국민, 이주 외국인 순으로, 다문화주의는 이주 외국인, 일반 국민 그리고 공무원 순으로 나타났다. 이에 반해 동화는 일반 국민과 이주 외국인이 같은 집단으로, 공무원은 별도의 집단으로 분류되었다.

이러한 차이를 보다 세부적으로 살펴보면 몇 가지 논제가 제기된다. 첫째, 정책 방향을 기준으로 볼 때, 차별 배제, 동화, 다문화주의 모든 영역에서 세 집단 간 선호의 차이가 확인되었다. 그중에서 차별 배제와 다문화주의에서 보다 다원적인 선호의 지형이 보인다. 여기서 다원적이라는 것은 이들 세 집단 모두 서로 다른 정책 선호를 보이며 특히 차별 배제와 다문화주의는 대칭적 관계에 있다. 다문화주의는 일반 국민이나 공무원과 같은 주류 집단에게, 차별·배제는 소수 집단에게 민감한 정책 영역이다. 다문화주의는 주류 집단에게 익숙한 사회적 자원의 배분 양식 변화를 일정부분 함축하는 데 반해 차별 배제는 이주 외국인에게 자신들의 운신의 범위를 축소시키는 내용이기 때문에 두 집단의 정책 방향은 반대로 나타날 수밖에 없다.

동화는 또 다른 차원에서 흥미롭다. 차별 배제나 다문화주의에 비해 동화는 주류 집단 대 이주 외국인 집단 간 이해관계의 갈등이 크지 않은 정책 방향이다. 주류 집단으로서는 이주 외국인이 한국 사회에 동화되는 것에 큰 거부감이 없다는 차원에서, 이주 외국인에게는 한국 사회에 성공적으로 적응해야 하는 현실적 요구가 크다는 점에서 그렇다. 더 나아가 주류 집단은 동화로 인해 자신들에게 익숙한(유리한) 현실을 변경할 필요성이 높지 않아 위협적이지 않다는 점도 작용했을 수 있다. 주목할 것은 같은 주류 집단인 일반 국민과 공무원 사이에 선호차이가 존재하는 데 반해 일반 국민과 이주 외국인 간 정책 선호의 차이가 없다는 점이다. 한마디로 일반 국민과 이주 외국인 간 선호가 수렴한다.

다음으로 조금 다른 각도에서 일반 국민, 공무원, 이주 외국인의 집단을 기준으로 정책 선호를 확인했다. 가장 주목할 결과는 일반 국민과 공무원은 같은 주류 집단에 속하면서도 이주 외국인 정책에 대한 선호의 차이가 꽤 존재한다는 점이다. 주류 집단 대 이주 외국인 집단으로 정책 선호가 양분되는 것이 일반적인데, 차별 배제, 동화, 다문화주의 모두에서 일반 국민과 공무원 사이에서의 정책 선호가 유의미한 수준에서 차이를 보인다. 차별 배제와 동화에서 공무원이 일반 국민보다 강한 정책 선호를 보이고 다문화주의에서는 일반 국민보다 낮은 선호를 보인다. 일반 국민의 정책 선호는 차별 배제와 다문화주의 모두에서 공무원과 이주 외국인의 중간에 위치한다. 특히 일반 국민의 동화에 대한 선호는 공무원보다 오히려 이주 외국인과 같은 수준으로 분류되는 이례적 결과를 보였다.

이처럼 공무원이 차별 배제나 동화 모두에서 같은 주류 집단인 일반 국민보다 높은 선호를 보이고 다문화주의에 대해서는 유보적인 입장을 갖는 것은 공무원이 이주 외국인에 대해 일반 국민보다 더 민감하다는 해석을 허락한다. 그 이유는 몇 가지로 추적된다. 공무원은 이주 외국인 유입에 따라 나타날 긍정적 또는 부정적 변화에 대해 보다 현실적인 인식을 가질 기회가 많다. 이주 외국인 관련 정책은 대표적인 정부 주도의 영역이어서 공무원은 일반 국민에 비해 이주 외국인과 관련한 문제 해결을 위한 정책필요성을 높게 느낄 수밖에 없다. 이주 외국인의 유입에 따른 부정적인 측면을 최소화하기 위한 규제적 성격의 차별 배제를 선호하는 것도 같은 맥락에서 이해될 수 있다.

다음으로, 이주 외국인은 동화에 대한 선호가 강한데, 특히 일반 국민과 같은 수준을 보이는 점이 흥미롭다. 새로운 문화와 환경을 가진 한국에 적응하는 것이 현안인 이주 외국인의 현실을 고려할 때 충분히 이해 가능한 결과이다. 주류 집단과 달리 다문화주의에 대한 선호가 높은 것이나 차별 배제에 대한 선호가 매우 낮은 것은 비주류 집단으로서 이주 외국인의 전형적이고 일반적인 반응이다. 다만 이주의 역사가 오래될수록 다문화주의에 대한 이주 외국인 집단의 선호가 강하게 나타난다는 점을 고려한다면(Berry, 1997; 2006; Pantoja, 2006), 이주의 역사가 길지 않은 현 상황에서 동화에 대한 선호가 높은 것은 현실적인 인식으로 평가될 수 있다. 요약하면 이상의 결과는 일반 국민, 공무원, 이주 외국인의 정책 선호에 있어서 동화는 수렴하는 양상을 보이는 데 반해, 차별 배제와 다문화주의와 관련해서는 이분법적 인식이 존재하는 것으로 보인다. 또한 같은 주류 집단이라고 해서 정책 선호가 반드시 수렴하는 것은 아니고 주류 집단 안에서도 내부적 변이의 존재가 확인된다.

이해관계의 다층성과 정책 선호의 차별성: 정책 수단별 차이

이상에서 일반 국민, 공무원 그리고 이주 외국인이 차별 배제, 동화, 다문화주의 정책 방향에 대해 갖는 전반적인 선호의 구조를 파악했다. 전반적인 지형이 보여주는 발견적 의미를 바탕으로 각 정책 방향에 따른 세부 정책 수단별 선호를 확인했다. 이에 따라 차별 배제는 1) 불법 체류 단속 및 추방, 2) 외국인 범죄에 대한 강력 처벌로, 동화는 1) 한국어 교육 지원, 2) 차별금지법 제정, 3) 국적 취득 시 한국어 강화, 4) 이주 외국인 복지 혜택 확대로, 그리고 다문화주의는 1) 이중 언어 교육 지원, 2) 이중 국적 허용, 3) 이주 외국인 고용 우대, 4) 장기 체류자 선거권 부여 등으로 구성하고 정책 수단별 선호를 측정한 결과는 다음과 같다.

첫째, 차별 배제의 정책 수단 중 불법체류 단속 및 추방은 일반 국민(3.43/5), 공무원(3.59/5), 이주 외국인(3.38/5)으로, 그 차이는 통계적으로 지지되었다(F, 4.705, $p<0.01$). 인식의 집단 차이를 확인하기 위한 사후 분석 결과 이들 세 집단 모두 각기 다른 선호를 가진 것으로 나타났다. 외국인 범죄 강력 처벌은 일반 국민(4.10/5), 공무원(4.22/5), 이주 외국인(3.27/5)으로 그 차이는 통계적으로 확인되었다(F, 9.977, $p<0.001$). 사후분석에서 일반 국민과 공무원은 같은 집단으로, 이주 외국인은 다른 집단으로 분류되었다.

둘째, 동화의 정책 수단 중 한국어 이수제 강화의 경우, 일반 국민(3.75/5), 공무원(3.92/5), 이주 외국인(3.70/5)으로 이러한 선호의 차이는 통계적으로 지지되었다(F, 7.504, $p<0.01$). 사후분석결과에 따르면, 일반 국민과 이주 외국인이 동일 집단으로 분류되고 공무원은 다른 선호를 가진 집단으로 나타났다. 한국어 교육 지원의 경우, 일반 국민(3.99/5), 공무원(4.13점/5점), 이주 외국인(4.12/5)으로 선호의 차이는 통계적으로 지지되었다(F, 4.995, $p<0.01$). 사후 분석 결과는 공무원과 이주 외국인은 같은 집단으로, 일반 국민은 다른 집단으로 분류되었다. 복지 혜택 제공에서 일반 국민(3.63/5), 공무원(3.66/5), 이주 외국인(3.88/5)으로 집단 간 인식의 차이는 통계적으로 지지되었다(F, 7.699, $p<0.001$). 사후 분석 결과는 일반 국민과

공무원은 같은 집단으로, 이주 외국인은 다른 집단으로 분리되었다. 차별금지법 제정은 일반 국민(3.81/5), 공무원(3.81/5), 이주 외국인(3.76/5)으로 인식의 차이가 통계적으로 지지되지 않았다(F. 0.303, ns).

마지막으로 다문화주의의 정책 수단 중 이중 언어 교육 지원의 경우, 일반 국민(3.63/5), 공무원(3.62/5), 이주 외국인(3.80/5)으로 그 차이는 통계적으로 지지되었다(F, 3.761, $p<0.05$). 사후 분석 결과 일반 국민과 공무원은 같은 집단으로, 이주 외국인은 다른 집단으로 분리되었다. 장기체류자 선거권부여는 일반 국민(3.35/5), 공무원(3.35/5), 이주 외국인(3.27/5)으로 정책 수단별 선호의 집단 간 차이는 통계적으로 지지되지 않았다(F, 0.598, ns). 이중 국적 허용은 일반 국민(3.01/5), 공무원(2.83/5), 이주 외국인(3.53/5)으로 그 차이는 통계적으로 지지되었다(F, 33.821, $p<0.001$). 사후 분석 결과 세 집단이 모두 다른 집단으로 분류되었다. 고용 시 외국인 우대의 경우. 일반 국민(2.84/5), 공무원(2.72/5), 이주 외국인(3.67/5)으로 집단 간 선호의 차이가 통계적으로 지지되었다(F, 83.865, $p<0.001$). 사후분석결과 일반 국민과 공무원은 같은 집단으로 이주 외국인은 다른 집단으로 분류되었다.

이상의 분석 결과는 몇 가지 흥미로운 논제를 제기한다. 첫째, 동화의 차별금지법 제정과 다문화주의의 장기 체류자 선거권 부여에 대한 집단 간 차이는 통계적으로 지지되지 않았다. 차별금지법 제정은 구체적인 이해관계의 변경이 가시화되지 않는 당위의 차원으로 이주 외국인을 차별하지 말아야 한다는 것에 대해 원칙적으로 동의하지 않는 집단은 없다. 따라서 집단 간 차이가 발생하지 않은 것에 대한 설명이 가능하다. 여기에 더해 차별금지법의 제정은 복지나 고용 우대와 같이 그 혜택이나 비용이 구체적이지 않다. 한마디로 주류 집단의 이해관계에 대한 위협이 덜 느껴진다. 이러한 양상은 수단별 선호의 우선순위에서도 그대로 나타난다(일반 국민 3위, 공무원 4위, 외국인 4위).

한편, 장기 체류 외국인의 선거권 부여는 조금 다른 차원에서 집단 간 선호 차이가 적다. 이론적 논의에서 이미 밝힌 것처럼 선거권은 가장 전향적인 시민권의 영역으로 주류 집단과의 첨예한 이해 갈등을 내포한다. 이러한 특성은 수단별 선호의 순위에서도 그대로 나타난다(일반 국민, 공무원 모두 8위). 흥미로운 것은 이주 외국인도 선거권 부여에 대한 선호가 매우 낮다는 점이다(9위). 이주 외국인에게 있어서 장기 체류 시 선거권을 부여하는 것은 분명 환영할 만한 것임에도 불구하고 이처럼 선호가 낮은 것은 몇 가지 상황이 작용한 것으로 보인다. 선거권에 대한 정확한 이해가 결여되었을 수도 있고 주로 일시 체류가 많기 때문에 선거권에 해당할 가능성이 없다고 생각했을 수도 있다. 그러나 보다 현실적인 설명은 선거권과 같은 정치적 시민권을 논하는 것은 시기상조일 가능성이 높다. 사실, 정치적 시민권에 대한 인식과 필요는 보다 현실적인 경제적, 사회적 자원에 대한 접근성이 확보된 후에 형성되는 장기적 이슈이다. 따라서 당장 한국 사회에 적응하며 생활을 영위해가는 것이 현안인 상태에서 정치적 시민권을 운위하는 것은 비현실적이기 때문에 이에 대한 이주 외국인 집단의 선호가 높지 않을 수 있다.

다음으로, 일반 국민, 공무원 그리고 이주 외국인 집단별 선호의 차이가 큰 것은 재분배적 성격을 가진 정책 수단이다. 고용 시 외국인 우대나 이주 외국인 대상 복지 확대 등이 대표적이다. 이주 외국인에게 있어서 이러한 정책 수단이 긍정적이고 선호가 높지만 주류 집단의 이해관계 측면에서는 민감한 이슈이다. 주지하는 것처럼 수혜 집단과 비용 부담 집단이 특정되고 주류 집단의 사회적 자원이 이주 외국인 집단에게 이전되는 것이 명확한 정책 수단은 주류 집단으로부터의 저항 가능성이 높다. 이주의 역사가 오래된 서구에서도 이러한 성격의 정책 수단에 대한 수용의 폭이 좁은 것이 확인된다(Kravitz & Klineberg, 2000; Massey, 2004; Kravitz, 2008). 한 가지 주목을 끄는 것은 외국인에 대한 고용 우대나 복지 제공에 대해서는 일반 국민과 공무원의 선호가 같은 데 반해, 이중국적 허용에 대해서는 이들 주류 집단의 선호가 다르다는 점이다. 이러한 결과는 실제로 이중 국적의 허용과 그에 따른 행정적, 사회적 효과에 대한 공무원의 인식이나 경험이 일반 국민에 비해 많기 때문으로 해석된다.

다음으로 정책 수단에 따른 선호의 집단 차이가 상대적으로 적은 것은 한국어 교육과 이중 언어 교육과 관련된 것이다. 이들은 이해관계 관점에서 볼 때 주류 집단으로서 가장 부담이 없는 정책 수단이다(원숙연, 2008; Jackson et al., 2001; Berry, 2001; Ingram et al., 2007). 기존에 존재하는 사회적 자원 배분 방식에 어떤 위협도 가하지 않으면서 이주 외국인이 한국 사회에 잘 적응하는 것은 주류 집단으로서 환영할 만한 일이다. 같은 맥락에서 이주 외국인 집단에게 한국어는 현 상황에서 가장 필요한 자원이어서 두 집단의 이해관계가 수렴한 것으로 보인다.

이에 반해 집단 간 선호의 차이가 가장 큰 것은 외국인 범죄에 대한 강력한 처벌이다. 일반 국민과 공무원에게는 최우선(1위)의 정책 선호를, 이주 외국인에게는 최하위(10위)의 정책 선호를 보여 주류 집단과 이주 외국인 집단 간 선호의 간극이 가장 컸다. 기본적으로 우리 사회 저변에 깔려 있는 이주 집단에 대한 심리적 저항인 제노포비아가 일정 부분 작용했을 것이고 이주가 본격화되면서 외국인 범죄에 대한 직간접적인 경험이 어느 정도 작용한 결과로 보인다(신동일, 2010; 소은선, 2011). 주류 집단의 관점에서 볼 때, 내국인 범죄와 이주 외국인 범죄가 동일선상에서 평가되지 않는 것이 현실이다. 내외국인 범죄율과 같은 실체적 진실과 무관하게 주류 집단에게 외국인 범죄는 훨씬 더 위협적으로 느껴질 수 있다(소은선, 2011). 막연하고도 심리적인 두려움(정서)이 합리적인 통계(사실)보다 강하게 작동할 수 있기 때문이다.

주류 집단 대 이주 외국인 집단의 이분법을 넘어서

우리나라에서 인종적 다양성은 더 이상 생경한 단어로 존재하는 것이 아니라 불가피한 현실이다. 소위 다문화 삼각지대를 구성하면서 이 현실을 살아가는 일반 국민, 공무원 그리고 이주 외국인이 인종적 다양성에 따른 사회적 변화와 요구에 대응하기 위한 정부 정책에 대해 어떤 선호를 갖는지 확인했다. 모든 정책 영역이 다 그렇듯, 인종적 다양성에 대응한 정책 내용과 방향은 다양한 행위자의 선호와 상호작용에 따라 만들어지고 변화하는 사회적 구성물이라는 점에서 이들 행위자의 인식에 기초한 선호의 존재 양식을 확인하는 작업은 중요하다.

이러한 중요성에 입각해 이 장에서는 이론적 논의에서 밝힌 바 있는 인종적 다양성에 대응한 정책 유형을 차별 배제, 동화 그리고 다문화주의로 구분하고 각각의 정책 방향을 구성하는 정책 수단에 대한 선호를 실증적으로 확인했다. 납세자로서 일반 국민, 정책 과정의 주요 행위자인 공무원, 이주 외국인 정책의 주요 대상자인 이주 외국인들의 정책 선호와 인식은 비슷한 방향으로 수렴하기도 하고 서로 다른 방향으로 발산하기도 하는 복잡한 구조를 보이고 있다. 또한 이러한 수렴과 발산에서 '이해관계'가 중요하게 작동하고 있음을 확인했다.

일반 국민과 공무원은 전반적인 정책 선호에 있어서 같은 양상으로 수렴했다. 두 집단 모두 차별 배제와 동화에 대해서는 비교적 강한 선호를, 다문화주의에 대해서는 비교적 낮은 선호를 보였다. 이주 외국인의 증가가 가져올 사회적 변화나 문제를 보다 구체적으로 경험하는 공무원이 다소 현실적인 선호를 보이지만 두 집단 모두 주류 집단으로서 이해를 공유함을 확인해준다. 이주 외국인의 동화에 대한 선호는 주류 집단과 수렴하지만 다문화주의에 대해서는 주류 집단과 발산의 양상을 보이는 것 역시 주류 집단과 이주 외국인 집단을 가르는 이해관계의 차이로 설명된다.

그러나 중요하게 고려해야 할 것은 이러한 선호의 차이를 만드는 이해관계와 그에 대응한 정책 선호의 수렴과 발산이 주류 집단 대 비주류 집단의 이분법을 넘어설 수 있는 가능성이다. 일반 국민과 공무원 같이 주류 집단 안에서도, 또는 이주 외국인으로 구성된 비주류 집단 안에서도 다양한 이해관계가 형성되고 이는 정책 선호에 있어서 내부적 변이를 얼마든지 만들어낼 수 있음을 간과해서는 안 된다.

외국인 정책 방향에 대한 결혼이주여성의 선호가 이를 웅변한다. 이주 외국인 집단에서는 동화와 다문화주의에 대한 선호에 있어서 결혼 여부에 따른 차이가 발견되었다. 동화(기혼, 4.24/5, 미혼, 3.89/5, t, 3.055, $p<0.00$)와 다문화주의(기혼, 3.81/5, 미혼, 3.56/5, t, 1.968, p. 0.1) 모두에서 기혼이 미혼에 비해 더 높은 정책 선호를 나타냈고 그 차이는 통계적으로 지지되었다. 왜 주류 집단에서는 결혼 여부에 따른 정책 선호의 차이가 없는 데 반해 이주 외국인 집단에서는 결혼 여부에에 따라 정책 선호가 달라질까? 이주 외국인 집단에게 있어서 결혼 여부는 한국에서의 장기체류 또는 정주를 전제한다. 한국에서의 삶에 대한 관심과 요구는 단순히 잠깐 머무르는 것과는 질적으로 다르다. 이들에게 결혼은 한국에서의 삶과 그 삶에 영향을 미치는 정책 방향이 더 이상 개인만을 향하지 않게 된다는 것을 의미한다. 이들은 현재적 또는 잠재적 부모이기 때문이다. 따라서 정부 정책 방향이 어떠한가에 따라 자신의 아이들의 미래가 달라질 수 있기 때문에 정책 방향에 대한 선호가 미혼과는 질적으로 다르게 작동하는 것이다. 따라서 자신과 자신의 자녀가 한국에서의 적응에 성공하고 발전할 수 있

도록 도와주는 동화에 대해 우호적인 동시에 문화적 다양성, 선거권, 우대 조치 부여와 같이 보다 적극적인 다문화주의 정책에 대한 선호가 높게 나타난 것이다. 다만, 현재 상황은 한국 사회에 성공적인 적응이 최우선 현안이 되기 때문에 다문화주의보다는 동화에서의 차이가 보다 현격하게 나타난 것으로 해석된다.

이상의 결과는 이제 더 이상 다수 집단 대 이주 외국인 집단이라는 이분법의 관점에서 이주 외국인 정책에 대한 선호를 논의하는 것은 한계가 있음을 보여준다. 인식의 수렴과 발산은 전반적인 정책의 방향성과 구체적인 수단의 속성에 따라 이주 외국인 집단 내부에서 또는 다수 집단 내부에서 다양한 방식으로 만들어지기 때문이다. 이러한 다양성은 정책을 만들고 집행해야 하는 공무원에게는 말할 것도 없고 정책을 연구하고 이론적·실천적 대안을 제시해야 하는 행정학 및 정책학에도 중요한 도전이 아닐 수 없다.

5부

다문화 사회 정치성의 '공간적' 다층성:

서구 경험을 통해 본 차별적 편입과 배제

13장

인종주의의 종언(終焉)?

미국 인종주의와 이주 외국인 정책 수용

인종주의, 그 헤게모니적 영향력

국가의 경계를 넘어서 정책이 유사해지고 있다. 국가간 이념적 차이에도 불구하고 정책의 내용과 방향이 유사해지는 현상은 정책 이전, 정책 확산, 또는 정책수렴 등 다양한 개념을 통해 조망된다(Dolowitz & Marsh, 1996; 2000; Dolowitz, 2000; Simmons & Elkins, 2004; Radaelli, 2012). 우리나라에서도 서구에서의 정책 경험과 내용을 수용하는 정책 이전이 목격되는데, 그 대표적인 영역 중 하나가 이주 외국인 정책이다.

이주 외국인 대상 정책을 둘러싼 정책 이전 가능성은 '공간'을 달리하는 다른 나라의 정책 경험을 참고함으로써 높아진다. 우리와 같은 후발 다문화 국가가 경험하는 불가피한 정책 이전 또는 정책 확산에 있어서 중요한 것은 특정 국가의 정책 내용이나 방향은 시간과 공간을 초월한 진공 상태에서 존재하지 않는다는 점이다. 다시 말해 인종적 다양성에 기초한 선발 다문화 사회의 정책 경험은 그 나라의 정치·경제·사회적 맥락으로부터 자유로울 수 없기 때문에 서구의 경험이 후발 다문화 사회인 우리의 맥락에 얼마나 부합하며, 그러한 서구의 경험이 우리에게 주는 교훈은 무엇인지를 면밀히 논의하는 것이 필요하다. 한마디로 인종적 다양성과 관련한 서구의 경험과 그것이 우리에게 주는 함의를 탐색할 필요성이 있다.

이에 따라 이번 장에서는 인종주의가 인종적 소수자를 대상으로 한 정책을 수용하는 데 어떻게 작용하는지를 미국의 경험을 통해 조망한다. 정책 비용 부담 집단으로서 다수 집단이 이주 외국인을 대상으로 한 정책 수용을 결정하는 데 고려하는 변수는 크게 인종적 변수와 비인종적 변수로 구분된다. 인종적 요인은 말 그대로 특정 인종 집단에 대한 평가 및 정서와 관련이 있으며 비인종적 요인은 개인의 정치적 이념과 개인을 둘러싼 사회경제적 요인과 관련이 있다. 이 장에서는 3장에서 심층적으로 논의한 인종주의에 주목한다.

인종주의와 관련한 경험과 연구가 축적된 서구에서 이주 외국인 관련 정책에 미치는 인종주의의 영향력은 여러 각도에서 확인되고 있다(Bobo & Kluegel, 1993; D'Souza, 1995; Dovidio et al., 1996; Alexis, 1999; Ford & Kelly, 2005; Carmines et al,, 2011; Gainous, 2012). 소위 '오바마 케어'로 불리던 미국의 건강보험개혁에 대한 백인의 반발은 "오마바 대통령의 피부색(the color of President Obama's skin)과 무관하지 않다"고 표현될 정도로(Rich, 2010: Gainous, 2012에서 재인용), 인종주의와 같은 인종적 편견이 정책 수용에 미치는 영향력을 간과할 수 없다.

인종주의는 특정 인종 집단에 대한 평가적 태도로 내집단 우위와 외집단 열위에 대한 믿음을 근간으로 한다. 그러나 인종주의는 단순한 믿음에 머무는 것이 아니라 특정 인종 집단이 다른 인종 집단에 비해 차별(특혜)을 받거나 사회적 희소 자원에 불평등하게 접근하는 것을 정당화한다. 다시 말해 인종주의는 대중의 인식에 자리 잡은 하나의 조건으로 작동하면서 동시에 법, 고용, 교육을 비롯해 거시적 사회 제도에 나타나는 '헤게모니적 권력'을 행사한다(Ladson-Billing & Tate, 1995; Vaught & Catagno, 2008; Young, 2011). 더욱이 정책적 개입에 따라 사회적 희소 자원의 배분 양식이 달라질 수 있는데, 그 경우 희소 자원에 대한 접근이 집단에 따라 변경되기 때문에 이주 외국인 관련 정책에 인종주의의 헤게모니적 작동은 더 강해질 여지가 있다. 이러한 차원에서 인종주의가 이주 외국인 관련 정책의 수용과 순응에 미치는 헤게모니적 영향력에 주목할 필요가 있다.

이러한 필요성에 입각해 이 장에서는 미국의 경험에 주목한다. 인종주의와 관련한 우리의 경험을 논의하는 것이 바람직하나 우리나라의 경우 인종적 다양성에 대한 경험이 일천하다. 전술한 바와 같이 단순히 정서로서 인종주의를 측정하는 것은 표피적인 것으로 보다 심층적인 논의가 축적되어 있지 않다. 또한 사회적으로나 정치적으로 민감한 이슈인 인종주의에 대한 광범위한 조사 역시 많지 않다. 이에 반해 미국은 오랜 기간의 다인종 국가 경험을 통해 표피적인 수준의 인종주의를 넘어서는 보다 심층적인 이론적·실증적 논의가 활발하다(Pettigrew & Meertens, 1995; Tuch & Hughes, 1996; Williams et al., 1999; Vaught & Castagno, 2008). 이에 따라 선발 다문화 국가인 미국에서 인종주의가 어느 정도, 어떤 방식으로 헤게모니적 힘을 행사하고 있는지, 그리고 그러한 간접 경험이 후발 다문화 사회로서 우리에게 주는 함의는 무엇인지를 심층적으로 논의한다.

인종주의의 분화와 다차원성

이론적 논의에서 밝힌 바와 같이 인종주의의 기반 구조는 사회적 범주화이다. 사회적 범주화를 통한 인지 과정의 단순화는 도구적이고 기능적인 속성을 갖고 있어서 그 자체로 가치 판단이나 차별을 전제하지 않는다. 그러나 문제는 단순화 과정에서 특정의 정보가 무시 또는 왜곡되거나 누락됨으로써 잘못된 판단과 평가로 이어지는 정확성에서 오류가 발생한다는 점이다. 인종주의에서 작동하는 더 중요한 기반 구조는 자신이 속한 집단을 다른 집단보다 긍정적으로 평가함으로써 자신의 정체성을 고양하려는 동기의 작동이다(Tajfel & Turner, 1979; Tajfel, 1982; 원숙연, 2012b, 2015a). 예를 들어 백인이 흑인이나 유색인종을 부정적이거나 열위로 평가함으로써 백인으로서 자신의 사회적 정체성을 높게 평가하는 것이 대표적이다. 또한 우리나라에서도 단일 민족 가치관을 전면에 내세워 한국인을 여타의 이주 외국인에 비해 더 긍정적으로 평가하고 더 나아가 다른 집단을 배제하는 방식도 이에 속한다. 이처럼 인종을 기반으로 해 인지 과정을 단순화하는 것을 넘어서 내집단 우위와 외집단 열위를 통해 자신이 속한 인종 집단의 가치를 높이려는 기제가 바로 인종주의의 기반 구조인 것이다.

인종주의는 다른 태도와 마찬가지로 감정적 차원과 인지적 차원으로 구성된다. 감정적 차원은 좋음, 싫음, 또는 유쾌함, 불쾌함과 같은 정서적 반응(sentiments)이기 때문에(Larzarus, 1984; Zajonc, 1984), 인종주의의 감정적 차원은 특정 인종 집단에 대해 발현되는 집단 정서를 의미한다. 다른 한편, 인종주의의 인지적 차원은 특정 인종 집단에 대한 지식(정보)에 근거한 가치 개입적 판단(평가)을 뜻한다. 인종주의의 인지적 차원은 인종 차별(racial discrimination)과 인종적 편견(racial prejudice)으로 구성된다

(Sniderman et al., 1991; Pettigrew & Meertens, 1995; Williams et al., 1999). 전자는 인종 차별의 존재 여부와 정도에 대한 주관적 판단이다. 후자는 인종주의의 핵심으로 "인종은 인간의 특질과 능력을 결정하는 주요한 요소이며, 인종적 차이는 특정 인종의 우수성(또는 열등성)을 만든다는 믿음"이다(원숙연, 2012b에서 재인용).

주목할 것은 3장에서 밝힌 바와 같이 인종적 편견으로서 인종주의가 다차원적으로 분화한다는 점이다. 소위 전통적인 인종적 편견은 생물학적 특성과 생물학적 우열을 기초로 한 부정적 판단이다(Sniderman et al., 1991). 말할 것도 없이, 전통적 인종적 편견의 기본 전제는 생물학적 특성 또는 유전적 형질에 따라 특정 집단은 다른 집단에 비해 생래적으로 우월하거나 열등하며, 지적 능력, 문화, 개성과도 연관되어 있다는 것이다(Merger, 1994: 27). 따라서 전통적 인종주의에 따르면 "흑인은 게으르고, 무식하고, 폭력적이며, 과시욕이 있다"는 노골적이고 원색적인 방식으로 표현된다(Sears et al., 1997: 20). 그에 반해 새롭게 분화된 인종주의는 전통적 인종주의에 비해 은밀하고 복잡하다. 전통적 인종주의는 비교적 논리가 단순하고 직접적이어서 쉽게 비난의 표적이 되었다면 새롭게 분화된 인종주의는, 적어도 겉으로 볼 때, 인종적 편견이 개입되지 않은 것처럼 간접적이고 추상적으로 표현된다. 또한 새로운 인종주의는 생물학적 특성이 아닌 오랫동안 사회에서 중시했던 가치와 연계되어 표현된다. 무엇보다 인종주의적 색채가 거의 드러나지 않음으로써 과거의 인종주의와는 완전히 다른 것처럼 보인다.

인종주의 분화의 증거를 찾아서

인종주의는 사회적으로 민감한 이슈로 이에 대한 광범위하고 체계적인 조사가 쉽지 않다. 우리나라와 같이 인종적 다양성과 관련한 경험이 많지 않은 경우는 더욱 그렇다. 이에 반해 미국은 인종적 다양성을 둘러싼 경험과 역사가 상대적으로 길어 민감한 이슈임에도 불구하고 인종주의에 대한 광범위하고 대표성을 확보한 조사와 체계적 연구가 축적되어 있다. 이에 따라 미국 인종주의의 지형과 그것이 인종적 소수자 관련 정책 수용에 미치는 영향력을 확인하고 우리에게 주는 시사점을 찾는 것은 발견적 의미가 있다. 미국은 다인종 국가로 흑인에 대한 인종주의만 있는 것은 아니지만 전통적으로 흑백갈등이 대표적인 인종 갈등이었다는 점에서, 이 장에서는 흑인을 대상으로 한 인종주의에 초점을 맞추어 논의를 진행한다.

이를 위해 미국 전국선거조사(ANES: American National Election Survey)를 활용했다. 특히 다음과 같은 이유로 2008-2009년 자료를 사용했다. 먼저, 2008-2009년 자료는 인종주의를 다차원적으로 조사했다. 2008-2009년 이전 조사에서는 전통적 인종주의만을 조사했다. 예를 들어 흑인에 대한 인종주의를 생물학적 관점에서 "흑인은 게으르다" 또는 "흑인은 똑똑하지 않다" 등으로 측정하는 형식을 취했다. 그러나 2008-2009년 자료는 흑인에 대해 새롭게 분화된 인종주의를 반영한 다차원적 인종주의를 측정하는 문항이 포함되어 조사가 이루어졌다. 또한 2008-2009년 패널데이터는 미국 전역을 대상으로 조사를 진행함에 따라 대표성을 확보했다는 장점이 있다.

이러한 장점에 따라 본 연구는 2008-2009년 ANES 패널자료 중 흑인을 대상으로 한 인종주의를 측정했다. 구체적으로 인종주의를 감정적 차원과 인지적 차원으로 나누고 전자는 흑인에 대한 정서적 대응으로, 후자는 1)과거의 인종 차별, 2)분화된 인종 차별, 3)과거의 인종 편견, 4)분화된 인종 편견으로 구분했다. 이를 바탕으로 인종주의의 감정적 차원은 '흑인을 생각할 때 느껴지는 집단 정서'로, 긍정적-중립적-부정적인 정도로 측정했다. 인지적 차원 중 인종 차별은 '지난 50년 간 존재했던 미국 내 인종 차별의 정도'로, 현재의 인종 차별은 '오늘날 미국 내 인종 차별의 정도'로 구분해, 매우 높다-전혀 없다로 측정했다. 여기에 더해 전통적 인종적 편견은 '백인은 학습 능력이 선천적으로 우월하다', '흑인은 백인만큼 근면하지 못하다', '신은 인종을 다르게 창조했다'로 구성했다. 이에 반해 새롭게 분화된 인종적 편견은 '흑인도 다른 인종(유대인, 아일랜드인, 이탈리아인 및 그 외 인종)들처럼 특별 대우 없이 인종적 편견을 극복해야 한다', '흑인은 자신들의 가치에 비해 많은 혜택을 받아왔다', '흑인이 잘 살고 싶다면 열심히 하는 수밖에 없다'로 구성했다.

이처럼 다차원적으로 측정된 흑인에 대한 인종주의가 흑인을 대상으로 한 정책 수용에 어떻게 작용하는지를 확인하고자 흑인에 대한 적극적 조치를 선정했다. 주지하는 것처럼 적극적 조치는 오래되고 대표적인 흑인 관련 정책이다. 무엇보다 사회적 자원의 재분배적 성격이 강해 이해관계에 민감한 정책에 해당된다(Bell et al., 2000; Massey, 2004). 이처럼 이해관계의 민감성이 높은 적극적 조치는 대학 입학과 기업 고용 시 흑인을 위한 적극적 조치를 찬성하는 정도로 구성했다(대학 입학/기업의 직원 선발에서 흑인 수를 늘리기 위해 다른 변수와 함께 인종 변수를 고려하도록 허용한다). 최종분석에는 미국 전역에 거주하는 총 4,240명의 응답을 사용했다.[1]

1 표본의 특성을 살펴보면, 남성 1,798명(42.4%), 여성 2,448명(57.6%), 인종은 백인 3,292명(77.6%) 흑인 492명(11.6%), 히스패닉 275명(6.5%), 기타 181명(4.3%), 거주 지역은 북동부 524명(17.2%), 중서부 839명(27.5%), 남부 966명(31.7%), 서부 720명(23.6%), 학

인종주의의 차별적 영향력

흑인을 대상으로 한 인종주의의 다차원성에 바탕을 두고 차원별 인식의 지형을 확인했다. 인종주의의 감정적 차원인 흑인에 대한 정서는 3점 만점에 2.26점으로 나타났다. 흑인에 대한 감정인 정서가 아주 나쁘지는 않지만 긍정적이지도 않은 중간적 위치에 있는 것으로 보인다. 다음으로, 인종주의의 인지적 차원을 구성하는 인종 차별 중 전통적 인종 차별은 5점 만점에 4.23점으로 상당히 강하게 나타났다. 이에 반해 새롭게 분화된 인종주의는 5점 만점에 2.92점로 전통적 인종주의에 비해 상당히 낮지만 일정 수준 존재하는 것으로 나타났다. 주목할 것은 인종적 편견으로, 생물학적인 관점에서 흑인의 유전적 열등함으로 구성된 전통적 편견은 5점 만점에 1.61점, 교묘하고 간접적이며 사회적 가치가 개입되어 새롭게 분화된 편견은 5점 만점에 3.3점으로 나타나 양자 간의 격차가 크게 나타났다는 점이다. 이러한 인식의 지형은 표면적으로 볼 때는 미국에서 전통적 인종주의가 약화된 것처럼 보이지만 실은 보다 간접적이고 인종적 색채가 없는 것처럼 '포장된' 새로운 형태의 인종주의가 그 자리를 대체하고 있다는 이론적 논의를 재확인한다.

이러한 인식의 표면적 지형을 넘어 구체적인 정책을 수용하는 데 다차원적 인종주의가 어떻게 차별적으로 작용하는지를 확인했다. 이를 위해 흑인대상 정책 중 재분배적 속성을 가진 적극적 조치에 대한 수용을 대상 정책으로 선정했다. 무엇보다 인종주의를 구성하는 감정적 차원과 인지적 차원이 흑인을 대상으로 한 적극적 조치의 수용에 어떻게 차별적으로

력은 중졸 이하 139명(4.3%), 고졸 530명(16.4%), 대학 중퇴 1,199명(37.2%), 대졸 756명(23.5%), 대학원졸 598명(18.6%)으로 구성되었다.

작용하는지에 집중했다. 이에 따라 인종주의의 영향력을 단선적으로 밝히기 보다는 각 차원별로 순차적으로 모형을 구성해 상대적 영향력을 확인했다.

먼저 통제 변수로서 인구 통계적 특성에 인종주의의 감정적 차원인 흑인에 대한 정서를 포함한 기본 모형에 따르면(모형1), 인종주의의 감정적 차원인 흑인에 대한 정서가 긍정적일 경우, 이들을 대상으로 한 적극적 조치에 대한 수용도가 높아지는 것으로 확인되었다. 그 상대적 영향력은 작지 않으나 인종과 진보 이념과 비교했을 때는 제한적인 것으로 나타났다. 미국에서 소득이 낮은 집단은 일반적으로 흑인을 포함한 소수 인종일 경우가 많기 때문에 인종적 소수 집단을 대상으로 하는 적극적 조치의 필요성이나 수용도가 높은 것은 이해된다. 진보이념을 가진 경우, 다수 집단이나 소수 집단과 관계없이, 사회적 형평성이나 정의에 대하여 긍정적이고 이러한 가치를 실현하기 위한 수단으로 적극적 조치를 바라보기 때문에 수용도가 높다.

인종주의의 감정적 차원인 흑인에 대한 좋고 싫음, 또는 친소(親疎)의 느낌이 이들을 대상으로 하는 적극적 조치를 수용하는 데 긍정적으로 작용하는 것은 기존의 연구와 크게 다르지 않은 결과이며(Hood & Morris, 1997; Williams et al, 1999; Pantoja, 2006; 박진경·원숙연, 2010), 이 전장에서 논의한 바와 같이 정책대상인 소수 집단에 대한 평가의 영향력과도 맥을 같이하는 것이다. 불가피하게 비용을 발생시키는 정책 특히 적극적 조치와 같이 자원 배분 구조를 변경시키는 재분배적 성격을 가진 경우, 집단에 따라 이해관계 및 이해 갈등이 첨예할 수밖에 없다. 이러한 상황에서는 특정 인종 집단에 대해 어떤 감정적 정서를 가지는가에 따라 정책을 수용하고 정책 비용을 감수하려는 의지가 달라진다(Stangor et al., 1991; Dovidio et al., 1996). 이는 경험적으로도 확인되는데, 히스패닉에 대한 감정적 정

〈표 5〉 흑인 대상 적극적 조치의 수용: 인종주의의 차별적 영향력

				모형 1		모형 2		모형 3	
				Beta	*t*	Beta	*t*	Beta	*t*
통제 변수	연령			.009	.360	.007	.272	−.001	−.053
	성별			−.037	−1.509	−.025	−1.021	−.002	−.089
	학력			.056	2.165*	.050	1.931	.003	.110
	소득			−.100	−3.817***	−.091	−3.497***	−.058	−2.372*
	인종			−.244	−9.989***	−.212	−8.585***	−.155	−6.567***
	진보이념			.285	11.618***	.253	10.116***	.153	6.224***
인종주의	감정적 차원	흑인에 대한 정서		.145	6.016***	.142	5.966***	.076	3.331**
	인지적 차원	인종 차별	생물학적			.018	.697	−.004	−.173
			사회적			.146	5.415***	.074	2.892*
		인종 편견	생물학적					−.095	−3.954***
			사회적					−.380	−14.101***
R^2				.223		.243		.340	
R^2 변화량				.020***		.021***		.095***	
F				56.419***		49.252***		64.517***	

* <.05, ** <.01, *** <.001

서가 부정적일 경우 이들을 대상으로 하는 이민 정책에 대한 반발이 심해지고(Rocha et al., 2011), 흑인을 가깝게 느낄수록 이들을 지원하는 정책에 대해 긍정적인 태도를 보이는 것으로 나타났다(Reyna et al., 2005; Pantoja, 2006).

이러한 기본 모형에 인종주의의 인지적 차원 중 인종 차별을 추가한 모형을 구성했다(모형2). 그 결과, 흑인에 대한 기존 생물학적 인종 차별의 존재를 인정하는 것은 흑인을 대상으로 한 적극적 조치의 수용에 영향을 미치지 않는 데 반해, 새롭게 변형된 사회적 의미의 인종 차별의 존재를 인식할 경우, 적극적 조치에 대한 수용도가 높아지는 것으로 나타났다. 이는 적극적 조치가 과거의 차별에 대한 소급적 또는 사후적 보상이기보다

는 현재 존재하는 차별을 교정하는 수단으로 인식되고 있을 가능성을 시사한다. 다시 말해 적극적 조치가 소극적인 보상적 정의론을 넘어서는 것임을 추정하게 한다. 또한 인종주의의 인지적 차원 중 인종 차별이 추가됨으로써 기본 모형의 설명력이 일정 수준 상승하는 것으로 나타났다. 그 변화의 폭이 크지는 않지만 통계적으로 유의미한 수준의 변화라는 점에서 인종 차별의 상대적 영향력을 가늠하게 한다.

이처럼 인종주의의 인지적 차원 중 하나인 인종 차별 변수에 추가해 인종적 편견 변수를 고려한 종합적 모형을 구성함으로써 그 영향력의 차별성을 확인했다(모형3). 전통적 의미의 생물학적 인종 편견과 새롭게 부상한 '사회적' 차원의 인종 편견을 추가함에 따라 상당한 변화가 감지되었다. 기존의 생물학적 인종 편견과 새롭게 분화된 사회적 인종 편견을 추가함으로써 모형의 설명력이 34%로 상승해 인종 편견이 추가된 모형 2에 비해 약 10% 정도의 상승을 견인한 것이다. 특히 새롭게 부상한 사회적 차원의 인종 편견은 흑인 대상 적극적 조치에 대한 부정적 인식에 매우 강한 영향을 미치는 것으로 나타났다. 무엇보다 흥미로운 것은 흑인에 대한 집단 정서, 생물학적 및 사회적 인종 차별, 그리고 생물학적 인종 편견이 추가된 경우에도 진보 이념과 인종의 영향력이 견고했던 데 반해, 사회적 인종 편견이 추가되면서 이들 변수의 변량에 상당한 변화가 확인된다는 점이다.

새롭게 분화된 사회적 인종 편견이 들어오면서 과거의 생물학적 인종 편견의 영향력이 살아나는 것은 중요한 함의가 있다. 과거의 생물학적 편견만으로는 크게 영향력을 행사하지 못하지만 새롭게 등장한 '사회적'인종 편견이 함께 할 경우에는 그 영향력이 시너지를 낼 수 있는 가능성을 보여주기 때문이다. 이러한 양상은 전통적인 형태의 생물학적 인종 편견이 사라진 것처럼 보임에도 불구하고 흑인 대상 정책에 대한 수용성이 여전히 낮은 것과 관련해 의미 있는 설명이 된다. 다시 말해 과거의 생물학적 인종 편견은 여러 가지 상황적 논리로 인해 일견 퇴조한 것처럼 보일 수 있지만, 보다 간접적이고 교묘한 형태로 변종된 사회적 인종 편견이 나타남으로써 과거의 생물학적 인종 편견의 부정적 영향력을 강화하는 방식으로 작동할 수 있기 때문이다. 한마디로 인종주의의 종언이 아닌 보다 다루기 힘든 형태로의 변형이 이루어진 것이다.

인종주의의 종언인가 변형인가

인종주의는 인종을 기준으로 내집단과 외집단을 분리하고, 이러한 분리를 기반으로 내집단은 인종적으로 우열하고, 외집단은 열등하다고 믿는 태도이다. 말할 것도 없이 인종주의는 단순 심리적 개념을 넘어 사회적이고 정치적인 개념이다. 인종주의는 사회적 희소 자원의 차별적 배분을 합리화하는 근거로 활용될 수 있기 때문이다. 무엇보다 정책은 사회적 희소 자원을 집단에 따라 어떻게 배분할 것인가를 결정하고 그 결정을 둘러싼 갈등을 조정하는 것이 핵심이기 때문에 인종주의에 대한 정책학적 관심은 너욱 중요해신다.

이러한 중요성의 맥락에서 흑인에 대한 대표적인 재분배 정책으로서 적극적 조치에 초점을 맞추어 흑인에 대한 인종주의의 차별적 영향력을 확인했다. 특히, 인종주의의 다차원성에 주목해 각 차원별 영향력의 차이를 규명했다. 그 결과가 갖는 함의는 다음과 같다. 먼저, 과거의 생물학적 인종주의와 달리 새롭게 분화된 '사회적' 인종 편견의 영향력이 강력하다. 사회적 인종 편견은 그 자체가 가진 영향력은 물론 과거의 생물학적 인종 편견의 영향력을 다르게 만드는 위력을 가지고 있다. 이는 직접적이고 노골적이어서 가시성이 높고 사회적 비난의 대상이 되는 생물학적 인종 편견이 표면적으로 퇴조했다는 평가가 무색하게(Dovidio et al., 1996; Kinder & Sanders, 1996; Carmines et al., 2011; Gainous, 2012), 여전히 흑인 대상 정책에 대해 부정적 반응이 존재하는 것에 대한 꽤 의미있는 설명이다. 정책에 있어서 "원칙과 집행의 간극"(principle-implementation gap)(Schuman et al., 1985; Sears & Jessor, 1996; Tuch & Hughes, 1996)이 커지는 것이다.

노골적이고 직접적인 '생물학적' 인종 편견보다 새롭게 변형된 '사회적' 인종 편견이 훨씬 더 큰 파괴력을 지니면서 원칙과 집행의 간극을 만들어 내고 있는지도 모른다. 새롭게 변형된 사회적 인종주의는 간접적이고 미묘하기 때문에 더 강력한 장애 요인이 될 수 있다. 보이지 않은 힘이 더 강한 것과 같은 이치이다. 더 말할 것도 없이 새롭게 변형된 사회적 인종 편견은 생물학적 인종 편견에 비해 인종주의적 색채를 감추고 있어서 노골적인 반발이나 공격의 빌미를 주지 않는다. 일종의 헤게모니적 권력을 행사하는 것이다. 이론적 논의에서 본 것처럼 헤게모니는 직접적이고 노골적인 지배나 영향력을 행사하는 것이 아니라 비가시적으로 내적인 원리를 규율하는 간접적인 지배이다(Gramsci, 1971). 이는 물리적 압력이나 강제와는 달리 비가시적으로 작동하는 지식 권력과 유사하다(Faucault, 1980; 원숙연, 2012). 한마디로 새롭게 변형된 사회적 인종주의는 헤게모니적 권력으로 흑인 대상의 적극적 조치가 제대로 작동하지 못하게 함으로써 '원칙(형평성)-집행(적극적 조치 정책)' 간의 괴리를 심화시킬 가능성을 보여준다. 이는 인종주의가 종언을 고했다기보다는 대응하기 어려운 형태로 변형되었다는 판단을 허락한다.

인종주의의 변형과 흑인에 대한 정책에 나타나는 미국의 경험이 정책의 원칙과 집행의 간극이라는 차원에서 우리에게 주는 시사점은 가볍지 않다. 순수한 피에 대한 사회적 가치와 단일 민족에 대한 강조가 존재하는 상황에서 우리에게 존재하는 인종주의적 편향 역시 강하다(이승애, 2006; 황정미, 2007; 원숙연, 2012b, 2017). 문제는 인종적 소수자의 증가와 이에 대한 정책적 대응 역시 확대될 수밖에 없는 현실이다. 아직은 이주 외국인 관련 정책이 주로 복지를 포함한 시혜적 성격을 띠고 있기 때문에 관련 정책에 있어서 원칙과 집행 간의 간극이 크지 않지만 향후 이주 외국인의 규모나 사회적 목소리가 커져 재분배 정책에 대한 요구가 많아질 경우, 인종 편견이 관련 정책에 미치는 영향력은 무시할 수 없는 상황이 될 것이다. 주목할 것은 우리나라 국민들이 이주 외국인에 대해 갖는 감정적 정서가 인종에 따라 상당한 차이가 있다는 점이다(한국종합조사, 2010). 백인인가, 중국 및 동남아 출신인가에 따라 정서적 반응이 다르게 나타난다. 예를 들어 직장 동료로서도, 동네 이웃으로도, 친척으로도 미국인으로 대변되는 백인에 대한 선호가 가장 높고 그 외 중국인과 동남아인에 대한 선호는 미국인에 비해 상당히 낮은 양태를 보인다. 또한 노동자가 주로 많은 캄보디아계에 대한 감정적 정서는 여성 결혼 이민자가 상대적으로 많은 중국이나 베트남계에 대한 감정적 정서에 비해 더 부정적이다(황정미, 2007; 한승준, 2011). 이처럼 인종 집단에 따라 편견의 양상이 상이한 현실은 관련 정책을 둘러싼 '원칙-집행 사이의 간극'이 다양하게 발현될 수 있는 가능성을 보여준다.

이처럼 원칙-집행 사이의 간극을 최소화하기 위해 집단별로 상이한 양태로 존재하는 인종 편견을 엄밀하고 정확하게 이해하는 것이 선행되어야 한다. 대표성 있는 조사를 통해 우리 사회에 존재하는 인종 편견이 생물학적인 것인지 아니면 그 변형인 사회적인 것인지를 파악해야 한다. 이와 함께 인종 편견을 약화시키는 노력이 함께 있어야 한다. 그러한 노력의 방향은 당위적이고 윤리적인 것을 넘어서 '실리적'이어야 한다. 여기서 실리적이어야 한다는 것은 이주 외국인이 우리 사회의 발전에 기여한다는 점을 확인시키는 객관적인 증거의 제시를 의미한다. 인종 편견을 뒤집을 수 있는 반대 증거를 제시해야 한다. 소수 인종이 유입됨에 따라 과거에 비해 국가 경쟁력이 강화되고 사회 발전에 도움이 된다는 판단의 근거로서 증거가 제시될 때 인종적 편견이 변화할 수 있기 때문이다. 객관적이고 실질적인 증거 없이 당위적이고 윤리적인 차원에서 선언적으로 인종 편견에 접근할 경우, 인종적 색채를 가리거나 보이지 않는, 그래서 더 교묘하고 강력하게 변형된 새로운 형태의 인종주의의 변종이 나타날 지도 모른다. 그 경우, 원칙과 집행의 간극은 더 벌어지고 정책이 형식주의로 흐를 가능성은 더 높아질 것이다.

14장

재분배 대 규제, 정책 유형과 정책 수용의 정치학

미국의 경험

정책 유형과 이해 갈등

정책이 난제인 이유 중 하나는 집단 간 이해 갈등을 내포하기 때문이다. 특히 정책 수혜 집단과 정책 비용 부담 집단 간 구분선이 명확할수록 이해 갈등은 첨예해진다. 사회적 소수 집단이 정책 대상 집단이 되는 경우에는 정책에 따른 이해관계에 더 민감해진다. 다수 집단 대 소수 집단이라는 집단획정이 명확해지고, 명확한 집단획정은 관련 정책으로 인한 사회적 희소자원의 배분 방식의 변화 여부가 쟁점이 될 가능성을 높이기 때문이다. 이주의 세계화에 따른 외국인의 압축적 유입은 과거 여성이나 장애인 등 전통적인 소수 집단을 넘어서 인종적 소수자를 대상으로 한 정책적 개입의 필요성을 높이며 정책을 둘러싼 집단 간 이해 갈등 구조를 복잡하게 하는 또 하나의 요인으로 작동한다. 이처럼 정책을 둘러싸고 집단 간 이해관계가 첨예해질 경우 정책 수용 또는 정책 순응은 더욱 어려워진다.

정책 수용 또는 정책 순응이 제대로 이루어지지 않은 경우 정책 효과성은 떨어지고 정책 형식주의의 함정에 빠지게 된다.

이러한 맥락에서 이 장에서는 이주 외국인 정책 수용에 작용하는 영향 요인을 실증적으로 확인한다. 특히 이주 외국인 정책과 관련한 정책 비용을 부담하는 다수 집단이 인종적 다양성을 어떻게 인식하고, 이에 대응한 정책을 얼마나 수용하는지, 그러한 정책 수용에 작용하는 영향 요인은 어떤 것들인지 실증적으로 밝힌다. 특히 정책의 유형에 따라 작용하는 영향 요인이 차별적인지에 주목한다. 주지하는 바와 같이 정책 유형은 다수 집단에게 미치는 영향력에 상당한 차이가 있다. 특히 재분배 정책은 기존의 사회적 자원의 배분 방식을 변경하는 결과를 가져오기 때문에 다수 집단으로서는 수용 범위가 상대적으로 좁다. 따라서 정책의 유형 또는 속성이 무엇인가에 따라 정책 수용의 범위만이 아니라 이에 작용하는 영향 요인에 차이가 발생할 개연성을 배제할 수 없다.

우리의 현실적 경험을 통해 정책 수용에 미치는 영향 요인을 찾는 것이 이상적이나 몇 가지 이유에서 미국의 현실에 기반을 둔 간접적 논의를 한다. 첫째, 우리나라는 이주 외국인 관련 정책의 역사가 일천하고 관련 논의 및 축적된 조사 자료가 제한적이다. 이주 외국인의 유입은 압축적으로 진행되었지만 다수 집단인 일반 국민의 관련 정책에 대한 경험과 노출도가 상대적으로 낮다. 이에 반해 미국은 대표적인 이민 국가로서 관련 정책 경험이 축적되어 이에 대한 일반 국민의 인식이 정립되어 있을 개연성이 높다. 또 하나, 우리나라의 이주 외국인 관련 정책은 주로 분배 또는 규제 정책이 주를 이루고 있으며 미국의 적극적 조치와 같이 안정적이고 오랫동안 시행되어온 재분배 정책은 아직 없다. 우리나라는 인종적 다양성 확대의 초기 단계로 다양한 정책을 양산하는 데 반해, 인종적 다양성의 경험이 축적되어 있는 미국은 확실한 형태의 재분배 정책이 존재한다. 이러한 현실적 이유로 흑인 대상 정책에 대한 수용도에 작용하는 영향 요인이 정책 유형에 따라 어떻게 다른지를 미국의 경험을 통해 확인하고, 그것이 우리에게 주는 발견적 의미를 논의한다.

인종적 소수자 정책 수용

정치 이념

개인의 정치 이념은 인종적 소수자 대상 정책을 지지하거나 반대하는 데 영향을 미친다. 정치 이념의 영향력이 대부분의 정책 수용에 작용하지만 사회적 소수자 대상 정책에 보다 현저하고(Pantoja, 2006; Battaglio & Legge, 2009), 이는 경험적으로도 확인된다(Sears et al., 1997; Williams et al., 1999; Hood & Morris, 2000; 박진경 · 원숙연, 2010).

주지하는 것처럼 보수적 정치 이념은 시장에 대한 믿음과 개인의 자유를 중시하고 사회적 집단 간 불평등의 불가피성을 수용한다(Sidanius et al., 2000; Federico & Sidanius, 2002; Kravitz, 2008). 더욱이 자립과 자조(self-help)의 가치를 중요하게 여기고 사회적 자원의 배분은 개인의 능력과 노력 여하에 따라 달라진다고 본다. 따라서 보수적 정치 이념의 관점에서 볼 때 특정 집단에 속한다는 이유로 사회적 자원의 배분을 인위적으로 변경하려는 정책적 개입은 불필요할 뿐 아니라 바람직하지 않다. 이러한 이념적 지향은 인종적 소수 집단을 대상으로 한 정책적 개입에 대해 부정적인 입장을 견지하게 한다.

이와는 달리 진보적 정치 이념은 사회적 소수자를 대상으로 한 정부개입의 필요성에 동의한다. 진보주의적 이념은 정책을 통해 기회의 평등을 넘어서 사회적 불평등을 완화하고 결과의 평등을 가능하게 해야 한다는 논의로 확장된다(Funk, 2000; Feldman & Steenbergen, 2001; Federico & Sidanius, 2002). 이러한 지향으로 볼 때 진보이념은 인종적 소수자를 포함한 소수 집단에 대한 정책의 수용도를 높인다. 미국인 중 공화당 지지 집단에 비해 민주당 지지 집단에서 인종적 소수자에 대해 관대하고 이들을 위한 정책에 대해서도 긍정적이라는 결과 역시 이를 실증적으로 뒷받침한다(Williams et al., 1999; Harrison et al., 2006).

미래의 자원스트레스

8장의 우리나라 공무원의 인식에서도 확인한 바와 같이, 인종적 소수자를 포함한 소수 집단에 대한 정책을 수용할 때는 자신과 국가를 둘러싸고 있는 미래 상황에 대한 주관적 평가가 작용한다. 다수 집단의 입장에서 볼 때, 정책에 따른 차이는 있지만 소수 집단과 관련한 정책은 제로섬적 관계를 전제하기 때문에 이해관계에 대해 보다 민감하다. 따라서 자신이나 자신이 속한 국가의 미래 상황이 전반적으로 부정적이라고 평가할 경우, 긍정적으로 평가할 때와 비교해, 인종적 소수자를 대상으로 한 정책이 자신들의 이해에 위협이 될지도 모른다는 생각이 강해진다. 이는 자연스럽게 관련 정책에 대한 낮은 수용도로 이어진다(Jackson et al., 2001; Breugelmans & Vijver, 2004; Kravitz, 2008).

더욱이 소수자를 위한 정책에는 필요한 사회적 자원이 투여되어야 하는데, 이러한 투자는 다수 집단에게는 비용 부담으로 생각될 수 있다. 자신과 국가의 상황이 좋다고 평가하면 이러한 부담을 감수하겠지만 그렇지 않을 경우에는 부담을 감수하려는 의지가 약화된다. 다시 말해 인종적 소수자를 대상으로 한 정책 시행에 따른 부담을 받아들일 심리적 여유가 자신과 국가의 미래 상황에 대한 평가에 따라 달라지는 것이다. 자신이 직장을 잃을 가능성을 높게 볼수록, 국가의 경제 상황이 나쁘다고 생각할수록, 인종적 소수자에 대해 부정적이라는 결과도 이러한 관계를 확인시켜준다(Bobo & Kluegel, 1993; Kravitz, 2008).

인종적 소수 집단에 대한 정서

특정 정책이 대상으로 하는 집단에 대한 평가에 따라 정책의 수용도가 달라진다. 이는 소수 집단에 대한 사회적 평판과 연결된다. 특정 소수 집단이 다수 집단에게 얼마나 위협적인가, 전체 사회 발전에 얼마나 기여할 수 있는가에 따라 이들을 대상으로 한 정책의 평가가 달라지기 때문이다. 결국, 다수 집단(이해)에게 위협적이지 않으며 사회 발전에 도움이 되는 등 효용성이 있다고 특정 소수 집단을 평가하면 이들과 관련한 정책을 긍정적으로 평가하고 이들을 위한 정책 수용의 폭이 넓어진다.

주지하는 것처럼 정책은 가시적 또는 비가시적(상징적) 비용을 발생시킨다. 따라서 정책을 통해 혜택을 보는 집단에 대해 정책 비용을 부담하는 집단의 평가는 중요할 수밖에 없다. 무엇보다 정책 유형이 재분배적 성격을 가진 경우는 더욱 그렇다. 따라서 다양한 소수 집단 중 특정 집단에 대한 평가가 상대적으로 좋은(나쁜) 집단에 따라 정책 비용을 부담하겠다는 의지가 강화(약화)되는 차이를 발생시킨다(Ayers et al., 2009). 한마디로 다수 집단의 입장에서 특정 정책의 대상 집단을 좋게, 또는 나쁘게 보는지가 그 집단을 대상으로 하는 정책 비용을 지불할 것인가를 결정하는 '추진 요인(pushing factors)'으로 작용하는 것이다(Pittinsky & Montoya, 2009: 154; 원숙연, 2012a; 2012b; 2013a). 이러한 관계는 미국에서 경험적으로 입증된다. 특정 인종 집단을 부정적으로 평가할 경우, 수당이나 사회적 서비스(교육 및 복지) 제공을 부정적으로 보지만 긍정적 정서를 가지거나 가치를 인정하는 특정 인종 집단을 대상으로 한 정책에 대해서는 관대한 태도를 보인 것이다(Ho & Jackson, 2001; Pittinsky et al., 2008a; 2008b; Sanchez & Bonam, 2009).

정부 활동에 대한 평가적 태도

정책을 수용하는 데 있어서 정책 집행의 주체인 정부 활동에 대한 평가가 영향을 미친다. 정부의 활동은 유권자(국민)로부터 권한을 위임받아 수행하는 것이어서 모든 정책 활동은 법적 책임성이 강하게 요구된다. 그러나 법적 책임성은 상대적으로 경직적이고 정태적(static)이기 때문에 정부 활동은 능률성과 관리적 유연성이 동시에 요구된다. 법적인 책임성과 관리적 유연성이 상호 갈등 관계에 놓이기도 하는데, 이러한 갈등 관계를 최소화하면서 정부 활동에 있어서 재량의 폭을 넓혀주는 하나의 요인은 국민이 정부 활동을 긍정적으로 평가 또는 지지하는 것이다((King & Stiver, 1998; Cooper et al., 2008).

이처럼 국민이 정부 활동을 긍정적으로 평가할 경우, 정부의 권위를 기꺼이 받아들이겠다는 의지가 높아짐에 따라 정책 순응 및 법규 준수가 나타난다. 이는 정부의 정책 활동에 필요한 가시적, 비가시적 자원을 제공하는 통로가 되는 것이다(Ulbig, 2002; Kim, 2005; Cooper et al., 2008). 이에 반해 정부 활동에 대한 평가가 부정적일 경우, 반대의 상황이 발생한다. 정부의 권위를 인정하는 범위가 축소되고 이는 정부 활동에 있어서 재량 범위의 축소로까지 이어진다.

일반적으로 정부 활동에 대한 평가는 다차원적인 개념으로, 다음의 몇 가지 방향으로 나타난다. 첫째, 정부 활동에 필요한 자원을 제공하겠다는 의지이다. 이는 정부가 정책 목표를 달성하는 데 필요한 세금을 부담하겠다는 담세 의지가 대표적이다(Ulbig, 2002; Yang & Holzer, 2006). 세금 부과 및 증세에 대한 태도는 정부에 대한 정서가 긍정적, 또는 부정적인가에 따라 상당한 차이가 발생한다. 정부 서비스의 확대는 원하면서 비용 부담을 위한 담세 또는 증세는 반대하는 '공공 서비스와 세금의 역설'이 현실적으로 존재하는 상황에서(Beck et al., 1987: 225; Battaglio & Legge, 2009), 담세 또는 증세를 받아들인다는 것은 정부에 대한 긍정적 평가가 있을 때 가능하다.

둘째, 정부의 역할 범위에 대한 수용이다. 이는 정부(계서제)-시장의 관계 설정과 연결된다. 공공 서비스의 확대는 말할 것도 없고 기업 활동에 대한 정부의 간섭을 긍정적으로 평가하는 경우, 시장경제에 대한 정부 개입과 규제를 폭넓게 수용한다는 것을 뜻한다. 이러한 수용은 정부 정책에 대한 지지로 발현된다(Cooper et al., 2008; Battaglio & Legge, 2009).

셋째, 정부의 활동에 대한 믿음이다. 이는 정부가 국민의 기대에 부응하는 방식으로 운영되고 있다는 판단을 기초로 한다(Ulbig, 2002). 이처럼 정부가 국민의 기대에 부합하고 있다고 느낄 경우, 정부 활동에 대한 신뢰가 높아져 정부 정책에 대한 수용도도 높아지는 선순환을 가져온다. 이와 반대의 경우에는 악순환이 발생한다.

정책 수용 이론의 현실 정합성

이상의 이론적 논의의 현실적 정합성을 확인하기 위해 '전미선거조사(American National Election Survey: ANES)' 자료를 활용했다. 전미조사 중 인종적 소수 집단에 대한 인식과 이들을 대상으로 한 정부 정책에 대한 수용 정도를 활용했다. 미국 전역에 거주하는 일반 국민을 대상으로 했으며 전화로 참여자를 모집하고 조사는 인터넷을 통해 실시했다. 이 장에서 최종적으로 사용된 표본은 3,045명이다.[2]

척도와 관련해, 오랫동안 지속되어온 대표적인 재분배 정책인 흑인 대상 적극적 조치와 규제 정책의 성격을 가진 불법 이민자 관련 정책을 인종적 소수 집단 관련 정책으로 삼고 이 정책들에 대한 일반 국민의 인식을 측정했다(ANES, 2009). 흑인 대상 적극적 조치는 대학 입학과 고용 과정에서 흑인에게 주어지는 우대 조치에 대한 인식으로 측정했다. 불법 이민자 정책은 귀국 시기가 경과했어도 최대 3년간 체류를 허용하는 것과 불법 이민자에게 시민권을 부여하는 것에 대한 일반인의 인식을 측정했다.

한편, 이론적 논의에서 제시한 바와 같이 이들 정책에 대한 수용에 작용하는 영향 요인인 정치적 이념은 진보-보수 중 자신의 정치 이념의 위치를 정하도록 하는 방식으로, 인종적 소수 집단에 대한 평가는 흑인과 히스패닉 집단에 대한 긍정적 또는 부정적 정서로 측정했다. 미래 상황에 대한 평가는 자신과 미국 사회의 미래 전망을 낙관하는지 비관하는지로 측정했다. 정부의 활동에 대한 평가는 소득세 증세, 공공 서비스 확대, 기업 활동에 대한 정부 개입 확대 그리고 정부가 국민들의 기대에 부응하는 정도

---

2 최종 분석에 사용한 표본의 구성은 다음과 같다. 남성 1,295명(42.5%), 여성 1,754명(57.5%)로 구성되었고, 학력은 중졸 이하 120명(4.0%), 고졸 492명(16.3%), 대학 중퇴 1,115명(36.9%), 대졸 720명(23.8%), 대학원졸 574명(19.0%), 지역은 캘리포니아 175명(10.6%), 그 외 지역 1,469명(89.4%)로, 소득은 $19,999 미만 274명(9.1%), $20,000~$39,999 644명(21.4%), $40,000~$59,999 535명(17.8%), $60,000~$84,999 598명(19.9%), $85,000~$125,000 이상 954명(31.7%)로 나타났다. 결측치로 인해 변수에 따라 표본수가 다른데 적극적 조치(2,642명), 불법 이민자 정책(2,958명), 이념 지향(1,616명), 흑인에 대한 태도(1,495명), 히스패닉에 대한 태도(1,497명), 개인 미래 인식(2,642명), 국가 미래 인식(2,641명), 세금 인상(1,618명), 공공 서비스 확대(2,681명), 기업활동 개입 확대(2,677명), 정부 기대(1,481명) 등이다.

로 측정했다. 통제 변수 중 연령은 출생 연도로, 소득은 세금 공제 이전의 총소득, 교육은 최종 학력 수준으로 측정했다. 이와 함께 인종적 소수자와의 접촉 기회를 측정하기 위해 거주하는 지역을 단위로 했다.

이상의 척도를 가지고 이론적으로 논의한 영향 요인의 기본 구조를 살펴보았다. 먼저, 정책 유형별 인식을 보면 흑인 대상 적극적 조치에 대해서는 63.2%가 찬성한 데 반해, 대학 입학 과정에서 흑인에게 부여되는 혜택은 17.4%만이 찬성함으로써 극명한 대조를 보인다. 역사적으로 차별을 받은 흑인에게 공정한 대우를 해야 한다는 것은 일종의 당위로 그 자체에 대한 이견은 적다. 당위적 언명은 추상적이어서 비용이나 혜택이 명확하지 않기 때문에 직접적인 저항의 개연성은 낮다. 그러나 대학 입학 과정에서 흑인에게 제공되는 혜택은 가시성이 높고 구체적이며 비용 부담 집단이 명확하다. 이는 정책으로 인한 이해의 제로섬 관계를 부각시킨다. 특히 입학 과정에서 특혜를 제공하는 것은 미국 사회가 중시하는 실적주의에 대한 위배이며 역차별 논란을 제기한다는 점에서(Reyna et al., 2005; Kravitz, 2008), 보다 민감하게 반응한 결과로 보인다.

비슷한 인식 양상이 불법 이민자 정책에서도 발견된다. 불법 체류자임에도 불구하고 3년간 노동을 허용하는 정책에 대해서는 55.4%가 반대 의사를 나타냈다. 이에 반해 불법 이민자에게도 시민권을 부여할 수 있도록 하는 것에 대해서는 57%가 찬성 의사를 보였다. 이러한 인식의 차이는 노동 시장 고용이라는 구체적이고 실질적인 자원의 부여로 잠재적으로 일자리를 두고 경쟁할지도 모른다는 위협감이 작용한 결과로 볼 여지가 많다. 이에 반해 후자의 시민권은 중요하기는 하지만 추상적이고 당위적이어서 구체성이 떨어지고 그에 따라 잠재적 위협으로 부각되기 쉽지 않다.

인종적 소수 집단에 대한 감정적 정서는 특별히 따뜻하지도 냉담하지도 않아 흑인과 히스패닉에 대해 각각 67.3%, 65.3%가 중도적인 정서를 보였다. 이러한 결과는 오히려 역설적으로 인종 이슈가 민감하다는 것을 보여주는 것일 수도 있다. 민감하기 때문에 극단이 아닌 중간을 택하는 사회적 관대화가 작용했을 수도 있다. 흑인(3.8%)보다 히스패닉(9.6%)에 대해 더 부정적인 정서가 발견된다. 1990년대 중반 이후 남미로부터의 이민이 증가하면서 사회적인 부담으로 대두되었는데, 특히 멕시칸 불법 이민자가 폭증함에 따라 확산된 부정적 기류가 작용한 것으로 보인다. 무엇보다 미국의 인종 문제가 '흑–백 이분법'을 넘어 히스패닉 이민자로까지 확대되는 복잡성을 보인다는 점에서 주목할 만한 결과이다. 이념 지향과 관련해 개인적 신념과 정치적 신념에 있어서 중도적 이념이 우세한 것으로 나타났다(각각 52.5%와 41.8%). 미래 상황에 대한 평가는 개인적 상황에 대해서는 63.5%가, 국가적 상황에 대해서는 54.9%가 낙관적인 전망을 보였다.

마지막으로 정부 활동에 대한 태도와 관련해, 응답자의 55.4%가 소득세 증세에 대해 긍정적인 입장을 보였다. 일반적으로 공공 서비스가 확대되기를 바라면서 증세는 반대하는 역설의 관점에서 보면 이러한 결과는 의외이다. 다만 증세에 대한 인식일 뿐 실제 현실화된 세금을 납부하는 것은 아니어서 원칙적 증세 동의에 그치는 것일 수도 있기 때문에 조심스러운 해석이 요구된다. 한편, 공공 서비스가 확대되는 것에 대해서는 34.3%가 긍정적이고, 기업 활동에 대한 정부의 개입이 확대되는 것에는 응답자의 41.6%가 긍정적인 입장을 보였다. 시장에 대한 강한 믿음을 근간으로 하는 자유주의가 지배적인 미국에서 이러한 결과가 나타난 점은 흥미롭다. 이는 2008년 미국을 포함한 선진국을 강타한 금융위기와 기업의 탐욕에 대한 미국인의 우려가 2009년에 실시된 전미조사에 반영된 것일 수 있다. 정부 활동이 국민의 기대에 부응하는가에 대해서는 응답자의 56.8%가 부정적인 입장을 견지함으로써 정부신뢰 하락의 현실을 반영한다(Nye et al., 1997; Battaglio & Legge, 2009).

재분배 대 규제: 정책 유형과 정책 수용

재분배 정책의 성격을 가진 흑인 대상 적극적 조치와 규제 정책의 성격을 가진 불법 이민자 정책을 수용하는 데 작용하는 영향 요인의 차별성은 〈표 6〉과 같다. 분석 결과에 따르면, 인종적 소수자를 대상으로 한 정책을 수용하는 데 있어서 정책의 유형 및 속성이 작용한다. 흑인을 대상으로 한 적극적 조치에 대해서는 공공 서비스 확대, 기업에 대한 정부 개입 확대, 정치 이념, 흑인에 대한 정서, 소득세 증세 수용 그리고 정부에 거는 기대 등이 작용하는 데 반해, 불법 이민자와 관련한 정책에 대해서는 히스패닉 집단에 대한 정서와 정치 이념의 영향력이 확인되었다.

이러한 결과는 다음과 같은 함의를 갖는다. 첫째, 정치 이념의 영향력으로, 이는 정책 유형과 무관하게 작용하는 것으로 나타났다. 진보적 이념에 동의하는 경우, 흑인을 우대하는 적극적 조치나 불법 이민자라 해도 노동 기회와 시민권 부여를 지지하는 것으로 나타났다. 진보적 이념이 지향하는 가치인 정의와 형평 그리고 이를 실현하는 한 방식으로 사회적 약자를 위한 정부의 적극적 개입 필요성에 동의하는 것이다. 이처럼 정책 유형에 따라 차이가 없는 것은 정치 이념의 안정성과 지속성이 작용한 것으로 보인다.

둘째, 인종적 소수 집단에 대한 정서이다. 적극적 조치에는 흑인에 대한 정서가, 불법 이민자 정책에는 히스패닉에 대한 정서가 교차적으로 작용했다. 이러한 결과는 흑인을 부정적으로 평가할수록 적극적 조치가 실적주의를 훼손한다는 인식이 강해진다는 연구를 확인한다(Reyna et al.,

〈표 6〉 정책 유형에 따른 정책 수용의 영향 요인

		불법 이민자 정책		적극적 조치	
		Beta	*t*	Beta	*t*
정치 이념	진보 –보수	.129	2.822**	.117	2.748**
미래의 자원 스트레스	개인차원	.022	.425	.038	.804
	국가차원	.008	.167	–.011	–.235
인종 집단에 대한 정서	흑인	–.025	–.532	.100	2.263*
	히스패닉	.186	3.907***	.042	.950
정부 활동에 대한 태도	소득세 증세(增稅)	.050	1.128	.069	1.677+
	공공 서비스 확대	.031	.674	.244	5.586***
	기업에 대한 정부 개입 확대	.037	.818	.125	2.968**
	정부 활동에 대한 기대	.029	.712	.062	1.663+
인구 통계적 특성	연령	–.023	–.580	.065	1.746+
	성별	–.069	–1.690+	–.006	–.170
	학력	.114	2.600*	.050	1.217
	소득	.011	.239	–.050	–1.205
	지역	–.050	–1.255	.017	.459
adjusted R^2		.090		.203	
F		4.993***		11.273***	

p. +<.1, * <.05, ** <.001, *** <.0001

2005). 주목할 것은 불법 이민자 관련 정책에 히스패닉에 대한 정서가 강하게 작용한다는 점이다. 흑인을 정책대상으로 특정한 적극적 조치에 흑인에 대한 정서가 작용하는 것은 자연스럽다. 그에 반해 불법 이민자 관련 정책은 히스패닉을 정책 대상으로 특정하지 않았음에도 불구하고 이들에 대한 평가가 강력하게 작용했다는 점은 주목해야 한다. 미국인에게 '불법 이민자는 히스패닉'이라는 전제가 있을 가능성을 보여주기 때문이다. 이는 90년대 중반 이후 남미 불법 이민자의 폭증과 이에 따른 사회적 부담이 일정 부분 작용한 결과로도 볼 수 있다. 이는 통제 변수에서 캘리포니

아 지역 거주민이 다른 지역 거주민에 비해 불법 이민자 정책에 대해 부정적이라는 결과를 통해서도 확인된다. 캘리포니아가 히스패닉 거주 비율이 가장 높고 proposition 187 등 히스패닉 이주민에 대한 반동이 가장 먼저 시도되었던 것과 무관하지 않은 것으로 보인다.

가장 주목할 결과는 정부 활동에 대한 평가적 태도가 인종적 소수 집단에 대한 정책 수용에 미치는 영향력이다. 불법 이민자 정책에는 정부 활동에 대한 평가의 영향력이 발견되지 않는 데 반해 흑인 대상 적극적 조치에는 중요한 영향 요인임이 확인되었다. 특히 공공 서비스 확대와 기업 활동에 대한 정부 개입을 긍정적으로 생각하는 경우 적극적 조치에 대한 수용 범위가 넓어지는 것으로 나타났다. 제한적인 수준이기는 하지만 소득세 증세를 수용하거나 정부에 대한 기대가 높은 경우에도 적극적 조치에 대한 수용 범위가 넓어졌다.

두 정책 모두 인종적 소수 집단을 대상으로 한다는 공통점에도 불구하고, 흑인에 대한 적극적 조치에만 정부 활동에 대한 평가적 태도가 영향을 미친 것은 중요한 논제를 제공한다. 이러한 결과는 몇 가지 차원에서 해석 가능하다. 첫째, 정책의 역사와 정책 대상과의 접촉 경험 축적의 차이를 들 수 있다. 미국에서 1960년대부터 시행해온 적극적 조치는 사회적 소수자를 대상으로 한 대표적인 정책으로 역사가 오래되고 비교적 안정적이다. 또한 정책 대상으로서 흑인과의 경험도 오랫동안 축적되어왔다. 이미 역사가 오래되고 정책 대상 집단과의 접촉 경험이 많은 상태에서는 흑인 집단에 대한 정서가 정책 수용도에 영향을 미칠 여지가 적다. 그에 반해 불법 이민자 정책은 남미로부터의 불법 이민이 문제가 되기 시작한 1990년대 중반 이후에 논의되었고 주요 정책 대상인 히스패닉 집단과의 접촉 경험도 흑인에 비해 많지 않다. 여기에 더해 히스패닉 불법 이민자로 인한 사회적 부담과 비용에 대한 우려가 확산되고 있는 것도 미국의 현실이다.

이처럼 주요 정책 대상인 히스패닉 집단과의 접촉 경험이 상대적으로 적은데다 부정적 여론이 추가되면서 히스패닉 집단에 대한 정서가 관련 정책을 수용할 것인가에 작용할 여지가 그만큼 넓어지는 것이다.

이러한 요인보다 어쩌면 더 중요한 것은 이 두 정책의 유형과 그것이 갖는 속성의 차이이다. 소수 집단을 대상으로 한 적극적 조치는 이해관계에 민감성이 높은 대표적인 재분배 정책이다. 이러한 재분배적 속성으로 인해 정부 역할에 대한 태도가 미칠 영향력이 더 중요해질 수 있다. 이미 밝힌 바와 같이 적극적 조치는 기회의 평등, 경쟁 그리고 실적주의 등 미국 사회가 중시하는 가치에 위배된다는 점과 역차별 논란이 가세하면서 사회적 갈등의 인화성이 높은 민감한 이슈이다(Fraser & Kick, 2000; Kravitz & Klineberg, 2000; Massey, 2004; 원숙연, 2011b; 2017). 이는 수혜 집단이 명시적이고 이해관계의 충돌점이 명확해 저항 가능성이 높기 때문이다. 이와 같은 속성이 있는 재분배 정책을 수용하는 데는 정부를 어떻게 평가하는가가 중요하게 작용할 여지가 그만큼 커진다. 정부 활동을 긍정적으로 평가할 경우, 설혹 자신의 이해관계에 부정적이라 해도 정부의 재분배 정책을 수용할 의지가 생길 수 있지만, 정부에 대해 부정적이라면 자신의 이해관계에 위협이 될 것을 감수하면서까지 정부의 재분배 정책을 받아들일 의지는 약해질 것이기 때문이다.

정부에 대한 평가적 태도가 불법 이민자 관련 정책에서는 다르게 작동할 것이다. '불법'이라는 특성은 정부 활동에 대해 어떤 평가적 태도를 가지고 있는가에 따라 수용의 범위가 달라질 수 있는 여지가 지극히 협소하다. 왜냐하면 불법은 한 사회를 유지하는 데 필수적이고 핵심적인 규칙에 대한 도전을 의미하기 때문이다. 다시 말해 정부 활동에 대해 우호적이라고 해서 법을 위반한 소수 집단을 대상으로 한 정책을 더 많이 받아들이지는 않을 것이다. 한마디로 불법이라는 틀이 개입되면 그 자체로서 정책 수용의 폭이 좁아지기 때문에 정부에 대한 평가적 태도가 작동할 여지를 줄이는 결과를 가져올 수 있다.

재분배 정책 수용의 역학

소수 인종을 대상으로 한 정책의 수용은 정책 유형에 따라 달라질 수 있음이 확인되었다. 미국의 경험을 통해 볼 때 흑인 대상 적극적 조치와 같은 재분배 정책은 정부 활동에 대한 평가가 중요한 요인으로 나타났다. 이러한 결과는 불법 이민자를 대상으로 하는 정책을 수용하는 데는 정책 대상 집단에 대한 정서가 중요하다는 결과와 대조를 이룬다. 이처럼 인종적 소수자를 대상으로 하는 정책이라는 공통점에도 불구하고 이들 정책을 수용하는 데 영향을 미치는 요인이 다르다는 점은 그 함의가 가볍지 않다.

적극적 조치는 흑인, 불법 이민자 관련 정책은 히스패닉이라는 정책 대상의 차이가 작용했을 수도 있고, 적극적 조치는 합법적 소수 집단을 대상으로 하는 데 반해 후자는 불법적 소수 집단을 대상으로 한다는 점이 작용한 결과로 해석될 수도 있다. 그러나 더 강력한 것은 정책 유형 또는 정책 속성에 차이가 있다는 점이다. 무엇보다 적극적 조치는 기회의 평등, 경쟁 그리고 실적주의라는 미국 사회가 공유한 가치와 일정한 거리가 있고 역차별의 가능성을 내포한 재분배 정책이다. 특히 주목할 것은 재분배적 속성을 갖는 적극적 조치를 받아들이는 데 있어서 정부 역할에 대한 평가가 매우 중요하다는 점이다. 주류 집단의 이해관계를 침해할 가능성이 있는 재분배 정책의 경우, 정부의 개입 또는 정부의 활동에 대한 긍정적 평가나 신뢰가 있다면 이를 받아들이는 것이다.

이러한 결과가 우리에게 주는 발견적 의미에 주목할 필요가 있다. 우리나라는 아직 이주의 역사가 길지 않아 이주 외국인을 대상으로 한 본격적인 재분배적 정책은 많지 않다. 이주 외국인의 정착과 적응에 도움을 주는 형태의 동화 정책이 주를 이룬다. 주지하는 것처럼 동화 정책은 다수 집단이 수용 가능한 범위의 시혜적 속성을 갖기 때문에 다수 집단과 소수 집단 간 갈등이 첨예하지 않다. 문제는 시간이 흐르고 이주집단의 수가 일정한 수준 이상이 되는 '유의미한 규모'에 이르면 동화 정책이나 시혜적 복지 정책을 넘어서는 정책적 요구가 늘어나고 재분배적 성격의 정책이 증가할 수밖에 없다는 것이다. 서구의 경험이 이러한 흐름을 경험적으로 확인해준다(Kymlicka, 1995; Castles & Miller, 2003; Alexander, 2005). 언젠가는 우리나라도 이주 외국인 정책의 기조 변경이 불가피하고 다수 집단인 일반 국민들은 자신들의 이해관계에 보다 민감해져 이주 외국인을 대상으로 한 재분배적 성격의 정책에 대한 반감과 저항이 나타나게 될 것이다. 이때 재분배적 성격의 정책을 수용하는 데 정부에 대한 평가나 신뢰가 중요하다는 미국의 경험은 실제 정책 업무를 담당하는 정책 입안자에게 던지는 실천적 함의가 크다. 한마디로 정부의 신뢰가 왜 중요한지를 보여주는 또 하나의 발견이다.

또 다른 발견적 함의는 정치 이념의 영향력이다. 정치 이념은 정책의 속성이나 정책 대상 집단과 무관하게 안정적이고 일관되게 영향을 미치는 것으로 나타났다. 주지하는 바와 같이 정치 이념은 일정한 시간이 걸려 형성되며 일단 형성되고 나면 쉽게 변경되지 않는다. 바로 이러한 특성으로 인해 그 영향력이 안정적으로 작용한 것도 있다. 이처럼 안정적인 정치 이념은 특정의 사회 현상을 이해하고 평가하는 데 견고한 인지틀로 기능하며(Huckfeldt et al., 1999; Battaglio & Legge, 2009), 복잡한 정책 이슈를 평가하고 판단하는 데 중요한 단서로 작용한다. 어떤 정치 이념을 지향하는가에 따라 같은 정책을 다르게 평가하고 그러한 다른 평가에 따라 수용의 범위도 달라진다. 이처럼 정책을 수용하는 데 있어서 정치 이념이 갖는 중요성에도 불구하고 이주 외국인 정책 수용에 대한 연구에서 정치 이념에 대한 논의는 거의 발견되지 않는다. 소위 정치-행정이원론의 관점에서 추상적인 정치 이념을 논의하지 않거나 하나의 통제 변수로서 처리하는 정도로 그치는 경향이 있다. 그러나 이주 외국인과 관련한 경험과 이들을 대상으로 한 정책을 어떻게 평가하고 어느 정도 수용하는가를 단순히 기능적이고 표피적인 관점에서 조망하는 것으로는 그 본질을 이해할 수 없다. 따라서 정치 이념을 포함해 그 이면에 존재하는 정치 이념과 집단 간 갈등을 논의하는 정치학적 접근으로 담론의 외연을 확대할 필요가 있다. 이러한 필요성은 이 책이 다문화 사회와 이주 외국인 정책을 '정체성을 둘러싼 인정의 정치' 관점에서 접근하는 이유이기도 하다.

맺는말

남겨진 물음들

이 책은 다문화 사회로의 이행과 그에 대응한 정책적 개입이 불가피하게 내포하는 다층성과 분절성에서 출발했다. 특히 현대 사회를 관통하는 중요한 화두인 사회적 다양성의 근거가 되는 수많은 요소(예: 성별, 계층, 성적 지향 등) 중 '인종'에 주목한 것은 우리 사회에서 인종이 갖는 본질적이며 복합적인 의미로 인해 다문화 사회의 다층성과 분절성을 더욱 심화시킬 것이라는 저자의 인식에 기초했다. 좀 더 극명하게 표현하면 단일 민족-단일 문화로 표상되는 우리 사회가 집단적으로 공유하는 인종적 폐쇄성과 '순혈'에 대한 일종의 집단적 집착으로 인해 여타의 다양성 기준과 비교할 때 인종적 다양성의 사회적 무게가 훨씬 무겁다는 뜻이다. 일견 이주의 세계화가 현실이 된 지 오래된 이 시점에서 단일 민족-단일 문화의 규범이 시대착오적으로 보일 것이라는 점에 동의한다. 문제는 그 시대착오적(으로 보이는) 규범이, 비록 과거와 같은 위력은 아닐지라도, 여전히 우리 사회 구성원의 인식과 행동 그리고 상호작용을 규율하고 있다는 점이다.

바로 이 점에서 이 책은 인종적 다양성이 다문화 사회의 다층성을 심화시키는 것은 물론 다문화 사회에 대응한 정책 내용과 방향에 있어서의 분절성을 더한다는 점에 주목해 논의를 진행했다. 누차 강조한 것처럼 정책은 '당위'가 아닌 현실적 요구를 반영한 '선택'이기 때문에 우리 사회에서 인종적 다양성이 내포하는 다층성과 그것이 발현되는 양상의 분절성을 반영하지 않을 수 없다. 상황을 더 복잡하게 하는 것은 단일 민족-단일 문화 규범이 여전히 행사하는 '실질적' 영향력에도 불구하고 이러한 규범을 과거처럼 노골화할 수 없는 '형식적' 요구 사이의 간극이다. 이러한 간극으로 인해 정책의 분절성은 더욱 심화된다. 예를 들어 표면적으로 순혈을 강조할 수는 없지만 한국 남성과 결혼한 이주 외국인 여성에 대한 정책적 대응과 한국 여성과 결혼한 이주 외국인 남성에 대한 정책적 대응이 달라지는 것도 분절성의 발현이라고 볼 수 있다. 이는 아버지의 피와 어머니의 피에 대한 사회적 의미를 정책에 차별적으로 반영하는 것이다. 또한 인종주의를 노골적으로 표면화할 수는 없지만 교묘하고 간접적인 방식으로 이를 유지하는 것도 같은 맥락에서 이해된다. 미국의 경험에서 목격되는 것과 같이 노골적이고 직접적인 방식이 아닌 교묘하고 간접적으로 작동하는 인종주의는 훨씬 다루기 힘들고 정책 내용과 현실 사이의 분절성을 심화시킨다. 이처럼 우리 사회 구성원의 인식에 여전히 작동하는 단일 민족-단일 문화 규범의 실질적 영향력과 형식적 요구 사이의 불일치는 이주 외국인 정책의 형식주의에 기여할 것이다.

이처럼 인종적 다양성에 기초한 다문화 사회로의 이행에 발현되는 다층성과 분절성 그리고 이에 대응한 정책적 개입에 내포된 형식주의 가능성은 이주 외국인 정책을 정치적 관점에서 접근해야 할 필요성을 제기한다. 이에 따라 이 책은 우리가 경험하고 있는 다문화 사회는 단순히 그리고 표면적으로 인종이라는 인구 통계적 변수의 추가나 확장을 넘어선 권력의 분화와 이를 둘러싼 정체성 정치와 인정의 정치로 이해할 것을 강조했다. 다시 말해 이 책은 정체성에 기초한 사회적 인정을 요구하는 집단과 또 다른 정체성에 근거해 사회적 인정 요구를 적극적으로 수용할 수 없는 집단 간의 이해 충돌과 갈등 그리고 그러한 충돌과 갈등을 해결하기 위한

'정치적 선택'에 주목할 때 다문화 사회의 다층성과 분절성에 대한 명확하고도 현실성 있는 이해가 가능하다고 보았다. 그 과정에서 이 책이 특히 강조하는 것은 정체성의 정치와 인정의 정치에 대한 논의가 다수 집단 대 소수 집단의 경직적 이분법에 머물러서는 안 된다는 점이었다. 일반적으로 인종을 기초로 한 집단 간 갈등이나 정치를 논의할 때 인종적 소수 집단 대 인종적 다수 집단의 이분법에 주목하는 경향이 있다. 물론 정체성에 기초해 인정을 받으려는 인종적 소수 집단과 이에 대응한 다수 집단 사이의 갈등이 가장 첨예하게 표면화되는 것은 부인할 수 없다. 그러나 인종에 기초한 다문화 사회의 다층성과 이에 대응한 정책적 개입의 분절성을 둘러싼 집단 간 갈등과 정치는 인종적 소수 집단과 다수 집단 사이의 이분법을 훨씬 뛰어넘는 복잡성을 특징으로 한다.

일견 인종적 소수 집단은 인종적 다수 집단과의 관계에서는 동질적 소수 집단으로 분류된다. 표면적으로 볼 때는 틀리지 않은 분류이다. 그러나 인종적 소수 집단을 구성하는 다양한 하위 집단 내부의 상황이나 그들이 직면한 현실은 동일한 소수 집단으로 분류되기에 충분히 동질적이거나 균질적이지 않다. 앞에서 이미 확인한 바와 같이 '결혼'이라는 동일한 이주 목적에도 불구하고 한국 사회에서 결혼이주 '여성'과 결혼이주 '남성'의 현실은 결코 동질적이지 않다. 또한 결혼이주여성 내부에서도 배우자의 사회, 경제적 배경의 차이를 포함해 상이한 현실이 공존한다. 같은 맥락에서 '노동'이라는 동일한 이주 목적에도 불구하고 소위 3D 업종에 집중 포진한 이주 노동자와 전문 지식과 기술을 보유한 이른바 고급 이주 노동자가 동일한 인종적 소수자 집단으로 분류될 수 없다. 무엇보다 인종적 소수 집단 내부의 상이한 현실은 다수 집단으로부터의 인정 범위와 정도에 따라 달라짐과 동시에 다수 집단으로부터의 인정 범위와 정도를 다르게 하는 순환 관계에 있다. 어떤 인종적 소수 집단에게는 악순환이, 다른 인종적 소수 집단에게는 선순환이 존재한다. 특히 이 책은 이러한 순환적 관계에 작동하는 기제로 인종적 소수 집단의 도구적 효용과 이들 집단의 정체성이 갖는 속성의 영향력과 차별성을 이론적으로 논의하고 실증적으로 확인했다. 다시 말해 인종적 소수 집단 안에 내재하는 다양한 현실의 내적 변이와 복잡성을 집단 간 권력의 분화와 집단 간 정치의 관점에서 확인한 것이다.

이와 같이 소수 집단 내부에 존재하는 현실의 변이와 다양성은 다수 집단에서도 그대로 나타난다. 이주 외국인의 등장으로 인해 다수 집단이 느끼고 경험하는 유무형의 자원스트레스는 다 다르다. 이러한 차이는 이주 외국인에 대한 다수 집단의 인식과 판단 그리고 특정 소수 집단에 대한 인정의 범위에 있어서 차이를 만든다. 예를 들어 우리 사회에서 저소득 노동자 집단과 고소득의 전문가 집단은 이주 외국인과 비교하면 인종적 다수 집단으로 분류된다. 그러나 노동 시장에서 이주 노동자와 '일자리'를 두고 경쟁하거나 경쟁하게 될지도 모른다는 위협 의식이 상대적으로 높은 저소득의 노동자 집단의 인식은 이주 외국인이 자신들과는 '다른 리그'에 있다고 믿음으로써 이주 외국인 노동자로 인한 자원스트레스를 거의 느끼지 않은 고소득의 상위 계층의 인식과 같을 수 없다. 이처럼 상이한 인식은 이주 외국인 노동자를 대상으로 한 관련 정책에 대한 수용 범위의 차이로 이어질 개연성이 높다. 이와 같이 다수 집단 내부에서도 다문화 사회에 대한 인식의 다층성과 관련 정책에 대한 수용의 분절성이 존재한다. 결국, 인종적 다양성을 둘러싼 정체성의 정치와 인정의 정치는 소수 집단 대 다수 집단 사이에 존재하는 '집단 간 정치(between groups)'를 넘어서 소수 집단을 구성하는 하위 집단 간, 그리고 다수 집단을 구성하는 하위 집단 사이에 존재하는 '집단 내 정치(within groups)'로 그 외연을 넓히고 그 복잡성을 더한다.

이상과 같은 외연의 확대와 복잡성의 심화, 그에 따른 집단 정치의 다층성은 이주 외국인 관련 정책적 개입이 '공공 난제(wicked problem)'가 될 가능성을 높인다. 관련 논의에 따르면(Rittel & Webber, 1973; Bache et al,, 2016), 난제의 속성은 1) 이슈가 되는 사회적 문제에 대한 명확한 규정이 어렵고, 2) 문제가 계속될 것인지 중지될 것인지, 또는 어디가 종착점인지를 판단할 수 있는 종료규칙(stopping rule)을 찾기 어려우며, 3) 즉각적이고 궁극적 또는 명확한 해결책을 찾기 어려우며, 4) 해결책이 있다고 해도 '옳고 그름'이 아닌 '상대적으로 더 나은 또는 더 나쁜(better or worse)'선택의 차원에 있을 때 등이다. 여기에 더해 특정의 정책 이슈와 관련한 지식이 불완전하거나 모순되고 다수의 이해관계자의 입장이 개입됨에 따라 나타나는 복잡성(complexity), 불확실성(uncertainty) 그리고 불일치(divergence) 역시 난제의 속성으로 제시된다(Head, 2008: 103; 원숙연, 2017).

이상의 공공 난제가 갖는 속성을 감안하고 지금까지의 논의를 종합해 보면 인종적 다양성에 근거한 다문화 사회와 이주 외국인에 대한 정책 이슈가 공공 난제로 규정될 근거는 충분해 보인다. 이 책에서 논의한 인종적 다양성을 둘러싼 인식의 다층성과 정책적 대응의 분절성 그리고 집단 간 또는 집단 내 정치성은 말할 것도 없고 우리나라에서 인종은 젠더와 같이 전통적이고 익숙한 배경 변수와 달리 새롭게 부상한 다양성의 기준이라는 점도 난제로서의 개연성을 더한다. 이 책에서 본 바와 같이 우리나라에 이주 외국인이 본격적으로 유입된 것은 90년대 중반 이후로 인종과 관련한 사회적 문제가 나타난 시기가 오래되지 않았다. 따라서 인종적 다양성과 관련한 사회적 문제를 이해하고 해결책을 찾는 데 필요한 지식의 축적이나 경험이 일천하다. 이는 자연스럽게 정책 경험이나 정책 유산의 부족에 따른 대응의 불확실성으로 이어진다. 그럼에도 불구하고 이주 외국인의 증가 속도는 너무나 압축적이어서 빠른 대응을 요구한다. 정책 경험이나 유산이 부족한데 대응은 빨리 해야 하는 모순적 상황은 이주 외국인 관련 정책 이슈를 공공 난제로 만드는 또 하나의 요인이다.

인종에 기초한 다문화 사회와 이주 외국인 관련 정책 이슈가 공공 난제가 될 또 다른 가능성은 이것이 오랫동안 당연하게 받아들여져 왔던 단일민족-단일 문화 규범이나 순혈을 강조하는 사회적 가치관과 정면으로 배치된다는 점이다. 특정의 정책 이슈가 기존의 가치관과 배치될 경우 다수 집단에게는 위협으로 인식되어 대척점에 설 개연성이 높다. 이는 집단 간 정치가 작동할 여지를 만들어낸다. 누누이 강조하지만 정책은 진공 상태에서 만들어지는 것이 아니라 다양한 행위자(집단)의 상호작용에 의해 선택되고 구성되는 복잡한 사회적 산물이다. 따라서 다수 집단이 느끼는 저항과 그에 따른 집단 간 정치의 활성화 가능성은 정책 대안을 만드는 것은 물론 정책 순응을 확보하는 데 상당한 장애 요인으로 작동할 것이다. 이러한 가능성은 우리보다 인종적 다양성의 역사가 길고 수용적이었던 국가에서 최근 목격되는 반동(backlash)을 통해서도 확인된다. 미국우선주의의 기치 아래 노골적인 반이민정책을 내세우는 미국 트럼프 대통령, 미국처럼 노골적이지는 않지만 취업 목적 이민자의 증가에 대한 다수 집단의 위협 인식이 저변에 깔린 영국의 브렉시트(Brexit) 결정, 난민에 대해 관대한 정책기조를 유지해왔던 독일 메르켈 정부에 대한 비판 여론 확산 등은 '인종'을 둘러싼 집단 간 갈등의 증폭과 정치성을 여실히 보여준다.

이처럼 공공 난제가 될 가능성이 높은 인종적 다양성에 따른 다문화 사회와 이에 대한 정책적 대응의 어려움을 해결하는 데 있어서 몇 가지 중요한 질문이 남는다. 그것은 향후 우리 사회가 이주 외국인 및 그들을 대상으로 한 정책에 있어서 어떤 방향성을 선택할 것인가이다. 물론 이에 대한 명확하고도 합의할 수 있는 답을 제시할 수는 없다. 다만 그 '선택'에 있어서 고민해봐야 할 몇 가지 화두를 던지고자 한다.

규범(당위)으로부터 합리성으로

이 책 전반에 걸쳐서 정책은 규범적인 지향이나 도덕적 이상향에 대한 언명이 아니라 현실의 문제를 해결하는 도구라는 점을 강조했다. 이주 외국인 정책 역시 예외일 수 없다. 이 책에서 확인한 바와 같이 우리 사회에 인종에 기반한 반-다문화 인식이 여전히 존재하는 상황에서, 그리고 이주 외국인에 대한 막연한 두려움이나 위협 인식이 불식되지 않은 상황에서 '다문화 사회는 좋은 것'이고 이주 외국인을 받아들이는 것이 '당위적 또는 규범적으로 바람직한 것'이라는 선언적 언명이나 형식적인 교육은 공허한 수사에 그칠 가능성이 높다. 말할 것도 없이 공허한 수사는 현실의 변화를 가져오지 못한다. 따라서 인종에 기반한 반-다문화 인식이나 인종주의적 태도를 완화하기 위해서 또 이주 외국인 정책이 현실에서 실효성을 거두기 위해서는 규범과 당위가 아닌 합리성을 정책의 중심에 두어야 한다.

이를 위해서는 첫째, 이주 외국인의 증가가 우리 사회 구성원 모두에게 현실적인 이익이 된다는 것에 대한 증거를 제시하고 설득해야 한다. 다수 집단으로서 일반 국민이 갖는 불안과 우려를 인정하지 않거나 심지어 비난하면서 규범과 당위를 강요(?)하기보다는 이주 외국인의 증가에 따른 불안과 우려의 본질을 파악하고 이에 부합하는 정책적 노력이 선행되어야 한다. 같은 맥락에서 인종 편견에 대한 대응 역시 합리성에 기초할 필요가 있다. 대표성 있는 조사를 통해 우리 사회에 존재하는 인종 편견이 생물학적인 것인지 아니면 그 변형인 사회적인 것인지에 대한 면밀한 파악이 이루어져야 한다. 이를 기초로 인종 편견을 약화시키는 보다 '실리적'인 노력이 병행되어야 한다. 여기서 실리적이어야 한다는 것은 이주 외국인이 우리 사회의 발전에 기여한다는 점을 확인시키는 객관적인 증거의 제시를 의미한다. 인종 편견을 뒤집을 수 있는 반대 증거를 제시해야 한다. 우리와 다른 인종의 이주 외국인의 등장으로 인해 우리의 국가 경쟁력이 제고되고 사회 발전이 가속화된다는 판단의 근거가 제시될 때 인종적 편견은 실질적으로 변화될 수 있다. 인종적 편견을 불식시킬 수 있는 객관적이고 실질적인 증거 없이 '인종 편견은 당위적으로 바람직하지 않으니 사라져야 한다'는 식의 규범적 접근만으로는 '과거의(old)' 인종주의가 '새로운(new)' 인종주의로 변모하듯, 오히려 인종적 색채를 감추는 변형이 이루어지고 이러한 변형은 정책적 대응을 더욱 복잡하게 만들 수 있기 때문이다.

수혜(welfare)로부터 기여(workfare)로

인종적 다양성이나 이주 외국인에 대한 부정적 인식의 근간에는 이주 외국인을 시혜의 대상으로 규정하고 이들이 우리 사회에 '비용'이 된다는 인식이 자리한다. 이 책에서도 확인된 바와 같이 다수 집단으로서 일반 국민이 이주 외국인을 대상으로 한 복지 혜택에 대해 낮은 선호를 보이는 것도 이러한 인식과 무관하지 않다. 이러한 인식은 정부가 이주 외국인에 대해 온정적이고 시혜적인 접근을 하고 이에 따라 다수 집단에게는 역차별이 될지도 모른다는 부정적 인식을 강화하는 방향으로 발전할 수도 있다. 무엇보다 이주 외국인의 유입에 따른 자원스트레스를 상대적으로 많이 느끼게 되는 하위 계층의 경우는 더욱 그렇다. 이 책에서 발견된 흥미로운 사실은 경제적으로 여유로운 계층일수록 이주 외국인에 대한 수용의 범위가 넓은 서구와는 달리, 우리나라의 경우 경제적으로 여유 있는 지역에서 오히려 이주 외국인에 대한 반감이 높다는 점이다. 이러한 결과는 사회적으로 어려운 계층도 사회적으로 어렵지는 않지만 소위 '잃을 것이 많은' 계층도 이주 외국인을 둘러싼 유, 무형의 사회적 비용에 대해 우리 사회가 갖는 인식의 복잡성을 그대로 보여준다. 현재 우리사회가 직면하고 있는 경제적 어려움과 향후 예측되는 저성장 기조를 고려한다면 이주 외국인을 비용으로 인식하는 경향성은 강화될 가능성을 배제할 수 없다.

그렇다고 해서 이 책이 이주 외국인에 대한 복지 혜택을 무조건 줄일 것을 주장하는 것은 아니다. 다만 다수 집단이 이주 외국인을 단순히 복지 수혜자나 사회적 비용 유발 집단으로 생각하지 않고 이주 외국인 집단의 '자격'과 '가치'를 인정할 수 있는 여건을 마련해야 한다는 뜻이다. 이를 위해서는 이주 외국인에게 복지 혜택을 제공하는 것이 아니라 이주 외국인이 한국 사회의 구성원으로 기여할 수 있도록 '일을 할 수 있는(workfare)' 기회를 제공해야 한다. 경제적 자립의 중요한 요소로서 일할 수 있는 기회의 제공은 이주 외국인 집단도 원하는 방향이라는 점에서 이른바 '윈-윈' 전략이다. 일반적으로 이주 외국인의 노동 시장 참여나 취업을 유도하는 정책이 이주 외국인만을 위한 것이라고 생각하는 경향이 있다. 그러나 실제로는 노동 시장 참여가 이주민에게는 자립의 기회가 됨과 동시에 다수 집단에게는 이들의 사회적 기여를 확인하는 중요한 증거인 것이다. 이제 정부 정책은 이주 외국인의 노동 시장 참여와 자립 기반 마련으로 무게중심을 옮길 필요가 있다. 다만 일할 기회를 갖기 위해서는 이주 외국인의 인적 자본(human capital)을 확충해야 하고 이는 일정한 시간이 소요된다. 따라서 그 기간 동안 이주 외국인에게 일정한 수준의 복지가 제공되어야 한다. 이러한 상황을 고려해 이주 외국인을 위한 복지는 비용이 아니라 한국 사회에 대한 기여로 가기 위한 중간 단계의 투자라는 것을 설득하는 정책적 노력이 병행되어야 할 것이다.

접촉 빈도를 넘어서 접촉의 질로

일반적으로 다문화 사회에 대한 수용성을 높이고 이주 외국인에 대한 반감을 완화하는 대안으로 이주 외국인과의 접촉면을 늘릴 것을 제안한다. 이주 외국인과의 접촉이 많을수록 이들에 대한 이해의 폭이 넓어지고 편견이 감소한다는 점에서 효과성이 있다. 생각해볼 수 있는 대안이다. 다만 이 책의 결과는 이주 외국인과의 접촉면 확대에 대해 보다 다각적이고 신중한 고민이 따라야 함을 보여준다. 우리나라에서 소위 접촉의 역설이 일정 부분 확인되었기 때문이다. 이주 외국인이 집중 거주하는 지역에서 이주 외국인의 기여는 상당히 낮게, 침해와 수용 제한은 높게 나타났다. 또한 이들 지역에서 이주 외국인 정책 기조로서 차별/배제에 대한 선호가 상대적으로 높은 것도 같은 맥락에서 이해된다. 이러한 결과는 직접적인 접촉 경험이 적은 지역에 비해 직접적인 접촉 경험이 상대적으로 많은 지역에서 이들에 대한 부정적인 인식이 높을 수 있음을 보여준다는 점에서 시사하는 바가 적지 않다.

접촉 경험과 관련해 서구와는 거리가 있는 우리나라의 상황은 다문화 사회 및 이주 외국인에 대한 수용의 범위를 넓히기 위해 이주 외국인과의 접촉을 늘리라는 식의 단순하고 일차원적인 주문에서 벗어나 '접촉의 질'을 고려해야 하는 숙제를 부과한다. 그중 하나가 이주 외국인의 유입과 관련한 성공적인 사례 또는 모범 사례(best practice)를 적극적으로 발굴해 제공하는 것이다. 단순히 이주 외국인을 당위적으로 수용하라는 언명을 넘어서 이주 외국인이 우리 사회의 발전을 위해 기여하고 입지를 다지는 성공 사례를 제시할 때 이주 외국인의 가치와 기여를 확인하는 계기가 됨과 동시에 간접적인 접촉의 질을 높이는 방안이 되기 때문이다. 또한 전술한 바와 같이 이주 외국인을 단순히 복지 수혜의 대상으로 생각하는 것이 아니라 노동 시장 참여를 위한 직업 교육, 사회적 일자리의 제공 등을 통해 그들에게 일할 수 있는 기회를 제공하는 것도 접촉의 질을 높이는 지속 가능한 대안이 될 수 있다.

유사한 맥락에서 이주 외국인에 대한 부정적 메시지 관리도 고민해봐야 할 주제이다. 이 책에서 확인한 것처럼 다수 집단인 일반 국민은 외국인 범죄에 대한 정책적 개입의 선호가 상당히 높다. 물론 내외국인을 막론하고 범죄에 대한 단호한 대응의 필요성은 이론의 여지가 없다. 그러나 이주 외국인의 범죄와 내국인의 범죄에 대한 심리적 저항에 일정한 차이가 있는 것을 부인할 수 없다. 이주 외국인 범죄를 상대적으로 더 위협적으로 느낄 개연성이 높다. 이주 외국인 범죄에 대해 단호하고 강력하게 대응한다는 것과 이들 범죄에 대해 선정적이고 과장되게 보도하는 것은 별개의 차원이다. 이주 외국인 범죄에 대한 선정적이고 과장된 보도는 범죄율 감소에 기여하지 못하면서 오히려 이주 외국인에 대한 부정적인 인식과 막연한 공포를 조장함으로써 접촉의 질만 악화시킬 가능성이 있다. 바로 이러한 점이 이주 외국인과의 직접적인 접촉을 늘리는 노력과 함께 이주 외국인에 대한 부정적 메시지를 효과적으로 관리함으로써 간접적인 접촉의 질을 제고하는 노력이 중요한 이유이기도 하다.

분리로부터 통합으로

다문화 사회에 대한 수용성을 높이고 이주 외국인 정책의 효과성을 제고하기 위해서는 다수 집단과 이주 외국인의 현실 인식을 통합하는 것이 중요하다. 그러나 그간 우리나라 이주 외국인 정책은 이주 외국인만을 대상으로 한 대응에 무게중심을 두어왔으며 통합보다는 분리적 접근을 해왔다. 그러나 이제 분리가 아닌 통합으로의 방향 선회를 고민해봐야 한다. 이를 위한 하나의 방안으로 시스템(하드웨어) 차원의 통합을 적극적으로 고려할 필요가 있다. 시스템적 통합은 이주 외국인의 증가와 다문화 사회로의 이행에 따른 사회적 문제를 총망라하는 통합적 기관의 설립이 될 수도 있고, 관련 부처를 초월해 실효성 있는 조정을 가능하게 할 상위 조정기구의 설치가 될 수도 있다. 그러나 이러한 대안이 실현되기 위해서는 거시적인 차원에서의 합의나 법의 제·개정 등 상당한 시간과 노력이 소요된다. 따라서 현재 산재되어 있는 기능 통합 등 미세 조정 방식의 통합과 같이 보다 현실적인 접근을 단계적으로 할 필요가 있다.

이와 관련해 건강가족지원센터와 다문화가족지원센터의 통합을 반면교사로 삼을 필요가 있다. 가족 역량 강화 및 가족 문제 예방을 목적으로 운영되는 건강가족지원센터와 다문화 가정의 사회문화적 적응 지원 체계를 구축하기 위해 기초 시군구별로 운영되는 다문화가족지원센터가 단계적인 통합을 추진했다. 언어 서비스 등 이주 외국인에게 특정적인 서비스의 차이는 있지만 전체적인 차원에서 두 기관의 서비스의 본질은 수렴하는 부분이 많다. 행정력의 낭비나 중복 문제는 차치하고라도 반-다문화 인식 완화를 위해 '통합'과 '접촉'의 중요성을 고려할 때 두 기관의 통합은 평가할 만하다. 이 두기관의 통합은 다수 집단인 일반 국민과 이주 외국인의 접촉면을 늘리고 접촉의 질을 높여 상호 이해를 통한 다문화 감수성 제고에 기여할 것으로 기대되기도 한다. 그러나 문제는 통합 방식이 다문화 관련 업무의 분절을 성공적으로 해소하지 못하고 있다는 점이다. 모든 형태의 가족 구성원을 포괄해 통합적인 서비스가 제공되어야 함에도 불구하고, 결혼이주여성 가족을 주요 대상으로 한정하는 것은 통합의 의미를 무색하게 한다. 결혼이주여성 가족을 포함해 모든 형태의 다문화 가족(탈북 가족, 노동 이주 가족, 유학생 가족, 동포 가족 등)을 포괄할 때 기관 통합의 취지를 극대화할 수 있다. 이주 외국인에 대한 파편적인 접근을 지양하고 통합적인 시스템으로 접근해야 할 필요성은 아무리 강조해도 지나치지 않다.

이상적 정책으로부터 현실적 정책 선호로

이주 외국인 정책에 있어서 흥미로운 현상 중 하나는 소위 이민퍼즐

(immigration puzzle) 또는 이민파라독스(immigration paradox)이다(Thangasamy, 2010). 이론적으로 볼 때 유권자이면서 정책 비용의 잠재적·현재적 부담자인 일반 국민의 이해관계가 정책에 충실하게 반영될 것이 기대된다. 그러나 현실적으로 이주 외국인 정책에 대한 일반 국민들의 기대나 선호와 실제 정책 내용과 방향성이 일치하지 않는 경향이 있다. 특히 이주 외국인 정책에 대한 일반 국민들의 인식은 비교적 소극적인 방향성을 선호하는 데 반해 실제 정책은 그러한 선호보다는 관대한 방향성을 지향하는 경향이 있다. 바로 이러한 불일치가 이민퍼즐 또는 이민파라독스이다.

사실, 당위가 아닌 합리성을 기반으로 정책 방향을 설정하기 위해서는 다수 집단으로서 일반 국민의 정책 선호를 심층적으로 고려해 최대한 반영하는 것이 중요하다. 이 책에서 확인한 것처럼 우리나라에서 정책 비용 부담자(납세자)로서 일반 국민은 물론 공무원도 이주 외국인 정책 방향 중 동화에 대해 높은 선호를 보였다. 이에 반해 다문화주의에 대한 선호는 상대적으로 낮았다. 더욱이 이주 외국인 역시 동화에 대한 높은 정책 선호를 보였다. 정책은 시공을 초월한 도덕적 규범이 아니라 특정 사회의 맥락에 따라 달라지는 사회적 구성물이라는 점을 감안한다면 정책 비용을 부담하는 다수 집단으로서 일반 국민과 공무원 그리고 이주 외국인 모두 동화에 대한 정책 선호가 있다면 정부의 정책 방향이 동화인 것은 어쩌면 자연스러운 일이다. 적어도 현 시점에서 우리나라에서 이주 외국인 정책을 둘러싼 관련 집단 간 정책 선호의 지형에 근거해볼 때, 소위 이민퍼즐 또는 이민파라독스 현상은 작동하지 않는다는 잠정적인 평가가 가능해진다.

이에 따라 관련 학자, 전문가 및 언론의 이주 외국인 정책과 관련한 제안이나 평가 역시 현실적이고 신중할 필요가 있다. 일부 연구에서 몇몇 서구 국가에서 나타나는 정책 방향으로서 다문화주의를 가장 진화된 그리고 우리도 반드시 실현해야 할 최종적인 지향점으로 논의하는 것을 본다. 여기에서 더 나아가 우리나라의 현재 이주 외국인 관련 정책이 동화주의를 기반으로 한다는 이유로 비판을 가하기도 한다. 이주 외국인 정책의 방향성에서 이상적인 '하나의 답' 또는 '모범'은 없다. 각각의 국가와 사회가 처해 있는 맥락에 따라, 또한 특정 시점에서 이해관계자들의 인식의 지형에 따라 정책의 방향성은 다문화주의가 될 수도 있고 동화주의가 될 수도 있다. 물론 차별 배제가 될 수도 있다. 다시 말해 캐나다나 호주 식의 다문화주의의 정책 방향이 시공을 초월해 우리나라에도 정합성이 높은 것은 아니라는 뜻이다. 이민국가로 시작된 미국도 다문화주의를 공식적인 정책 기조로 천명하고 있지 않다. 결국, 이상적인 정책 방향성이란 존재하지 않으며 우리의 실정에 맞는 그리고 이해관계자들의 정책 선호가 반영된 '한국식' 이주 외국인 정책이 필요하다. 현 시점에서 다수 집단과 소수 집단 사이에 정책 선호가 수렴한다는 점을 고려한다면 우리의 이주 외국인 정책 방향성이 '동화'라는 이유로 비난하는 것은 합리적이지 않다. 오히려 현재의 정책 내용이 동화 정책으로서 실효성이 있는지, 어떻게 하면 그 실효성을 제고시킬 수 있는지에 대한 현실적 고민이 더 중요하다.

정책 선호 변화 가능성에 대한 선제적 대응

전술한 것처럼 현시점에서 우리나라 이주 외국인 정책의 방향성으로 다문화주의의 현실적합성은 상대적으로 낮다. 정치적 판단에 따라 다문화주의를 이주 외국인 정책의 기본 방향성으로 설정해야 하는 거시적 압력이 작용할 가능성을 완전히 배제할 수는 없지만 적어도 미시적인 차원에서 그리고 단기간에 이주 외국인 정책이 다문화주의에 기반을 두고 형성될 가능성은 낮아 보인다. 그러나 여기서 경계해야 할 것은 현재 다문화주의가 이주 외국인 정책 방향으로 현실적합성이 낮다고 해서 그것이 미래에도 그대로 지속되는 것은 아니라는 점이다. 재차 강조하지만 정책은 규범적인 지향점이나 도덕적인 이상향에 대한 언명이 아니라 현실의 문제를 해결하는 도구이기 때문에 정책방향의 현실적합성은 지극히 가변적이다.

따라서 현재 이주 외국인 정책의 방향성으로 동화의 적실성이 높지만 향후 그러한 적실성의 변화 가능성에 대한 예측과 선제적 대응 역시 필요하다. 현재로서는 다수 집단으로서 기존의 사회 질서나 자원의 배분 양식을 변화시키지 않는 가장 덜 위협적인 대안이 동화이고 이주 외국인에게 있어서도 한국에서의 적응이 최우선 현안이기 때문에 동화에 대한 정책 선호가 일정 기간 유지될 것으로 보인다. 그러나 이 책에서도 일부 포착된 것처럼 다문화주의에 대한 선호에 있어서 이주 외국인과 다수 집단과의 상당한 격차가 감지되고 있고 그러한 격차는 앞으로 더 벌어질 가능성이 있다. 우리보다 인종적 다양성에 기반한 사회적 변화를 먼저 경험한 서구의 예를 볼 때 이주 초기에는 다수 집단이나 이주 외국인 집단 모두 동화에 대한 선호나 요구가 수렴하지만 시간의 경과에 따라 다문화 사회가 심화되면서 이주 집단의 선호와 요구는 다문화주의 쪽으로 이동해가는 것이 현실이다. 어느 시점에 이주 외국인이 유의미한 규모에 이르고 이들의 사회적 목소리가 커지면 현재의 동화주의적 정책 방향을 넘어 시민으로서의 권리를 적극적으로 요구하게 될 것이다. 적극적 시민권의 요구는 다수 집단에게 익숙한(유리한) 정치, 경제, 사회, 문화적 가치 배분 방식의 변경을 의미할 수 있기 때문에 첨예한 집단 갈등으로 이어질 가능성이 높다. 이러한 가능성은 서구에서는 말할 것도 없고 우리나라에서도 일부 확인되고 있다. 이러한 현실적 변화는 현재의 이주 외국인 정책 방향인 동화의 정합성이 미래에도 그대로 유지되지 않는다는 명확한 인식을 근거로 향후 다문화주의로의 전환 요구 가능성에 대한 예측과 선제적 대응의 필요성을 제기한다.

정책 표절이 아닌 적실성 있는 정책 이전을 위해

주지하는 바와 같이 정책은 그 자체로서 목적이 아니라 현실의 문제를 해결하는 도구이다. 도구로서 정책은 현실의 시간적, 공간적 필요에 따라 다양한 대안 중에서 선택된다. 선택의 대상으로서 정책 대안은 완전히 새롭게 구성되기도 하고 특정 국가의 과거 유사한 정책 경험으로부터 가져오기도 한다. 여기에 더해 유사한 사회 문제를 먼저 경험한 다른 국가의 정책 대안을 모방하는 방식을 취하기도 한다. 인종적 다양성에 기초한 다문화 사회로의 이행은 오랫동안 단일 민족-단일 문화의 규범이 지배했던 우리나라로서는 그야말로 전대미문의 완전히 새로운 현실이다. 완전히 새로운 현실에 대한 정책 대안은 완전히 새롭게 만들 수도 있지만 인종적 다양성을 먼저 경험한 다른 나라의 정책 경험을 빌려오게 될 가능성이 높다.

우리나라의 이주 외국인 정책은 많은 부분 선발 다문화 사회의 정책 경험을 참고하는 일종의 정책 이전이 이루어졌다고 볼 수 있다. 정책 이전은 특정 정치 체제의 정책 대안, 행정 시스템, 제도 또는 정책 아이디어가 다른 정치 체제에서의 정책 대안, 행정 시스템 및 제도 개발에 사용되는 과정을 의미한다(Dolowitz & Marsh, 2009). 정책 이전은 자연 발생적이고 비자발적인 행위가 아니라 의도를 가지고 목표 지향적으로 이루어지는 일종의 정치적 과정이다. 우리나라의 경우 과거에 유사한 경험이 없다는 점에서 이주 외국인 관련 정책 이전은 불가피한 측면이 있고 향후에도 정책 이전의 가능성은 여전히 열려있다. 이처럼 이주 외국인 관련 이슈에 있어서 정책 이전의 불가피성을 인정하면서도 이 책은 우리가 참고하는 다른 나라의 정책이 만들어진 맥락에 대한 이해와 성찰 없이 다른 나라의 정책 경험을 '그대로 가져다 베끼는'정책 표절(policy plagiarism)(Sharman, 2010: 623-625)을 경계한다. 다른 나라로부터의 정책 이전을 통한 정책 내용 및 방향의 표면적 유사성이 현실에서의 실질적 정합성을 담보하는 것은 아니기 때문이다. 이주 외국인에 대한 인식 및 정책의 공간적 다층성에서 목격한 것처럼 미국이나 캐나다 그리고 호주 등 우리보다 다문화 사회를 먼저 경험한 국가와 우리나라 사이에 존재하는 맥락의 차이는 부인할 수 없다.

이러한 현실에도 불구하고 정책 표절에 대한 경계가 느슨해질 경우, 정책 이전에 상존하는 디커플링과 형식주의가 심화될 것이다. 정책 이전의 대상이 된 서구 국가(transferor)와 정책 이전을 해온 우리나라(transferee)의 정치, 경제, 사회, 문화 및 이념적 맥락의 차이를 놓치지 말아야 하는 이유이기도 하다. 이미 확인한 것처럼 우리나라에서 이주 외국인에 대한 수용에 있어서 접촉과 자원스트레스가 서구와는 다른 방향으로 작동하는 역설의 존재는 맥락의 차이가 작동한 하나의 증거라고 할 수 있다. 이처럼 분명하게 존재하는 맥락의 차이가 고려되지 않음으로써 정책 표절이 이루어지고 이로 인해 야기될 정책의 형식주의와 디커플링을 최소화하는 노력이 그만큼 중요하다. 이를 위해서는 다음과 같은 질문에 대한 진지한 고민이 필요하다. 무엇 때문에 특정 시기, 특정 국가에 특정의 정책 내용과 방향이 설정되었을까? 그러한 정책 내용과 방향 설정에 관여한 행위 주체는 어떤 세력이며 그들이 제시한 정책 논리는 무엇인가? 그러한 정책 논리를 우리나라에 적용할 경우 특히 고려해야 할 변수는 무엇인가?

이상의 질문 중 특히 주목해야 할 것은 이주 외국인 정책의 저변에서 작동하는 정책 논리에 대한 것이다. 예를 들어 특정의 정책 대안을 둘러싼 비용과 편익에 대한 합리적 분석에 따라 정책 내용이나 방향을 설정하는 공리주의적 논리(utilitarian)에 기초한 것인지, 사회 전반적인 체제의 유지와 기능에 얼마나 기여하는가가 정책 대안 선택의 기준이 되는 기능주의적 논리(functional)에 따른 것인지, 또는 특정 사회의 엘리트 집단(기득권 집단)의 권력 유지 또는 집단 간 갈등의 산물로서 특정 정책 내용이나 방향이 설정되는 권력(power) 논리가 작동한 것인지 아니면 특정의 정책 방향이나 정책 내용이 도덕적으로 정당하거나 사회적 규범에 부합한다는 정당성 논리(legitimacy)에 기초한 것인지 등을 면밀하게 검토할 필요가 있다(Mahoney, 2008). 이렇게 할 때 맥락을 달리하는 다른 국가가 특정의 이주 외국인 정책을 만들 때 작동했던 정책 저변의 논리가 우리의 현실과는 어느 정도의 정합성이 있는지를 확인하고 우리 상황에 맞는 선택적 정책 이전이 이루어질 수 있을 것이다.

이 책은 지난 10년 동안 우리나라에서 목격된 인종적 다양성에 기반한 다문화 사회로의 이행과 그 과정에서 다수 집단이면서 정책 비용의 부담 집단인 일반 국민, 정책 집행자로서의 공무원, 그리고 이주 외국인의 현실을 실증적으로 추적했다.[1] 그러나 이 책에서 이들 세 집단에 부여한 논의의 무게중심이 같았다고 할 수는 없다. 오히려 인종적 다양성을 둘러싼 사회적 변화가 보여주는 다층성을 일반 국민이나 공무원 즉 다수 집단의 시각에서 조망했다고 할 수 있다. 물론 인종적 다양성에 있어서 소수 집단과 다수 집단 간의 관계가 인정의 정치를 매개로 구성되며 인정의 정치는 다수 집단으로부터 소수 집단으로 흐르는 일방성을 내포한다는 점과 이주 외국인 집단에 대한 접근의 어려움 등 이 책이 직면했던 현실적 한계가 있었다. 또한 기존의 관련 연구와는 달리 인종적 소수 집단 내부에 존재하는 권력의 차이나 변이에 주목했다는 점에서 이 책이 갖는 차별성을 주장할

1 이 책의 실증 자료가 포괄하는 시간적 범위는 2008년부터 2017년에 이르는 약 10년이다. 인종적 다양성에 기초한 다문화 사회로의 이행과 그 과정에서 목격되는 인식과 정책의 다층성을 추적하는 실증 자료의 출처는 원숙연(2015b)(5장), 원숙연(2011c)(6장), 원숙연(2009)(7장), 원숙연(2013a)(8장), 원숙연·정하나(2014)(9장), 원숙연(2008)(10장), 원숙연(2012a)(12장),원숙연(2012b)(13장), 원숙연(2011b)(14장) 등이다. 이들 실증 자료를 이 책의 목적과 논의의 흐름에 따라 선택적으로 활용하고 시간의 흐름에 따른 변화는 업데이트해 사용했다.

수 있다. 같은 맥락에서 이 책이 인종적 소수 집단을 '주류 사회에의 동화를 열망하는 시혜의 대상'이라는 기능주의적이고 일면 차별적 인식에 내포된 정체성 개념을 넘어 지금은 잠재되어 있지만 언제든지 표면화될 수 있는 집단 간 정치와 갈등의 당사자로 소수 집단의 정체성을 확장하려고 시도했던 것도 사실이다. 이 책이 직면한 현실적 한계와 차별성 및 나름의 시도에도 불구하고 전반적인 논의가 다수 집단의 관점에 보다 가깝다는 점에서 이 책에 배태되어 있는 편향의 존재 가능성은 인정하지 않을 수 없다. 다만 이 책이 내포하는 편향의 가능성과 크고 작은 오류는 소수 집단의 관점과 현실 인식에 기초한 후속 연구를 촉발하는 추동력으로 작동하게 되길 기대한다.

| 참고문헌 |

가상준(2016). 「혐오집단에 대한 한국인의 정치관용 및 태도」. 『동서연구』, 28(3): 125-148.

감사원(2018). 「다문화가족정책 추진실태 결과보고서」.

강휘원 · 강성철(2010). 「독일 이주정책의 변화와 사회통합 거버넌스」. 「한국정책과학학회보」, 14(4): 291-316.

강휘원(2006). 「한국 다문화사회의 형성 요인과 통합 정책」. 『국가정책연구』, 20(2): 5-34.

고강인(2017). 「중앙행정기관 정책평가에 대한 메타평가 모형구축과 적용: 외국인정책평가와 다문화가족정책평가를 중심으로」. 『부산대학교 공공정책학과 박사학위논문』.

고동현(1999). 「정체성의 정치의 이론적 구성과 전략들」. 『연세대학교 대학원 총학생회. 연세학술논집』, 29: 1-21.

구견서(2003). 「[범세계화와 문화 변동] 다문화주의의 이론적 체계」. 『현상과인식』, 27(3): 29-53.

구차순(2007). 「결혼이주여성의 다문화가족 적응에 관한 연구」. 『한국가족복지학』, 20: 319-359.

김경주(2010). 「이주의 여성화와 국제결혼 이주여성정책방향」. 『한국자치행정학보』, 24(2): 144-166.

김교성 · 김연명 · 최영 · 김성욱 · 김송이 · 황미경(2010). 「복지국가의 변화에 대한 이념형 분석: 신사회위험의 등장과 사회투자전략의 모색」. 『한국사회복지조사연구』, 25: 31-54.

김도희 · 장임숙(2016). 「다문화가족지원조례의 여성주의와 다문화주의적 고찰」. 『민족연구』, 68: 142-161.
김두년(2013). 「결혼 이민자의 체류권 보장을 위한 입법과제」. 『법학연구』, 49: 325-347.
김민정 · 유명기 · 이혜경 · 정기선(2006). 「국제결혼 이주여성의 딜레마와 선택: 베트남과 필리핀 아내의 사례를 중심으로」. 『한국문화인류학』, 39(1): 159-193.
김민정(2011). 「국제 결혼과 한국 가족의 부계적 성격」. 『글로벌 아시아의 이주와젠더』. 파주: 한울아카데미.
김비환(2007). 「한국사회의 문화적 다양화와 사회 통합: 다문화주의의 한국적 변용과 시민권 문제」. 『법철학연구』, 10(2): 317-348.
김상학(2004). 「소수자 집단에 대한 태도와 사회적 거리감」. 『사회연구』, 5: 169-206.
김선미(2011). 「'한국적' 다문화정책과 다문화교육의 성찰과 제언」. 『사회과교육』, 50(4): 173-190.
김이선 · 김민정 · 한건수(2006). 「여성 결혼 이민자의 문화적 갈등 경험과 소통 증진을 위한 정책과제」.
김진일 · 박경훈(2017). 『고령화에 대응한 인구대책: OECD사례를 중심으로』. 서울: 한국은행.
김현미(2006). 「국제 결혼의 전 지구적 젠더 정치학」. 『경제와사회』, 70: 10-37.
_____(2009). 「'사랑'의 이주?: 국제 결혼 베트남 여성의 결혼 이주 과정」. 김영옥 외. 『국경을 넘는 아시아 여성들』. 서울: 이화여자대학교 출판부, 1-43.
김혜숙(1999). 「집단범주에 대한 고정관념, 감정과 편견」. 『한국심리학회지: 사회 및 성격』, 13(1): 1-33.
김혜숙(2004). 「여성주의 관점에서 본 다문화주의: 열린 주체 형성의 문제」. 『철학연구』, 76: 203-229.
김혜숙 · 김도영 · 신희천 · 이주연(2011). 「다문화시대 한국인의 심리적 적응: 집단정체성,문화적응 이데올로기와의 접촉, 이주민에 대한 편견에 미치는 영향」. 『한국심리학회지: 사회 및 성격』, 25(2): 51-89.
김혜순 · 주은우(2006). 「한국의 '다문화사회'담론과 결혼이주여성」. 『한국사회학회 기타간행물』, 47-78.
김희정(2007). 「한국의 관주도형 다문화주의: 다문화주의 이론과 한국적 적용」. 오경석. 『한국에서의 다문화주의: 현실과 쟁점』, 파주: 한울, 57-80.
마르티니엘로, 마르코(2002). 『현대사회와 다문화주의: 다르게 평등하게 살기』, 윤진(역). 파주: 한울.
박경태(2004). 「한국사회 화교들이 느끼는 차별의 수준」. 최협 외. 『한국의 소수자, 실태와 전망』. 파주: 한울, 280-295.
박순희(2011). 「결혼이주여성의 사회적 지원이 결혼생활안정에 미치는 영향-문화적응태도의 매개효과를 중심으로」. 『한국가족복지학』, 16(1): 89-109.
박진경 · 원숙연(2010). 「중앙정부 공무원의 다문화정책 정향성에 작용하는 영향요인」. 『한국행정학보』, 44(3): 191-217.
박철민 · 민기(2015). 「법적 지위, 사회경제, 교육 환경 특성이 재한(在韓) 화교의 사회통합에 미치는 영향 분석: 사회적응수준의 매개효과를 중심으로」. 『대한정치학회보』, 23(4): 15-48.
법무부(2008). 『제1차 외국인정책 기본계획』.
______(2019). 『출입국 · 외국인정책 통계연보』.
서울시(2012). 『2011년 서울통계연보』.
설동훈(2004). 「한국의 외국인 노동운동 1993-2004: 이주노동자의 저항의 기록」. 최협 외. 『한국의 소수자, 실태와 전망』. 파주: 한울, 469-487.
설동훈 · 윤홍식(2008). 「여성결혼 이민자의 사회경제적 적응과 복지정책의 과제: 출신국가와 거주지역에 따른 상이성을 중심으로」. 『사회보장연구』, 24(2): 109-133.
설동훈 · 이혜경 · 조성남(2006). 「결혼 이민자 가족실태조사 및 중장기 지원정책 방안 연구」. 여성가족부.
소은선(2011). 「재한 외국인의 범죄 실태 분석 및 외국인 법교육 프로그램의 탐색」. 『법교육연구』, 6(2): 85-111.
송태수(2006). 「현대 유럽의 제노포비아(Xenophobia) 현상 비교연구」. 『유럽연구』, 23: 253-282.
신동일(2010). 「외국인, 외국인 범죄, 그리고 합리적 형사정책」. 『형사정책연구』,

84: 275-300.
양필승 · 이정희. (2004). 『차이나타운 없는 나라: 한국 화교 경제의 어제와 오늘』, 서울: 삼성경제연구소.
오경석(2007). 「어떤 다문화주의인가?: 다문화사회 논의에 관한 비판적 조망」. 『한국에서의 다문화주의: 현실과 쟁점』. 파주: 한울.
외국인정책본부(2016). 『2016 출입국 · 외국인정책통계연보』. 법무부.
_____(2017). 『2017 출입국 · 외국인정책통계연보』. 법무부.
우평균(2002). 「동북아 각국의 외국인노동자 정책」. 『평화연구』, 11(1): 175-206.
우해봉(2018). 「저출산 시대의 인구정책」. 『한국인구학』, 41(2): 31-59.
원숙연(2002). 「포스트 모더니즘 조직연구」. 『한국행정학보』, 36(2): 1-18.
_____(2008). 「다문화주의시대 소수자 정책의 차별적 포섭과 배제: 외국인 대상 정책을 중심으로 한 탐색적 접근」. 『한국행정학보』, 42(3): 29-49.
_____(2009). 「중앙정부 조직의'문화적 정향성'탐색」. 『한국조직학회보』, 6(3): 67-96.
_____(2011a). 「외국인정책에 대한 인식의 영향요인-서울시민을 대상으로」. 『한국정책학회보』, 20(4): 561-589.
_____(2011b). 「인종적 소수자 정책에 대한 수용성의 영향요인」. 『한국행정학보』, 45(4): 327-352.
원숙연(2012a). 「수렴 또는 발산? 외국인정책에 대한 서울시 공무원-시민-외국인이주자 간 인식의 지형분석」. 『한국정책학회보』, 21(2): 247-275.
_____(2012b). 「Old or New? 인종주의의 다차원성과 영향력의 차별성: 미국의 경험을 통한 탐색적 연구」. 『행정논총』, 50(4): 105-134.
_____(2012c). 「국방조직에서의 성-고정관념과 여성군무원에 대한 평가: 남녀 시각차이를 중심으로」. 『여성학논집』, 29(1): 3-39.
_____(2013a). 「외국인 정책에 대한 공무원 인식의 역학: 서울시 25개 구청 공무원을 대상으로」. 『한국행정학보』, 47(2): 85-112.
_____(2013b). 「젠더-정책레짐(gender policy regime)에 따른 성-고정관념의 지형분석: 세계가치조사(WVS)에 기초한 탐색적 국제비교」, 『국가정책연구』,

27(4): 5-38.

_____(2015a). 『젠더 중립성의 신화: 여성 공무원을 통해 본 현실과 담론의 이중성』. 서울: 이화여자대학교출판부.

_____(2015b). 「'신-사회위험(new social risk)'?-이주외국인에 대한 인식구조와 영향요인」. 『한국위기관리논집』, 11(10): 41-62.

_____(2017). 「이주외국인과 성소수자에 대한 '사회적 관용'의 구조와 정책적 함의」. 『한국행정학보』, 51(3): 225-256.

_____(2018). 「다양성, 다문화, 그리고 다문화주의: 개념적 다층성과 몇 가지 화두」. 『한국행정이론학회 하계학술대회 발표논문집』, 62-80.

원숙연 · 마민지(2017). 「독일 이민자통합정책의 구조와 그 함의: MIPEX 지수분석을 중심으로」. 『사회과학연구논총』, 33(2): 321-357.

원숙연 · 박진경(2009). 「다문화사회와 외국인정책에 대한 정향성 분석: 중앙정부 공무원의 인식을 중심으로」. 『행정논총』, 47(3): 201-224.

원숙연 · 정하나(2014). 「'새로운'정책대상자로서 이주 외국인 여성의 인식 지형: 한국사회, 한국인, 외국인정책에 대한 인식차이를 중심으로」. 『행정논총』, 52(1): 303-334.

윤인진(2004). 「탈북자의 사회적응실태와 지원방안」. 최협 외, 『한국의 소수자, 실태와 전망』, 401-424. 파주: 한울아카데미.

_____(2007). 「국가주도 다문화주의와 시민주도 다문화주의」. 『한국사회학회 기타간행물』, 251-291.

_____(2010). 『한국인의 이주노동자와 다문화사회에 대한 인식 (어울누리 학술연구 1)』 (Vol. 1). 한국학술정보/이담북스.

윤인진 · 송영호 · 김상돈 · 송주영(2010). 『한국인의 이주노동자와 다문화사회에 대한 인식』. 서울: 이담.

이병렬 · 김희자(2011). 「한국이주정책의 성격과 전망」. 『경제와사회』, 320-362.

이석민(2013). 「종교영역에 대한 국가의 개입 가능성과 한계: 중립성의 두 가지 함의를 중심으로」. 『법과 사회』, 45: 65-119.

이승애(2006). 『한국사회에서의 혼혈여성의 경험을 구성하는 젠더와 인종에 관한 연구』. 이화여자대학교대학원 석사학위논문.

이해주(2015). 「실태 및 요구조사를 통한 다문화교육의 개선방안 모색」. 『평생학습사회』, 11(2): 109-132.
장미경(1999). 「정체성의 정치를 바라보는 두 가지 시각: 본질주의와 구성주의」. 『페미니즘의 이론과 정치』. 문화과학.
장미경(2005). 「한국사회 소수자와 시민권의 정치」. 『한국사회학』, 39(6): 159-182.
장수현(2001). 「한국 화교의 사회적 위상과 문화적 정체성」. 『국제인권법』, 4: 1-29.
장은주(2003). 「문화다원주의와 보편주의」. 『다원주의, 축복인가 재앙인가』, 한국철학회 (편), 서울: 철학과현실사.
전영평(2007). 「소수자의 정체성, 유형, 그리고 소수자정책 연구관점」. 『정부학연구』, 13(2): 107-132.
_____(2008). 「다문화시대의 소수자운동과 소수자행정」. 『한국행정학보』, 42(3): 9-27.
_____(2010). 『한국의 소수자 정책: 담론과 사례』. 서울대학교출판문화원.
정기선(2003). 「외국인 노동자의 문화접촉, 사회적 거리감과 인상변화」. 석현호 외. 『외국인 노동자의 일터와 삶』. 서울: 지식마당.
정용덕(1999). 『합리적 선택과 신제도주의』, 대영문화사.
정혜실(2007). 「파키스탄 이주노동자와 결혼한 여성들의 이야기」. 오경석. 『한국에서의 다문화주의: 현실과 쟁점』. 파주: 한울, 167-196.
정회옥 · 윤종빈 · 김진주(2015). 「한국화교집단에 대한 분석: 정체성과 사회경제적 배경을 중심으로」. 『사회과학연구』, 23(1): 218-245.
조규식 · 이선희(2017). 「미등록 외국인근로자 실태 및 노동법상 문제점」. 『법률실무연구』, 5(2): 31-57.
진시원(2012). 「한국 다문화교육의 문제점과 개선방안」. 『국제정치연구』, 15(1): 129-156.
차용호(2009). 「이민정책과 통합정책의 관계성 및 연계방안 연구: 결혼 이민자 통합정책을 중심으로」. 『다문화와 평화』, 3(1): 165-200.
최무현(2008). 「다문화시대의 소수자정책 수단에 관한 연구」. 『한국행정학보』,

42(3): 51-77.
최병두 · 김영경(2011). 「외국인 이주자의 관련 정책 및 지원활동에 관한 인식」. 『한국지역지리학회지』, 17(4): 357-380.
최윤철(2018). 「고용허가제에 대한 비판적 연구: 법제와 사법판단을 중심으로」. 『공법학연구』, 19(1): 253-275.
최종렬(2008). 『다문화주의의 이론적 패러다임 과 국가별 유형 비교』. 한국 여성정책 연구원.
최협(2004). 『한국의 소수자 실태와 전망』. 파주: 한울아카데미.
통계청(2005-2017). 『출입국 · 외국인정책 통계연보』.
______(2009). 『국제 결혼현황』.
______(2009). 『인구동태통계연보』.
______(2017). 『국제 결혼현황』.
______(2017). 『이민자체류실태 및 고용조사』.
______(2017). 『인구동태통계연보』.
______(2018). 『교육기본통계』. 한국교육개발원.
______(2018). 『국제 결혼현황』.
하연섭(1999). 「역사적 제도주의」. 정용덕 외, 『신제도주의연구: 역사적 및 사회학적 접근』, 서울: 대영문화사.
하연섭(2002). 「신제도주의의 최근 경향」. 『한국행정학보』, 36(4): 339-359.
한국노동연구원(2007).
한국종합사회조사. 『한국종합사회조사』, 2003, 2009, 2010, 성균관대학교출판부.
한동우(2002). 「국내 이주노동자의 실태와 사회적 대응방안」. 『비판사회정책』, (12): 13-42.
한승미(2009). 「국제화 시대의 국가, 지방 자치체, 그리고 "이민족 시민(Ethnic Citizen)"」. 『한국사회학회 사회학대회 논문집』, 249-267.
한승준(2008). 「프랑스 동화주의 다문화정책의 위기와 재편에 관한 연구」. 『한국행정학보』, 42(3): 463-486.
______(2011). 「정책연구동향: 다문화정책의 개념, 현황 및 과제」. 『The KAPS』, 26: 12-17.

한승준 · 박치성(2011). 「외국인 정책의 사회적 형성에 관한 연구-결혼 이주자와 외국인근로자의 사례를 중심으로」. 『한국정책학회보』, 20(1): 51-82.

행정안전부(2018). 『외국인주민현황조사』.

행정자치부(2016). 『외국인주민현황조사』.

허영식 · 정창화(2012). 「다문화사회에서 이주 · 사회통합정책 교차국가사례 비교분석: 독일 · 프랑스 · 미국 · 캐나다를 중심으로」. 『EU연구』, (31): 55-81.

홍성필(2007). 「국제인권과 결혼이주(Marriage Migration)」. 『저스티스』, 27-42.

황미혜(2011). 「결혼여성 이민자의 인권문제와 사회통합복지 방안연구」. 『다문화와 평화』, 5(1): 1-28.

황정미(2007). 「다문화사회에 대한 한국인의 태도와 인종적 배제주의」. in 『다민족 · 다문화사회를 향한 한국사회의 도전과 전망, 한국여성정책연구원 심포지엄 자료집』, pp. 1-34.

황정미 · 김이선 · 이명진 · 최현 · 이동주(2007). 『한국 사회의 다민족, 다문화 지향성에 대한 조사 연구』. 한국여성정책연구원.

Alexander, J. C.(2001). Theorizing the "Modes of Incorporation": Assimilation, Hyphenation, & Multiculturalism as Varieties of Civil Participation. *Sociological Theory*, 19(3): 237-249.

_____(2005). "Globalization" as Collective Representation: The New Dream of a Cosmopolitan Civil Sphere. *International Journal of Politics, Culture, & Society*, 19(1-2): 81-90.

Alexis, M.(1999). The economics of racism. *The Review of Black Political Economy*, 26(3): 51-75.

Allport, G. W. (1954). *The Nature of Prejudice, Cambridge*. MA: Addison-Wesley.

Anspach, R. R.(1979). From Stigma to Identity Politics: Political Activism among the Physically Disabled & Former Mental Patients. *Social Science & Medicine. Part A: Medical Psychology & Medical Sociology*, 13: 765-773.

Appiah, K. A.(2006). The Politics of Identity. *Daedalus*, 135(4): 15-22.

Ashford, B., & Mael, F(1989). Social Identity Theory and the Organization. *AMR*, 14: 20-39.

Ayers, J. W., Hofstetter, C. R., Schnakenberg, K., & Kolody, B.(2009). Is Immigration a Racial Issue? Anglo Attitudes on Immigration Policies in a Border County. *Social Science Quarterly*, 90(3): 593-610.

Baber, H.(2012). Dilemmas of Multiculturalism: An Introduction, *The Monist*, 95(1): 3-16.

Bacharch, P., & Baratz, M. S.(1970). *Power and Poverty: Theory and Practice*. Oxford: Oxford University Press.

Banting, K., & Kymlicka, W. (Eds.)(2006). *Multiculturalism and the Welfare State: Recognition and Redistribution in Contemporary Democracies*. Oxford: Oxford University Press.

Banting, K., Johnston, R., Kymlicka, W., & Soroka, S.(2006). Do Multiculturalism Policies Erode the Welfare State?: An Empirical Analysis. *Multiculturalism and the Welfare State: Recognition and Redistribution in Contemporary Democracies*, Oxford: Oxford University Press, 49-91.

Barbalet, J.(1985). Power and Resistance. *The British Journal of Sociology*, 36(4): 531-548.

Battaglio Jr, R. P., & Legge Jr, J. S.(2009). Self-Interest, Ideological/Symbolic Politics, and Citizen Characteristics: A Cross-National Analysis of Support for Privatization. *Public Administration Review*, 69(4): 697-709.

Baubock, R.(2001). Cherishing Diversity and Promoting Political Community. *Ethnicities*, 1(1): 109-115.

Beck. P., Rainey. H., Nicholls. K., & Traut, C.(1987). Citizen Views of Taxes and Services: A Tale of Three Cities. *Social Science Quarterly*, 68(2): 223-243.

Beland, D.(2005). Ideas, Interests, and Institutions: Historical Institutionalism

Revisited, in Lecours, A. (Eds.), *New Institutionalism: Theory and Analysis,* Toronto: University of Toronto Press. 29–50.

Bell, M., Harrison, D., & McLaughlin, M.(2000). Forming, Changing, and Acting on Attitude toward Affirmative Action Programs in Employment: A Theory Driven Approach. *Journal of Applied Psychology*, 85: 784–798.

Bernstein, M.(2005). Identity politics. *Annu. Rev. Sociol.*, 31: 47–74.

Berry, J. W.(1997). Immigration, Acculturation, and Adaptation. *Applied Psychology*, 46(1): 5–34.

_____(2001). A Psychology of Imigration. *Journal of Social Issues*, 57(3): 615–631.

_____(2005). Acculturation: Living Successfully in Two Cultures. *International Journal of Intercultural Relations*, 29(6): 697–712.

_____(2006). Mutual Attitudes Among Immigrants and Ethnocultural Groups in Canada. *International Journal of Intercultural Relations*, 30(6): 719–734.

Berry, J. W., & Kalin, R.(1995). Multicultural and Ethnic Attitudes in Canada: An Overview of the 1991 National Survey. *Canadian Journal of Behavioural Science/Revue canadienne des sciences du comportement*, 27(3): 301.

Bloemraad, I.(2000). Citizenship and Immigration a Current Review. *Journal of International Migration and Integration/Revue de l'integration et de la migration internationale*, 1(1): 9–37.

Bloemraad, I., Korteweg, A., & Yurdakul, G.(2008). Citizenship and Immigration: Multiculturalism, Assimilation, and Challenges to the Nation-State. *Annu. Rev. Sociol*, 34: 153–179.

Bobo, L., & Kluegel, J. R.(1993). Opposition to Race-Targeting: Self-Interest, Stratification Ideology, or Racial Attitudes?. *American Sociological Review*, 443–464.

Bobo, L., Kluegel, J. R., & Smith, R. A.(1997). Laissez-Faire Racism: The Crystallization of a Kinder, Gentler, Antiblack Ideology. *Racial Attitudes in the 1990s: Continuity and Change*, 15: 23-25.

Bogardus, E. S.(1933). A social distance scale. *Sociology & Social Research.*

Bogason, P.(2001). Postmodernism and American Public Administration in the 1990s. *Administration & Society*, 33(2): 165-193.

Bonilla-Silva, E.(2001). *White Supremacy and Racism in the Post-civil Rights Era.* Colorado: Lynne Rienner Publishers.

______(2015). More than Prejudice: Restatement, Reflections, and New Directions in Critical Race Theory. *Sociology of Race and Ethnicity*, 1(1): 73-87.

Bosniak, L.(2000). Universal Citizenship and the Problem of Alienage. *Immigr. & Nat'lity L. Rev.*, 21: 373.

Breugelmans, S. M., & Van De Vijver, F. J.(2004). Antecedents and Components of Majority Attitudes Toward Multiculturalism in the Netherlands. *Applied Psychology*, 53(3): 400-422.

Brewer, M. B.(1979). In-Group Bias in the Minimal Intergroup Situation: A Cognitive-Motivational Analysis. *Psychological Bulletin,* 86(2): 307.

Brown, R., & Hewstone, M.(2005). An Integrative Theory of Intergroup Contact. *Advances in Experimental Social Psychology*, 37(37): 255-343.

Brubaker, R.(2009). *Citizenship and Nationhood in France and Germany.* Cambridge: Harvard University Press.

Burrell, G., & Morgan, G.(1979). *Sociological Paradigms and Organisational Analysis: Elements of the Sociology of Corporate Life.* Aldershot: Gower.

Butz, D. A., & Plant, E. A.(2006). Perceiving Outgroup Members as Unresponsive: Implications for Approach-Related Emotions, Intentions, and Behavior. *Journal of Personality and Social Psychology*, 91(6): 1066-1079.

Carmines. E., Sniderman. P., & Easter, B.(2011). On the Meaning, Measurement, and Implications of Racial Resentment. *The Annuals Of the American Academy of Political and Social Science*, 634: 98-116.

Cashdan, E.(2001). Ethnocentrism and Xenophobia: A Cross-Cultural Study. *Current Anthropology*. 42(5): 760-765.

Castles, S.(1997). Multicultural Citizenship: A Response to the Dilemma of Globalisation and National Identity?. *Journal of Intercultural Studies*, 18(1): 5-22.

Castles, S., & Mark J. M.(2003). *The Age of Migration: International Population Movements in the Modern World*. (3rd ed.). NY: Guilford Press.

Castles, S., Cope, B., Kalantzis, M., & Morrissey, M.(1988). *Mistaken Identity: Multiculturalism and the Demise of Nationalism in Australia*. London: Pluto Press.

Chia, R.(1995). From Modern to Postmodern Organizational Analysis. *Organization Studies*, 16(4): 579-604.

Choe, H.(2004), *National Identity and Citizenship in China and Korea*, PhD Dissertation, UC Irvine.

Nemetz, P., & Christensen, S.(1994). A Theroty of Multiple Interrelations of Multiculturalism in Personal, Societal, and Organizational Settings , *Academy of Management Proceedings*, 1: 324-328.

Coenders, M., Lubbers, M., & Scheepers, P.(2005). Majority Populations' Attitudes towards Migrants and Minorities. *Report for the European Monitoring Centre on Racism and Xenophobia. Wien: EUMC.*

Cooper, C. A., Knotts, H. G., & Brennan, K. M.(2008). The Importance of Trust in Government for Public Administration: The Case of Zoning. *Public Administration Review*, 68(3): 459-468.

Coppock, V., Haydon, D., & Richter, I.(1995). *The Illusions of 'Post-Feminism': New Women, Old Myths*. London: Taylor and Francis.

Corneo, G., & Jeanne, O.(2009). A Theory of Tolerance. *Journal of Public Economics*, 93(5-6): 691-702.

Cote, R., & Erickson, B.(2009). Untangling the Roots of Tolerance: How Forms of Social Capital Shape Attitudes Toward Ethnic Minorities and Immigrants. *American Behavioral Scientist,* 52(12): 1664-1689.

Cox, T., & Blake, S.(1991). Managing Cultural Diversity: Implications for Organizational Competitiveness. *The Executive,* 5(3): 45-56.

Craib, I.(1992). *Modern Social Theory: From Parsons to Habermas.* (2nd ed.). London: Harvester Wheatsheaf.

Dahl, R. A.(1957). The Concept of Power. *Behavioral science*, 2(3): 201-216.

Dolowitz, D. P.. & Marsh, D.(1996). Who Learns What from Whom: A Review of the Policy Transfer Literature. *Political Studies*, 44(2): 343-357.

Dolowitz, D. P., & Marsh, D.(2000). Learning from Abroad: The Role of Policy Transfer in Contemporary Policy-Making. *Governance*, 13(1): 5-23.

Dovidio, J. F., Brigham, J. C., Johnson, B. T., & Gaertner, S. L.(1996). Stereotyping, Prejudice, and Discrimination: Another Look. *Stereotypes and Stereotyping*, NY: Guilford. 276-319.

D'souza, D.(1995). *The End of Racism: Principles for a Multiracial Society*, New York: Free Press.

Dworkin, A. G., & Dworkin, R. J. (Eds.).(1999). *The Minority Report: An Introduction to Racial, Ethnic, and Gender Relations*. CA: Wadsworth Publishing Company.

Ehrkamp, P., & Leitner, H.(2003). Beyond National Citizenship: Turkish Immigrants and the (re) Construction of Citizenship in Germany. *Urban Geography*, 24(2): 127-146.

Epstein, M.(2009). Transculture: A Broad Way Between Globalism and Multiculturalism. *American Journal of Economics and Sociology*, 68(1): 327-351.

Espenshade, T. J., & Calhoun, C. A.(1993). An Analysis of Public Opinion toward Undocumented Immigration. *Population Research and Policy Review*, 12(3): 189-224.

Espenshade, T. J., & Hempstead, K.(1996). Contemporary American Attitudes toward US Immigration. *International Migration Review*, 30(2): 535-570.

Esping-Andersen, G.(1999). *Social Foundations of Post-Industrial Economies*. Oxford: Oxford University press.

Esses, V. M., Dovidio, J. F., Jackson, L. M., & Armstrong, T. L.(2001). The Immigration Dilemma: The Role of Perceived Group Competition, Ethnic Prejudice, and National Identity. *Journal of Social issues*, 57(3): 389-412.

Esses, V. M., Jackson, L. M., & Armstrong, T. L.(1998). Intergroup Competition and Attitudes toward Immigrants and Immigration: An Instrumental Model of Group Conflict. *Journal of Social Issues*, 54(4): 699-724.

EU Monitoring Center for Racism and Xenophobia(EUMC) 보고서(2005).

Foucault, M.(1980). *Power and Knowledge*, NY: Prince Hall.

______(1991). *The Foucault Effect: Studies in Governmentality*. Chicago: University of Chicago Press.

Federico, C. M., & Sidanius, J.(2002). Sophistication and the Antecedents of Whites' Racial Policy Attitudes: Racism, Ideology, and Affirmative Action in America. *Public Opinion Quarterly*, 66(2): 145-176.

Feldman, S., & Steenbergen, M. R.(2001). The Humanitarian Foundation of Public Support for Social Welfare. *American Journal of Political Science*, 45(3): 658-677.

Ferris, G. R., Judge, T. A., Rowland, K. M., & Fitzgibbons, D. E.(1994). Subordinate Influence and the Performance Evaluation Process: Test of a Model. *Organizational Behavior and Human Decision Processes*, 58(1):

101-135.

Fish, S.(1997). Boutique Multiculturalism, or Why Liberals Are Incapable of Thinking about Hate Speech. *Critical Inquiry*, 23(2): 378-395.

Ford, M. E., & Kelly, P. A.(2005). Conceptualizing and Categorizing Race and Ethnicity in Health Services Research. *Health Services Research*, 40(5): 1658-1675.

Fraser, N.(1998). 'From Redistribution to Recognition? Dilemmas of Justice in a 'Post-socialist' Age', in C. Willett (ed.) *Theorizing Multiculturalism*, Oxford: Blackwell: 19-49.

Fraser, J., & Kick, E.(2000). The Interpretive Repertoires of Whites on Race-Targeted Policies: Claims Making of Reverse Discrimination. *Sociological Perspectives*, 43(1): 13-28.

Freeman, G. P.(1995). Modes of Immigration Politics in Liberal Democratic States. *International Migration Review*, 29(4): 881-902.

Freeman, G. P., & Birrell, B.(2001). Divergent Paths of Immigration Politics in the United States and Australia. *Population and Development Review*, 27(3): 525-551.

Freitag, M., & Rapp, C.(2013). Intolerance toward Immigrants in Switzerland: Diminished Threat through Social Contacts?. *Swiss Political Science Review*, 19(4): 425-446.

Funk, C.(2000). The Dual Influence of Self-Interest and Social Interest in Public Opinion. *Political Research Quarterly*, 53(1): 37-62.

Gaertner, S., & Dovidio, J.(1986). The Aversive Form of Racism. in J. Dovidio, & S. Gaertner(Eds.), *Prejudice, Discrimination, and Racism,* San Diego, CA: US: Academic Press. 61-89.

Gainous, J.(2012). The New "New Racism" Thesis: Limited Government Values and Race-Conscious Policy Attitudes. *Journal of Black Studies*, 43(3): 251-273.

Giddens, A.(1984). *The Constitution of Society: Outline of the Theory of*

Structuration. Oakland: University of California Press.
______(1987). The nation-state and violence: *Volume 2 of a contemporary critique of historical materialism* (Vol. 2). Oakland: University of California Press.
Gioia, D., & Pitre, E.(1990). Multiparadigm Perspectives on Theory Building. *AMR*, 15(4): 584-602.
Glazer, N.(1997). *We Are All Multiculturalists Now*. Cambridge: Harvard University Press.
Goldstein, J., & Keohane, R. O. (Eds.).(1993). *Ideas and Foreign Policy: Beliefs, Institutions, and Political Change*. NY: Cornell University Press.
Gramsci, A.(1971). *Selections from the Prison Notebooks of Antonio Gramsci*. NY: International Publisher.
Haaga, D.(1991). "Homophobia"? *Journal of Social Behavior & Personality*, 6(1): 171-174.
Haddock, G., Zanna, M. P., & Esses, V. M.(1993). Assessing the Structure of Prejudicial Attitudes: The Case of Attitudes Toward Homosexuals. *Journal of Personality and Social Psychology*, 65(6): 1105.
Hadler, M.(2012). The Influence of World Societal Forces on Social Tolerance. A Time Comparative Study of Prejudices in 32 Countries. *The Sociological Quarterly*, 53(2): 211-237.
Hall, P. A.(1993). Policy Paradigms, Social Learning, and the State: the Case of Economic Policymaking in Britain. *Comparative Politics*, 275-296.
Hall, P. A. (Ed.).(1989). *The Political Power of Economic Ideas: Keynesianism Across Nations*. Princeton: Princeton University Press.
Hammond, R., & Axelrod, R.(2006). The Evolution of Ethnocentrism. *Journal of Conflict Resolution*, 50(6): 926-936.
Hansen, R., & Koehler, J.(2005). Issue Definition, Political Discourse and the Politics of Nationality Reform in France and Germany. *European Journal of Political Research*, 44(5): 623-644.

Harrison, D., Price, K., & Bell, M.(1998). Beyond Relational Demography: Time and the Effects of Surface-and Deep-Level Diversity on Work Group Cohesion. *Academy of Management journal,* 41(1): 96-107.

Harrison, D., Price, K., Gavin, J., & Florey, A.(2002). Time, Teams, and Task Performance: Changing Effects of Surface-and Deep-Level Diversity on Group Functioning. *Academy of Management Journal*, 45(5): 1029-1045.

Harrison, D., Kravitz, D., Mayer, D., Leslie, L., & Lev-Arey, D.(2006). Understanding Attitudes toward Affirmative Action Programs in Employment: Summary and Meta-Analysis of 35 Years of Research. *J. of Applied Psychology*, 91: 1013-1036.

Hartmann, D., & Gerteis, J.(2005). Dealing with Diversity: Mapping Multiculturalism in sociological terms. *Sociological Theory*, 23(2): 218-240.

Hearn, J.(2012). *Theorizing Power*. Basingstoke: Palgrave Macmillan.

Henry, P. J., & Sears, D. O.(2002). The Symbolic Racism 2000 Scale. *Political Psychology*, 23(2): 253-283.

Herek, G.(2004). Beyond "Homophobia: Thinking About Sexual Stigma and Prejudice in the Twenty-First Century. *Sexuality Research & Social Policy*, 1(2): 6-24.

Hewstone, M., Mark R., & Hazel, W.(2002). "Intergroup Bias."*Annual Review of Psychology,* 53: 575-604.

Hill, J., & Wilson, T.(2003). Identity Politics and the Politics of Identities. *Identities: Global Studies in Culture and Power*, 10(1): 1-8.

Ho, C., & Jackson, J. W.(2001). Attitude Toward Asian Americans: Theory and Measurement. *Journal of Applied Social Psychology*, 31(8): 1553-1581.

Hofstede, G.(1991). *Cultures and Organizations: Software of Mind,* London: McGraw-Hill.

Hofstede, G., Neuijen, B., Ohayv, D., & Sanders, G.(1990). Measuring

Organizational Cultures: A Qualitative and Quantitative Study across Twenty Cases. *ASQ,* 35(2): 286–316.

Hood III, M. V., & Morris, I. L.(1997). Amigo o Enemigo?: Context, Attitudes, and Anglo Public Opinion Toward Immigration. *Social Science Quarterly*, 309–323.

Hood III, M. V., & Morris, I. L.(2000). Brother, Can You Spare a Dime?: Racial/Ethnic Context and the Anglo Vote on Proposition 187. *Social Science Quarterly*, 194–206.

Howard, J. A.(2000). Social Psychology of Identities. *Annual Review of Sociology*, 26(1): 367–393.

Huckfeldt, R., Levine, J., Morgan, W., & Sprague, J.(1999). Accessibility and the Political Utility of Partisan and Ideological Orientations. *American Journal of Political Science*, 888–911.

Inglis, C.(1996). *Multiculturalism: New Policy Responses to Diversity*. United Nations Educational, El Scientific and Cultural Organization 7, place Fontenoy 75007 Paris.

Ingram, H. M., & Schneider, A. L.(2005). Introduction: Public Policy and the Social Construction of Deservedness. *Deserving and Entitled: Social Constructions and Public Policy*, 1–28.

Ingram, H., Schneider, A. L., & DeLeon, P.(2007). Social Construction and Policy Design. *Theories of the Policy Process*, 2: 93–126.

ISSP(International Social Survey Program).(1998) *1995 National Identity Code-book*. Zentralarchiv für Empirische Sozialforschung at University of Cologne.

Jackson, J.(1993). Realistic Group Conflict Theory: A Review and Evaluation of the Theoretical and Empirical Literature. *Psychological Record*, 43(3): 395–415.

Jackson, J. S., Brown, K. T., Brown, T. N., & Marks, B.(2001). Contemporary Immigration Policy Orientations among Dominant-Group Members in

Western Europe. *Journal of Social Issues*, 57(3): 431–456.

Jones, F. L., & Smith, P.(2001). Individual and Societal Bases of National Identity. A Comparative Multi-Level Analysis. *European Sociological Review*, 17(2): 103–118.

Joppke, C.(2004). The Retreat of Multiculturalism in the Liberal State: Theory and Policy 1. *The British Journal of Sociology*, 55(2): 237–257.

Kauffman, L. A.(1990). The Antipolitics of Identity. *Socialist Review*, 20(1): 67–80.

Kim, S.(2005). The Role of Trust in the Modern Administrative State. *Administration and Society*, 37(5): 611–635.

Kinder, D. R., & Sears, D. O.(1981). Prejudice and Politics: Symbolic Racism versus Racial Threats to the Good Life. *Journal of Personality and Social Psychology*, 40(3): 414–431.

Kinder, D. R., Sanders, L. M., & Sanders, L. M.(1996). *Divided by Color: Racial Politics and Democratic Ideals*. Chicago: University of Chicago Press.

King, C., & Stivers, C.(1998). *Government is Us: Public Administration in an Anti-Government Era*, Sage.

Kravitz, D. A.(1995). Attitudes Toward Affirmative Action Plans Directed at Blacks: Effects of Plan and Individual Differences 1. *Journal of Applied Social Psychology*, 25(24): 2192–2220.

______(2008). The Diversity-Validity Dilemma: Beyond Selection—the Role of Affirmative Action. *Personnel Psychology*, 61(1): 173–193.

Kravitz, D. A., & Klineberg, S. L.(2000). Reactions to Two Versions of Affirmative Action Among Whites, Blacks, and Hispanics. *Journal of Applied Psychology*, 85(4): 597–611.

Kukathas, C.(1992). Theoretical Foundations of Multiculturalims. Avaliable at www.gmu.edu/department/economics/phoettke/workshop/fall04/theoretical_foundations.pdf.

Kymlicka, W.(1995). *Multicultural Ctizenship: A Liberal Theory of Minority Rights*. Oxford: Oxford University Press.

______(2010). Categorizing Groups, Categorizing States: Theorizing Minority Rights in a World of Deep Diversity. *Ethics & International Affairs*, 23(4): 371-388.

______(2011). Multicultural Citizenship within Multination States. *Ethnicities*, 11(3): 281-302.

Kymlicka, W., & Banting, K.(2006). Immigration, Multiculturalism, and the Welfare State. *Ethics & International Affairs*, 20(3): 281-304.

Ladson-Billings, G., & Tate, W.(1995). Toward a Critical Race Theory and What's it Doing in a Nice Field Like Education?. *Qualitative Studies in Education*, 11(1): 7-24.

Larzarus, R.(1984). On the Primacy of Cognition. *American Psychologist*, 39(2): 124-129.

Lecours, A. (Eds.).(2005), *New Institutionalism: Theory and Analysis*, Toronto: University of Toronto Press.

Lee, F. L.(2014). "Tolerated One Way but Not the Other": Levels and Determinants of Social and Political Tolerance in Hong Kong. *Social Indicators Research*, 118(2): 711-727.

Lee, Y. T., & Ottati, V.(2002). Attitudes Toward US Immigration Policy: The Roles of In-Group-Out-Group Bias, Economic Concern, and Obedience to Law. *The Journal of Social Psychology*, 142(5): 617-634.

Lentin, A.(2000). 'Race', Racism and Anti-racism: Challenging Contemporary Classifications. *Social Identities*, 6(1): 91-106.

Leonard, P.(1994). Knowledge/Power and Postmodernism: Implications for the Practice of a Critical Social Work Education. *Canadian Social Work Review*, 11(1): 11-26.

LeVine, R. A., & Campbell, D. T.(1972). *Ethnocentrism: Theories of conflict, Ethnic Attitudes, and Group Behavior.* Oxford, England: John Wiley &

Sons.

Lewis, M., & Kelemen, M.(2002). Multiparadigm Inquiry: Exploring Organizational Pluralism and Paradox. *Human Relations*, 55(2): 251-272.

Lister, M. (2005). 'Marshall-ing'Social and Political Citizenship: Towards a Unified Conception of Citizenship 1. *Government and Opposition*, 40(4): 471-491.

Lukes, S.(2005). *Power. A Radical View.(1974).* Basingstoke and New York: Palgrave MacMillan.

Lytle, A., Brett, L., Barsness, Z., Tinsley, C., & Janssens, M.(1995). A Paradigm for Confirmatory Cross-Cultural Research in Organizational Behavior. *Research in Organizational Behavior*, 17: 167-214.

Macklin, A.(1999). Women as Migrants in National and Global Communities. *Canadian Woman Studies*, 19(3).

Mahoney, J.(2000), Path dependence in historical sociology, *Theory and Society*, 29: 507-548.

Marshall, T. H.(1950). *Citizenship and Social Class*(Vol. 11, pp. 28-29). Cambridge: Cambridge University press.

_____(1981). *The Right To Welfare and Other Essays*, London: Heinemann Educational Books.

Massey, G.(2004). Thinking about Affirmative Action: Arguments supporting preferential policies. *Review of Policy Research*, 21(6): 783-797.

Mayerson, D., Weick, K., & Kramer, R.(1996). Swift Trust and Temporary Groups, in Kramer, R.& Tyler, T. (Eds.). *Trust in Organizations: Frontiers of Theory and Research,* Thousand Oaks, CA, US: Sage Publications, Inc. 166-195.

McConahay, J. B.(1986). Modern Racism, Ambivalence, and the Modern Racism Scale. in J. F. Dovidio & S. L. Gaertner (Eds.). *Prejudice, Discrimination, and Racism* (pp. 91-125), San Diego, CA, US: Academic Press.

McGrath, J. E.(1984). *Groups: Interaction and Performance*. NJ: Prentice-Hall.

Merger, M.(1994). *Race and Ethnic Relations: American and Global Perspectives*, Blemont: Wordsworth.

Morriss, P.(2002). *Power: a Philosophical Analysis*. (2nd ed.). Manchester, England: Manchester University Press.

Mitchell, W. J. T.(2012). *Seeing through Race*. Cambridge: Harvard University Press.

Neuliep, J., & McCroskey, J.(1997). The Development of a U.S. and Generalized Ethnocentrism Scale. *Communication Research Reports*, 14(4): 385-398.

MIPEX.(2015). *Migrant Integration Policy Index 2015*. Barcelona Center for International Affairs (CIDOB) and Migration Policy Group (MPG). Retrieved from http://www.mipex.eu/play/

Noll, J. V. D., Poppe, E., & Verkuyten, M.(2010). Political Tolerance and Prejudice: Differential Reactions toward Muslims in the Netherlands. *Basic and Applied Social Psychology*, 32(1): 46-56.

Norris, P.(2002). *Democratic Phoenix: Reinventing Political Activism*. Cambridge: Cambridge University press.

Nye, J. S., Zelikow, P., & King, D. C. (Eds.).(1997). *Why People Don't Trust Government*. Cambridge: Harvard University Press.

Oezcan, V.(2004). Germany: Immigration in Transition. Retrieved July 1, 2017, from http://www.migrationinformation.org/Profiles/display.cfm?ID=235.

O'Reilly III, C. A., Caldwell, D. F., & Barnett, W. P.(1989). Work Group Demography, Social Integration, and Turnover. *Administrative Science Quarterly*, 21-37.

Palmer, D. L.(1996). Determinants of Canadian Attitudes toward Immigration: More than Just Racism?. *Canadian Journal of Behavioural*

Science/Revue canadienne des sciences du comportement, 28(3): 180–192.

Pantoja, A.(2006). Against the Tide?: Core American Values and Attitudes Toward US Immigration Policy in the Mid-1990s. *Journal of Ethnic and Migration Studies*, 32(3): 515–531.

Parekh, B.(2001). Rethinking Multiculturalism: Cultural Diversity and Political theory. *Ethnicities*, 1(1): 109–115.

_____(2002). *Rethinking Multiculturalism: Cultural Diversity and Political Theory*. London: Macmillan.

Parker, M.(1992). Postmodern Organizations or Postmodern Organization Theory?. *Organization Studies*. 13(1): 1–17.

Parsons, P.(1975). *Social Systems and The Evolution of Action Theory*. New York: The Free Press.

Pelled, L. H.(1996). Demographic Diversity, Conflict, and Work Group Outcomes: An intervening Process Theory. *Organization Science*, 7(6): 615–631.

Peters, B. G., & Pierre, J.(1998). Institutions and Time: Problems of Conceptualization and Explanation. *Journal of Public Administration Research and Theory*, 8(4): 565–584.

Pettigrew, T.(1989). The Nature of Modern Racism in the United States. *Revue Internationale de Psychology Sociale*, 2: 291–303.

Pettigrew, T. F., & Meertens, R. W.(1995). Subtle and Blatant Prejudice in Western Europe. *European Journal of Social Psychology*, 25(1): 57–75.

Pettigrew, T. F., & Tropp, L. R.(2008). How Does Intergroup Contact Reduce Prejudice? Meta-Analytic Tests of Three Mediators. *European Journal of Social Psychology*, 38(6): 922–934.

Pierson, P.(2000). Increasing Returns, Path Dependence, and the Study of Politics. *American Political Science Review*, 94(2): 251–267.

_____(2004). *Politics in Time. Institutions, History, and Social Analysis*.

Princeton: Princeton University Press.

Pittinsky, T., Rosenthal, S., & Montoya, R.(2008a). *The Allophilia Scale: Development and Validation of a Measure of Positive Intergroup Attitudes*. Unpublished Manuscript.

_____(2008b). *Asymmetrical Effects of Positive and Negative Intergroup Attitudes*. Manuscript submitted for publication.

Pittinsky, T. L., & Montoya, R. M.(2009). Is Valuing Equality Enough?: Equality Values, Allophilia, and Social Policy Support for Multiracial Individuals. *Journal of Social Issues*, 65(1): 151-163.

Pratto, F., & Lemieux, A. F.(2001). The Psychological Ambiguity of Immigration and Its Implications for Promoting Immigration Policy. *Journal of Social Issues, 57*(3): 413-430.

Radaelli, C.(2012). Policy Transfer in the European Union: Institutional Isomorphism as a Source of Legitimacy. *Governance: An International Journal of Policy and Administration*, 13(1): 25-43.

Rawls, J.(1971). *A Theory of Justice*. Harvard: Belknap Press.

Reyna, C., Tucker, A., Korfmacher, W., & Henry, P. J.(2005). Searching for Common Ground Between Supporters and Opponents of Affirmative Action. *Political Psychology*, 26(5): 667-682.

Rich, F.(2010). The Rage is Not About Healthcare. The New York Times. Retrieved March 28, 2010, from http://www.nytimes.com/2010/03/28/opinion/28rich.html

Rocha, R. R., Longoria, T., Wrinkle, R. D., Knoll, B. R., Polinard, J. L., & Wenzel, J.(2011). Ethnic Context and Immigration Policy Preferences among Latinos and Anglos. *Social Science Quarterly*, 92(1): 1-19.

Roth, B.(1994). *Prescription for Failure: Race Relations in the Age of Social Science*. New Brunswick, NJ: Transaction.

Rothbart, M., & John, O. P.(1985). Social Categorization and Behavioral Episodes: A Cognitive Analysis of the Effects of Intergroup Contact.

Journal of Social Issues, 41(3): 81–104.

Sanchez, D. T., & Bonam, C. M.(2009). To Disclose or Not to Disclose Biracial Identity: The Effect of Biracial Disclosure on Perceiver Evaluations and Target Responses. *Journal of Social Issues*, 65(1): 129–149.

Scanlon, T. M.(2003). *The Difficulty of Tolerance: Essays in Political Philosophy*. Cambridge: Cambridge University Press.

Schein, E.(1996). Culture: The Missing Concept in Organizational Studies. *ASQ*, 41: 229–240.

Schneider, A., & Sidney, M.(2009). What is Next for Policy Design and Social Construction Theory? 1. *Policy Studies Journal*, 37(1): 103–119.

Schuman, H., Steeh, C., & Bobo, L.(1985). *Racial Trends in America: Trends and Interpretation*. Cambridge: Harvard University Press.

Sears, D. O., & Jessor, T.(1996). Whites' Racial Policy Attitudes: The Role of White Racism. *Social Science Quarterly*, 77(4): 751–759.

Sears, D. O., Van Laar, C., Carrillo, M., & Kosterman, R.(1997). Is It Really Racism?: The Origins of White Americans' Opposition to Race-Targeted Policies. *The Public Opinion Quarterly*, 61(1): 16–53.

Sears, D. O.(1988). Symbolic Racism. in Katz P., & Taylor, D. (Eds.). *Eliminating Racism: Profiles in Controversy*, NY: Springer US. 53–84.

Selden, S., & Selden, F.(2001). Rethinking Diversity in Public Organizations for the 21st Century: Moving Towards a Multicultural Model. *Administration & Society*, 33(3): 303–329.

Shachar, A.(1999). The paradox of multicultural vulnerability: Individual rights, identity groups, and the state. *Multicultural questions*, 87–111.

Sharman, J. C.(2010). Dysfunctional policy transfer in national tax blacklists. *Governance*, 23(4): 623–639.

Shils, E.(1995). Nation, Nationality, Nationalism and Civil Society. *Nations and Nationalism*, 1(1): 93–118.

Sidanius, J., Pratto, F., & Bobo, L.(1996). Racism, Conservatism, Affirmative Action, and Intellectual Sophistication: A Matter of Principled Conservatism or Group Dominance?. *Journal of Personality and Social Psychology*, 70(3): 476-490.

Sidanius, J., Singh, P., Hetts, J. J., & Federico, C.(2000). It's not Affirmative Action, It's the Blacks: The Continuing Relevance of Race in American Politics. *Racialized politics: The Debate about Racism in America*, 191-235.

Simmons, B. A., & Elkins, Z.(2004). The Globalization of Liberalization: Policy Diffusion in the International Political Economy. *American Political Science Review*, 98(1): 171-189.

Simon, B., & Hastedt, C.(1999). Self-Aspects as Social Categories: the Role of Personal Importance and Valence. *European Journal of Social Psychology*, 29(4): 479-487.

Simon, H.(1960). *The New Science of Management Decision*. NY: Harper & Row.

Skocpol, T.(1992). *Protecting mothers and soldiers: The political origins of social policy in the United States*. Cambridge: Belknap Harvard.

Smith, A. D.(1991). *National identity*. University of Nevada Press.

Smith, G.(1999). Overlapping Collectivities: Local Concern, State Welfare and Social Membership. *Confronting the Present: Towards a Politically Engaged Anthropology*, 195-227.

Sniderman, P. M., Piazza, T., Tetlock, P. E., & Kendrick, A.(1991). The New Racism. *American Journal of Political Science*, 423-447.

Somers, M. R.(2006). Citizenship, Statelessness and Market Fundamentalism: Arendtian Right to Have Rights. in: Bodemann, Y. M., Yurdakul, G.(Eds.). *Migration, Citizenship, Ethnos*, Palgrave Macmillan, New York.

Soutphommasane, T.(2005). Grounding Multicultural Citizenship: From Minority Rights to Civic Pluralism. *Journal of Intercultural Studies*, 26(4):

401-416.

Stangor, C., Sullivan, L. A., & Ford, T. E.(1991). Affective and Cognitive Determinants of Prejudice. *Social Cognition*, 9(4): 359-380.

Stone, D. A.(1988). *Policy Paradox and Political Reason*. NewYork: Scott Foresman & Co.

Sullivan, J. L., Piereson, J., & Marcus, G. E.(1979). An Alternative Conceptualization of Political Tolerance: Illusory Increases 1950s-1970s. *American Political Science Review*, 73(3): 781-794.

_____(1993). *Political Tolerance and American Democracy*. Chicago: University of Chicago Press.

Sumner, W. G.(1906). *Folkways: A Study of the Sociological Importance of Usages, Manners, Customs, Mores, And Morals.* Boston, MA: Gin and Company.

Tajfel, H., Billig, M., & Bundy, R.(1971). Social Categorization and Intergroup Behavior. *European Journal of Social Psychology*, 1(2): 149-178.

Tajfel, H., & Turner, J. C.(1979). An Integrative Theory of Intergroup Conflict. *The Social Psychology of Intergroup Relations*, 33-47.

Tajfel, H.(1970). Experiments in Intergroup Discrimination. *Scientific American*, 223(5): 96-103.

_____(1981). *Human Groups and Social Categories: Studies in Social Psychology*. Cambridge: Cambridge University press. CUP Archive.

_____(1982). Social psychology of intergroup relations. *Annual review of psychology*, 33(1): 1-39.

Taylor, C.(1992). *Multiculturalism and the Politics of Recognition.* Princeton: Princeton University Press.

_____(1994). *Multiculturalism: Examining the Politics of recognition*. Princeton University Press, 41 William St., Princeton, NJ 08540.

_____(1997). The Politics of Recognition. *New Contexts of Canadian*

Criticism, 98: 25–73.

______(2004). The Politics of Recognition. In *Multicultralism: Examing the Politics of Recognition* (pp.25–73). Princeton, NJ: Princeton University Press.

Taylor–Gooby, P.(2004). New social risks and welfare states: New paradigm and new politics. *New risks, new welfare: The Transformations of the European welfare state*, 209–238.

Taylor–Gooby, P. & Edmund, W.(2014). From Stronger to Weaker Multi–Culturalism? How the UK Policy Community Sees the Future of Ethnic Diversity, *Policies*, Available at https://kar.kent.ac.uk/id/eprint/38883

Thangasamy, A.(2010), *State Policies of Undocumented Immigrants: Policy-Making and Outcomes in the US, 1998-2005*. NY: LFB Scholarly Publishing LLC.

Thielemann, G., & Stewary, J. Jr.(1996). A Demand–Side Perspective on the Importance of Representative Bureaucracy: AIDS, Ethnicity, Gender and Sexual Orientation. *PAR*, 56(2): 168–173.

Tiryakian, E.(2003). Assessing Multiculturalism Theoretically: E Pluribus Unum, Sic et Non. *International Journal on Multicultural Societies (IJMS)*, 5(1): 20–39.

Tsui, A. S., & O'reilly III, C. A.(1989). Beyond Simple Demographic Effects: The importance of Relational Demography in Superior–Subordinate Dyads. *The Academy of Management Journal*, 32(2): 402–423.

Tuch, S. A., & Hughes, M.(1996). Whites' Opposition to Race–Targeted Policies: One Cause or Many?. *Social Science Quarterly*, 77(4): 778–788.

Turner, B. S.(1997). Citizenship studies: A general theory. *Citizenship studies*, 1(1): 5–18.

Turner, J. C.(1985). Social Categorization and the Self–Concept: A Social–Cognitive Theory of Group Behaviour. *Advances in Group Processes*, 2, 77–122.

Ulbig, S. G.(2002). Policies, Procedures, and People: Sources of Support for Government?. *Social Science Quarterly*, 83(3): 789–809.

UNESCO.(1995). *Declaration of Principles on Tolerance*. Proclaimed and Signed by the Member States of the UNESCO on 16 November 1995. http://www.un.org/en/events/toleranceday/pdf/tolerance.pdf

Vaught, S. E., & Castagno, A. E.(2008). "I Don't Think I'm a Racist": Critical Race Theory, Teacher Attitudes, and Structural Racism. *Race Ethnicity and Education*, 11(2): 95–113.

Waldron, J.(1992). Minority Cultures and the Cosmopolitan Alternative. *University of Michigan Journal of Law Reform*, 25: 751–93.

Walzer, M.(1997). *On Tolerance*. New Haven, CT: Yale University Press.

Weber, L.(2003). Rugged Individuals and Social Butterflies: the Consequences of Social and Individual Political Participation for Political Tolerance. *The Social Science Journal*, 40(2): 335–342.

Weber, M.(1978). *Economy and Society. Berkeley*, CA: University of California Press.

Weber, M., (eds.) Roth, G., & Wittich, C.(1978). *Economy and Society I, II, III*. New York: The Free Press.

Westin, C.(2003). Facism and the Political Right. in Merkl, P. H., & Weinberg, L. (Eds.). *Right-Wing Extremism in the Twenty-First Century*, London: Psychology Press.

Williams, D. R., Jackson, J. S., Brown, T. N., Torres, M., Forman, T. A., & Brown, K.(1999). Traditional and Contemporary Prejudice and Urban Whites' Support for Affirmative Action and Government Help. *Social Problems*, 46(4): 503–527.

Wimmer, A.(1997). Explaining Xenophobia and Racism: A Critical Review of Current Research Approaches. *Ethnic and Racial Studies*, 20(1): 17–41.

Wise, L., & Tschirhart, M.(2000). Examining Empirical Evidence on Diversity Effects: How Useful is Diversity Research for Public-Sector Managers?.

PAR, 60(5): 386-394.

Wolfe, A.(2000). Benign Multicultralism. in Kivistor, P., & Rundblad, G. (Eds.). *Multiculturalism in the United States: Current Issues, Contemporary Voices,* Thousand Oaks, CA, US: Sage Publications, Inc. 445-454.

Yang, K., & Holzer, M.(2006). The Performance-Trust Link: Implications for Performance Measurement. *Public Administration Review*, 66(1): 114-126.

Yanow, D.(1996). *How Does a Policy Mean?: Interpreting Policy and Organizational Actions*. Georgetown: Georgetown University Press.

Young, I.(1990). *Justice and the Politics of Difference*. Princeton, NJ: Princeton University Press.

Young, E.(2011). The Four Personae of Racism: Educators' (Mis) Understanding of Individual Vs. *Systemic Racism. Urban Education*, 46(6): 1433-1460.

Yuval-Davis, N.(1999). The'multi-layered citizen'.*International Feminist Journal of Politics*, 1(1): 119-136.

Zajonc, R.(1984). On the Primacy of Affect. *American Psychologist,* 39(2): 117-123.

Zick, A., Wagner, U., Van Dick, R., & Petzel, T.(2001). Acculturation and Prejudice in Germany: Majority and Minority Perspectives. *Journal of Social Issues,* 57(3): 541-557.

Zucker, L. G.(1986). The Production of Trust: Institutional Sources of Economic Structure, 1840-1920. in Staw, B., & Cummings. L. (Eds.). *Research in Organizational Behavior,* Greenwich: JAI Press. 8: 53-111.

〈기타〉

WVS 설문지 http://www.worldvaluessurvey.org/WVSOnline.jsp

Stanford Encyclopedia of Philosophy

| 찾아보기 |